COVID-19
e os Impactos no Direito

COVID-19
e os Impactos no Direito

MERCADO, ESTADO, TRABALHO, FAMÍLIA, CONTRATOS E CIDADANIA

2020

Coordenadores
Fernando Rister de Sousa Lima
Gianpaolo Poggio Smanio
Ricardo Libel Waldman
Sandra Regina Martini

COVID-19 E OS IMPACTOS NO DIREITO
MERCADO, ESTADO, TRABALHO, FAMÍLIA, CONTRATOS E CIDADANIA
© ALMEDINA, 2020

COORDENADORES: Fernando Rister de Sousa Lima, Gianpaolo Poggio Smanio, Ricardo Libel Waldman, Sandra Regina Martini
DIAGRAMAÇÃO: Almedina
DESIGN DE CAPA: FBA
ISBN: 9786556270340

Dados Internacionais de Catalogação na Publicação (CIP)
(Câmara Brasileira do Livro, SP, Brasil)

COVID-19 e os impactos no direito: mercado,
estado, trabalho, família, contratos e
cidadania / coordenação Fernando Rister de
Sousa Lima ... [et al.]. – 1. ed. – São Paulo :
Almedina Brasil, 2020.

Outros coordenadores: Gianpaolo Poggio Smanio,
Ricardo Libel Waldman, Sandra Regina Martini
Vários autores.

Bibliografia
ISBN 978-65-5627-034-0

1. Covid-19 – Pandemia – Aspectos jurídicos
2. Direito civil 3. Direito civil – Brasil
4. Responsabilidade civil 5. Responsabilidade civil – Brasil
6. Saúde pública – Leis e legislação I. Lima,
Fernando Rister de Sousa. II. Smanio, Gianpaolo Poggio.
III. Waldman, Ricardo Libel. IV. Martini, Sandra Regina.

20-36260   CDU-347.51:616(81)

Índices para catálogo sistemático:

1. Brasil : Responsabilidade civil na área da saúde: Direito civil 347.51:616(81)

Maria Alice Ferreira – Bibliotecária – CRB-8/7964

Este livro segue as regras do novo Acordo Ortográfico da Língua Portuguesa (1990).

Todos os direitos reservados. Nenhuma parte deste livro, protegido por copyright, pode ser reproduzida, armazenada ou transmitida de alguma forma ou por algum meio, seja eletrônico ou mecânico, inclusive fotocópia, gravação ou qualquer sistema de armazenagem de informações, sem a permissão expressa e por escrito da editora.

Maio, 2020

EDITORA: Almedina Brasil
Rua José Maria Lisboa, 860, Conj. 131 e 132, Jardim Paulista | 01423-001 São Paulo | Brasil
editora@almedina.com.br
www.almedina.com.br

SOBRE OS COORDENADORES

Fernando Rister de Sousa Lima

Pós-Doutor pela Faculdade de Direito da USP com período de pesquisa na *Goethe Universität Frankfurt am Main* e na *Università degli Studi di Firenze*, com auxílio financeiro da Universidade Presbiteriana Mackenzie – UPM. Doutor em Direito pela PUC-SP com estágio doutoral sanduíche na *Università degli Studi di Macerata*, com bolsa da CAPES. Mestre em Direito pela PUC-SP com período como pesquisador visitante na *Università degli Studi di Lecce*, com auxílio financeiro do Centro de Estudos sobre o Risco da Universidade de Estudos de Lecce. Professor Doutor da Faculdade de Direito da Universidade Presbiteriana Mackenzie – UPM. Coordenador de Estágios e Protagonismo Estudantil da Universidade Presbiteriana Mackenzie – UPM. Editor-executivo da Revista Direito Mackenzie. Professor Permanente do Mestrado em Direito da Sociedade da Informação e da Escola de Direito das Faculdades Metropolitanas Unidas – FMU. Membro do Colégio Docente do Doutorado em Direito da *Università degli Studi di Firenze* – UNIFIL.

Gianpaolo Poggio Smanio

Doutor e Mestre em Direito pela PUC-SP. Bacharel em Direito pela Universidade de São Paulo – USP. Foi Procurador-Geral de Justiça do Estado de São Paulo (2016-2020). Procurador de Justiça do Ministério Público de São Paulo. Diretor e Professor Titular da Faculdade de Direito da Universidade Presbiteriana Mackenzie – UPM. Foi Coordenador do Programa de Pós-graduação em Direito Político e Econômico da

Universidade Presbiteriana Mackenzie – UPM no período 2013-2020. Professor colaborador na Escola Superior do Ministério Público do Estado de São Paulo. Coordenador Adjunto da Comissão Solidariedade e Integração Regional e Membro da Comissão APCN da Área do Direito da CAPES.

Ricardo Libel Waldman

Doutor, Mestre e Bacharel em Direito pela Universidade Federal do Rio Grande do Sul. Professor Permanente e Coordenador do Mestrado em Direito da Sociedade da Informação do Centro Universitário das Faculdades Metropolitanas Unidas – FMU. Professor Adjunto da Escola de Direito da PUC-RS. Membro da Comissão de Direito Ambiental da União Internacional para a Conservação da Natureza. Advogado.

Sandra Regina Martini

Pós-doutora em Direito pela *Universitá Roma Tre*. Pós-doutora em Políticas Públicas pela Universidade de Salermo. Doutora em *Evoluzione dei Sistemi Giuridici e Nuovi Diritti pela Università Degli Studi di Lecce*. Mestre em Educação pela PUC-RS. Bacharel em Ciências Sociais pela Universidade do Vale dos Sinos. Pesquisadora produtividade 2 CNPq. Coordenadora do Mestrado em Direito pela UNIRITTER. Professora visitante na UFMS.

SOBRE OS AUTORES

Alberto Febbrajo
Professor Titular da *Universitá di Macerata* – Itália.

Alessandro Simoni
Professor de Direito Comparado e Coordenador do Doutorado em Ciências Jurídicas da Universidade de Florença.

Ana Claudia Pompeu Torezan Andreucci
Pós-Doutora em Direitos Humanos e Trabalho pelo Centro de Estudos Avançados da Universidade Nacional de Córdoba – Argentina, e em Novas Narrativas pela Escola de Comunicações e Artes da Universidade de São Paulo (ECA-USP) e em Direitos Humanos e Democracia pelo Instituto *Ius Gentium* da Universidade de Coimbra – Portugal. Doutora e Mestre pela PUC-SP. Professora da Faculdade de Direito da Universidade Presbiteriana Mackenzie – UPM. Professora Convidada do Curso de Pós Graduação *Lato Sensu* da ECA-USP. Líder do Grupo de Pesquisa "CriaDirMack- Direitos da Criança do Adolescente no Século XXI" da Faculdade de Direito da UPM. Membro da Comissão de Direitos Infanto-juvenis da Ordem dos Advogados do Brasil – Seção São Paulo e do Instituto Brasileiro de Direito da Criança e do Adolescente – IBDCRIA.

Ana Cláudia Silva Scalquette
Doutora em Direito Civil pela Universidade de São Paulo – USP. Mestre em Direito Político e Econômico pela Universidade Presbiteriana Mackenzie

– UPM. Professora de Direito Civil da Faculdade de Direito da UPM. Ex-Presidente da Comissão Especial de Biotecnologia e Biodireito da Ordem dos Advogados do Brasil, Seção São Paulo – triênio 2016-2018. Coordenadora do Grupo de Pesquisa CNPq de Biodireito & Desenvolvimento Tecnológico – GBio. Titular da cadeira n. 68 da Academia Paulista de Letras Jurídicas. Titular da cadeira n. 33 da Academia Mackenzista de Letras. Advogada.

Ana Elizabeth Lapa Wanderley Cavalcanti
Doutora e Mestre em Direito Civil pela PUC-SP. Professora do Curso de Graduação em Direito e do Mestrado em Direito da Sociedade da Informação do Centro Universitário das Faculdades Metropolitanas Unidas – FMU. Advogada.

Anderson Vichinkeski Teixeira
Pós-Doutor em Direito Constitucional e Doutor em Teoria e História do Direito pela Universidade de Florença. Professor do Programa de Pós-Graduação em Direito da Universidade do Vale do Rio dos Sinos – UNISINOS. Membro internacional do Colegiado de Docentes do Doutorado em Direito da Universidade de Florença. Professor visitante do Instituto de Ciências Jurídicas e Filosóficas da Sorbonne. Membro Permanente da *Association Française de Droit Constitutionnel*. Advogado e consultor jurídico.

Eligio Resta
Professor Emérito da Universidade de Roma Tre.

Felipe Chiarello de Souza Pinto
Doutor em Direito Constitucional pela PUC-SP. Mestre em Direito Constitucional pela PUC-SP. Pró-Reitor de Pesquisa e Pós-Graduação da Universidade Presbiteriana Mackenzie. Advogado. Bolsista de Produtividade em Pesquisa do CNPq – Nível 2.

Flávio Alberto Gonçalves Galvão
Doutor em Direito pela PUC-SP. Professor da PUC-SP e do Centro Universitário das Faculdades Metropolitanas Unidas – FMU. Professor Colaborador do Mestrado em Direito da Sociedade da Informação do Centro Universitário das Faculdades Metropolitanas Unidas – FMU.

SOBRE OS AUTORES

Francesca Columbu
Professora da Universidade Presbiteriana Mackenzie. Doutora em Direito pela Universidade de Roma *Tor Vergata* e pela Universidade de São Paulo – USP.

Germano Schwartz
Doutor em Direito pela UNISINOS. Mestre em Direito pela UNISC. Reitor do Centro Universitário Ritter dos Reis – UniRitter, do Centro Universitário FADERGS e do Centro Universitário IBMR. Advogado. Bolsista de Produtividade em Pesquisa do CNPq – Nível 2.

Greice Patrícia Fuller
Pós-Doutora pela Universidade de Navarra – Espanha e Doutora em Direito pela PUCSP. Docente do Programa de Mestrado em Direito da Sociedade da Informação, do Curso de Graduação em Direito do Centro Universitário das Faculdades Metropolitanas Unidas – FMU e da PUC-SP.

Gustavo Ferraz de Campos Monaco
Livre-Docente e Doutor em Direito Internacional pela USP. Mestre em Ciências Jurídico-Políticas pela Universidade de Coimbra. Professor da Faculdade de Direito da Universidade Presbiteriana Mackenzie. Coordenador do curso de Direito da Universidade Anhembi Morumbi. Professor Titular da Faculdade de Direito da USP. Consultor e membro da Comissão de Direito Internacional do Conselho Federal da Ordem dos Advogados do Brasil.

Henrique Garbellini Carnio
Pós-doutor em Filosofia pela UNICAMP. Doutor e Mestre em Direito pela PUC-SP. Professor da Universidade Presbiteriana Mackenzie. Professor do Programa de Mestrado e Doutorado em Direito da FADISP e do Programa de Mestrado em Direito da UNIALFA/GO.

Irene Patrícia Nohara
Livre-Docente e Doutora em Direito do Estado pela USP. Professora--Pesquisadora do Programa de Direito Político e Econômico da Universidade Presbiteriana Mackenzie. Advogada.

Irineu Francisco Barreto Junior

Pós-Doutor em Sociologia pela USP. Doutor em Ciências Sociais pela PUC-SP. Professor da Graduação e do Programa de Mestrado em Direito da Sociedade da Informação do Centro Universitário das Faculdades Metropolitanas Unidas – FMU. Analista de Pesquisas da Fundação Seade.

Ivandick Cruzelles Rodrigues

Doutor em Direito do Trabalho e da Seguridade Social pela USP. Mestre em Direito Previdenciário pela PUC-SP. Professor da Faculdade de Direito da Universidade Presbiteriana Mackenzie. Advogado.

Jorge Shiguemitsu Fujita

Doutor em Direito Civil pela Faculdade de Direito da USP. Professor da Graduação e do Curso de Mestrado em Direito da Sociedade da Informação do Centro Universitário das Faculdades Metropolitanas Unidas – FMU. Coordenador do Curso de Pós-Graduação *lato sensu* "Direito de Família, Sucessões, Reais e Processo Civil" do Centro Universitário das Faculdades Metropolitanas Unidas. Docente voluntário do Curso de Pós-Graduação *stricto sensu* da Faculdade de Direito da USP. Professor Visitante do Curso de Pós-Graduação *lato sensu* da Faculdade de Direito da Universidade Estadual de Londrina – UEL.

José Eduardo Faria

Professor Titular da Faculdade de Direito da Universidade de São Paulo.

José Eduardo Trevisano Fontes

Mestre em Direito pela FADISP. Especialista em Direito e Processo do Trabalho pela Universidade Presbiteriana Mackenzie. Parecerista da Revista Pensamento Jurídico. Professor da FADISP. Professor convidado da Pharbos Estudos. Advogado.

José Marcos Lunardelli

Doutor e Mestre em Direito Econômico pela USP. Desembargador Federal do TRF – 3ª Região.

Larissa Dias Puerta dos Santos
Mestre em Direito Político e Econômico pela Universidade Presbiteriana Mackenzie. Coordenadora do curso de Direito da Universidade Presbiteriana Mackenzie. Advogada.

Lucas Rister de Sousa Lima
Mestre em Direito pela PUC-SP. Especialista em direito processual civil pela PUC-SP. Advogado.

Luís Renato Vedovato
Doutor em Direito Internacional pela USP. Pesquisador da FAPESP do Projeto "Direito das migrações nos Tribunais - a aplicação Nova Lei de Migração Brasileira diante da mobilidade humana internacional" (Proc. 2018/26843-8). Professor de Direito Internacional Público da PUC--Campinas. Professor Doutor da UNICAMP. Coordenador do Curso de Especialização de Direito Constitucional Aplicado da UNICAMP. Pesquisador Associado do Observatório das Migrações em São Paulo.

Marco Aurélio Florêncio Filho
Pós-Doutor em Direito pela Universidade de Salamanca. Doutor em Direito pela PUC-SP. Mestre em Direito pela Universidade Federal de Pernambuco. Coordenador do Programa de Pós-Graduação em Direito Político e Econômico (Mestrado e Doutorado) da Universidade Presbiteriana Mackenzie. Advogado.

Maria Rosa Guimarães Loula
Doutora e Mestre em Direito pela UERJ. Professora do IDP – Brasília. Procuradora Federal. Membro da Comissão de Direito Internacional do Conselho Federal da Ordem dos Advogados do Brasil.

Mariana Kuhn de Oliveira
Doutora em Direito e em Filosofia pela UFRGS. Mestre em Filosofia pela UFRGS. Professora do Mestrado em Direitos Humanos do Centro Universitário Ritter dos Reis – UniRitter.

Mártin Perius Haeberlin
Pós-doutor pela UFRGS. Doutor e Mestre em Direito pela PUC-RS. Professor da graduação e do mestrado da UniRitter. Advogado e Consultor Jurídico.

Matteo Finco
Doutor em Ciências Sociais pela *Università degli Studi di Macerata*. Bolsista PNPD/CAPES pela UniRitter.

Michelle Asato Junqueira
Doutora e Mestre em Direito Político e Econômico pela Universidade Presbiteriana Mackenzie – UPM. Especialista em Direito Constitucional com extensão em Didática do Ensino Superior. Vice-líder dos grupos de pesquisa "Políticas Públicas como Instrumento de Efetivação da Cidadania" e "CriaDirMack – Direitos da Criança do Adolescente no Século XXI". Pesquisadora no grupo CNPq "Estado e Economia no Brasil". Coordenadora de Pesquisa e TCC da Faculdade de Direito da UPM. Professora da Universidade Presbiteriana Mackenzie. Membro da Comissão de Direitos Infanto-juvenis da Ordem dos Advogados do Brasil – Seção São Paulo. Membro do Instituto Brasileiro de Direito da Criança e do Adolescente – IBDCRIA.

Michelli Linhares de Bastos
Mestranda em Direito pela UniRitter. Licenciada em Letras pela Faculdade Porto Alegrense. Advogada.

Rafael Sérgio de Oliveira
Doutorando em Ciências Jurídico-Políticas. Mestre em Direito. Pós--Graduado em Direito da Contratação Pública pela Universidade de Lisboa. Participou do Programa Erasmus+ na *Università degli Studi di Roma*. Procurador Federal da AGU.

Rainel Batista Pereira Filho
Mestrando em Direito Constitucional Pela Universidade Federal do Rio Grande do Norte. Juiz de Direito.

Renata Almeida da Costa
Doutora em Direito pela UNISINOS. Mestre em Ciências Criminais pela PUCRS. Coordenadora do Programa de Doutorado e Mestrado em Direito da Universidade La Salle. Advogada.

SOBRE OS AUTORES

Renata Domingues Balbino Munhoz Soares
Doutora e Mestre em Direito Político e Econômico pela Universidade Presbiteriana Mackenzie. Especialista em *Fashion Law* pelo *Milano Fashion Institute*-Itália. Especialista em Direito Privado pela Escola Paulista da Magistratura. Professora da Universidade Presbiteriana Mackenzie. Coordenadora dos Grupos de Estudo "Direito e Tabaco" e "Princípios de Direito Contratual", da Universidade Presbiteriana Mackenzie. Coordenadora acadêmica da Pós-graduação em Direito da Moda, da Universidade Presbiteriana Mackenzie. Advogada. Membro efetivo do IBERC – Instituto Brasileiro de Estudos de Responsabilidade Civil.

Ricardo Libel Waldman
Doutor, Mestre e Bacharel em Direito pela Universidade Federal do Rio Grande do Sul.
Coordenador do Mestrado em Direito da Sociedade da Informação do Centro Universitário das Faculdades Metropolitanas Unidas – FMU. Professor Adjunto da Faculdade de Direito da PUC-RS. Membro da Comissão de Direito Ambiental da União Internacional para a Conservação da Natureza. Advogado.

Ricardo Tinoco De Góes
Doutor em Filosofia do Direito pela PUC-SP. Professor Adjunto IV do Departamento de Direito Processual e Propedêutica da Universidade Federal do Rio Grande do Norte. Juiz de Direito.

Rodrigo Camargo Aranha
Doutorando e Mestre em Direito pela PUC/SP. Especialista em Direito Penal Econômico pela FGV. Professor convidado do Programa de Pós-Graduação *lato sensu* da Universidade Presbiteriana Mackenzie e da Escola Paulista de Direito. Advogado.

Sandra Regina Martini
Pós-doutora em Direito pela *Universitá Roma Tre*. Pós-doutora em Políticas Públicas pela Universidade de Salermo. Doutora em *Evoluzione dei Sistemi Giuridici e Nuovi Diritti* pela *Università Degli Studi di Lecce*. Mestre em Educação pela PUCRS. Bacharel em Direito pela Universidade do Vale dos Sinos. Pesquisadora produtividade 2 CNPq. Coordenadora do Mestrado em Direito da UniRitter. Professora visitante na UFMS.

APRESENTAÇÃO

> "Nello spazio globale i diritti si dilatano e scompaiono, si moltiplicano e si impoveriscono..."
>
> *Stefano Rodotà*

O COVID-19 exige que a sociedade e, nesse contexto, que o Direito literalmente se reinvente. Em momentos de extrema excepcionalidade, como o atual, espera-se que o Direito seja capaz de manter estáveis as expectativas jurídicas, assegurando, assim, o não retrocesso de direitos duramente conquistados. Neste aspecto, este livro é fruto do esforço de pesquisadores brasileiros e italianos, que fazem parte de uma rede de pesquisa na qual se reflete sobre o Direito do futuro e, ao mesmo tempo, o futuro do atual Direito, solicitado a dar respostas urgentes para novos conflitos. O grande desafio do Direito, neste momento de pandemia, é dar respostas imediatas, com repercussões futuras e incertas, mas com a percepção de que somente o conhecimento científico pode contribuir para a resolução destes novos e urgentes conflitos. Temas como relações trabalhistas, viagens, família, mercado, limites do Estado, Economia, OMC e a própria cidadania são abordados no livro.

Aqui se tem um grupo de cientistas do direito composto por: Professores-pesquisadores, Mestrandos, Doutorandos, Pós-doutorandos, Coordenador-adjunto da área do Direito na CAPES-pesquisador, Reitor-pesquisador, Coordenadores de programas de Mestrado e Doutorado-pesquisadores, Livres-Docentes. Todos os envolvidos neste livro possuem seus grupos de pesquisa consolidados e apoiados por agências de fomento, em especial pela CAPES, pelo CNPq, pela FAPERGS e pela FAPESP, bem como pelas próprias instituições de ensino superior (IES) a que se vinculam.

As IES neste livro mantêm atividades de cooperação importantes, como a Rede Ibero-americana de Direito Sanitário, a Rede Grupo Temático de Pesquisa Direitos Humanos na Sociedade da Informação (FMU/UniRitter), CONPEDI, Rede de Programas de Mestrado em Direitos Humanos. Grupo de Pesquisa CNPq de Biodireito & Desenvolvimento Tecnológico – GBio.

Os autores estão inseridos em projetos de pesquisa tais como Ética e Fundamentos Jurídico-Políticos da Sociedade da Informação e Cidadania e Controle Social no Estado Democrático de Direito no âmbito do Mestrado em Direito da Sociedade Informação do Centro Universitário das Faculdades Metropolitanas Unidas, Políticas Públicas como Instrumento de Efetivação da Cidadania, CriaDirMack-Direitos da Criança do Adolescente no Século XXI, Direito, Sociedade e Concepções de Justiça da Universidade Presbiteriana Mackenzie.

O livro conta com a contribuição de 4 pesquisadores italianos, Alberto Febbrajo, Professor do Doutorado da Universidade de Macerata, Alessandro Simoni, Coordenador do Doutorado em Direito da Universidade de Florença, Eligio Resta, Professor Emérito da Universidade Roma/TRE no Programa de Doutorado, e Matteo Finco, bolsista PNPD/CAPES no Centro Universitário Ritter dos Reis.

Participaram ainda da obra, como autores e/ou coordenadores estudiosos de Programas de Pós-Graduação em Direito:

a) 4 de São Paulo, os PPGD's do Centro Universitário das Faculdades Metropolitanas Unidas (FMU), representado por seu Coordenador, Professor Ricardo Libel Waldman e pelos professores Ana Elizabeth Cavalcanti, Fernando Rister de Sousa Lima, Greice Fuller, Jorge Fujita, Irineu Barreto Junior e Flávio Galvão, da Universidade Presbiteriana Mackenzie (UPM), representado por seu Pró-Reitor e Bolsista Produtividade – 2, CNPq Professor Felipe Chiarello de Souza Pinto, pelo Diretor da FDIR, Gianpaolo Poggio Smanio e o Coordenador do PGDPE, Marco Aurélio Florência Filho, da Faculdade Autônoma de Direito de São Paulo, onde leciona

APRESENTAÇÃO

Henrique Garbellini Carnio e da Universidade de São Paulo, Gustavo Ferraz de Campos Mônaco e José Eduardo Faria.

b) 3 do Rio Grande do Sul, os PPGD's do Centro Universitário Ritter dos Reis (UniRitter) pelo Reitor Germano Schwartz, Pesquisador Produtividade 2 do CNPq e por sua Coordenadora Sandra Regina Martini Pesquisadora Produtividade 2 CNPq e Pesquisadora FAPERGS, e pelos Professores Mariana Kuhn de Oliveira e Mártin Perius Haeberli, da Universidade do Vale do Rio dos Sinos (UNISINOS), representado pelo Professor Anderson Vichinkeski Teixeira e do UniLassale, representado por sua Coordenadora Professora Renata Almeida Costa.

c) 1 de Goiás, o PPGD do Centro Universitário Alves Faria (UniAlfa), representado por Henrique Garbellini Carnio.

d) 1 De Mato Grosso do Sul, o PPGD da Universidade Federal do Mato Grosso do Sul (UFMS), representado pela Professora visitante Regina Martini.

e) 1 Do Rio Grande do Norte, o PPGD da Universidade Federal do Rio Grande do Norte, Ricardo Tinoco De Góes

f) 3 da Itália, Doutorado da Universidade de Firenze, seu Coordenador Alessandro Simoni, da Universidade de Macerata, Alberto Febbrajo, da Universidade Roma TRE, Eligio Resta.

Destaca-se também o Pesquisador FAPESP, Luís Renato Vedovato, Professor da Universidade de Campinas (UNICAMP) e da Pontifícia Universidade Católica de Campinas, bem como outros e outras pesquisadores de vários estados brasileiros egressos das mais variadas escolas de pesquisas.

Agradece-se, por fim, aos Mestrandos da FMU que ajudaram com zelo na formatação do livro, citados nominalmente: André Ribeiro, Bruno Pellizari, Leticia Costa e Mayara Carneiro.

Os coordenadores.
Porto Alegre-RS, São Paulo-SP, abril de 2020.

SUMÁRIO

PARTE I
EFEITOS DO COVID-19 NA SOCIEDADE DA INFORMAÇÃO: DIREITOS HUMANOS, FAKE NEWS E ENSINO JURÍDICO

1. Bioética, telemedicina, proteção de dados e alteridade em tempos de COVID-19 (novo Coronavírus)
   Ana Elizabeth Lapa Wanderley Cavalcanti
   Jorge Shiguemitsu Fujita
   Ricardo Libel Waldman 25

2. Desinformação e COVID–19 no Brasil: desafios e limites do enquadramento penal da disseminação de notícias falsas
   Greice Patrícia Fuller
   Irineu Francisco Barreto Junior 39

3. "Fique em casa" *versus* "o Brasil não pode parar": uma análise do agir comunicativo brasileiro na época da pandemia de COVID-19
   Sandra Regina Martini
   Mártin Perius Haeberlin
   Michelli Linhares de Bastos 53

4. Impactos da COVID-19 como mecanismo disruptivo para a inovação tecnológica da educação jurídica brasileira
   Larissa Dias Puerta dos Santos
   Felipe Chiarello de Souza Pinto 73

COVID-19 E OS IMPACTOS NO DIREITO

5. Quando a pandemia leva o nome de violência, o antídoto é a solidariedade: um debate sobre os direitos de crianças e adolescentes em tempos de Coronavirus e isolamento social
Michelle Asato Junqueira
Ana Claudia Pompeu Torezan Andreucci 91

6. A importância do dolo para a compreensão dos desafíos lançados pela COVID-19 ao crime de apropriação indébita previdenciária
Marco Aurélio Florêncio Filho
Rodrigo Camargo Aranha 111

PARTE II
EFEITOS DO COVID-19 NA VIDA PRIVADA E NO DIREITO CONTRATUAL: CANCELAMENTO DE VIAGEM, DIREITO DE FAMÍLIA E DIREITO DO TRABALHO

1. A boa-fé objetiva em época de pandemia: análise das medidas provisórias 927 e 936 à luz do artigo 504 da CLT
Henrique Garbellini Carnio
José Eduardo Trevisano Fontes 125

2. Cancelamento de viagens e eventos por força do Coronavírus
Lucas Rister de Sousa Lima 133

3. COVID-19, a força maior e o equilíbrio do ordenamento juslaboral
Francesca Columbu 143

4. Família e COVID 19: momento de reflexão e redescoberta
Ana Cláudia Silva Scalquette 157

5. O impacto jurídico e econômico da pandemia do novo Coronavírus nos contratos privados
Renata Domingues Balbino Munhoz Soares 173

6. COVID-19: um exemplo literal de força maior no direito do trabalho
Ivandick Cruzelles Rodrigues 185

SUMÁRIO

PARTE III
EFEITOS DO COVID-19 NO PAPEL DO ESTADO
E DA ORGANIZAÇÃO MUNDIAL DA SAÚDE:
OS FUNDAMENTOS E AS MEDIDAS ADMINISTRATIVAS
E TRIBUTÁRIAS

1. Da miopia ao panóptico: crítica à autonomia do Direito
em tempos de pandemia
Ricardo Tinoco De Góes
Rainel Batista Pereira Filho 211

2. Direito administrativo e COVID-19: medidas estatais para
o enfrentamento da pandemia
Irene Patrícia Nohara 223

3. Eficácia normativa das decisões da Organização Mundial da Saúde
Gustavo Ferraz de Campos Monaco
Maria Rosa Guimarães Loula 235

4. Libertarismo e liberalismo em termos de pandemia
José Eduardo Faria 247

5. Limites constitucionais às medidas de exceção do poder público:
uma análise comparada das legislações de emergência entre
Brasil e França
Anderson Vichinkeski Teixeira 253

6. O direito excepcional da contratação pública brasileira para
enfrentamento à crise do Coronavírus
Rafael Sérgio de Oliveira 265

7. O panorama das medidas tributárias em tempos da pandemia
da COVID-19 no sistema constitucional tributário brasileiro
Flávio Alberto Gonçalves Galvão 277

8. Quarentena e restrições a direitos fundamentais em tempos
de pandemia
José Marcos Lunardelli 293

PARTE IV
EFEITOS DO COVID-19 NOS SISTEMAS SOCIAIS:
SOCIEDADE TRANSNACIONAL, SISTEMA DE SAÚDE
E PROCESSOS IMIGRATÓRIOS

1. A COVID-19 e o primado da diferenciação funcional
no caso da Hidroxicloroquina: o direito entre o sistema da saúde
e o sistema da ciência
Germano Schwartz
Renata Almeida da Costa   307

2. Coronavírus: algumas reflexões sociojurídicas
Alberto Febbrajo   319

3. Estrutura da sociedade e semântica da pandemia
Matteo Finco
Sandra Regina Martini   335

4. O direito migratório diante do populismo no pós-pandemia
Luís Renato Vedovato   353

5. Tempos inquietos para inquietos direitos:
os impactos sociojurídicos da pandemia do corona vírus
Sandra Regina Martini
Mariana Kuhn de Oliveira
Eligio Resta   363

6. Populist legal strategies and enforcement discretion in Italy
in the COVID-19 emergency
Alessandro Simoni   395

PARTE I

EFEITOS DO COVID-19 NA SOCIEDADE DA INFORMAÇÃO: DIREITOS HUMANOS, FAKE NEWS E ENSINO JURÍDICO

1. Bioética, telemedicina, proteção de dados e alteridade em tempos de COVID-19 (novo Coronavírus)

Ana Elizabeth Lapa Wanderley Cavalcanti
Jorge Shiguemitsu Fujita
Ricardo Libel Waldman

Introdução

O presente artigo tem por objetivo abordar aspectos bioéticos e legais relativos a medidas emergenciais tomadas em função da pandemia que não apenas assola o Brasil, mas todo o nosso planeta, infectando milhares de pessoas e produzindo uma mortandade muito grande não apenas em países economicamente pobres, mas também naqueles que se destacam no panorama internacional como detentores do poderio econômico. A pandemia do COVID-19, também conhecido como novo coronavírus (SARS – CoV-2), atingiu todas as classes sociais, desde a mais humilde até a mais abastada, vitimou autoridades públicas constituídas e cidadãos de todo o mundo, numa crescente devastação de vidas humanas, sacrificando, até mesmo agentes da saúde, médicos, enfermeiros, profissionais dedicados aos enfermos, que são aqueles que se encontram na linha de frente para o combate a essa pandemia. Até este momento, em meados de abril/2020, não temos ainda a definição dos medicamentos necessários para combater essa virose tão possante, nem tampouco a vacina que poderia imunizar a população mundial.

Em tempos de dificuldades extremas, alguns conceitos deontológicos devem ser questionados, no instante em que algumas vidas são ceifadas por falta de leitos para os enfermos, de insuficiência de UTI (unidade de terapia intensiva), de aparelhos respiradores artificiais em número diminuto, de ausência de equipamentos de proteção coletiva e individual e do perigo constante a que se expõem os médicos numa consulta ou num procedimento para a obtenção de uma radiografia ou tomografia, que, num passado bem próximo (há questão de meses), eram condutas bem simples e que, hoje, se tornaram atividades de muito risco. Os hospitais se superlotaram de pacientes infectados com o COVID-19, traduzindo-se como ambientes nocivos a qualquer paciente que lá se dirija, correndo o risco de, em vez de ter uma solução para a sua gripe, resfriado, pressão alta, cardiopatia, etc., contrair uma infecção que, até este momento, se revela mortal.

Por essa razão, discutimos neste artigo questões ligadas à ética da vida, a proteção de dados pessoais e a telemedicina. E, para o desenvolvimento do presente trabalho nos munimos de princípios bioéticos e do conceito de alteridade, para posteriormente tratarmos da questão da telemedicina e a proteção dos dados dos pacientes.

1. Algumas questões em tempos de pandemia: a alteridade em tempos de COVID-19

Em tempos de pandemia, como esta do COVID-19, surgem questões éticas como aquelas como, por exemplo, quem deverá receber o respirador artificial, quem deverá ocupar o leito hospitalar ou a UTI (Unidade de Terapia Intensiva), diante de uma superlotação?

Sabe-se que médicos italianos, diante de uma demanda gigantesca de enfermos dessa virose, procuraram orientação ética e foram instruídos a seguir protocolos, com o emprego de uma abordagem baseada em princípios utilitários, visando à busca de um melhor efeito para a saúde em geral, atendendo pacientes que devam ser mais beneficiados pelo tratamento. Nesse sentido, na hipótese de existência de um único respirador artificial, pelo protocolo sua destinação será para o paciente com mais chance de sobreviver, em vez de alguém com pouca probabilidade de resistir, independentemente de sua idade, etnia, posição social, qualificação profissional, preferência política, não sendo um critério de quem chegou primeiro no hospital. Havendo pacientes em condições semelhantes, a escolha seria por meio de sorteio.

A discussão ética a respeito é imensa, na medida em que alguns argumentam que a preferência deva ser dada ao mais jovem, porque, com a

1. BIOÉTICA, TELEMEDICINA, PROTEÇÃO DE DADOS E ALTERIDADE EM TEMPOS DE COVID-19

sua cura, terá mais tempo para ser útil à sociedade. Outros preferem os mais idosos, alegando que estes já adquiriram o direito à aparelhagem especializada ou à internação, pois já deram a sua contribuição social durante anos a fio de trabalho. Uma discussão, sem dúvida nenhuma, controversa e cheia de questionamentos e posições.

Sabe-se que, durante a 2ª Guerra Mundial, os soldados recebiam penicilina antes dos civis. Nos Estados Unidos da América, nos anos 60 do século XX, o critério era do valor social do paciente no racionamento das máquinas de diálise.

E no Brasil, qual será o critério em tempo de pandemia pelo COVID-19? O utilitarista? Serão respeitados os princípios maiores que norteiam o médico, quais sejam, o da autonomia (respeito à vontade do paciente), o da beneficência (tratamento para o bem do enfermo), o da não-maleficência (não provocar dano intencional) e o da justiça (imparcialidade na distribuição dos riscos e benefícios na prática da medicina)? (DINIZ: 2009, p. 14-16).

Sem embargo desse critério, entende Ricardo Glasenapp que o acesso universal e igualitário ao direito à saúde é uma norma constitucional de eficácia plena, não comportando, pelo que depreendemos, a escolha de pacientes por um protocolo de natureza utilitária (2010: p. 147).

O filósofo Emanuel Lévinas aponta que o Outro é o fundamento da norma moral. Não a liberdade, não o indivíduo, mas o Outro. Isso porque o reconhecimento do Outro é o reconhecimento de uma realidade externa e independente pela qual o Eu é responsável. (LÉVINAS: 2004, p. 58).

> Eu o reconheço, ou seja, creio nele. Mas se este reconhecimento fosse minha submissão a ele, esta submissão retiraria todo valor de meu reconhecimento: o reconhecimento pela submissão anularia minha dignidade, pela qual o reconhecimento tem valor. O rosto que me olha me afirma. Mas, face a face, não posso mais negar o outro: somente a glória numenal do outro torna possível o face-a-face. O face-a-face é assim, uma impossibilidade de negar, uma negação da negação. A dupla articulação desta fórmula significa concretamente: o 'não cometerás homicídio' se inscreve no rosto e constitui sua própria alteridade[1]. (LÉVINAS: 2004, p. 40-50).

[1] Um cético poderia afirmar que do reconhecimento de um ser não se poderia deduzir um dever ser, o não matarás. Mas isto é uma falácia, que parte de um pressuposto, qual seja,

COVID-19 E OS IMPACTOS NO DIREITO

Este reconhecimento do Outro é uma consequência do pensamento e, neste sentido o sujeito pensante procura refletir sobre o que existe fora dele. O ser vivente, como oposto ao pensante considera a si mesmo como uma totalidade. As suas necessidades, de emprego, de saúde, de dinheiro, enfim são o que importa e os outros devem se submeter a tais anseios. O sujeito que pensa entende que ele é parte de uma totalidade. (LÉVINAS: 2004, p. 36). Isto é o milagre, através do qual um sistema total penetra um sistema parcial, que não o pode assimilar (LÉVINAS: 2004, p. 37).

Esta visão da alteridade nos obriga a procurar o atendimento de todos, porque o Outro não pode ser simplesmente objeto da imposição da vontade do Eu. Mas, por outro lado, como coloca o referido autor, o amor ao próximo tem dois níveis, o do próximo e o do terceiro. O nível do próximo é daquele que se conhece de maneira pessoal concreta, mas que, ao mesmo tempo, percebo como um absoluto fechado ao meu conhecer pois está acima de qualquer classificação ou objetificação. Nesta relação com Outro que eu percebo como diferente de mim e minha responsabilidade. (LÉVINAS: 2004, p. 245-246)

O segundo nível é o do terceiro, alguém que não está nas minhas relações, mas que é meu próximo e próximo do meu próximo, minha responsabilidade. "A alteridade de outrem é a ponta extrema do 'tu não cometerás homicídio' e, em mim, temor por tudo o que o meu existir, apesar de sua inocência intencional, corre o risco de cometer como violência e usurpação." (LÉVINAS: 2004, p. 198).

Aqui entra a justiça, onde se comparam os únicos, incomparáveis seres humanos, procurando atender às necessidades de todos (LÉVINAS: 2004, p. 247-249). Neste contexto, fundamental a iniciativa da utilização da telemedicina com forma de exercício de nossa responsabilidade pelo Outro, como forma de efetivar o acesso ao tratamento para todos e todas. Isso com relação ao COVID-19 ou mesmo outras doenças.

2. Telemedicina

Telemedicina é o exercício da medicina por meio da utilização de tecnologias interativas de comunicação audiovisual e de dados em que o

---

a separação entre o ser e o dever ser a qual ressente-se tanto de prova quanto a hipótese contrária. Na tradição objeto deste estudo, tal separação não existe.

1. BIOÉTICA, TELEMEDICINA, PROTEÇÃO DE DADOS E ALTERIDADE EM TEMPOS DE COVID-19

profissional da saúde e o paciente não se encontram no mesmo local – fisicamente falando. (PEREIRA: 2020, p. 56).

Historicamente, deve-se seu surgimento à invenção do computador e da internet, creditando-se o seu grande impulso, nos anos 60 e 70 do século XX, à exploração espacial pela NASA (*National Aeronautics and Space Administration*) e pela atuação das áreas de defesa militar de todo o mundo. Há que se destacar que, em 1967, o Hospital Geral de Massachusetts (E.U.A.) foi ligado ao aeroporto da cidade de Boston, visando ao atendimento pelo hospital de qualquer emergência que ocorresse no aeroporto, com a recepção de informações básicas de alguém que tivesse um problema grave no aeroporto e precisasse ser levado de ambulância (PATOLOGIA, MEDICINA USP: 2020).

Com a telemedicina, evitou-se o deslocamento desnecessário de paciente e promovendo a correta administração de atendimento médico especializado (AVILA: 2003).

Assevera GONÇALVES (2013, p. 69) que:

> Os recursos de processamento eletrônico aumentam simultaneamente à velocidade da banda de comunicação, tornando cada vez mais viável a oferta de novos tipos de serviços que podem ser realizados por meio da telemedicina. Entre os aspectos mais importantes estão a padronização de métodos e a definição de sistemáticas e responsabilidades que atendam as normas para garantir o provimento de serviços de qualidade. Neste aspecto, é importante não esquecer da garantia de armazenamento de dados que não permita alterações depois do fechamento do processo, com o objetivo de possibilitar levantamentos e/ou eventuais auditorias, se necessárias.

Saliente-se que, em outubro de 1999, foi feita a "Declaração de Tel Aviv sobre responsabilidades e normas éticas na utilização da telemedicina", adotada pela 51ª Assembleia Geral da Associação Médica Mundial em Tel Aviv, Israel, onde se destaca a possibilidade, pela telemedicina, de transmissão de imagens médicas para realizar uma avaliação à distância em especialidades tais como radiologia, patologia, oftalmologia, cardiologia, dermatologia e ortopedia, facilitando os serviços dos especialistas e diminuindo os possíveis riscos e custos relativos ao transporte do paciente e/ou a imagem de diagnóstico. Alude ainda essa Declaração que os sistemas de comunicações (nessa época são mencionados a videoconferência e o correio eletrônico), possibilitam aos médicos de diversas especialidades consultar colegas e pacientes com maior frequência com excelência nos resultados, inclusive em telecirurgia (AVILA: 2003).

Em 2015, nos Estados Unidos da América, já existiam empresas especializadas em telemedicina, sendo as seguintes as maiores: CareClix, ConsulADoctor, TelaDoc, MeMD, iClinic, AmericanWell, MDlive, MDAligne, StatDoctors, Doctor on Demand, Specialists On Call, LiveHealth Online, VirtuWell, Ringadoc, PlushCare, HealthTop e HealthExpress. Algumas empresas atendiam tão somente o território norte-americano, porém outras com abrangência mundial (KIM Steven. ROLAND, James: 2015).

A União Europeia em 2010 já previa que neste ano haveria a utilização generalizada da telemedicina (PEREIRA: 2020, p. 55).

Os objetivos visados pela telemedicina são a assistência, a educação, a pesquisa, a prevenção de doenças e lesões e a promoção de saúde.

No Brasil, existem empresas atuando nesta área, mas para além da atividade empresarial, a telemedicina pode complementar os serviços presenciais e possibilitar justiça no acesso integral à saúde para todos especialmente em áreas remotas de nosso país continental. Porém, para que isso seja possível deve haver uma ampliação da qualidade e do acesso à internet. (LÓPES et al.: 2019, p. 431).

Neste sentido, a União Internacional das Telecomunicações (UIT) tem trabalhado juntamente com a Organização Mundial da Saúde (OMS) para buscar a redução do abismo digital global, especialmente visando a implementação da telemedicina. (LÓPES et al.: 2019, p. 431).

No dia 15.04.2020, foi sancionada a Lei nº 13.989, [2] pelo Presidente da República Federativa do Brasil, Sr. Jair Messias Bolsonaro, dispondo sobre o uso da telemedicina, em caráter emergencial, durante o período de crise resultante do COVID-19 (SARS – CoV-2), [3] sendo essa norma jurídica originária do Projeto de lei nº 696/2020 (de iniciativa da Deputada

---

[2] Lei nº 13.989, de 15.04.2020, foi publicada no Diário Oficial da União em 16.04.2020 (p. 1, col. 2), entrando em vigor nessa data.

[3] Até as 17:00 horas do dia 19.04.2020, foram registradas, oficialmente, pelo Ministério da Saúde do Brasil, 38.654 pessoas infectadas pelo COVID-19 e 2.462 mortes (fonte Ministério da Saúde: https://covid.saude.gov.br/).

1. BIOÉTICA, TELEMEDICINA, PROTEÇÃO DE DADOS E ALTERIDADE EM TEMPOS DE COVID-19

Federal Adriana Ventura, do Partido Novo – SP), que foi votada e aprovada pelo Congresso Nacional.

Pelo diploma legal, fica o médico incumbido do dever de informar ao paciente todas as limitações inerentes ao uso da telemedicina, tendo em vista a impossibilidade de realização de exame físico durante a consulta. Todavia, a prestação de serviço de telemedicina deverá seguir os padrões normativos e éticos usuais do atendimento presencial, inclusive em relação à contraprestação financeira pelo serviço prestado, não cabendo ao poder público custear ou pagar por tais atividades quando não for exclusivamente serviço prestado ao Sistema Único de Saúde (SUS).

Foi vetado pelo Sr. Presidente da República o artigo que conferia ao Conselho Federal de Medicina o poder de promover a regulamentação da telemedicina após superado o período da crise provocada por esse vírus. Isso porque procura-se evitar que, em tempos pós-crise, a telemedicina continue a ter lugar no país, com a dispensa do necessário atendimento médico presencial do paciente.

A telemedicina consiste na teleorientação, no telemonitoramento e na teleinterconsulta. A teleorientação se faz presente, na medida em que profissionais da medicina realizem à distância a orientação e o encaminhamento de pacientes que se encontrem em isolamento. O telemonitoramento é o ato realizado sob orientação e supervisão médica para monitoramento ou vigência à distância de parâmetros de saúde e/ou doença. E a teleinterconsulta tem como finalidade exclusiva a troca de informações e opiniões entre médicos, para auxílio diagnóstico ou terapêutico.

Não é novidade no Brasil a adoção da telemedicina, de vez que o Conselho Federal de Medicina (CFM) já havia editado Resoluções com normas éticas referentes ao seu exercício.

Já em 2002, portanto há cerca de 18 anos, o Conselho Federal de Medicina regulamentava o uso da telemedicina, baixando na época a Resolução CFM nº 1.643/2002, definindo a telemedicina como o exercício da Medicina através da utilização de metodologias interativas de comunicação audiovisual e de dados, com o objetivo de assistência, educação e pesquisa em Saúde.

Em 2009, o CFM editou um Código de Ética Médica, que previa a telemedicina no seu art. 37, parágrafo único. Ainda em 2009, o CFM editou a resolução CFM 1.890/2009, que definia e normatizava a Telerradiologia, regulando a possibilidade de transmissão de imagens e relatórios à distância em diversas modalidades.

No final de 2018, o Conselho Federal de Medicina baixou a Resolução nº 2.227/2018, definindo e disciplinando a telemedicina como forma de prestação de serviços mediados por tecnologia, destacando que a telemedicina e a tele assistência médica poderiam ser operacionalizadas em tempo real on-line (síncrona) ou off-line (assíncrona), por multimeios em tecnologia. Contudo, essa Resolução foi revogada pelo CFM em 22.02.2019, em virtude do alto número de propostas de alteração no texto da Resolução (1.444 propostas), bem como para atender aos pedidos de entidades médicas por mais tempo para análise do texto original e as propostas de mudança recebidas. Portanto, no Brasil, ainda vigora a Resolução CFM nº 1.643/2002.

Nota-se, portanto, que a telemedicina não é uma novidade advinda da Pandemia pelo COVID-19, mas é uma realidade potencializada pelo momento em que vivemos. Há muito se fala no Brasil pela possibilidade do uso da tecnologia para que pessoas mais carentes ou até mesmo pessoas que moram em lugares longínquos do Brasil possam ter acesso a um profissional da área da saúde, mesmo que de forma remota, ou seja, não presencial (CAVALCANTI, FUJITA: 2018, p. 116). Neste aspecto, para muitos, a telemedicina poderia ser uma importante ferramenta para o exercício do direito fundamental à saúde no Brasil.

Contudo, como visto acima, no Brasil a telemedicina tem sido vista como uma prática ainda incerta e controvertida, os próprios profissionais da área médica não possuem um posicionamento único em relação ao tema. Além da falta de regulamentação clara, ainda há muitos questionamentos sobre a segurança e benefícios que este procedimento pode trazer à nossa sociedade, como veremos a seguir.

De qualquer forma, a questão hoje é que, apesar das desconfianças e falta de uniformidade sobre o tema, a telemedicina passou a ser utilizada em tempos de isolamento pela pandemia do COVID-19, em muitos casos, como único instrumento capaz de propiciar o acesso de alguns pacientes que não devem ou necessitam ir ou permanecer em hospitais, a uma consulta médica.

Assim, a telemedicina neste momento, tornou-se uma realidade. Porém, um dos pontos que precisamos verificar é a questão do uso ético dessa tecnologia e os cuidados necessários quanto à proteção de dados pessoais.

1. BIOÉTICA, TELEMEDICINA, PROTEÇÃO DE DADOS E ALTERIDADE EM TEMPOS DE COVID-19

3. Telemedicina, ética e proteção de dados

A telemedicina vem recebendo pesadas críticas. Uma delas se refere à possibilidade de erro do médico por não realizar um exame clínico direto no paciente, o que seria inadmissível em termos de medicina. Para muitos, a telemedicina contraria a própria essência da relação médico-paciente, que, durante séculos, só admitiu a forma presencial.

Ademais, aponta-se como crítica o receio da mercantilização da medicina por meio da tecnologia, aviltando a profissão médica como se fosse um serviço de atendimento telefônico qualquer. Some-se ainda a preocupação em elitizar-se a Medicina num país como o Brasil, que sequer possui cobertura integral e de qualidade de internet, haja vista o seu imenso território. Por outro lado, outros defendem que a telemedicina é um facilitador de acesso que permitiria a democratização da medicina. Difícil dizer com quem está a razão.

Em tempo de pandemia, também é importante referir que "relatos internacionais exitosos mostraram que a telemedicina é uma ferramenta efetiva para a redução do contato presencial entre profissionais de saúde e usuários com síndrome respiratória aguda grave" (CABRAL et al.: 2020). Isso é fundamental para proteger os profissionais de saúde tão necessários neste momento. Também é importante a telemedicina para atender e monitorar pacientes de alto risco (BARRA et al.: 2020, p. 42), evitando-se que se exponham ao vírus sem necessidade.

No aspecto jurídico, talvez a grande preocupação com o uso da telemedicina esteja ligada ao risco de poder ocorrer vazamento de informações do paciente, dados sigilosos, incluindo imagens do seu corpo, do seu estado de saúde (dados sensíveis). Isso tudo sem contar a possibilidade de invasão dos dados do consultório médico por parte de crackers,[4] adulterando-os ou subtraindo-os.

A revogada Resolução do Conselho Federal de Medicina nº 2.227/2018, referente à regulamentação da telemedicina no Brasil, tinha preocupação com a segurança dos dados pessoais dos pacientes e determinava que todos os procedimentos deveriam ser gravados, uma vez que todos os serviços prestados por telemedicina e os dados e imagens dos pacientes trafegam na rede mundial de computadores (internet) com infraestrutura,

---

[4] Os *crackers* têm como prática a quebra da segurança de um *software* e usam seu conhecimento de forma ilegal, portanto, são vistos como criminosos.

gerenciamento de riscos e requisitos obrigatórios para assegurar o registro digital apropriado e seguro. Assim, dispunha sobre a guarda, manuseio, integridade, veracidade, confidencialidade, privacidade e garantia do sigilo profissional das informações, abrangendo todos os dados trocados por imagem, texto e/ou áudio entre médicos, entre médico e paciente e entre médico e profissional de saúde. Previa a utilização do Sistema de Registro Eletrônico/Digital de informação, proprietário ou de código aberto, que capturasse, armazenasse, apresentasse, transmitisse ou imprimisse informação digital e identificada em saúde, e que atendesse integralmente aos requisitos do Nível de Garantia de Segurança 2 (NGS2) e o padrão ICP-Brasil.

Apesar de toda essa preocupação, é certo que a telemedicina foi admitida em tempos de COVID-19 não mais apenas por uma norma deontológica, mas agora por uma norma jurídica (Lei nº 13.989, de 15.04.2020), porém por um período transitório, enquanto perdurar a pandemia do COVID-19, tendo em vista a excepcionalidade da medida.

O que nos preocupa é que a mencionada Lei (Lei nº 13.989, de 15.04.2020) não ditou regras específicas sobre a segurança, manipulação e proteção dos dados sensíveis individuais de cada paciente e, neste sentido, em nada nos ajuda o adiamento da vigência da LGPD (Lei Geral de Proteção de Dados no Brasil – Lei nº 13.709 de 2018), que agora passou a ter vigência programada para 1º de janeiro de 2021.

Este adiamento da Lei Geral de Proteção de Dados não nos preocupa apenas quanto aos dados manipulados e adquiridos por meio do exercício da telemedicina, mas também por qualquer outro mecanismo de tecnologia disponível e que possa vigiar e controlar os indivíduos por conta dos seus dados sensíveis na esfera da saúde. Este é, sem dúvida, um dos problemas que teremos que enfrentar no mundo pós COVID-19.

Apesar de ser um momento diferenciado, em que vivemos tempos difíceis e únicos, como proteger dados pessoais, notadamente os provenientes de tratamentos de saúde? Por certo que o interesse público, do bem social, deve ser levado em consideração, mas existem limites? Como utilizar as tecnologias aplicáveis à medicina sem violar direitos como privacidade, por exemplo? São perguntas para as quais não temos respostas imediatas, mas que devemos estudar com cuidado.

A proteção dos dados advindos das informações médicas, são dados sensíveis que fazem parte da intimidade e privacidade do sujeito e, como

1. BIOÉTICA, TELEMEDICINA, PROTEÇÃO DE DADOS E ALTERIDADE EM TEMPOS DE COVID-19

tal, devem ser tratados. Assim, mesmo que não haja legislação específica sobre o assunto, o médico sabe, por dever profissional, que o sigilo é um dos princípios fundamentais da relação médico-paciente e, como tal, deve ser respeitado com o uso da telemedicina, mesmo em tempos de pandemia.

O sigilo médico está presente no Código de Ética Médica brasileiro e o seu não cumprimento pode acarretar violação contida no art. 145 do Código Penal. A confiança depositada pelo paciente no médico que o atende faz parte da relação médica, portanto, cabe ao médico informar adequadamente seu paciente sobre seu diagnóstico, prognóstico e tratamento, possibilitando, desde que possível, o exercício da autonomia da vontade do paciente como princípio bioético (CAVALCANTI, FUJITA: 2018, p. 106-109) e, também, preservar sua privacidade, cuidando do sigilo dos dados transmitidos na consulta e procedimentos. O sigilo, portanto, é um direito do paciente que fundamenta a própria relação médico-paciente, independentemente da relação ser presencial ou virtual.

Portanto, a telemedicina é apenas mais um método, uma ferramenta para o exercício da medicina e, neste período de pandemia pelo COVID-19, a Lei nº 13.989 de 2020, que apenas permitiu o seu uso, mas não detalhou o seu formato ou determinou consequências pela uso da técnica, não afastou as consequências jurídicas dela decorrentes. Situação que não afasta a possibilidade de se reconhecer a responsabilidade pelos atos médicos praticados, tendo em vista a legislação em vigor, em especial, a Constituição Federal de 1988, Código Civil e Código Penal. Em sendo assim, caberá ao judiciário, aplicar, quando for necessário, a legislação pertinente ao sigilo e à proteção de dados para dirimir eventuais litígios decorrentes dessa prática.

Os tempos são difíceis, mas os direitos ainda existem e devem ser respeitados, observando-se as peculiaridades do momento que estamos vivendo. A proteção de dados faz parte dos direitos individuais e possui amparo jurídico reconhecido. E a telemedicina em tempos de COVID-19 deve seguir, dentro das possibilidades, os preceitos da relação médica presencial, inclusive no que tange ao sigilo e à proteção dos dados pessoais. Ou seja, o profissional da área da saúde, que se utiliza de mecanismos da telemedicina, deve exercer a sua atividade com o cuidado necessário e possível, que é decorrente da sua profissão.

Reforçamos ainda, como a responsabilidade que cada um dos membros da sociedade tem pelos Outros exige uma compreensão da justiça que considere as particularidades da situação, sem buscar exclusivamente que tenham aplicação universal e ideal, mas aquilo que vai cuidar ou pode cuidar de todos.

Conclusões

Neste momento em que vivemos uma pandemia pelo COVID-19, precisamos contar com todas as ferramentas que a tecnologia nos oferece para minimizar os riscos e perdas de vidas. Contudo, apesar da tecnologia estar presente como facilitador da relação médica, por meio da telemedicina, não podemos nos esquecer dos princípios bioéticos que devem pautar a medicina contemporânea, em especial os princípios da beneficência, não-maleficência, justiça e autonomia.

Precisamos, enfim, entender que somos parte de uma totalidade, a visão de alteridade nos leva a procurar o atendimento de todos. Devemos enxergar o Outro e gerar responsabilidade conjunta. Neste aspecto, a utilização da telemedicina se mostra como forma de efetivar o acesso ao tratamento médico para todos e todas.

A telemedicina é um mecanismo que pode e deve ser utilizado para melhorar a condição de saúde e salvar vidas e deve ser encarado apenas como mais um instrumento para a realização do bem comum. No entanto, não podemos deixar de ressaltar a importância da proteção de direitos individuais fundamentais e da personalidade, como o caso do sigilo e da proteção de dados, mesmo em tempos de pandemia. E a ausência de legislação específica sobre os efeitos do uso da telemedicina não afasta a responsabilidade de quem a usa. Trata-se de exercício de profissão e, como tal, deve ser exercida com responsabilidade e critérios éticos. O que se deve, entretanto, é observar a situação como um todo, adequando-se à realidade presente.

É certo, todavia, que estamos diante de uma situação ímpar, em que haverá sim colisão de direitos, e estas questões deverão ser decididas pelo judiciário quando for o caso, mas se tivermos consciência da nossa responsabilidade em respeitar o direito do Outro e reconhecê-lo como a nós mesmos, certamente minimizaremos os litígios.

Talvez, este período de incertezas trazido pelo COVID-19 seja uma oportunidade para refletirmos os nossos princípios, valores e responsabilidades em busca de uma sociedade mais ética e solidária.

Referências

AVILA, Roberto Luiz D'. *Responsabilidades e Normas Éticas na Utilização da Telemedicina.* http://portal.cfm.org.br/index.php?option=com_content&view=article&id=200 96:responsabilidades-e-normas-eticas-na-utilizacao-da-telemedicina&catid=46. Acesso em 18.04.2020.

BARRA, R.; DE MORAES, E.; JARDIM, A.; DE OLIVEIRA, K.; BONATI, P.; ISSA, A.; MACHADO, C. A importância da gestão correta da condição crônica na Atenção Primária à Saúde para o enfrentamento da COVID-19 em Uberlândia, Minas Gerais. *APS EM REVISTA*, v. 2, n. 1, p. 38-43, 15 abr. 2020. Departamento de Patologia da Faculdade de Medicina da Universidade de São Paulo. Disciplina de Telemedicina. https://telemedicina.fm.usp.br/portal/historia-da-telemedicina/ Acesso em 18.04.2020.

BRASIL. Ministério da Saúde do Brasil. https://covid.saude.gov.br/ Acesso em 18.04.2020.

CABRAL, Elizabeth Regina de Melo et al. Contribuições e desafios da Atenção Primária à Saúde frente à pandemia de COVID-19. *Inter American Journal of Medicine and Health*, v. 3, 2020. Pre-publication release of accepted article.

CAVALCANTI, Ana Elizabeth Lapa Wanderley. FUJITA, Jorge Shiguemitsu. O sigilo na relação médico-paciente como direito da personalidade e a sociedade da informação. O movimento entre os saberes. *Direito à saúde na sociedade em rede*, volume X. Porto Alegre: Evangraf, 2018.

DINIZ, Maria Helena. *O estado atual do Biodireito.* 6. ed. São Paulo: Saraiva, 2009.

FRAKT, Austin. https://www.terra.com.br/vida-e-estilo/saude/quem-deve-ser-salvo--primeiro-especialistas-oferecem-conselhos-de-etica,745f5d22b8c7f539b0906c9 31f98f3abkzrs9gq2.html Acesso em 18.04.2020.

GLASENAPP, Ricardo. O princípio da igualdade aplicado ao direito de acesso à saúde. In: *Biodireito Constitucional.* GARCIA, Maria. GAMBA, Juliane Caravieri. MONTAL, Zélia Cardoso (Coordenadoras). Rio de Janeiro: Elsevier, 2010.

GONÇALVES, Carol. *Caderno eHealth_innovation.* Tecnologias da informação e comunicação transformando a saúde. https://telemedicina.fm.usp.br/portal/wp--content/uploads/2014/11/eHealthed62.pdf. Acesso em 18.04.2020.

KIM, Steven. ROLAND, James. 17 Best Telemedicine Companies. In: *Healthline.* https://www.healthline.com/health/best-telemedicine-companies#1. Acesso em 18.04.2020.

LÉVINAS, Emmanuel. Entre nós: ensaios sobre a alteridade. Petrópolis: Vozes, 2004.

LOPES, Marcelo Antônio Cartaxo Queiroga; OLIVEIRA, Gláucia Maria Moraes de; e MAIA, Luciano Mariz. Saúde digital, direito de todos, dever do Estado? Arq. Bras. Cardiol. [online]. 2019, vol. 113, n. 3, p. 429-434.

PEREIRA, Alexandre Libório Dias. *Telemedicina e farmácia online*: aspetos jurídicos da ehealth. Disponível em: https://portal.oa.pt/upl/%7B79eff4f2-f05c-497e-9737-ca05830cc360%7D.pdf. Acesso em: 19.04.2020.

2. Desinformação e COVID-19 no Brasil: desafios e limites do enquadramento penal da disseminação de notícias falsas

GREICE PATRÍCIA FULLER

IRINEU FRANCISCO BARRETO JUNIOR

Introdução

O Brasil apresenta especificidades, entre as democracias ocidentais, nos esforços de mitigar os efeitos da Pandemia da Covid-19 que assola o planeta causando óbitos, morbidade severa, saturação dos serviços de saúde, imposição de isolamento social e a perspectiva de depressão econômica. Além de combater o adoecimento e demais efeitos da transmissão do patógeno, o país convive com uma epidemia de desinformações e *Fake News*, impulsionadas em redes sociais (*Facebook* e *Instagram*), *Twitter* e aplicativos de mensagens (*WhatsApp* e *Telegram*) e propagadas no âmbito da polarização ideológica que assola a nação, desde 2015, e que teve no ano de 2018 um ponto de inflexão[1].

As unidades um e dois deste capítulo apresentam resultados de pesquisa empírica[2] realizada entre março e abril de 2020, desdobramentos

[1] BARRETO JUNIOR, Irineu Francisco; VENTURI JUNIOR, Gustavo. *Fake News* em Imagens: um esforço de compreensão da estratégia comunicacional exitosa na eleição presidencial brasileira de 2018. *REVISTA DEBATES*, Porto Alegre, v. 14, n.1, jan.-abril. 2020.

[2] A metodologia adotou recorte qualitativo e exploratório, o que significa que seu intuito não é extrapolar os resultados obtidos para todo o universo potencialmente representado por redes sociais ou propagadores de Fake News, e sim demonstrar a existência do fenômeno, consubstanciar sua compreensão e entendimento para novos estudos e enfoques.

de estudos iniciados em 2019 nos quais foram monitorados grupos de *WhatsApp* de extrema direita, compostos por apoiadores radicais do presidente brasileiro, defensores de ideias contrárias aos primados democráticos, proponentes de projetos sectários e disseminadoras de *Fake News* e Discurso do Ódio. As unidades subsequentes abordam os desafios e limites do enquadramento penal da disseminação de notícias falsas, ao problematizar a efetividade dessas medidas tendo em vista o caráter melífluo e aparentemente não intencional da propagação de desinformação. Em razão disso o capítulo aborda a relação entre direito e ódio no o cenário jurídico criminal e, ao término, condutas praticadas no cenário da pandemia do coronavírus e sua tipologia criminal.

1. Fake News, desinformação e epidemia de notícias falsas nos anos recentes

Este capítulo elege o conceito de que Fake News não são apenas notícias falsas ou simples mentiras. São componentes de estratégias comunica-cionais de desinformação bastante sofisticadas e que envolvem desde a produção de conteúdo deliberadamente fraudulento, falso, distorcido, enviesado ideologicamente, além da distribuição e impulsionamento dessas mensagens pela Internet, redes sociais, plataformas de vídeo e ferramentas de comunicação em tempo real. Inauguram uma nova era de desinformação política em decorrência das funcionalidades desenvolvidas pelas Tecnologias de Comunicação e Informação, da hiperconectividade inaugurada com a invenção dos smartphones e dos novos padrões de sociabilidade estabelecidos pela Internet.

Conceitualmente, há alguns elementos mínimos imprescindíveis na compreensão das Fake News e das táticas de disseminação de desinfor-mação[3]. É necessário ressaltar que, no campo da política, costumam ser deliberadamente falsas; distorcidas e renegam a realidade factual. Servem para obter engajamento em períodos eleitorais ou fidelização de público em épocas de grande polarização ideológica, como a observada no Brasil durante a pandemia de Covid-19.

---

[3] BARRETO JUNIOR, Irineu Francisco. Fake News e Discurso do Ódio: estratégia de guerra permanente em grupos de Whatsapp *In*: RAIS, Diogo (coord.). *FAKE NEWS: a conexão entre desinformação e o Direito*. 2. ed. São Paulo: Thomson Reuters Brasil, 2020.

2. DESINFORMAÇÃO E COVID-19 NO BRASIL

Outro aspecto a ser destacado nessas táticas são seus vieses ao disseminar desinformação; mentiras, fraudes e teorias da conspiração. Os beneficiários das táticas de desinformação necessitam impor essa dimensão falseada da realidade para determinar a pauta da agenda pública, mantê-la apartada da realidade factual e da ciência pois nesses campos nada têm a oferecer. Em razão disso os beneficiários de *Fake News* travam guerras permanentes contra a imprensa, a educação e o saber científico. Servem, portanto, muito mais para reforçar vieses de reforço do que na descrição da realidade adjacente.

São disseminadas de forma orgânica ou impulsionada em redes sociais/grupos de WhatsApp, mesmo que parcela da disseminação de desinformação possa ocorrer de forma inadvertida. Por paradoxal que seja, o fenômeno contemporâneo da desinformação é inalienável ao surgimento da Sociedade da Informação[4], era na qual o aparato tecnológico rompeu as barreiras da informática e passou a refletir-se nas dimensões econômicas, sociais, culturais e comportamentais, criando a era da Sociedade em Rede.

2. Disseminação de notícias falsas sobre a Covid 19 no Brasil

O ano de 2020 estabelece uma clivagem de inovação nas estratégias de desinformação. Se, até então, se circunscreviam majoritariamente ao campo da política, neste ano passam a espalhar também desinformação sobre a pandemia mundial de Covid-19. A gênese do fenômeno é a mesma, circunscrever o patógeno e seus efeitos ao debate ideológico e, com isso, ocultar a inépcia de governantes brasileiros que, pautados pelo sentimento atávico de negação da realidade factual, demonstram-se incapazes de liderar o país nas ações de combate à pandemia. Dessa forma, a desinformação desloca seu foco para o campo da Saúde Pública – tais quais aquelas que questionam a eficácia das vacinas, alardeiam medo, teorias sem embasamento científico e induzem as populações a comportamentos que podem deixar sequelas incontornáveis. A pesquisa identificou as principais correntes de desinformação, disseminadas pelas ferramentas tecnológicas, e que passam a ser analisadas a seguir.

---

[4] CASTELLS, Manuel. *A Era da Informação: economia, sociedade e cultura*. Volume I, a Sociedade em Rede. 5. ed., São Paulo: Paz e Terra, 2001.

2.1. Relativização dos efeitos da doença e politização do tratamento

Em artigo publicado no Jornal Folha de S. Paulo e assinado pelas principais agências de checagem de fatos brasileiras[5] os signatários atestam que "desde 26 de fevereiro, quando o país registrou o primeiro caso de coronavírus, os *fact-checkers*" brasileiros já identificaram mais de cem informações falsas sobre a pandemia —mais de três por dia." Ainda segundo o artigo, a base internacional de checagens sobre o coronavírus mantida pela *International Fact-Checking Network* aponta que *Facebook, WhatsApp* e *Twitter* são os canais mais utilizados para distribuir desinformação no Brasil e "o que aflige os checadores é constatar que autoridades brasileiras, graças à influência de seus cargos, contribuem de forma expressiva para o avanço da desinformação".[6]

As agências de checagem identificaram que políticos brasileiros "produziram, endossaram e compartilharam dados errados sobre vacinas, distanciamento social e a origem do novo coronavírus" e usaram dados defasados e enviesados no seu mister de mitigar os efeitos do patógeno. Exemplifica essa prática um conjunto numeroso de mensagens, identificadas na pesquisa que fundamenta esse capítulo, que comparam números de casos da Covid-19 com adoecimento e mortalidade relacionados a outros agravos como Influenza, casos oncológicos, Malária, tabagismo, alcoolismo e mortalidade decorrente de acidentes e homicídios. Essas comparações são improcedentes em termos científicos e mitigam os efeitos maléficos do patógeno, negligenciam sua rápida propagação, a saturação que provoca nos serviços de saúde, elevadas taxas de mortalidade em idosos e todo o conjunto de especificidades decorrentes da contaminação.

As redes e grupos de *WhatsApp* no Brasil foram inundadas por notícias falsas de adulteração de atestados de óbitos que, conforme esses teores, falsamente atribuíam à Covid-19 a causa do óbito, com o intuito de inflar os números da pandemia no país. Caso paradigmático foi um comunicado falso do Ministério da Saúde, aos familiares de vítimas de óbito para não aceitarem declarações de óbitos, nas quais fosse determinada o patógeno como causa do falecimento. Ainda sobre a desinformação, falsas notícias sobre criação de vacinas e teores que apregoam efeitos

---

[5] AGÊNCIA LUPA; AOS FATOS; BOATOS.ORG; E-FARSAS; ESTADÃO VERIFICA. Autoridades parem de distorcer fatos. *Jornal Folha de S. Paulo*. 08. Abr. 2020.
[6] *Ibid.*

miraculosos da substância cloroquina, e seu derivado hidroxicloroquina, inundam o ambiente virtual do país. No caso da substância supracitada, sua prescrição é veiculada como efetiva no combate à doença, contudo não há, até o presente momento, fundamentação científica ou mesmo clínica que ateste seus efeitos medicamentosos.

2.2. Pregação contra o isolamento social e contrárias à quarentena

Grupos situados na extrema direita do espectro político brasileiro e apoiadores radicais do presidente da república difundem mensagens contrárias ao isolamento social, amparados na tese de que a quarentena não seria para mitigar os efeitos da pandemia e sim paralisar a economia, provocar depressão e econômica, desemprego, agitação social e, em *ultima ratio*, inviabilizar o mandato presidencial. Em meio à pandemia foram realizadas carreatas e manifestações que exigem a abertura dos estabelecimentos comerciais e retomada da atividade econômica em detrimento do isolamento social recomendado pela Organização Mundial da Saúde, autoridades sanitárias e adotadas pelos governos subnacionais brasileiros.

A movimentação da desinformação, neste caso, busca estabelecer uma falsa dicotomia entre o combate à Covid-19 e a preservação da atividade econômica, teses encampadas também por autoridades do governo central como tática para, simultaneamente, acenar para trabalhadores autônomos ou desempregados, empresários, e representantes do setor serviços que, legitimamente, temem os efeitos do *lockdown* sobre a economia, assim como servir como futuro subterfúgio defensivo ao governo federal, frente à inevitável debacle econômica que será provocada pelo combate ao patógeno.

2.3. Disputa entre os Entes Federativos

No contexto de politização do combate à pandemia no Brasil, é necessário recordar que o país compõe uma Federação com distribuição de competências e atribuições entre seus entes, estabelecidas pela Constituição Federal de 1988. Seria esperado o *aggiornamento* de ações combinadas entre os entes federativos e, preferencialmente, coordenadas pela União. Contudo, o que se verifica no país é a disseminação de mensagens que contrapõe o poder central aos governadores, atacando estes últimos por considerá-los potenciais opositores do presidente no próximo pleito, que será realizado apenas em 2022[7]. Os teores disseminado os acusam de superdimensionar a pandemia e, de forma arbitrária, movidos por interesses eleitorais, promover o isolamento social com o intuito de insuflar a debacle econômica e inviabilizar o mandato presidencial. Pululam mensagens enviesadas com determinações para retomada da atividade econômica, reabertura das escolas e associação entre as medidas adotadas pelos governadores e a deterioração do emprego e da atividade econômica.

Sequer o ministro da saúde saiu incólume dos ataques virtuais. Em decorrência da elevada exposição amealhada pelo ministro Henrique Mandetta e, especialmente, sua disposição em seguir as recomendações da Organização Mundial da Saúde, diametralmente opostas às condutas sugeridas pela autoridade presidencial, o tornaram alvo da artilharia virtual dos apoiadores radicais do presidente. Acusado de ser filiado ao DEM, agremiação partidária dos presidentes da Câmara dos Deputados, Rodrigo Maia, e do Senado, Davi Alcolumbre, agiria o ministro sob tutela destes ao determinar o isolamento social com o intuito de desestabilizar o mandatário presidencial. Foi acusado ainda de preferir adquirir insumos médicos da China em detrimento de produtores nacionais, superdimensionar os recursos financeiros para combater os efeitos da Covid-19 e mover-se com vistas às eleições de 2022. No auge da pandemia, em 16 de abril de 2020, Mandetta foi demitido do cargo de ministro da saúde.

2.4. Ataques à China e à Organização Mundial da Saúde

Conforme assinalado no início desde capítulo, desde 2015 o Brasil atravessa um período de aguda polarização ideológica, cujo ápice foi a eleição presidencial de 2018 e cujo clima perdura até os tempos presentes e contamina os esforços de combate à pandemia. Nesse estágio de polarização foi ressuscitada uma anacrônica Guerra Fria que elege a China como novo espectro a rondar o mundo livre ocidental. São disseminadas falsas notícias de que a potência oriental teria de forma deliberada criado e disseminado o novo patógeno com o intuito de desestabilizar a

---

[7] O Supremo Tribunal Federal – STF e o Congresso brasileiro foram alvo de ataques anteriores ao longo de 2019, cuja artilharia volta à baila no presente momento.BARRETO JUNIOR, Irineu Francisco. Fake News e Discurso do Ódio: estratégia de guerra permanente em grupos de Whatsapp *In*: RAIS, Diogo (coord.). *FAKE NEWS: a conexão entre desinformação e o Direito*. 2. ed. São Paulo: Thomson Reuters Brasil, 2020.

economia capitalista, afetar os EUA e, concomitantemente, lucrar com o fornecimento de tecnologia, insumos médicos, maquinário de ventilação mecânica e equipamentos de proteção individual como luvas e máscaras.

Nesse contexto a Organização Mundial da Saúde seria um títere dos interesses chineses, uma vez que o país teria impulsionado a escolha do etíope Tedros Adhanom para a chefia da OMS e hoje a nação asiática exerceria influência sobre a organização. Conteúdos propagados em redes sociais e grupos de WhatsApp, com o intuito de reforçar essa teoria da conspiração, batizaram o patógeno como "Vírus Chinês" (SIC), atuam fortemente em ocultar os reais efeitos da pandemia e circunscrevê-lo no campo persecutório de um suposto pacto globalista internacional firmado por ambientalistas, defensores dos direitos humanos, progressistas em geral e sociais-democratas europeus, agora aliados dos chineses.

3. Direito e ódio: reflexões sobre aspectos criminais

Para iniciar o tema, Juan Alberto Díaz López[8] informa que o discurso do ódio compreende crimes caracterizados por serem portadores de enunciados linguísticos que atentem contra fatos institucionalizados, padrões concretos, como *v.g.* motivos racistas ou qualquer ou forma de discriminação, religião, sexo, gênero, raça, incapacidade ou enfermidade.

O ódio também pode ser considerado sob tríplice aspecto, a saber: como aversão; como ameaça de dano futuro e como lesão. Neste ponto, Juan Luis Fuente Osorio[9], traduz o tema com perfeita coerência, afirmando que o ódio como aversão provém de um determinado fator emocional, como a inimizade e hostilidade conectadas a fatores de discriminações. De outro modo, apresenta o conceito de ódio como ameaça de dano futuro, apresentando-o como instrumento que coloca bens jurídicos em perigo em relação à coletividade. Assim, o ódio, atua "como *ratio* da decisão político criminal da antecipação da tutela penal"[10] em razão

---

[8] DÍAZ LÓPEZ, Juan Alberto. El Art. 22.4 CP y la motivación discriminatoria online. In: Cometer delitos en 140 caracteres. *El Derecho Penal ante el odio y la radicalización en Internet.* Marcial Pons: Madrid, 2017, p.108-109.

[9] FUENTES OSORIO, Juan Luis. El odio como delito. *Revista Electrónica de Ciencia Penal y Criminología RECPC*, 19-27 (2017).

[10] *Ibidem.*

de condutas que lesionam ou colocam em perigo certos bens jurídicos concretos, como a paz pública que segundo Karsten Altenhain[11] ampara os delitos de integridade física, vida e liberdade.

A questão que se impõe juridicamente sobre o discurso do ódio implica em compreender-se se toda conduta de ódio desrespeita os direitos fundamentais e assim pode ser passível de tipificação penal e apresenta limites legais. Portanto, a *vexata quaestio*, no cenário do CORONAVÍRUS (COVID-19) é saber se o discurso do ódio implantado por discursos falaciosos, plenos de subversão à paz pública e consequentemente à saúde pública, a partir do momento em que desmentem dados científicos baseados em raciocínios sistematizados, organizados, coerentes, metódicos e em premissas comprovadas por estudos da *expertise* médica e não pela "boca popular digital" que confunde crenças e mitos presentes em redes sociais com premissas ético-científicas apresentam limites em sua liberdade de expressão. O que se nota de forma assombrosa é um cenário de desinformação ou ainda de falsas informações nas redes sociais que se encontra despojado de ética, cientificidade e responsabilidade democrática. Nesse sentido, convém trazer à colação:

> A desinformação digital tornou-se tão difundida em mídias sociais digitais que ela foi listada pelo FEM [Fórum Econômico Mundial] como uma das principais ameaças à sociedade humana. Se uma notícia, fundamentada ou não, é aceita como verdadeira por um usuário pode ser fortemente afetada por normas ou por quanto ela é coerente com o sistema de crenças do usuário (32, 33). Muitos mecanismos fazem com que informações falsas sejam aceitas, o que gera falsas crenças que, uma vez adotadas por um indivíduo, são altamente resistentes à correção.[12]

Portanto, a liberdade de expressão deve ser condicionado ao princípio da dignidade da pessoa humana. Vale observar que o citado princípio protege contra tratamentos degradantes e discriminações odiosas,

---

[11] ALTENHAIN, KARSTEN. *§130 StGB. Strafgesetzbuch*. Kommentar: Munich, 2013, p. 130-131.

[12] VICARIO, M. et al. *The spreading of misinformation online. Proceedings of the National Academy of Sciences*, [S. l.], 19 jan. 2016, v. 113, n. 3, p. 554-559. Disponível em <https://www.pnas.org/content/113/3/554.short>. Acesso em 05 abril 2020

2. DESINFORMAÇÃO E COVID-19 NO BRASIL

assegurando condições mínimas de sobrevivência[13], sendo seu conceito reconhecido expressamente pela Constituição Federal de 1988 como valor-matriz dos fundamentos da República Federativa do Brasil (art. 1º, inciso III da CF)[14].

Vem daí a importância, no contexto da pandemia do Coronavírus de que as informações não sejam caracterizadas pelo fenômeno da "ignorância digital" e concretizada pela repetição e oportunismos políticos ou ideológicos, mas sim, para o atingimento, no dizer de Elza Ajenberg[15], de um conhecimento sistemático e seguro, cuja razão, ordem, investigação e realidade sejam as diretrizes para o avanço do conhecimento.

Portanto, entre a dialética de discursos desinformados calcados no ódio pela vida alheia – suprimindo o valor da solidariedade, aumentando a crise da pandemia, negligenciando a ciência – e a liberdade de expressão há a necessidade de reflexão. Será que os discursos digitais nas redes sociais, veiculados de forma desinformada ou por meio de falsas notícias, até o ponto de afirmarem que a crise da pandemia é apenas um fruto causado por uma guerrilha política gerada por uma bipolaridade ideológica, propiciando, um fenômeno de "cegueira digital", não instrumentalizará a ruptura, pouco a pouco, da democracia cognitiva e da possibilidade do ser humano reaprender a pensar?

4. O cenário fático da pandemia do coronavírus e a indicação de sua tipologia Criminal

Quando as notícias passam a ser veiculadas pelas mídias sociais soam para alguns que seus conteúdos – notadamente dependentes de quem as lançou no mundo digital e acompanhadas do argumento de autoridade – passam a dogmas alçados como instransponíveis de qualquer indagação mesmo em um Estado Democrático de Direito e submerso a uma realidade construída aos moldes da obra "A Peste" do autor existencialista Albert

---

[13] SARLET, Ingo Wolfgang. *Dignidade da pessoa humana e direitos fundamentais*. Porto Alegre: Livraria do Advogado, 2001, p. 60.

[14] FULLER, Greice Patrícia. O Meio Ambiente Hospitalar em face da Dignidade da Pessoa humana no Direito Ambiental Brasileiro. *Revista Brasileira de Direito Ambiental*, abr/jun,2011,p.62.

[15] Arte e Ciência: diálogo. *Jornal da USP*, 20 a 26.10.1997, p.20.

Camus, na qual retrata a ideia de que as pestes e as guerras alcançam as pessoas sempre desprevenidas.

Aqui há que se debruçar sobre duas realidades fáticas diversas praticadas sobre dois sujeitos distintos, ou seja: o cidadão considerado individualmente e aquele que representa os interesses estatais quer em um sistema presidencialista ou parlamentarista e que tem como atribuição a salvaguarda não apenas dos interesses da Nação, como daqueles que a integram.

O chamado "bom governo" é *conditio sine qua non* para o atingimento dos objetivos de sustentabilidade, justiça social e respeito dos direitos sociais[16]. Portanto, uma pessoa jurídica de direito privada, assim como uma pessoa física, sob a égide de um "bom governo", concretizarão de forma inegável os princípios insculpidos nos artigos 170 e 196 da Constituição Federal, podendo ser caracterizada a República Federativa do Brasil como sustentável, humanística, valorizadora da ciência e tecnologia[17] e acima de tudo, cumpridora do valor e garantia fundamental vida.

Inicialmente analisando-se academicamente algumas condutas do governo, plenamente divulgadas em órgãos de convergência midiáticos como: discurso em Brasília para manifestantes que pediam intervenção militar e assim eram incitados para tal prática[18]; ações que contrariam a Organização Mundial da Saúde e Portaria Interministerial 5/2020[19]

---

[16] TABRA OCHOA, Edison Paul. *Solidaridad y Gobierno corporativo de la empresa: una mirada a los organismos internacionales,* Bosh: Barcelona, 2015, p. 78.

[17] FULLER, Greice Patricia. A responsabilidade social e ambiental das entidades financeiras em face do Direito Ambiental como Direito Humano e da Sociedade da Informação. *In: Revista da Faculdade de Direito Universidade Federal de Minas Gerais,* n. 71, jul/dez, 2017, p. 211.

[18] FOLHA DE S. PAULO. COLETTA, Ricardo Della; ONOFRE, Renato. *Não queremos negociar nada, diz Bolsonaro em ato pró-intervenção militar do QG do Exército.* Disponível em: https://www1.folha.uol.com.br/poder/2020/04/nao-queremos-negociar-nada-diz-bolsonaro-em--carreata-anti-isolamento-em-brasilia.shtml Acesso em 19 abril 2020.

[19] CARTA CAPITAL. *Bolsonaro volta a deturpar OMS para justificar foco econômico durante pandemia.* Disponível em: https://www.cartacapital.com.br/saude/na-tv-bolsonaro-insiste--em-usar-declaracao-de-diretor-da-oms-sobre-informais/ Acesso: 10 de abril de 2020; UOL; CHADE, Jamil. *OMS responde a Bolsonaro e nega que seja contra políticas de isolamento.* Disponível em: https://noticias.uol.com.br/colunas/jamil-chade/2020/03/31/oms-responde-a-bolsonaro--e-nega-que-seja-contra-politicas-de-isolamento.htm. Acesso em 10 de abril de 2020.

[20] que determinaram as medidas de isolamento social; o lançamento da campanha o "Brasil não pode parar"[21] ; incitação constante à participação de manifestações e aglomerações públicas[22] e dentre alguns atos normativo, a expedição do Decreto 10.292/2020 para abertura de igrejas e casas lotéricas[23]. Aqui deixamos clara a perspectiva narrativa e crítico-jurídica dos atos mencionados e não a menção político-ideológica assumida pelos pesquisadores.

Diante do cenário acima expendido, verificou-se o oferecimento de denúncia contra o chefe do Executivo federal perante o TPI em face de crimes contra a humanidade. *In casu,* segundo análise técnica é possível observar a prática caracterizadora dos crimes previstos nos artigos 267 e 268 ambos do Código Penal, tendo em vista a afronta a Organização Mundial da Saúde e a todos os órgãos e protocolos científicos mundiais e nacionais sanitários, bem como a incitação por meio presencial e digital de propagação de doença contagiosa e notadamente, ao genocídio digital calcado no discurso de ódio como ameaça de dano à paz pública, ou seja aos direitos à integridade física.

Nesse contexto, constrói-se a figura típica do "genocídio digital", em face do desprezo completo às recomendações das autoridades sanitárias de mantença de isolamento social, a rapidez da propagação da enfermidade e a ausência de vacina para seu imediato término, segundo a OMS. O termo genocídio, vale salientar, trata de um ato assim caracterizado como crime contra a humanidade e hediondo (art. 1º, parágrafo único, Lei 8.072/90), descrito no art. 1º da Lei .2889/56 e previsto no Estatuto

---

[20] UOL. *Bolsonaro tira de contexto fala de diretor da OMS, que defende isolamento.* Disponível em: https://noticias.uol.com.br/colunas/jamil-chade/2020/03/31/oms-responde-a-bolsonaro--e-nega-que-seja-contra-politicas-de-isolamento.htm. Acesso em 19 de abril de 2020.

[21] CORREIO BRAZILIENSE. *Planalto lança campanha 'O Brasil não pode parar' contra isolamento.* Disponível em: https://www.correiobraziliense.com.br/app/noticia/politica/2020/03/26/interna_politica,840572/planalto-lanca-campanha-o-brasil-nao-pode-parar-contra-isolamento.shtml. Acesso em 18 de abril de 2020.

[22] ESTADÃO. *Discurso de Bolsonaro incentiva desobediência e é escalada antidemocrática, dizem políticos.* Disponível em: https://politica.estadao.com.br/noticias/geral,discurso-de-bolsonaro--incentiva-desobediencia-e-e-escalada-antidemocratica-dizem-politicos,70003276430. Acesso em 18 de abril de 2020.

[23] AGÊNCIA BRASIL. Verdélia, Andréia. *Fala de Bolsonaro contradiz OMS, especialistas e medidas adotadas no mundo.* Disponível em: https://agenciabrasil.ebc.com.br/saude/noticia/2020-03/governo-define-lotericas-e-igrejas-como-atividades-essenciais. Acesso em 19 abril 2020.

de Roma (art. 6º) ratificado pelo Decreto n. 4.388/2002. O cerne de sua caracterização encontra-se na intenção do agente do agente de eliminar, ainda que parcialmente, um grupo sujeitando-o a condições de existência capazes de ocasionar-lhe a eliminação física. A partir da existência de orientações diretas e significativas por todos os meios tecnológicos sobre a premente necessidade de meios profiláticos, como o isolamento social, e há a defesa de aglomerações, carreatas e passeatas frente a hospitais em descompassos com OMS e demais organizações sanitárias, discursos incitando até mesmo aberturas de escolas e demais localidades, observa-se claramente a sujeição de brasileiros a condições provocadoras da destruição de sua integridade física total ou parcial (em caso de sobrevivência à enfermidade).

E, se não bastasse, tomando-se como argumento falacioso e transformando-o em desinformação, vê-se no cenário fático brasileiro uma coletânea nas redes sociais e nos movimentos sociais (encetados contra qualquer recomendação sanitária nacional e mundial) de tomada de posturas subversivas, por parte de cidadãos, à democracia e ao Preâmbulo constitucional. Tal prática enseja a violação à Lei de Crimes contra o Estado e a Ordem Política e Social (Lei 1.802/53), praticada não apenas nos meios digitais, mas de forma presencial e violentamente sonegadora de ações de prevenção de contágio no contexto da pandemia que hoje experimentamos. É a própria coletividade voltando-se contra o próprio coletivo em um paradoxo sentido extremo entre política e vida. De um lado aqueles gritando pela vida em leitos hospitalares e de outro, aqueles bradando sem quaisquer medidas de proteção contra o isolamento da causa oculta que mata. Novamente, Camus.

Conclusões

Desinformação e *Fake News* poluem o ambiente político e interferem no direito legítimo dos cidadãos de fazerem escolhas em bases racionais nas eleições, os impede de deliberar sobre plataformas reais, como a agenda econômica dos candidatos, planos para Educação e Saúde, política ambiental ou urbana – pautas deliberadamente ocultas pelas estratégias de *Fake News* que mobilizam os cidadão com base no medo, ódio, premissas falsas, calúnias e mentiras como fundamento para seus votos.

Na situação atual de desinformação no contexto da pandemia da Covid-19 seus efeitos além de deletérios podem ser fatais. Para além disso, a partir do segmento de discursos que subvertem à ordem democrática do Direito e ao regime federativo, fica clara a incursão à Lei de Crimes contra o Estado e a Ordem Política e Social (Lei 1.802/53), notadamente praticada via plataforma digital e sob o viés do discurso da pandemia que ora vivemos. Em razão disso devem ser denunciadas e combatidas. Para terminarmos, só resta tecer as seguintes palavras: "outra missão que temos, acima dessa avaliação de nosso tempo, é a de zelar pelo que possuímos de eterno e mais sublime, aquilo que confere à vida seu valor e que desejamos transmitir à nossos filhos, ainda mais puro e rico do que o recebemos de nossos antepassados".[24]

Referências

ALTENHAIN, KARSTEN. *§130 StGB. Strafgesetzbuch*. Kommentar: Munich, 2013.

BARRETO JUNIOR, Irineu Francisco. Fake News e Discurso do Ódio: estratégia de guerra permanente em grupos de WhatsApp *In*: RAIS, Diogo (coord.). *FAKE NEWS: a conexão entre desinformação e o Direito*. 2. ed. São Paulo: Thomson Reuters Brasil, 2020.

BARRETO JUNIOR, Irineu Francisco; VENTURI JÚNIOR, Gustavo. *Fake News* em Imagens: um esforço de compreensão da estratégia comunicacional exitosa na eleição presidencial brasileira de 2018. *REVISTA DEBATES*, Porto Alegre, v. 14, n.1, jan.-abril. 2020.

CASTELLS, Manuel. *A Era da Informação: economia, sociedade e cultura*. Volume I, a Sociedade em Rede. 5. ed., São Paulo: Paz e Terra, 2001.

DÍAZ LÓPEZ, Juan Alberto. El Art. 22.4 CP y la motivación discriminatoria online. In: Cometer delitos en 140 caracteres. *El Derecho Penal ante el odio y la radicalización en Internet*. Marcial Pons: Madrid, 2017, p.108-109.

EINSTEIN. Albert. *Escritos da Maturidade*. Nova Fronteira: Rio de Janeiro, 1994.

FUENTES OSORIO, Juan Luis. El odio como delito. *Revista Electrónica de Ciencia Penal y Criminología*. RECPC 19-27 (2017).

FULLER, Greice Patrícia. A responsabilidade social e ambiental das entidades financeiras em face do Direito Ambiental como Direito Humano e da Sociedade da Informação. *In*: *Revista da Faculdade de Direito Universidade Federal de Minas Gerais*, n. 71, jul/dez, 2017.

FULLER, Greice Patrícia. O Meio Ambiente Hospitalar em face da Dignidade da Pessoa humana no Direito Ambiental Brasileiro. *Revista Brasileira de Direito Ambiental*, abr/jun,2011.

---

[24] EINSTEIN. Albert. Escritos da Maturidade. Nova Fronteira: Rio de Janeiro, 1994, p. 160

SARLET, Ingo Wolfgang. *Dignidade da pessoa humana e direitos fundamentais*. Porto Alegre: Livraria do Advogado, 2001.

TABRA OCHOA, Edison Paul. *Solidaridad y Gobierno corporativo de la empresa: una mirada a los organismos internacionales*. Bosh: Barcelona, 2015.

VICARIO, M. et al. The spreading of misinformation online. Proceedings of the National Academy of Sciences, [S. l.], 19 jan. 2016, v. 113, n. 3, p. 554-559. Disponível em: https://www.pnas.org/content/113/3/554.shor. Acesso em; 05 abr. 2020.

3. "Fique em casa" versus "o Brasil não pode parar": uma análise do agir comunicativo brasileiro na época da pandemia de COVID-19[1]

SANDRA REGINA MARTINI
MÁRTIN PERIUS HAEBERLIN
MICHELLI LINHARES DE BASTOS

Introdução

Há tempos e dimensões perdidas
apenas esperando o momento certo da conexão.[2]

Este artigo propõe analisar os discursos ambivalentes existentes no Brasil na época da pandemia de Covid-19. De um lado, há um agir comunicativo baseado nas recomendações de saúde de isolamento social que é representado pela frase "Fique em casa"; de outro lado, temos a linha discursiva de que a economia do país precisa continuar, sendo sintetizada pela frase "O Brasil não pode parar". Para embasar essa análise, apresenta-se a teoria do agir comunicativo de Jürgen Habermas que apresenta a racionalidade como o caminho para a construção de um discurso universal baseado no consenso. Diferente do que se pode pensar, esse fenômeno da polarização sobre a questão de saúde envolvendo a pandemia, identificável como

---

[1] Este artigo é parte do projeto Produtividade CNPq e Pesquisador Gaúcho / FAPERGS.
[2] ASSUNÇÃO, Ademir. **Pig Brother**. São Paulo: Patuá, 2015, p. 26.

COVID-19 E OS IMPACTOS NO DIREITO

visões conflitantes de esquerda e de direita, não é autóctone do Brasil.[3] No presente texto, porém, tratar-se-á da situação brasileira.

O ano de 2020[4] está sendo marcado pela doença Covid-19, que é provocada pelo novo coronavírus. Na primeira quinzena de março, a Organização Mundial da Saúde declarou a situação de pandemia, devido ao grande número de casos espalhados por todo o mundo.[5] O primeiro caso da doença, no Brasil, ocorreu no final de fevereiro e, desde então, o país vive uma divisão de discursos sobre os entendimentos quanto às

---

[3] Sobre o tema nos Estados Unidos, vide: ALCOTT, Hunt et al. Polarization and Public Health: Partisan Differences in Social Distancing during the Coronavirus Pandemic. NBER Working Paper n. 26946, April 2020. Disponível em: https://www.nber.org/papers/w26946. Acesso em: 14 abril 2020. No México, o presidente segue cumprimentando pessoas e com discursos de minimização das consequências da doença Covid-19, havendo uma ambivalência de discursos, de um lado o presidente abraçando apoiadores nas ruas e de outro os jornais do país com a campanha *#ElCoronavirusNoPasa* e *#QuédateEnCasa* ("o coronavírus não passa" e "fique em casa"). Recentemente, o presidente mexicano está mudando seu discurso, passando a reconhecer a necessidade de isolamento social.

[4] Interessante retomar as leituras de alguns clássicos sobre o tempo, como Martin Heidegger, que nos aponta para uma nova reflexão sobre a transformação da pergunta: "o que é o tempo?" para a pergunta: "quem é o tempo?". Heidegger critica a ideia de tempo como mera medida de movimento. Para o filósofo, o tempo é uma passagem que constitui o existir humano, assim, não estamos no tempo, mas somos o próprio tempo. Nesse sentido, o ano de 2020 não é uma mera medida em uma linha o tempo, cada um de nós é esse momento, pois a passagem do tempo, as mudanças, as transformações, são vividas por nós. HEIDEGGER, Martin. Il concetto di tempo. Adelphi Edizioni, Milano: 1998.

[5] Na América Latina, percebeu-se uma considerável diminuição no fluxo de pessoas. Na Argentina, a Federação de Futebol Argentina criou uma campanha publicitária com o slogan *"Ninguém sai campeão sozinho"*, comparando a batalha contra o coronavírus como uma grande partida de futebol. Além disso, o governo realizou uma campanha com personalidades famosas, dentre eles o jogador de futebol Lionel Messi e a primeira-dama do país, com o discurso *"Por favor, quedate en casa"* (Por favor, fique em casa). A Associação de Jornais argentina liderou a campanha: *"Al virus lo frenamos entre todos.* Viralicemos la responsabilidad" (Frearemos o vírus entre todos. Viralizemos a responsabilidade). O Conselho da Imprensa Peruana buscou incentivar os cidadãos a ficar em casa: "#YoMeQuedoEnCasa" (eu fico em casa).No Paraguai, o discurso é: *"La Garra Guaraní vencerá al Coronavírus"* ("A guarra Guarani vencerá o Coronavírus"), houve inclusive publicações desse discurso na língua guarani (uma das línguas oficiais do Paraguai):*"Ñande pyapy mbarete ombotapykuéta coronavirus"*. No Chile, as manifestações nas ruas pararam em virtude do coronavírus, inclusive adiando o referendo constitucional previsto.

3. "FIQUE EM CASA" VERSUS "O BRASIL NÃO PODE PARAR"

proporções da nova doença, os cuidados necessários e as preocupações com a economia.

De um lado, temos os discursos da linha "Fique em casa". Esses baseiam-se nas orientações de saúde de que o isolamento social é uma forma eficaz de "achatamento da curva", ou seja, uma maneira de conter a rápida propagação do vírus que levaria, conforme exemplos de outros países, a um caos no sistema de saúde brasileiro que não teria infraestrutura nem profissionais para atender aos infectados[6]. Grande parte dos municípios e estados brasileiros decretaram a medida de isolamento social, fechando comércios, instituindo "toque de recolher" (horário para não haver mais pessoas nas ruas), proibindo eventos com aglomerações e investindo em propagandas com informações sobre a importância do isolamento horizontal (isolamento de todos os grupos de indivíduos).

Em contrapartida, há também a linha discursiva baseada na ideia "O Brasil não pode parar". Essa corrente defende o isolamento vertical, ou seja, isolar apenas as pessoas do grupo de risco (idosos e doentes crônicos) e os infectados, enquanto o resto da população segue com suas atividades laborais normais. O argumento utilizado por essa linha é de que o número de pessoas mortas fora do grupo de risco é muito pequeno e a economia do país não pode ficar estagnada, tendo em vista que isso acarretaria a falência de muitas empresas e a impossibilidade de renda para trabalhadores informais.

Diante da situação fática de pandemia de coronavírus, o Brasil vivencia uma dualidade discursiva que acaba não ocorrendo um total isolamento social e também não há um funcionamento normal da economia[7], o que indica que a divisão discursiva traz para a prática a divisão de atitudes

---

[6] O número de profissionais de saúde contaminados é grande, note-se que o médico chinês Li Wenliang, um dos primeiros profissionais a identificar a existência de um surto, foi diagnosticado com a doença e acabou morrendo em função da contaminação do próprio vírus. No Brasil, em 13 de abril de 2020, havia dezoito profissionais de saúde que vieram a óbito por causa do Covid-19.

[7] Sobre a relação capitalismo e democracia recomendamos um ensaio feito por Habermas, em 2013, no qual o autor relaciona os problemas da União Europeia e o conflito entre o sistema econômico com os demais sistemas sociais. O texto, originariamente saiu na revista: "Blatter fur Deutsche und internacionale Politik", com o título "Demokratie oder Kapitalismus? Vom Elend der nationalstaat Fragmentierung in einer kapitalistisch integrierten Weltgesellschaft". Pode ser consultado on line: www.baetter.de.

COVID-19 E OS IMPACTOS NO DIREITO

por parte da população. O que grande parte da população anseia saber é: quem está dizendo a verdade? Nesse sentido, entende-se que os estudos de Jürgen Habermas sejam pertinentes para uma análise do agir comunicativo brasileiro e a questão da busca (ou impossibilidade dessa busca) da verdade nesses discursos e suas implicações em um momento atípico na história brasileira.

1. A saúde como um direito universal e seu papel na cidadania

"Façamos da interrupção um caminho novo.
Da queda um passo de dança,
do medo uma escada,
do sonho uma ponte, da procura um encontro!"
FERNANDO SABINO

Os poemas de Fernando Sabino são sempre muito atuais e profundos: de fato, vivemos um momento de interrupção no qual um novo caminha precisa ser construído. Da linguagem artística à realidade, isso pode ser traduzido como a necessidade de eliminar os discursos ideológicos na área da saúde e partir para a noção da efetivação desse direito. Considerando que a saúde é um direito de todos, defendido – em abstrato – por todos os partidos políticos e pelas demais instituições, o próprio problema enfrentando é de difícil entendimento. Nesta seção, busca-se assinalar a saúde como um direito universalmente assegurado.

A defesa da saúde como ponte para os demais direitos vem sendo discutida no mundo acadêmico e nos movimentos sociais desde a luta pelo processo de constitucionalização do direito à saúde, fundada em documentos internacionais, os quais bem antes da nossa última constituição já demonstravam a ligação ("ponte") da saúde com seus determinantes sociais.

Refletir sobre a noção de saúde em tempos de coronavírus é andar por esta ponte, vendo-a não apenas na dimensão individual, mas também social. Por isso, grande parte dos sanitaristas adotam a expressão saúde coletiva[8]em sua interface com a cidadania. Tem-se aqui a metáfora da

---

[8] Uma primeira tensão reside entre os marcos de análise macro-estruturais e a análise institucional das políticas. Não é novidade afirmar que a área da Saúde Coletiva nasce e se desenvolve pela negação do saber hegemônico, acompanhando e de certa forma liderando a

3. "FIQUE EM CASA" VERSUS "O BRASIL NÃO PODE PARAR"

"ponte" como síntese dialética: aquilo que separa também possui potencial para unir e aproximar, afigurando-se enquanto condição de possibilidade para a consolidação de outros direitos.

O discurso político atual não usa a expressão saúde coletiva, mas saúde pública (tema que abordaremos no próximo ponto sobre a importância da linguagem). Notamos a ambiguidade das palavras, dos discursos, quando olhamos uma palavra de perto. Assim fazendo, podemos ver distante através dos seus significados e significantes. Por isso, importante adotar a palavra saúde coletiva, pois somente esta vê a saúde como uma ponte e como um bem da própria comunidade, onde o "outro" é um "outro--igual"[9] a mim. Estudar os enigmas das palavras é também vislumbrar a ambiguidade da própria palavra.

É oportuno precisar as palavras: direito à saúde, aqui, é entendido na sua dimensão individual e social. Daí se falar em saúde coletiva como um bem da própria comunidade. Entendemos a ambiguidade da relação entre recursos e necessidades, modelos sociais e modelos de desenvolvimento, onde a política é chamada a tomar decisões coletivamente vinculantes, razão pela qual o sistema da política deve priorizar a saúde, não a doença; e deve priorizar o bem comum e um crescimento justo e sustentável da economia. Só assim, seguindo Sabino podemos reencontrar a humanidade na Humanidade.

constituição desse campo de conhecimento na América Latina. Esse fato, no entanto, implica na incorporação do materialismo histórico enquanto modelo explicativo: categorias como capital e trabalho, e conceitos como classes sociais, contradição e luta de classes passam a nuclear a vastíssima produção dos anos 70 e 80 sobre a produção social do processo saúde/doença. No que diz respeito às análises das políticas de saúde, no entanto, a contrapartida da incorporação da perspectiva macro-estrutural histórica traduziu-se na predominância de pressupostos de natureza macro, e na utilização de um conceito de Estado de classes, no geral mal definido. (COHN, Amélia Conhecimento e prática em saúde coletiva: o desafio permanente. Disponível em: https://www.scielosp.org/article/sausoc/1992.v1n2/97-109/).

[9] Sobre a relação com o outro e o pressuposto a fraternidade, recomenda-se o texto de Eligio Resta: O Direito Fraterno, Trad. Sandra Regina Martini, Santa Cruz do Sul: DUNISC, 2004. Para Resta, a fraternidade é um "modelo não vencedor", é uma continuidade descontínua, é uma aposta, vive de expectativas cognitivas e não de arrogâncias normativas. A fraternidade recoloca a questão de pactos entre sujeitos concretos com suas histórias e com suas diferenças. Por isso, a linguagem e o direito são centrais em todo o livro.

2. A linguagem e a busca da verdade

...le parole, si sa, sono importanti.[10]

Para o Direito, as palavras (e a relação com as palavras) são muito importantes. Porém, nem sempre são levadas "a sério". É preciso entender a dimensão da ambiguidade presente nas palavras, que ao mesmo tempo que nos leva a "escavar" profundamente as implicações de seus significados[11], podem trazer apenas a superficialidade ou a letra fria do Direito. A palavra é o espaço do pensamento (e da decisão), no qual os operadores do direito depositam consciência e responsabilidade.[12]

No contexto abordado neste artigo, o uso responsável da linguagem torna-se evidente. Afinal, os discursos influenciam e conduzem as atitudes práticas dos indivíduos em solo brasileiro em contexto de pandemia. A ambivalência discursiva apresenta um grande desafio para a concretização de medidas de saúde. Um exemplo eloquente, nesse sentido, vem do próprio Ministro da Saúde, Luiz Henrique Mandetta, que conduções as ações do governo federal sobre a pandemia. Em entrevista a um canal aberto de televisão, afirmou categoricamente que as pessoas não sabem se devem ouvir ao Presidente da República ou ao Ministro.[13] Portanto, a necessidade de universalização discursiva faz-se imprescindível e esse caminho passa pela teoria do ato comunicativo de Habermas.

A linguagem também tem um papel protagonista dentro da teoria habermasiana, considerando que, vivendo imersos em um mundo de

---

[10] RESTA, Eligio. **Diritto Fraterno**. Trad. Sandra Regina Martini. Santa Cruz do Sul: EDUNISC, 2004, p. 32.

[11] As palavras também são refletidas através da poesia que, assim como o Direito, vivi das palavras que constantemente se movimentam, conforme Thomas Eliot: "Le parole si muovono, La muisica si muove solo nel tempo; ma ció Che soltanto vive può soltanto morire. Le parole, dopo il discorso giungono al sileinzio. Soltanto per mezzo della forma della trama, possono parole e muisica raggiungere La quiete, come un vaso cinese ancora perpetuamente si muove nella sua quiete. ELIOT, Thomas. La terra desolata quatro quartetti. Tradução Angelo Tonelli. Feltrinelli Eidotre: Milano, 1998, p. 103-105.

[12] Referência importante sobre a "responsabilidade da palavra" podemos encontrar em Canetti, Massa e Potere. Adelphi, Milano,1960 pg. 2 "Il sistema bipartico Del parlamento moderno si avvale della strutura psicologic di eserciti in Bataglia (...) eppure (...)essi combatono tinunciando ad uccidere"

[13] Fantástico [Programa de TV]. Rio de Janeiro: Rede Globo, 11 abr. 2020.

linguagem, não temos como fugir dela. Essa imersão dá-se pelo fato de que a linguagem atua como mediadora e como meio de constituição das experiências humanas, afinal a intersubjetividade acontece desde as estruturas da língua.[14] Habermas elucida que a linguagem possui um caráter ascendente, afinal utilizamos a própria linguagem quando tentamos explicar ou justificar um enunciado de fato. Como a verdade de opiniões ou de sentenças só será explicada com auxílio de outras sentenças, recorremos para a própria linguagem para explicar algo que foi construído nela. Em outras palavras, tudo está impregnado de linguagem.[15]

A linguagem constitui os sujeitos como atores do mundo social, não sendo apenas um meio prático de se fazer as coisas.[16] Diante desse protagonismo, Habermas acreditava em uma "virada pragmática", na qual o modelo de representação do conhecimento seria substituído por um modelo comunicacional, colocando o entendimento intersubjetivo no lugar da objetividade da experiência, que para o filósofo era uma quimera.[17]

Habermas analisa o grande papel de Kant na filosofia em sua teoria sobre o processo de conhecimento, concluindo que a superação da visão empirista de conhecimento que traz a racionalidade para dentro da construção do conhecimento são pontos louváveis da filosofia kantiana. Segundo o autor, desde Kant há a concepção de que a razão pode calcular qualquer fato e averiguar a verdade. A teoria de ética cognitivista kantiana traz a noção de que as questões práticas são passíveis de verdade, portanto não necessariamente verdades absolutas. Nesse sentido, Habermas entende que a ética do discurso demonstra-se um caminho promissor para a análise das questões éticas.[18] A ética do discurso ultrapassa as questões da teoria do conhecimento e passa a integrar um ramo da ética filosófica.

Kant desenvolveu a ideia de "lei universal", um imperativo categórico que pode ser entendido como um princípio pelo qual deve-se verificar

---

[14] BARBOSA, Aloizio Lima. O ponto de choque da moral: ação comunicativa, reconhecimento e redistribuição – Habermas, Honneth e Fraser. **Revista Em Tese**. V. 15, n. 02, p.01, Julho, 2018.

[15] HABERMAS, Jürgen. **Verdade e justificação**: ensaios filosóficos. Tradução de Milton Camargo Mota. São Paulo: Loyola, 2004, p. 242.

[16] HABERMAS, Jürgen. **Op. Cit.**, 2004, p. 250.

[17] HABERMAS, Jürgen. **Op. Cit.**, 2004, p. 264.

[18] HABERMAS, Jürgen. **Consciência moral e Agir comunicativo**. Tradução de Guido A. de Almeida. Rio de Janeiro: Tempo Brasileiro, 1989, p. 62.

COVID-19 E OS IMPACTOS NO DIREITO

a possibilidade de universalizar a intenção relacionada à ação.[19] Como Habermas utiliza o conceito de racionalidade, tão trabalhando em Kant, mas em uma perspectiva comunicativa, haverá, também, na teoria habermasiana essa concepção da universalidade.

Conforme explica Bannell, as estruturas gerais da comunicação linguística são universais, sendo assim possível uma racionalidade comunicativa, ou seja, todos os atores do ato comunicativo possuem capacidade para a reflexão crítica sobre a linguagem. Nesse aspecto, percebe-se a visão prática que Habermas dá à racionalidade, pois o enunciado será avaliado conforme as razões que o justificam. Não estamos diante da verdade, mas de uma justificação que é construída com a ação reflexiva que ocorrerá por meio da pretensão de validade que é levantada em cada enunciado e que deve ser reconhecida pelo sujeito independentemente da ação do outro.[20]

Essa questão prática está vinculada à ideia de objetividade, que seria o pensamento de que o mundo se dá idêntico para os sujeitos. Portanto, todos possuem acesso ao sistema semântico que garante a possibilidade de que cada indivíduo antecipe formalmente possíveis objetos de referência.[21] A comunicação caminha ao encontro da interpretação prática do mundo.

Sobre a universalização, Habermas entende ser essa a "regra de argumentação que possibilita o acordo em Discursos práticos sempre que as matérias possam ser regradas no interesse igual a todos os concernidos".[22] Para ser universal, a norma precisa manifestar o interesse comum a todos, forçando cada um a adotar uma ponderação dos interesses, a perspectiva de todos ou outros. Habermas explica que é o que Mead chama de "ideal role-talking": as consequências e efeitos colaterais que resultarem devem ser aceitas por todos.[23]

Habermas critica a teoria de Rawls no sentido de que a universalização não pode estra baseada no princípio do benefício médio, no qual o sujeito

[19] HABERMAS, Jürgen. **Op. Cit.**, 1989, p. 84.
[20] BANNELL, Ralph Ings. **Habermas & a educação**. Belo Horizonte: Autêntica, 2006, p. 52 –83.
[21] HABERMAS, Jürgen. **Agir comunicativo e razão destranscendentalizada**. Tradução L. Aragão. Rio de Janeiro: Tempo Brasileiro, 2002, p. 39.
[22] HABERMAS, Jürgen. **Op. Cit.**, 1989, p. 87.
[23] HABERMAS, Jürgen. **Op. Cit.**, 1989, p. 86.

3. "FIQUE EM CASA" VERSUS "O BRASIL NÃO PODE PARAR"

coloca-se em um estado original imaginário fictício em que consegue empreender de modo imparcial, ou seja, não considerando seus interesses próprios, mas o interesse comum. Não haveria esse benefício médio, mas a necessidade do esforço da cooperação. A validez não reside na reflexão individual do sujeito, mas na argumentação cooperativa. Para Habermas, "[...] ao entrarem numa argumentação moral, os participantes prosseguem seu agir comunicativo numa atitude reflexiva com o objetivo de restaurar um consenso perturbado".[24]

Nesse aspecto poderia residir uma crítica ao pensamento de Habermas, no sentido de uma compreensão distorcida sobre o consenso. Zilles utiliza o exemplo de que se o consenso dizer que "o sol gira em torno da Terra" isso passaria a ser uma verdade.[25] Ora, tal interpretação da teoria habermasiana ignora a diferenciação essencial na qual ela se baseia: a diferença entre enunciados descritivos de enunciados normativos. Na obra "Consciência Moral e Agir Comunicativo", Habermas estabelece uma diferenciação entre os enunciados normativos dos descritivos.[26] Obviamente, dizer que "esse cachorro é preto" é um enunciado totalmente diferente do que dizer "é errado tratar um cachorro como se fosse uma criança". O primeiro enunciado é descritivo, podendo assim ser passível de uma análise quanto a sua veracidade. Já o segundo enunciado é normativo e passa por uma análise de verdade moral e para isso deveremos recorrer a argumentos de validez. Esses argumentos de validez precisam ser analisados dentro de razões. Portanto, não cabe uma mera análise do tipo "isso é correto", mas uma análise do tipo "tais razões nos levam a preferir por essa ação". As proposições normativas não podem ser verificadas ou falseadas como as proposições descritivas. Desse modo, a crítica de Zilles não prospera. Os movimentos solares são de teor descritivo, não estando submetidos à uma construção do consenso cooperativo.

O próprio Habermas possui uma postura crítica em relação à sua teoria de universalidade. Para o autor, perceber a existência de uma diferença entre verdade e assertibilidade justificada demonstra que, por meio da autocrítica, os atores da comunicação precisam estar em constante busca

[24] HABERMAS, Jürgen. **Op. Cit.**, 1989, p. 87.
[25] ZILLES, Urbano. **Teoria do Conhecimento e Teoria da Ciência**. São Paulo: Paulus, 2005, p. 135.
[26] HABERMAS, Jürgen. **Op. Cit.**, 1989, p. 78 – 98.

de condições ideias de justificação.[27] A grande questão está centrada na necessidade de sublimação do contexto social para que os indivíduos consigam fazer essa autocrítica baseada na racionalidade.

Cittadino, nesse contexto, explica que os valores culturais de um determinado tempo e espaço não constituem uma pretensão de universalidade. Esses valores podem ser aceitos, mas não servirem como justificação dentro do processo comunicativo. Essa justificação precisa transpor tais valores para adentrarem no campo da racionalidade reflexiva e crítica.[28] Nas palavras de Habermas: "As pretensões de verdade só são elevadas a objeto hipotético e uma controvérsia depois de terem se soltado dos contextos funcionais cotidianos e sido de certo modo postas em suspenso."[29]

Além da necessidade de transcender os limites do contexto sociocultural, precisa-se considerar que o agir comunicativo envolve três aspectos de pretensões de validade: de verdade (conteúdo proposicional contido no ato de fala); sinceridade (sentimentos verdadeiros do falante); e correção normativa (conformidade com normas sociais). Também é preciso considerar que nem todos os atos comunicativos vão resultar em um entendimento, podendo haver falhas no agir comunicativo.[30]

Diante dessa breve explanação de alguns conceitos habermasianos, pode-se depreender alguns pontos importantes para a análise que segue: 1) a verdade é possível em enunciados descritivos, mas quando tratamos de enunciados normativos precisamos lançar mão de elementos de justificação que nos levam a pretensões de validade; 2) a universalidade diz respeito ao aspecto formal da linguagem, ou seja, que todos os indivíduos possuem acesso ao mesmo aparato semântico e também trata da necessidade de uma construção racional que possa sublimar aspectos temporais, espaciais e culturais para uma construção de consenso cooperativo que busque o bem comum.

---

[27] HABERMAS, Jürgen. **Op. Cit.**, 2004, p. 287.
[28] CITTADINO, Gisele. **Pluralismo, direito e justiça distributiva**. Rio de Janeiro: Lumen Juris, 2004. p. 108.
[29] HABERMAS, Jürgen. **Op. Cit.**, 2004, p. 285.
[30] COSTA, Leandro Sousa; CAMARGO, Leonardo Nunes. **Filosofia hermenêutica**. Curitiba: Intersaberes, 2017, p. 198.

Partindo desses pontos, passamos a analisar os enunciados comunicativos recorrentes no Brasil na época da pandemia de Covid-19.

3. Análise dos discursos "fique em casa" e "o Brasil não pode parar" sob uma ótica Habermasiana

> *Palavra, palavra*
> *(digo exasperado), se me desafias,*
> *aceito o combate*[31]
> CARLOS DRUMMOND DE ANDRADE

Strawson, filósofo da linguagem, foi estudado por Habermas em suas pesquisas sobre o agir comunicativo. Esses estudos levaram Habermas a analisar o envolvimento dos sentimentos morais na análise da linguagem. Mesmo diante de uma postura que prima pela análise racional dos discursos, Habermas admite que possuímos um certo engajamento, tendo em vista que pertencemos ao mundo. A fenomenologia do fato moral de Strawson, de acordo com Habermas, chega a algumas conclusões tais como: "o mundo dos fenômenos morais só se descobre a partir da atitude performativa dos participantes em interações; a justificação prático-moral de um modo de agir visa um outro aspecto, diferente da avaliação afetivamente neutra de relações meio-fim, mesmo que esta possa ser derivada de ponto de vista do bem-estar social".[32]

Rudolf Stichweh, ao analisar os sistemas sociais em época de pandemia de coronavírus, apresenta dois questionamentos inquietantes: como evitar que um indivíduo transmita a infecção para mais indivíduos? Para essa pergunta, a resposta é o isolamento social. O segundo questionamento não possui uma resposta imediata: como assegurar a sobrevivência dos indivíduos?[33] O isolamento social gera impactos na economia do país que ameaçam a manutenção de empregos e limitam (ou até excluem)

---

[31] ANDRADE, Carlos Drummond de. **José**. São Paulo: Companhia das Letras, 2012, p. 15.

[32] HABERMAS, Jürgen. **Op. Cit.**, 1989, p. 70.

[33] STICHWEH, Rudolf. **Simplificación de lo social durante la pandemia del corona--virus**. Traducción de Gilberto Guerra Pedrosa y Felipe Pérez-Solari. Revisión de Karen Ranke. Frankfurter Allgemeine Zeitung, 2020, p. 9.

as possibilidades de obtenção de renda por trabalhadores informais. Admite-se que o isolamento é uma medida essencial para conter o vírus. Porém, os sujeitos possuem necessidades financeiras para a manutenção de vidas e a medida de isolamento interfere na questão econômica de diversos brasileiros.

Os fatos acima apresentados podem ser justificativas para existir a dualidade discursiva entre "fique em casa" e "O Brasil não pode parar". No entanto, tal dualidade parece ter raízes anteriores à doença. No final de agosto de 2016, o Brasil viu sua Presidente da República, Dilma Rousseff, passar por um processo de *impeachment*. Esse processo foi marcado por manifestações favoráveis ao impedimento – com base, principalmente, no argumento anticorrupção – e contrárias – embasadas pela ideia de que o processo foi um golpe contra uma representante democraticamente eleita. Essa dicotomia discursiva levou o Brasil a um processo polarizado nas eleições de 2018, havendo uma guerra discursiva entre posicionamentos políticos de direita e esquerda.

Tal polarização está refletida nos enunciados discursivos atuais que dizem respeito aos cuidados diante da pandemia de Covid-19. De um lado, temos a Organização Mundial da Saúde (OMS), por meio do seu diretor geral Tedros Adhanom Ghebreyesus, declarando que: "Apelamos a todos os países que adotaram medidas de distanciamento e redução de interação social a usar este momento para atacar o vírus. (...) A última coisa que os países precisam é reabrir as escolas e os negócios apenas para serem forçados a fechá-los outra vez devido ao ressurgimento de casos".[34] No mesmo sentido, a Associação Brasileira de Alergia e Imunologia, em Comunicado à população brasileira, considera a situação atual "extremamente grave" e que qualquer medida contrária aos alertas da OMS é "irresponsável" e pode colocar em "risco a saúde e a vida de milhares pessoas".[35]

De outro lado, temos o atual Presidente do Brasil, Jair Bolsonaro, que, em pronunciamento oficial, discursou: "O vírus chegou, está sendo enfrentado por nós e brevemente passará. Nossa vida tem que continuar.

---

[34] Disponível em: < https://www.youtube.com/watch?v=sxedlyrBbeA>. Acesso em 05 abr. 2020.

[35] Disponível em: < http://asbai.org.br/comunicado-a-populacao-brasileira/>. Acesso em 05 abr. 2020.

Os empregos devem ser mantidos. Os sustentos das famílias devem ser preservados. Devemos sim voltar à normalidade."[36]

Essa fala do presidente, no contexto dicotômico narrado, foi definida como "discurso da morte" pela Associação Brasileira de Saúde Coletiva (Abrasco), que considerou a manifestação "incoerente" e "criminosa".[37]

Essas manifestações do presidente não se deram exclusivamente por meios oficiais, mas também pelas redes sociais. Em 25 de março, no seu perfil oficial na rede Twitter, Bolsonaro afirmou: "Quase 40 MILHÕES DE TRABALHADORES AUTÔNOMOS já sentem as consequências de um Brasil parado. Sem produzir, as empresas NÃO TERÃO COMO PAGAR SALÁRIOS. SERVIDORES DEIXARÃO DE RECEBER. Não tem como desassociar emprego de saúde. Chega de demagogia! NÃO HÁ SAÚDE NA MISÉRIA!"

O embate do discurso presidencial com as recomendações das autoridades de saúde trouxe à tona a polarização já mencionada. Apoiadores do presidente passaram a ter como "verdadeiro" seu discurso, demonstrando – considerando o fervor anímico de suas manifestações – uma clara interpretação com sentimentos e longe da racionalidade preceituada por Habermas. Evidencia-se no Brasil, assim, algo que já foi uma inquietação para Habermas: "O que não deixa de exigir uma explicação é a força misteriosa do acordo obtido pelo discurso e que autoriza os participantes da argumentação no papel de atores, a aceitar como verdade as asserções justificadas, sem levantar nenhuma reserva".[38]

Para Habermas, os sentimentos possuem para a justificação moral o mesmo significado que as percepções têm para a explicação teórica dos fatos. Habermas, ao estudar Toulmin, desenvolve a ideia de que dizer que "algo é bom" demonstra tanto um juízo moral do sujeito quanto seu convencimento como ouvinte. Evidente que o *modo* como muitos sujeitos interpretaram o ato comunicativo de Bolsonaro foi influenciado pelos sentimentos de apoio ao presidente, não havendo um processo de racionalização sobre a priorização possível e sustentável entre efeitos

---

[36] Disponível em: < https://www.youtube.com/watch?v=Vl_DYb-XaAE>. Acesso em 05 abr. 2020.

[37] Disponível em: < https://www.abrasco.org.br/site/outras-noticias/institucional/bolsonaro--coronavirus/45989/>. Acesso em 05 abr. 2020.

[38] HABERMAS, Jürgen. **Op. Cit.**, 2004, p. 250.

econômicos e precauções de saúde. Tal conclusão é corroborada pelo fato de que, após o discurso presidencial supramencionado, em 24 de março, houve a organização de protestos com o lema "O Brasil não pode parar" pelo país. Além disso, as manifestações em redes sociais no sentido de apoio à reabertura do comércio e ao funcionamento de escolas foi sensivelmente sentida no país.

Além da questão de sentimentos envolvidos (ser favorável ou não ao governo, no lugar de uma análise racional da temática Covid-19), devemos considerar outro ponto suscitado por Habermas: a linguagem é um meio de dominação e poder social que serve para legitimar relações.[39] Nesse sentido, é importante observar que a linha discursiva "O Brasil não pode parar" foi amparada por enunciados do presidente do país, ou seja, pela maior autoridade política brasileira.

A FEDERASUL (Federação de Entidades Empresariais do Rio Grande do Sul), fazendo coro à ideia, em um discurso que vai ao encontro dos enunciados do presidente, afirmou em seu *site* oficial: "Precisamos isolar os grupos de risco e retomar as atividades para que se suspendam as demissões e o fechamento irreversível de importantes elos das atividades essenciais. Não podemos abandonar os humildes porque os jovens com alta imunidade ficaram em suas casas para não correr riscos".[40] Para uma apreciação adequada desse comunicação, em particular, faz-se interessante a consideração habermasiana de que o intérprete deve ser capaz de racionalizar os pontos que levaram o outro a produzir determinado enunciado.[41] Assim, perceber a intenção é perfectibilizar o ato comunicativo. Portanto, o enunciado aqui apresentado precisa considerar que o emissor é uma federação que tem como finalidade "congregar e representar as pessoas jurídicas que representem a atividade econômica ou que a ela estejam vinculadas".[42] Logo, novamente não temos uma racionalidade discursiva, mas um ato argumentativo dentro de um interesse particular.

---

[39] COSTA, Leandro Sousa; CAMARGO, Leonardo Nunes. **Op. Cit.**, 2017, p. 198.

[40] Disponível em: <https://www.federasul.com.br/federasul-pela-preservacao-da-vida/>. Acesso em 05 abr. 2020.

[41] COSTA, Leandro Sousa; CAMARGO, Leonardo Nunes. **Op. Cit.**, 2017, p. 203.

[42] Disponível em: <https://www.federasul.com.br/wp-content/uploads/2017/04/ALTERA%C3%87%C3%83O-ESTATUTO-FEDERASUL-2016-2017.pdf>. Acesso em 05 abr. 2020.

3. "FIQUE EM CASA" VERSUS "O BRASIL NÃO PODE PARAR"

Habermas alerta que existe uma necessidade prática de confiarmos intuitivamente do tido-por-verdadeiro. O que o filósofo trata nesse aspecto é a impossibilidade de constante autorreflexão sobre todos os discursos. No entanto, tal confiança intuitiva não deve ser cega. Kim explica que o agente escolhe entre uma interpretação descritiva ou racional, na primeira ele leva a sério a alegação de verdade do emissor, na segunda conectará opiniões e alegações relacionadas à verdade.[43] Há momentos em que há a necessidade de justificação, nos quais devemos colocar a certeza de ação em xeque, ficando uma pretensão de validade problematizada, que só será solucionada por uma retradução de opiniões discursivas justificadas em verdades que orientem a ação.[44]

Nas ocasiões nas quais o presidente empregou a expressão "gripezinha" para referir-se à doença Covid-19 ou quando utilizou o exemplo próprio de que não teria maiores problemas caso tivesse o vírus, devido seu "histórico de atleta" (desconsiderando o fato de ser idoso, portanto parte do grupo de risco), estamos diante de discursos que exigem a autorreflexão, a busca por justificação. Afinal, são enunciados que contrariam outros discursos sobre a mesma temática.

A grande influência de Habermas para essa batalha discursiva "Fique em casa" versus "O Brasil não pode parar" situa-se, pois, na necessidade de uma interpretação racional baseada na universalidade. A grande questão é a superação de interesses próprios para conseguir colocar-se na posição de todos e compreender o que eles têm de si e do mundo.[45] A universalização é um princípio-ponte que torna possível o acordo em argumentação moral[46], fundamentada no conceito de entendimento mútuo linguístico, no qual:

> os atores erguem com seus atos de fala, ao se entenderem uns com os outros sobre algo, pretensões de validez, mais precisamente, pretensões de verdade, pretensões de correção e pretensões de sinceridade, conforme se refiram a

---

[43] KIM, Kyung-Man. Social Performance as Cultural Critique: Critical Theory beyond Bourdieu and Habermas. **Journal for the Theory of Social Behaviour.** V. 48, Issue 4, 30 ago. 2018.

[44] HABERMAS, Jürgen. **Op. Cit.**, 2004, p. 260.

[45] HABERMAS, Jürgen. **Op. Cit.**, 2004, p. 304.

[46] HABERMAS, Jürgen. **Op. Cit.**, 1989, p. 78.

algo no mundo objetivo (enquanto totalidade do estado de coisas existentes), a algo no mundo social comum (enquanto totalidade das relações interpessoais legitimamente reguladas de um grupo social) ou a algo no mundo subjetivo próprio (enquanto totalidade das vivências a que têm acesso privilegiado).[47]

A citação de Habermas trata do agir comunicativo, do ato racional que busca o entendimento entre os atores da linguagem, seja no campo empírico, nos contextos sociais ou até mesmo na esfera subjetiva de cada pessoa. Importante salientar que esse não é o único modo de agir. Há também o agir estratégico no qual um sujeito atua sobre outro, utilizando-se de subterfúgios para permanecer com a sua continuidade de interação desejada. O que não se pode permitir é que ações estratégicas sejam entendidas como ações comunicativas dentro de um cenário no qual a saúde e a vida dos brasileiros estão em jogo.

As discussões baseadas na intenção do convencimento e não no uso racional de busca por justificações não conseguem atingir o que chamamos de "verdadeiro". Para Habermas, um enunciado é verdadeiro quando resiste a todas as tentativas de refutação, não somente dentro do plano em que está sendo proferido, mas em todos os contextos possíveis.[48] No entendimento de Habermas:

> Na medida em que os participantes da comunicação compreendem aquilo sobre o que se entendem como algo em um mundo, como algo que se desprendeu do pano de fundo do mundo da vida para se ressaltar em face dele, o que é explicitamente sabido separa-se das certezas que permanecem implícitas, os conteúdos comunicados assumem o caráter de um saber que se vincula a um potencial de razões, pretende validade e pode ser criticado, isto é, contestado com base em razões.[49]

Dessa forma, a racionalização entre discursos de cuidados para diminuir a disseminação do vírus e enunciados sobre a necessidade de salvar a economia, deve ser realizada fora do contexto em que estão inseridos. Exemplo disso é racionalizar sobre outros locais, sobre outras épocas, sobre perspectivas futuras. Não estamos diante de respostas como "sim"

---

[47] HABERMAS, Jürgen. **Op. Cit.**, 1989, p. 79.
[48] HABERMAS, Jürgen. **Op. Cit.**, 2004, p. 254.
[49] HABERMAS, Jürgen. **Op. Cit.**, 1989, p. 169.

ou "não", mas de uma necessidade de racionalização desses enunciados que chegue a um entendimento mútuo entre os caminhos: devemos resguardar vida e saúde ou preservar a economia? Ou: existe um caminho racional para conciliar tais pontos? Para Habermas, tal construção é possível: "Os participantes da comunicação podem se entender por cima dos limites dos mundos da vida divergentes, porque eles, com a visão de um mundo objetivo comum, se orientam pela existência da verdade, isto é, da validade incondicional de suas afirmações".[50]

A luta discursiva impede que o objetivo dos dois enunciados seja alcançado. Enquanto houver um grupo que acredita na tese "Fique em casa", a atividades econômicas não serão retomadas normalmente. Por outro lado, mantendo-se um grupo que segue o discurso "O Brasil não pode parar", não haverá um isolamento efetivo, pois teremos pessoas que continuarão suas atividades descumprindo o resguardo. Assim, a falta de consenso impede que ambos os discursos se concretizem. Para Habermas, as pessoas concernidas em um discurso prático devem chegar a um modo de agir igualmente bom para todos. O objetivo é o "bom termo", distante das crenças e saberes individuais.[51] Esse consenso traz um reconhecimento intersubjetivo, pois foi construído na racionalidade.

Conclusões

> *assim como*
> *eu estou em você*
> *eu estou nele*
> *em nós*
> *e só quando*
> *estamos em nós*
> *estamos em paz*
> *mesmo que estejamos a sós*[52]
> *Paulo Leminski*

Habermas, ao analisar Toulmin, afirma que temos que partir de uma suposição mais fraca de uma pretensão de verdade análoga à verdade e

[50] HABERMAS, Jürgen. **Op. Cit,**. 2002, p. 46.
[51] HABERMAS, Jürgen. **Op. Cit.**, 2004, p. 259.
[52] LEMINSKI, Paulo. **Toda poesia**. São Paulo: Cia das Letras, 2013, p. 19.

avançar por meio de racionalizações de justificações até chegar em um ponto que não será refutado. Esse ponto é a verdade (ou o que teremos mais próximo de verdade).

Mesmo que a situação atual seja um caso de doença que possa ser entendido como enunciados descritivos, o que acontece no Brasil são discursos normativos e argumentativos que acabam interferindo nas ações concretas sobre o combate ao vírus. Tal exemplo deixa claro o quanto a linguagem possui um papel prático fundamental na construção do mundo, pois a existência de dois enunciados dialéticos revela uma divisão de opiniões e ações da população brasileira.

A falta de consenso discursivo nos remete à teoria de Habermas no sentido de que o cerne dessa questão está exatamente no conceito de universalização nos enunciados. A universalização consiste em uma construção racional de justificações para um discurso, na qual os sujeitos conseguem sublimar questões de cunho pessoal e contextuais para atingirem o bem total, ou seja, um consenso que abarque os interesses comuns e que resista quando colocado em xeque, porque é uma elaboração racional e um entendimento fundado na concordância.

Ao analisar as questões sociais em frente a pandemia de coronavírus, reflete sobre não termos, necessariamente um sistema de saúde, mas um sistema de enfermidades. Isso implica estarmos sempre centrados em medidas paliativas para aqueles que estão acometidos por alguma enfermidade.[53] Pela primeira vez, o mundo depara-se com um sistema global de saúde, medidas que atingem a todos os cidadãos, independentemente de estarem sintomáticos. Uma pandemia revela o quanto os sistemas sociais (educação, economia, religião) são frágeis e o quanto a saúde deve passar a ser vista como um sistema global e não apenas como medidas paliativas para pessoas enfermas.

Este ponto é retomado com muita ênfase por Habermas, especialmente no texto "Ocidente Diviso", no qual há um capítulo sobre "Dal diritto degli Stati al diritto dei cittadini del mondo". Habermas nos mostra que pensar nesta perspectiva inviabiliza as guerras como forma de resolver os conflitos, exatamente porque em uma sociedade cosmopolita não existe

---

[53] STICHWEH, Rudolf. **Op Cit.**, 2020, p. 9.

o externo, mas o interno, a inclusão, mesmo que esta inclusão possa ser geradora de exclusão, mas não parte do pressuposto excludente.[54]

Mesmo havendo decretos em nível municipal, estadual e federal que tratam de ações sobre o combate ao novo coronavírus, o agir comunicativo é que efetivamente modifica a realidade. Diante de uma situação que coloca a saúde e a vida das pessoas em risco, faz-se imprescindível que as pessoas consigam abandonar sentimentos, posições polarizadas, buscando justificações racionais para os discursos.

Referências

BANNELL, Ralph Ings. *Habermas & a educação*. Belo Horizonte: Autêntica, 2006.

BARBOSA, Aloizio Lima. O ponto de choque da moral: ação comunicativa, reconhecimento e redistribuição – Habermas, Honneth e Fraser. *Revista Em Tese*. v. 15, n. 02, p.01, Julho, 2018.

CITTADINO, Gisele. *Pluralismo, direito e justiça distributiva*. Rio de Janeiro: Lumen Juris, 2004.

COSTA, Leandro Sousa; CAMARGO, Leonardo Nunes. *Filosofia hermenêutica*. Curitiba: Intersaberes, 2017.

HABERMAS, Jürgen. *Consciência moral e Agir comunicativo*. Tradução de Guido A. de Almeida. Rio de Janeiro: Tempo Brasileiro, 1989.

___. *Agir comunicativo e razão destranscendentalizada*. Tradução L. Aragão. Rio de Janeiro: Tempo Brasileiro, 2002.

___. *Verdade e justificação*: ensaios filosóficos. Tradução de Milton Camargo Mota. São Paulo: Loyola, 2004.

---

[54] "L'idea della condizione cosmopolitica è più ambiziosa, perchè traspone dal piano nazionale a quello Internazionale la positivizzazione dei diritti civili e di quelle umani. Il núcleo innovativo di quest 'idea sta nella conseguenza rappresentata dalla conversione del diritto internazionale, in quanto diritto degli Stati, in un diritto cosmopolitico in quanto diritto di individui; ora questi sono soggetti giuridici non più soltanto come cittadini dei loro rispettivi Stati, ma egualmente come membri di una comunità cosmopolitica de un único sovrano." (Tradução Livre: A ideia da condição cosmopolita é mais ambiciosa porque transpõe do nível nacional para o internacional a positivação dos direitos civis e dos direitos humanos. O núcleo inovador desta ideia está na consequência representada pela conversão do direito internacional como direito dos Estados, em um direito cosmopolita como direitos de um indivíduo; esses são sujeitos jurídicos, não somente como cidadãos de seus respectivos Estados, mas igualmente como membros de uma comunidade cosmopolita de um único soberano). HABERMAS, Jurgen. **L 'occidente diviso**. Traduzione di Mario Carpitella. Editori Laterza. Roma-Bari, 2005, p. 117.

KIM, Kyung-Man. Social Performance as Cultural Critique: Critical Theory beyond Bourdieu and Habermas. *Journal for the Theory of Social Behaviour*. V. 48, Issue 4, 30 ago. 2018.

RESTA, Eligio. *Diritto Fraterno*. Trad. Sandra Regina Martini. Santa Cruz do Sul: EDUNISC, 2004.

STICHWEH, Rudolf. *Simplificación de lo social durante la pandemia del corona-virus*. Traducción de Gilberto Guerra Pedrosa y Felipe Pérez-Solari. Revisión de Karen Ranke. Frankfurter Allgemeine Zeitung, 2020.

ZILLES, Urbano. *Teoria do Conhecimento e Teoria da Ciência*. São Paulo: Paulus, 2005.

4. Impactos da COVID-19 como mecanismo disruptivo para a inovação tecnológica da educação jurídica brasileira

Larissa Dias Puerta dos Santos
Felipe Chiarello de Souza Pinto

Introdução

É inegável reconhecer que todos os desdobramentos sociais inerentes às políticas adotadas visando a contenção da COVID-19 e a repercussão destas medidas em cenário nacional e internacional, geraram reflexos imediatos e mediatos em todos os âmbitos das nossas relações pessoais.

Não foi diferente com a educação, seja no aspecto internacional ou nacional, dentre os mais diferentes níveis de aprofundamento do conhecimento científico. Especialmente no tocante à educação superior na área do Direito, o presente estudo visa analisar as estratégias didáticas adotadas por diversas instituições de Ensino Superior em todo território nacional.

Elaborado com o objetivo de discutir aspectos intrínsecos ao Ensino Superior na área do Direito no Brasil, atrelado à atual realidade social em função do reconhecimento mundial da pandemia e a influência da tecnologia no atual cenário, o presente artigo leva em consideração a importância da busca pela qualidade da Educação Jurídica como um dos instrumentos de efetivação de novas práticas educacionais que atendam aos anseios da sociedade e dos estudantes.

Inequivocamente a educação jurídica foi idealizada como ferramenta para o desenvolvimento social e da pessoa, preparo para o exercício da cidadania e a qualificação para o trabalho, assim para a sua efetivação deve-se, necessariamente, compreender quais são e justificar as premissas instituídas pelo Ministério da Educação para os meandros que envolvem a concretização deste direito social em condições normais de vida social, pilar básico que sustenta o saber universitário, frente às decisões administrativas que tiveram de ser adotadas para assegurar que a comunidade acadêmica não fosse drasticamente prejudicada em razão do isolamento social.

A educação superior como um todo, instituída no Brasil pelas atividades desempenhadas por Instituições de Ensino Superior, deve obedecer às diretrizes gerais que foram especificadas na Lei de Diretrizes e Bases, especialmente no que está previsto a partir do artigo 43 e seguintes, bem como o que prevê o atual Plano Nacional de Educação, atentos ao cumprimento do artigo 214 da vigente Constituição Federal.

Além dessas regras gerais que foram idealizadas para condições normais de desempenho das atividades acadêmicas, a partir de março de 2020, após o reconhecimento público de que o Brasil havia sido acometido com alguns infectados pelo vírus da COVID-19, o poder público se viu obrigado a adotar uma série de medidas que consistem no enfrentamento adequado ao cenário de pandemia.

A parte das discussões técnicas a respeito de adoção do isolamento horizontal ou vertical, que não são objeto de análise no presente estudo, é preciso levar em consideração que diante da autonomia dos entes da federação para adoção de uma medida ou outra que vise a proteção da população brasileira, de maneira geral e irrestrita, todos foram orientados a permanecer em isolamento social, dento de suas residências, caso não exerça trabalho considerado como essencial ao combate do vírus.

Nesse contexto verificou-se que as profissões relacionadas à educação foram entendidas como não essenciais e, portanto, os poderes públicos, de modo geral, determinaram o fechamento de escolas públicas e privadas como forma de conter o avanço do contágio.

No entanto, houve uma orientação geral de que, visando a diminuição do prejuízo acadêmico em razão da suspensão das aulas presenciais, as atividades que eram exercidas deveriam ser repensadas e implementadas por via remota, com o auxílio e adoção das novas tecnologias.

Cada vez mais as chamadas "novas tecnologias" estão presentes no cotidiano das pessoas. Essas "novas tecnologias", que para alguns são identificadas como as "tecnologias da informação e da comunicação", estão imprimindo mudanças inesperadas na sociedade atual em todas as esferas da estrutura social, política, econômica, jurídica e do trabalho.

A evolução das Tecnologias da Informação e da Comunicação (TICs) permite que a maioria da população tenha acesso à informação, o que traz mudanças profundas em várias áreas do saber, principalmente no campo acadêmico, onde são discutidos e construídos o conhecimento nas mais diversas áreas.

Cientes de que as áreas passaram a utilizar as tais Tecnologias, as Instituições de Ensino Superior (IES) tentam acompanhar essa mudança para manter seus cursos atuais em relação às tecnologias consideradas essenciais.

Porém, o processo de Ensino-Aprendizagem (EA) nas IES não consegue acompanhar com a mesma velocidade as mudanças tecnológicas. Os "novos" alunos possuem uma maior habilidade com as novas tecnologias, enquanto parte dos docentes diante desse fato ainda são reticentes ao uso das TICs.

Muitas das aulas convencionais estão ultrapassadas e foram compulsoriamente repensadas diante do atual contexto, tendo em vista que aulas exclusivamente baseadas no método expositivo, onde o professor é o retentor do conhecimento e o aluno é o receptor, já não atingem a finalidade última de transmissão de conhecimento.

No entanto, é preciso reconhecer que esse não é um debate novo, tendo em vista que em diversas outras oportunidades muitos educadores incentivam a adoção dessas novas tecnologias no processo de ensino-aprendizagem. Isso porque, se para ensinar estivéssemos adstritos apenas às tecnologias, já teríamos encontrado as melhores soluções há muito tempo. Elas são importantes, mas não resolvem as questões de fundo.

Dessa forma, apresentaremos neste artigo uma reflexão sobre como a tecnologia pode ser usada no processo de ensino-aprendizagem no ensino superior, especificamente com os impactos e transformações que se pode observar na área do Direito, além da forma pela qual isso foi efetivamente adotado no contexto brasileiro diante do reconhecimento de calamidade pública.

O objetivo do estudo, nesse sentido, consiste justamente em descrever o uso das tecnologias da informação e comunicação usadas no processo de ensino-aprendizagem no ensino superior e o papel dos "novos" professores frente ao desafio imposto com o surgimento dessas "novas tecnologias" e sua adoção compulsória e não planejada.

1. Reflexões introdutórias sobre a chamada "Crise da Educação Jurídica" brasileira

Historicamente no Brasil o Ensino Superior esteve restrito a pequena parcela da população e se apresentou como fator imprescindível que o sujeito legitimamente exerça a cidadania e se prepare para o mercado de trabalho, adotando uma compreensão de que apenas a educação superior seria capaz de preparar não só o indivíduo, mas também a nação para o alcance de independência cultural, política, científica e de desenvolvimento.

Mesmo com toda essa importância, não foram identificadas para o contexto da criação das Universidades no Brasil o fomento de práticas responsáveis pela institucionalização e amplo acesso ao setor.

Especificamente no que atine aos cursos jurídicos no Brasil, inicialmente se destaca a influência europeia, tanto na formação quanto na estrutura de organização acadêmica e administrativa que foi adotada por aqui, justamente porque os primeiros cursos de Direito foram implementados apenas após a Proclamação da Independência, em 1822.

Antes disso, toda e qualquer formação universitária na área do Direito concluída por brasileiros era proveniente de intercâmbio e período de estudos fora do país, especialmente no eixo Portugal e Espanha.

Apesar de reconhecermos a importância, o lugar e o papel que a universidade tem desempenhado no desenvolvimento das sociedades em suas múltiplas dimensões, críticas tem pesado sobre qual a sua missão em um mundo de rápidas transformações, no qual o conhecimento tem se tornado moeda de alto valor.

Em algumas considerações sobre o papel difuso da universidade, é preciso reconhecer que o próprio sentido de sua existência já não parece tão claro e que há um sentimento geral de frustração em relação às expectativas não realizadas e às promessas não cumpridas quanto ao desenvolvimento da própria vida humana.

Também há que reconhecer que a universidade é hoje duplamente desafiada, pela sociedade e pelo Estado e não parece preparada para encarar os desafios a ela impostos, os quais demandam adaptação permanente diante de profundas transformações. Por tais motivos a universidade ter se revelado uma instituição em crise.

4. IMPACTOS DA COVID-19 COMO MECANISMO DISRUPTIVO PARA A INOVAÇÃO...

Há extensa produção acadêmica que se preocupa com o diagnóstico e idealização de possíveis mecanismos voltados à superação da crise da educação jurídica. Horácio Wanderlei Rodrigues nos aponta alguns autores voltados à reflexão sobre essa temática. Além dele próprio, menciona Alberto Venâncio Filho, Álvaro Melo Filho, Aurélio Wander Chaves Bastos, Edmundo Lima de Arruda Júnior, Eliane Botelho Junqueira, João Baptista Vilela, Joaquim Arruda Falcão, José Eduardo Faria, Luís Alberto Warat, Paulo Luiz Neto Lôbo, Roberto Fragale Filho e Roberto Lyra Filho[1].

Um dos fatores, mas não o único, descrito como condicionante para referida crise na educação jurídica foi justamente o desenfreado crescimento do número de vagas e dos cursos de Direito em todo Brasil, principalmente em instituições pertencentes à iniciativa privada. Todavia, tal fator está longe de ser o responsável exclusivo pela crise estrutural que a Educação jurídica suporta.

Para tanto, é imprescindível mencionar que a crise educacional não caminha alheia à crise da sociedade, inclusive porque muitas das causas dessa crise são consequência direta do atual cenário social, político e econômico brasileiro. Falaremos, portanto, da crise estrutural, operacional e técnica enfrentada pela atual educação jurídica desempenhada no Brasil.

No quadro social, político e econômico brasileiro, uma série de fenômenos vem contribuindo para a crise do ensino do Direito. Entre eles, as mudanças por que tem passado o país nos últimos anos, as quais tem levado a uma extensa produção legislativa [...]. Novos instrumentos de controle social, cada vez mais complexos, têm surgido: a ciência e a tecnologia são hoje as suas formas mais efetivas. Esses fatos fazem com que cada dia se exija dos profissionais do Direito uma visão mais ampla, e não apenas legalista, para que eles possam participar ativamente no processo social global, deixando de ser meros técnicos ligados exclusivamente às atividades forenses. Modificaram-se as exigências com relação à prática profissional do jurista, mas o ensino do Direito não acompanhou essa evolução[2].

---

[1] RODRIGUES, Horácio Wanderlei. *Pensando o ensino do direito no século XXI*: diretrizes curriculares, projeto pedagógico e outras questões pertinentes. Florianópolis, SC: Fundação Boiteux, 2005, p. 29.

[2] Id. *Ibid.*, 2005, p. 34.

A atual crise da educação jurídica é extremamente complexa, sendo que quaisquer tentativas simplistas efetuadas não serão capazes de retratar seu aspecto multifacetário. A compreensão da atual situação da crise exige análise integral, dialética, que consiga analisar essa realidade como um todo.

A verdade é que a atual versão da educação jurídica produzida no Brasil não satisfaz. O que se pode fazer, nesse momento, é como partícipes auxiliar na busca da construção de uma sociedade democrática e solidária, recuperando no Direito o seu aspecto libertário e o colocando a serviço da justiça social efetiva. Porém, não há possibilidade de mudanças estruturais no ensino do Direito a partir do positivismo vigente.

Outra vertente da denominada crise está ligada às funções idealizadas que deveriam ser observadas com a efetivação da educação jurídica. Assim, o eixo funcional da educação na área do Direito se divide em três aspectos pretendidos de serem efetivados: técnico, político e econômico.

O objetivo do aspecto técnico da educação jurídica vigente consiste em formar operadores do Direito para trabalharem como profissionais liberais ou empregados na iniciativa privada, ou como agentes ou servidores públicos naquelas atividades nas quais se exige o diploma de Bacharel em Direito, assim, é com a efetivação desse objetivo que deveria ser observada a efetivação da preparação para o mercado de trabalho prevista na Constituição Federal.

A função política da educação jurídica vigente, por sua vez, tem por objetivo sistematizar e reproduzir a ideologia liberal, enriquecida como elementos conservadores, através da formação e socialização do senso comum teórico dos juristas. Assim, funcionará como instrumento de violência simbólica e exerce o papel de aparelho ideológico. Já a função econômica, por sua vez, se presta a formação de um singular exército acadêmico de reserva, com duas funções específicas: a excelência e a proletarização.

Dadas as premissas esperadas para a vigente educação do Direito no Brasil, passa-se à análise de uma possível alternativa na construção desse novo cenário educacional. Trata-se da aproximação e consequente inclusão de aspectos tecnológicos em sala de aula como fonte de aproximação direta entre docentes e discentes no Século XXI.

2. Revolução 4.0 aplicada à Educação Superior

Como medida de enfrentamento à mencionada crise da educação jurídica, alguns educadores da área começaram a identificar a tecnologia como aliada, a qual passou a ser incorporada ao cotidiano da sociedade gradativamente, no entanto, a partir da década de setenta do século passado com a introdução de novos recursos tecnológicos, as mudanças tecnológicas passaram a ocorrer de maneira mais intensa.

O espaço mundial tornou-se cada vez menor, não pelo seu tamanho físico, mas sim pela velocidade com que as informações e produtos passaram a circular na cadeia global. O crescimento e sofisticação dos hardwares, software e redes de computadores propiciaram transformações sociais e econômicas exponencialmente marcantes e levaram a um rompimento com a fase anterior da revolução e o surgimento da chamada Revolução 4.0, a qual o uso intensivo de tecnologias digitais atende a uma demanda e otimização de informações em tempo real.

As Tecnologias da Informação e Comunicação – conjunto de recursos tecnológicos utilizados de maneira integrada – foi a grande proporcionadora dessa ampla integração mundial com a utilização de inteligência artificial, robótica, telecomunicações dentre outros pilares que se tornaram presentes em diversas áreas, especialmente na educação.

Diante desse contexto, não dá mais para acreditar que as Instituições de Ensino estejam em uma "grande bolha", uma vez que na vida moderna nenhum espaço permanece inalterado às mudanças advindas com as revoluções tecnológicas.

Evidentemente, deve-se considerar que tais mudanças não atingem a todos de forma homogênea, ou seja, dentro de um mesmo ambiente, como a escola, pode-se encontrar um "lapso tecnológico" entre professor e alunos. Os educandos são os chamados nativos digitais e é comum entre eles o uso de dispositivos móveis – leitores de livros digitais, smartphones, tablets e notebook. Já os educadores, em geral, além de não conseguirem acompanhar com a mesma intensidade as mudanças advindas das Tecnologias da Informação e Comunicação, trazem o discurso de que os dispositivos móveis atrapalham o ensino-aprendizagem.

> [...] sob este ponto de vista, faz-se necessário que a escola assuma uma posição clara diante das novas tecnologias, abrindo seus espaços educativos para didaticamente promover a experimentação por parte dos alunos de

tecnologias cada vez mais próximas da sua realidade; portanto, é concebível sua utilização enquanto ferramenta pedagógica como recurso facilitador ou não da aprendizagem; pois dependerá muito da ação educativa desenvolvida pelo professor com seus alunos perante o desafio de desmistificar o uso das mídias através de propostas pedagógicas inovadoras e interativas na democratização do saber [...][3]

Destaca-se, em vista disso, um desafio a ser superado por toda comunidade acadêmica: utilizar as tecnologias para tornar as aulas mais dinâmicas e representativas para os estudantes, permitindo assim, por meio de práticas criativas, a utilização das tecnologias como ferramentas eficientes e proveitosas.

Os educadores propõem que o docente deve ter em mente que as Tecnologias da Informação e Comunicação não objetivam eliminar o uso de técnicas convencionais de ensino. Na verdade, elas devem ser incorporadas ao processo educacional já existente.

As tecnologias devem funcionar como verdadeiras propostas inovadoras que remodelem as práticas educativas e trazendo vantagens e benefícios, uma vez que aumentam a possibilidade de recursos com diferentes abordagens pedagógicas e transforma-se em métodos bastante inovadores ao tornarem as atividades curriculares mais interativas, claras e eficazes.

3. Direito e Inovação tecnológica: muito além do direito digital

A quarta revolução industrial, também denominada de Indústria 4.0, fábricas inteligentes ou manufatura avançada, iniciou na primeira década do Século XXI e caracterizou-se pela digitalização da produção, que possibilitou a personalização da produção em massa caracterizada pela *internet* ubíqua e móvel, sensores menores e mais poderosos e a inteligência artificial, com mudanças profundas na forma de produção e de consumo, desencadeando o desenvolvimento de novos modelos de negócios.

O ritmo da evolução tecnológica causa forte impacto em diversos ramos da ciência, e não é diferente com a área do Direito. Esse novo

---

[3] MOREIRA, Romilson do Carmo; MARTINS, Alessandra Freire; SANTOS, Maria do Socorro Aguiar. O uso do laboratório de informática como suporte pedagógico nas escolas públicas estaduais do ensino fundamental II na sede de Senhor do Bonfim-BA. Disponível em: <http://www.uneb.br/espcont/files/2011/12/ART-001200-12.pdf>. Acesso em 10 abr. 2020.

contexto gerou a movimentação da sociedade como forma de abarcar a nova realidade. Evidentemente, não poderia ser diferente com o Direito. A área de inovação tecnológica criou uma nova gama de estudos e investigações na área e, inclusive, algumas leis foram editadas com o objetivo de regulamentar essas novas transformações.

No entanto, tentar restringir a temática da inclusão tecnológica como mero assunto adstrito ao Direito Digital, seria pensar nesse riquíssimo contexto como algo adstrito ao mero avanço da tecnologia na sociedade.

Vivemos uma era digital, e nesse sentido é preciso reconhecer que a inclusão digital tem sido um tema muito difundido nos discursos políticos e econômicos por conta da penetração das tecnologias de informação e comunicação, que conectam o mundo todo em segundos.

Com a internet, rede mais visível destas tecnologias, o ser humano tem acesso a dados, informações e conhecimentos que jamais ocorreu na história. A inclusão digital tornou-se uma necessidade humana por suas possibilidades infinitas e benéficas de uso. Todos precisam estar conectados

Há que se pensar a inclusão digital para além do simples acesso a uma tecnologia de informação e comunicação. A inclusão digital, como necessidade histórica, possui um valor que deve ser transformado em direito a ser utilizado pelo ser humano contra esta exclusão.

A inclusão digital como um direito deve se questionar desde a utilização do conceito de inclusão digital e sua relevância acadêmica até como inserir a inclusão digital dentro do mundo jurídico.

Para percorrer este caminho, percebeu-se um distanciamento entre os discursos que proferem a inclusão digital e as práticas que geram a exclusão. Assim, a construção da inclusão digital, para não gerar exclusão, tem de ser associada a um direito. Mais que um simples direito, um direito fundamental. A inclusão digital como direito fundamental tem de ser apropriada pelo ser humano, a fim de combater as práticas exclusivas.

É justamente nesse sentido que se propõe o presente estudo. Acredita-se que a inclusão das Tecnologias da Informação e Comunicação devem ser inseridas em sala de aula como mecanismo de acesso à inclusão digital, hoje tido como direito fundamental que merece proteção.

O conceito de inclusão digital é fluido, indeterminado, escorregadio e, às vezes, chega a gerar equívocos se pretendermos utilizá-lo no viés de um olhar destoante da realidade e do contexto em que surgiu e ao qual faz referência.

Insere-se, inicialmente, no âmbito das transformações tecnológicas nos meios de comunicação e informação. Estas tecnologias de informação e comunicação não são novas. Se sempre houve formas de transmissão de informações e comunicação, estas aumentaram muito a sua capilaridade, capacidade de transmissão de dados e velocidade em todo o globo terrestre. Há enorme facilidade para as pessoas se comunicarem, interagirem, produzirem e obterem informações[4].

As Tecnologias da Informação e Comunicação, como recursos tecnológicos inovadores, devem ser assim consideradas com o intuito de facilitar a rede de relações interpessoais, sendo mais uma ferramenta importante para a promoção do conhecimento e difusão da melhoria da qualidade educacional a ser implementada na área do Direito.

Nesse sentido, é preciso reconhecer que as mudanças na educação jurídica vão além do que se espera com a inserção das novas tecnologias como ferramenta de apoio em sala de aula, mas também de termos educadores, gestores e alunos maduros intelectual, emocional e eticamente; pessoas curiosas, entusiasmadas, abertas, que saibam motivar e dialogar; pessoas com as quais valha a pena entrar em contato, porque dele saímos enriquecidos. Em um mundo ideal teremos educadores que integram teoria e prática e que aproximam o pensar do viver.

4. Desdobramentos na Educação Jurídica nacional da obrigatoriedade do isolamento social no combate à COVID- 19

Esse debate apresentado anteriormente, já é objeto de discussão desde os anos 1990, quando a tecnologia se tornou uma realidade no cotidiano de todos. Justamente nesse sentido, os pesquisadores desse ensaio lideram pesquisas sobre a inovação tecnológica na Educação Jurídica por pelo menos 5 (cinco) anos.

---

[4] GONÇALVES, Victor Hugo Pereira. *Inclusão digital como direito fundamental*. 2012. Dissertação (Mestrado em Diretos Humanos) – Faculdade de Direito, Universidade de São Paulo, São Paulo, 2012. doi:10.11606/D.2.2012.tde-30102012-092412. Acesso em: 06 abr. 2020.

No entanto, ter a oportunidade de vivenciar uma verdadeira revolução da Educação Jurídica no contexto nacional consiste na oportunidade de experienciar a efetiva implementação compulsória das mencionadas Tecnologias da Informação e Comunicação por todos os docentes, sendo eles favoráveis ou não aos referidos mecanismos de inovação do contexto educacional.

Essa implementação compulsória das TIC's aconteceu em razão da pandemia decorrente da COVID-19.

> O sentido literal da pandemia do coronavírus é o medo caótico generalizado e a morte sem fronteiras causados por um inimigo invisível. Mas o que ela exprime está muito além disso. Eis alguns dos sentidos que nela se exprimem. O invisível todo-poderoso tanto pode ser o infinitamente grande (o deus das religiões do livro) como o infinitamente pequeno (o vírus)[5].

Fala-se em uso compulsório das ferramentas apresentadas anteriormente porque foi justamente em razão da adoção do isolamento social para o combate à COVID-19 que a grande maioria das Instituições de Ensino Superior brasileiras, determinaram a utilização de ferramentas de Educação à Distância e educação remota, como alternativa estratégica para evitar que alunos e professores fossem prejudicados com a mera suspensão das aulas e consequente prorrogação dos prazos finais para a conclusão do curso.

Tais medidas foram adotadas pelas Instituições de Ensino Superior, após a promulgação da Portaria nº. 343 de 17 de março de 2020, onde o Ministério da Educação autorizou em caráter excepcional, a substituição das disciplinas presenciais, em andamento, por aulas que utilizem meios e tecnologias de informação e comunicação, nos limites estabelecidos pela legislação em vigor, por instituição de educação superior integrante do sistema federal de ensino.

Destaque-se que o período de autorização retro, segundo constou na mencionada portaria, teria vigência máxima de 30 (trinta) dias prorrogáveis, dependendo da orientação do Ministério da Saúde. Assim, em 15 de abril de 2020, foi expedida nova Portaria nº. 395, com o intuito de

---

[5] SANTOS, Boaventura de Sousa. *A cruel pedagogia do vírus*. Coimbra: Almedina, 2020, p. 10.

prorrogar a autorização por mais 30 (trinta) dias para prevenir a transmissão do COVID-19.

Foram essas autorizações que efetivamente transformaram o cenário da educação superior nacional e não poderia ter sido diferente com a Educação Jurídica. Apesar de muito debate e da constatação de que as TIC's deveriam ser utilizadas como ferramentas essenciais no processo de ensino-aprendizagem, chegou-se ao momento de constatar que essa ferramenta não seria mais opcional aos docentes, e sim compulsória, tendo eles se adaptado ou não ao mecanismo.

A adoção desses mecanismos de interação entre a comunidade acadêmica mostrou-se como a única ferramenta possível de manutenção do calendário acadêmico diante da necessidade de isolamento social e impossibilidade de interação.

> A geração que nasceu ou cresceu depois da Segunda Guerra Mundial habituou-se a ter um pensamento excepcional em tempos normais. Perante a crise pandémica, têm dificuldade em pensar a excepção em tempos excepcionais. O problema é que a prática caótica e esquiva dos dias foge à teorização e exige ser entendida em modo de sub-teorização. Ou seja, como se a claridade da pandemia criasse tanta transparência que nos impedisse de ler e muito menos reescrever o que fôssemos registando no ecrã ou no papel[6].

Gostando ou não das TIC's, entendendo que elas podem ou não funcionar como facilitadoras da relação existente entre docentes e discentes, tais ferramentas mostraram-se como a saída possível para a manutenção dos cursos superiores, principalmente dentro das Instituições Particulares, as quais estão sujeitas ao poder econômico para a adequada manutenção de suas atividades.

A resistência na adoção dessas ferramentas tecnológicas surgiu dentre os mais diferentes grupos de pessoas impactadas, sejam os colaboradores das IES, principalmente aqueles que trabalham nas áreas de Tecnologia da Informação, docentes, discentes e até mesmo os responsáveis financeiros dos discentes, todos colocando na frente seus interesses pessoais em detrimento do interesse coletivo de proteção da vida de todos os brasileiros.

---

[6] SANTOS, Boaventura de Sousa. *A cruel pedagogia do vírus*. Coimbra: Almedina, 2020, p. 13.

4. IMPACTOS DA COVID-19 COMO MECANISMO DISRUPTIVO PARA A INOVAÇÃO...

Observa-se que a flexibilidade se traduz como verdadeiro valor nesse contexto, pois apenas por meio dela a humanidade será capaz de se readaptar às novas relações sociais e aos desdobramentos inerentes aos contextos de crise mundial. É a flexibilidade que nos tornará adaptáveis ao novo contexto, nos permitirá aprimorar o contexto de crise e, até mesmo, superá-lo.

Conclusões

A educação 4.0, no contexto do século XXI, se encontra imersa numa grande revolução que promove a transformação do lugar do indivíduo na gestão das empresas, na configuração de governos, no modo de inovar, na metodologia de ensino, no design da aprendizagem, na condução da ciência e tecnologia, na forma de disponibilizar e oferecer educação. Atualmente, tudo funciona em rede, inclusive o ensino que dispõe de computadores, estacoes de trabalho com estruturas que possibilitam deslocamento de arquivos Web nas plataformas de aprendizagem.

O discente do século XXI passa do pensamento linear para o pensamento em rede. A educação necessita do professor transdisciplinar, para tornar suas aulas e o aprendizado com o discente cada vez mais motivador e colaborativo. As metodologias ativas através do ensino híbrido, cursos invertidos, aprendizagem baseada em projetos, cultura do fazer, pensamento de designer, exploração do insucesso, aprendizagem em redes sociais e aprender ensinando, colaboraram com o desenvolvimento da autonomia, criatividade e resiliência diante de frustração.

A educação deve encontrar maneiras de responder aos desafios da revolução 4.0, levando em conta múltiplas visões de mundo e outros sistemas de conhecimento, além de novas fronteiras em ciência e tecnologia. É extremamente necessário preparar indivíduos e comunidades com competências e habilidades diante das tensões geradas pelas mudanças no cenário do mercado, a fim de que sejam capazes de se adaptar e corresponder aos novos desafios.

A Educação Superior Brasileira tem como uma de suas premissas o incentivo ao trabalho de pesquisa e investigação científica, tendo em vista o desenvolvimento da ciência e da tecnologia e da criação e difusão de cultura, desenvolvendo-se, com isso, as pessoas e o meio em que vivem.

Então, a educação jurídica é uma ferramenta para este desenvolvimento, preparando a pessoa para o exercício da cidadania e qualificada para o trabalho. Um fenômeno de ordem social, o Direito vincula-se a outras grandes áreas de reflexão, devendo ser pensado de forma ampliada, em relação à complexidade dos demais fenômenos, tais como a economia, história e política. Em respeito a esta natureza, propõe-se a formação de um aluno intelectualmente autônomo e crítico, que será capaz de atuar na transformação da sua sociedade por meio do exercício de sua plena cidadania, com sólida e complexa formação.

Este artigo apresentou algumas teorias sobre a utilização das Tecnologias da Informação e Comunicação no sistema superior de ensino para apoiar o professor em sala de aula no processo de ensino-aprendizagem. O uso destas ferramentas não garante o sucesso, mas, quando bem utilizadas, podem auxiliar e muito em face do perfil dos novos estudantes.

Com fácil acesso a informações diversas e constantes, os professores devem buscar meios de prender a atenção destes alunos, que facilmente se dispersam e perdem o interesse. As aulas devem ser mais dinâmicas e participativas, fugindo do método passivo de ensino anterior.

Vimos também como é de suma importância o professor se capacitar, assimilar essas novas tecnologias e, perceber que elas veem para ajudar e não para substituí-lo. Eles têm que se preparar, treinar, elaborar seu planejamento educacional, contemplando o uso da TICS que melhor se adapte ao seu método de ensino e aplicá-las em seu benefício.

Cremos que a tecnologia é uma auxiliar muito importante no processo de ensino, mas, os protagonistas desta história, que determinarão o sucesso deste projeto são as instituições de ensino, os professores e alunos.

Cabem as instituições de ensino propor currículos bem elaborados; aos professores serem capacitados e interessados em melhorar constantemente as aulas, tornando-as mais interessantes; os alunos terem interesse e não serem passivos, buscarem constantemente adquirir novos conhecimentos.

Espera-se que estudos apresentados nessa temática, como o presente artigo, representem uma contribuição ao processo de melhoria do setor, diante dos breves esclarecimentos sobre a atual situação da educação jurídica no Brasil e as perspectivas idealizadas para a efetiva aproximação dos estudantes na concretização da construção do conhecimento.

Fato é que em 2020 uma pandemia parou o mundo e o isolamento social imposto para toda população deve servir, obviamente, como mecanismo

4. IMPACTOS DA COVID-19 COMO MECANISMO DISRUPTIVO PARA A INOVAÇÃO...

objetivo de contenção do avanço da doença, mas, principalmente, como ferramenta de reflexão e transformação da nossa sociedade e nossas relações pessoais, que há muito tempo deveriam ser repensadas.

Referências

BARATA, Rita de Cássia Barradas. Dez coisas que você deveria saber sobre o Qualis. *RBPG*, Brasília: v. 13, n. 30, p. 013 – 040, jan./abr. 2016.

BRASIL. Decreto nº 6.283 de 25 de janeiro de 1934. Disponível em: <http://www. leginf.usp.br/?historica=decreto-n-o-6-283-de-25-de-janeiro-de- 1934>. Acesso em: 17 de mar. 2020.

BRASIL. Presidência da República. Constituição da República Federativa do Brasil de 1988. Disponível em: <http://www.planalto.gov.br/ccivil_03/constituicao/ constituicaocompilado.htm>. Acesso em: 20 mar. 2020.

BRASIL. Presidência da República. Decreto Nº 9.235, de 15 de dezembro de 2017. Dispõe sobre o exercício das funções de regulação, supervisão e avaliação das instituições de educação superior e dos cursos superiores de graduação e de pós--graduação no sistema federal de ensino. Disponível em: < http://www.planalto. gov.br/ccivil_03/_Ato2015-2018/2017/Decreto/D9235.htm#art107>. Acesso em: 11 abr. 2020.

BRASIL. Presidência da República. Lei nº 9.394, de 20 de dezembro de 1996. Estabelece as diretrizes e bases da educação nacional. Disponível em: <http://www. planalto.gov.br/ccivil_03/leis/L9394.htm>. Acesso em: 11 abr. 2020.

BRITO, T. T. R.; CUNHA, A. M. O. Revisitando a História da Universidade no Brasil: política de criação, autonomia e docência. APRENDER – Cad. de Filosofia e Psic. da Educação, Vitória da Conquista, Ano VII, n. 12, p. 43-63 2009. Disponível em: <http://periodicos.uesb.br/index.php/aprender/article/viewFile/4260/pdf_231>. Acesso em: 14 abr. 2020.

DEWEY, John. Democracy and education. [S.l.], 2015. Disponível em: <https://www. gutenberg.org/files/852/852-h/852-h.htm>. Acesso em: 2 abr. 2020.

DEWEY, John. O desenvolvimento do pragmatismo americano. Scieti e studia. São Paulo, v. 5, n. 2, p. 227-243, 2007.

DEWEY, John. Vida e educação. In: WESTBROOK, Robert; TEIXEIRA, Anísio; ROMÃO, José Eustáquio; RODRIGUES, Verone Lane (org.). John Dewey. Recife: Fundação Joaquim Nabuco, Editora Massangana, 2010.

FÁVERO, Maria de Lourdes de Albuquerque. A Universidade no Brasil: das origens à Reforma Universitária de 1968. *Educar*, Curitiba, n. 28, p. 17-36, 2006. Disponível em: <http://ltc-ead.nutes.ufrj.br/constructore/objetos/reforma%2068.pdf>. Acesso em: 10 mar. 2020.

FREIRE, Paulo. Pedagogia da autonomia: saberes necessários à prática educativa. 50. ed. Rio de Janeiro: Paz e Terra, 2000.

FREIRE, Paulo. Pedagogia do Oprimido. 17.a ed. Rio de Janeiro: Paz e Terra, 1987.

GATTI, Bernardete A. Formação de grupos e redes de intercâmbio em pesquisa educacional: dialogia e qualidade. *Rev. Bras. Educ.*, Rio de Janeiro, n. 30, p. 124-132, Dec. 2005. Disponível em: <http://www.scielo.br/scielo.php?script=sci_arttext&pid=S1413-24782005000300010&lng=en&nrm=iso>. Acesso em 24 Mar. 2020.

GONÇALVES, Victor Hugo Pereira. *Inclusão digital como direito fundamental.* 2012. Dissertação (Mestrado em Diretos Humanos) – Faculdade de Direito, Universidade de São Paulo, São Paulo, 2012. doi:10.11606/D.2.2012.tde-30102012-092412. Acesso em: 06 abr. 2020.

HOFF, Debora Nayar et al. Os desafios da pesquisa e ensino interdisciplinares. Revista Brasileira de Pós-Graduação, v. 4, n. 7, 2007.

INDALÉCIO, Anderson Bençal; RIBEIRO, Maria da Graça Martins. Gerações Ze Alfa: os novos desafios para a educação contemporânea. Revista UNIFEV: Ciência & Tecnologia, v. 2, p. 137-148, 2017.

KLEIN, Julie Thompson; NEWELL, William. Advancing interdisciplinary studies. In: Handbook of the undergraduate curriculum: A comprehensive guide to purposes, structures, practices, and change, p. 393-415, 1997.

LOBO, Alex Sander Miranda; MAIA, Luiz Cláudio Gomes. O uso das TIC's como ferramenta de ensino-aprendizagem no ensino superior. Caderno de Geografia, v.25, n.44, 2015. Disponível em: <https://www.redalyc.org/pdf/3332/333239878002.pdf>. Acesso em 19 abr.2020.

MARTINS, L. M. Ensino-Pesquisa-Extensão como fundamento metodológico da construção do conhecimento na universidade. UNESP – Universidade Estadual Paulista 2016. Disponível em: <http://www.academia.edu/31377941/ENSINO_PESQUISA- EXTENS%C3%83O_COMO_FUNDAMENTO_METODOL%C3%93GICO_DA_CONSTRU%C3%87%C3%83O_DO_CONHECIMENTO_NA_ UNIVERSIDADE>. Acesso em: 14 mar. 2020.

MAZZILLI, Sueli. Ensino, pesquisa e extensão: reconfiguração da universidade brasileira em tempos de redemocratização do Estado. *Revista Brasileira de Política e Administração da Educação*, v. 27, n. 2, p. 205-221, maio/ago. 2011. Disponível em: <http://seer.ufrgs.br/rbpae/article/view/24770>. Acesso em: 10 abr. 2020.

MINISTÉRIO DA EDUCAÇÃO. Apresentação. Disponível em: <http://portal.mec.gov.br/institucional/historia>. Acesso em: 10 abr. 2020.

MOITA, Filomena Maria Gonçalves da Silva Cordeiro; ANDRADE, Fernando Cézar Bezerra de. Ensino-pesquisa-extensão: um exercício de indissociabilidade na pós-graduação. *Rev. Bras. Educ.*, Rio de Janeiro, v. 14, n. 41, p. 269-280, Aug. 2009. Disponível em: <http://www.scielo.br/scielo.php?script=sci_arttext&pid=S1413-24782009000200006&lng=en&nrm=iso>. Acesso em: 18 abr. 2020.

MOREIRA, Romilson do Carmo; MARTINS, Alessandra Freire; SANTOS, Maria do Socorro Aguiar. O uso do laboratório de informática como suporte pedagógico nas escolas públicas estaduais do ensino fundamental II na sede de Senhor do Bonfim-BA. Disponível em: <http://www.uneb.br/espcont/files/2011/12/ART-001200-12.pdf>. Acesso em 01 abr. 2020.

PUCCI, Bruno. A indissociabilidade entre Ensino Pesquisa e Extensão. Impulso, Piracicaba, p. 33–42, 1991.

QUINTANILHA, Luiz Fernando. Inovação Pedagógica Universitária mediada pelo Facebook e YouTube: uma experiência de ensino-aprendizagem direcionado à geração-Z. Educar em Revista, v. 33, n. 65, p. 249-263, 2017.

RODACKI, André Luiz Felix. Qualis: implicações para a avaliação de programas de pós-graduação das diferentes áreas do conhecimento – uma análise preliminar. *RBPG*, Brasília: v. 13, n. 30, p. 013 – 040, jan./abr. 2016.

RODRIGUES, Horácio Wanderlei. *Pensando o direito no século XXI*: diretrizes curriculares, projeto pedagógico e outras questões pertinentes. Florianópolis: Fundação Boiteux, 2005.

SANTOS, Boaventura de Sousa. *A cruel pedagogia do vírus*. Coimbra: Almedina, 2020.

SILVA, Maria das Graças. *Universidade e sociedade*: cenário da extensão universitária? *In*: REUNIÃO ANUAL DA ANPED, 23., Caxambu, 2000. *Anais...* Caxambu: ANPEd, 2000. Disponível em: <http://www2.uerj.br/~anped11>. Acesso em: 20 mar. 2020.

SOMA, Nei Yoshiro. O Qualis Periódicos e sua utilização nas avaliações. *RBPG*, Brasília: v. 13, n. 30, p. 013 – 040, jan./abr. 2016.

TEIXEIRA, Anísio. A pedagogia de Dewey: esboço da teoria de educação de John Dewey. In: WESTBROOK, Robert; TEIXEIRA, Anísio; ROMÃO, José Eustáquio; RODRIGUES, Verone Lane (org.). John Dewey. Recife: Fundação Joaquim Nabuco, Editora Massangana, 2010.

TELLO, Pilar Jiménez; PLAZA, Victoria Eugenia. Educación Superior y Competitividad. *Cadernos de Pós-Graduação em Direito*: estudos e documentos de trabalho, São Paulo, n. 31, 2014. Disponível em: < http://www.direito.usp.br/pos/arquivos/cadernos/caderno_31_2014.pdf>. Acesso em: 01 abr. 2020.

TOOTELL, Holly; FREEMAN, Mark; FREEMAN, Alison. Generation Alpha at the intersection of technology, play and motivation. In: HAWAII INTERNATIONAL CONFERENCE ON SYSTEM SCIENCE, 47., 2014, [S. l.]. Proceedings... . [S. l.]: IEEE, 2014. p. 82-90.

5. Quando a pandemia leva o nome de violência, o antídoto é a solidariedade: um debate sobre os direitos de crianças e adolescentes em tempos de Coronavírus e isolamento social

MICHELLE ASATO JUNQUEIRA

ANA CLAUDIA POMPEU TOREZAN ANDREUCCI

> *"Nenhum homem é uma ilha, inteiramente isolado, todo homem é um pedaço de um continente, uma parte de um todo. Se um torrão de terra for levado pelas águas até o mar, a Europa fica diminuída, como se fosse um promontório, como se fosse o solar de teus amigos ou o teu próprio; a morte de qualquer homem me diminui, porque sou parte do gênero humano. E por isso não perguntai: Por quem os sinos dobram; eles dobram por vós"*
> Meditação 17, John Donne, 1764

Introdução

Primeiro semestre de 2020. Tudo está diferente. Ruas desertas. Escolas fechadas. Silêncio ensurdecedor. A ordem é "fique em casa". "Fique em casa" é o novo nome da solidariedade. Fique em casa é proclamado por todos em diferentes línguas, em diversos lugares. Tempos difíceis. Tempos de angústias. Perguntas infinitas. Respostas escassas. Tempo que se conheceu literalmente o que é o direito de não ir e vir. Tempos de adaptação. Os porquês são constantes. E as reflexões fazem parte do cotidiano. Agora imaginem este universo de dúvidas e incertezas nas mentes de crianças e adolescentes. Conhecidas por eternas questionadoras, companheiras fiéis dos porquês, a incerteza paira ainda maior.

Há que se saber conversar com elas. Suas rotinas mudaram. Não escolas. Não parques. Não brincadeiras com amigos. Não visitas aos avós. Giz e lousa cedem espaço para telas virtuais. Aparelhos eletrônicos que antes tinham dia e horários cronometrados de uso, tornam-se amigos pedagógicos e a melhor forma de encontrar professores, amigos, parentes. O que era não aceito, passa a ser autorizado. Sim, um novo mundo, ou como dizem alguns sociólogos "o novo normal".[1] O que será esse mundo novo? Eis a questão.

Mas quem trouxe toda essa mudança? A mudança abissal foi trazida por uma partícula diminuta, o Coronavírus, ou Covid-19 que noticiou sua chegada lá no final de dezembro de 2019, na China. Apesar do mundo globalizado, nas bandas de cá e também em outras bandas, sua chegada, em um primeiro momento, foi vista com pouca exclamação e com a desconfiança de que seria uma visita passageira. Infelizmente, não foi assim, após sua chegada a ampulheta temporal já não mais se media em dias, mas sim em número de mortos e infectados, dada a sua alta contaminação. Mostrou a que veio, invadiu as vidas cotidianas, tornou-se assunto global, escancarou carências, proclamou despreparos Estatais e sociais, incertezas, disseminou atitudes paradoxais, de um lado egoísmos exagerados na aquisição de suprimentos para sobrevivência e alimentação, e de outro, a constituição de uma rede de solidariedade. Fez vítimas, que se contabilizam aos milhares, escancarou com a falta de estrutura de muitas nações para lidar com o problema, tornou-se de fato uma Pandemia, fato declarado pela Organização Mundial de Saúde, que hesitou a anunciá-lo. Declarações governamentais de decretação de estado de alerta, emergência e calamidade pública passaram a fazer parte do repertório midiático e, por via de consequência, de todos nós.

A Pandemia era certa. A necessidade de distanciamento, também. Pois foi no isolamento social que muitos debates tiveram início do micro

---

[1] 'Novo normal' é uma expressão firmada pelo economista Mohamed El-Erian, em maio de 2009, após a crise econômica de 2008, afirmando que após aquele momento as realidades, em especial, nos mercados e, por via de consequência, nos mais variados âmbitos socias, seriam outras. A partir de rompimentos estruturais, o retorno ao normal não se dá com o retorno ao *status quo ante*, novas formas de viver e se relacionar a partir dos mercados, do desemprego, da pobreza, deverão fazer parte do novo cotidiano. Disponível em https://www.institutomillenium.org.br/artigos/o-novo-normal/. Acesso em 08 abr.2020.

para o macro, do macro para o micro, o debate era universal. Respeitada cada particularidade, os problemas eram os mesmos o isolamento social modificou a rotina de vida dos seres planetários. As casas passaram a ser o centro de tudo e o "fique em casa" o novo modo de viver.

Home offices, aulas virtuais, *lives*, teleconferências foram aos poucos invadindo os lares e ocupando espaços. Foi neste cenário que crianças deixaram de ir à escola, as escolas estavam fechadas. Mas o que significa ir à escola? Qual o papel da educação neste momento? A educação pode ser conceituada apenas como o ato de ter aulas ou envolve um caleidoscópio ainda maior de direitos? E as consequências do confinamento social para crianças e adolescentes? As casas são de fato asilos invioláveis e de absoluta proteção integral aos mais vulneráveis? São estas perguntas que nortearão o presente artigo no debate reflexivo sobre o papel da educação, da solidariedade, do dever parental e das possíveis violações de direitos à crianças e adolescentes em tempos de Covid-19 e isolamento social. Há de um lado um estado de vigilância aguçado. Há de outro lado um estado de vigilância absolutamente silenciado.

1. Educação e escola: por eles, por nós e por todos

Educação é um direito humano e fundamental, reconhecido como indisponível e irrenunciável no âmbito da ordem internacional e nacional, indispensável enquanto processo de perpetuação da cultura, tem por objetivo a formação da cidadania, o pleno desenvolvimento da pessoa e qualificação para o trabalho. Esses objetivos são indissociáveis e, em razão da própria natureza, o processo educacional é contínuo e deve ser aperfeiçoado incessantemente.

Mas, o que fazer quando as estruturas são rompidas abruptamente? Quando não há tempo necessário para o planejamento que a importância da questão merece?

Fica a pergunta retórica e a análise de um diagnóstico incompleto e perturbador. É certo que o presente artigo não se presta a trazer soluções imediatas para problemas complexos, mas sim colocar luzes a reflexões inafastáveis.

A título de esclarecimento, vale lembrar que que em 1894, quando teve início em Hong Kong a terceira pandemia de peste bubônica, foram necessários cinco anos para que ela chegasse ao Brasil, desta vez, bastaram alguns dias[2], haja vista o processo intenso de globalização, que induz uma mobilidade humana mais intensificada.

A necessidade de interrupção das atividades acadêmicas presenciais impôs uma nova realidade social, como já dito na introdução e a consequente impossibilidade de convívio social, conjugada a necessidade de continuidade do processo educativo.

A utilização dos AVA's– Ambientes Virtuais de Aprendizagem têm por função facilitar o ensino remoto[3], especialmente a educação a distância, mas não é uma realidade universal para o estudante brasileiro, além disso não é o instrumento adequado para todas as situações.

É preciso ainda não esquecer que a pandemia escancarou uma ferida e aberta e não cicatrizada no Brasil: a desigualdade social. A diferença gritante entre pobres e ricos e, o público e o privado no que se refere especialmente à educação básica. Enquanto a discussão nas escolas privadas era a utilização mais efetiva dos AVA`s, a educação pública ainda discutia as dificuldades de acesso.

Embora a tecnologia seja uma necessidade na realidade contemporânea, o seu acesso ainda não é para todos. Nem todos os lares brasileiros são munidos de computadores e, embora estejamos cada vez com mais acesso à internet, ela ainda não chega a todos os lugares, em especial à área rural, excluindo, portanto, um número considerável de alunos.

Assim, voltamos às discussões primárias quanto às políticas públicas educacionais: o acesso. Se o compromisso assumido desde a Lei de Diretrizes e Bases da Educação, em 1996, era a de incluir todas as crianças na escola, a meta está ameaçada neste momento, devendo, inclusive, ser pensadas nas políticas enfrentadoras da evasão escolar.

Nem se diga acerca do despreparo do corpo docente, não capacitado de forma adequada (repita-se que a afirmação é genérica, situação que não

---

[2] MACEDO, Yuri Miguel, Ornellas, Joaquim Lemos e BONFIM, Helder Freitas do. COVID – 19 NO BRASIL: o que se espera para população subalternizada? *Revista Encantar* – Educação, Cultura e Sociedade – Bom Jesus da Lapa, v. 2, p. 01-10, jan./dez. 2020. DOI: http://dx.doi.org/10.5935/encantar.v2.0001

[3] Importante esclarecer que as expressões: Ensino a distância, ensino remoto e ensino mediado por tecnologia não são sinônimos. Ensino remoto é gênero e induz o ensino não presencial, com o uso de tecnologias ou não, *on line* ou não; enquanto o ensino a distância está relacionado ao ensino a distância. Por sua vez, o ensino mediado por tecnologia, pode ser feito não necessariamente pela internet, mas por televisão, celular, rádio, livros digitais.

5. QUANDO A PANDEMIA LEVA O NOME DE VIOLÊNCIA, O ANTÍDOTO É A SOLIDARIEDADE

se enquadra em relação a todos os docentes, mas à maioria, especialmente da rede pública de ensino, sempre carente de recursos) e que, muitas vezes também, não possui recursos adequados ao desenvolvimento das atividades, como o acesso à internet condizente com o volume de dados que as atividades o line exigem.

Vale mencionar que o Comitê Técnico da Educação do Instituto Rui Barbosa (CTE-IRB) ao refletir sobre a problemática e os reflexos da pandemia na educação, buscaram elencar uma série de sugestões e reflexões aos Tribunais de Contas dos Estados, a seguir resumidas[4]:

– Os Tribunais de Contas devem buscar informações sobre as ações no período da pandemia visando garantir aos alunos o acesso à educação;
– é necessário buscar a articulação com canais de rádio e TV[5];
– Conforme informações do Instituto Península, atualmente, apenas 43,1% das redes estaduais e 32,5% das redes municipais estão interagindo remotamente com alunos;
– Examinar se as redes de ensino estão atuando no planejamento e elaboração de estratégias para garantir a carga horária mínima de 800 horas/aula[6].
– Estimular a assistência social com a utilização dos elementos perecíveis[7]
– Monitorar a distribuição das merendas;
– Fiscalizar os gastos
– Articular ações com os conselhos de educação.

---

[4] Disponível em: https://tcero.tc.br/2020/04/13/nota-tecnica-cte-irb-n-01-2020/. Acesso em: 17 abr. 2020.
[5] Países como a China estão desenvolvendo programação via televisão aberta para repassar o conteúdo escolar. Há medidas particularizadas em alguns Estados e Municípios também no Brasil. Contudo, o formato de televisão no Brasil é um fator dificultoso para medida.
[6] Em 1º de abril de 2020 foi editada a Medida Provisória nº 934 que flexibiliza a necessidade de mínimo de 200 dias letivos, previstos na LDB, desde que cumprida a carga horária anual.
[7] A exemplo do PL 786/2020 e Lei 13.987, de 07 abr. 2020, que estabelece a distribuição dos alimentos da merenda escolar às famílias dos estudantes que tiveram suspensas as aulas na rede pública de educação básica devido à pandemia do coronavírus. Fonte: Agência Senado. Disponível em: https://www12.senado.leg.br/noticias/materias/2020/03/30/coronavirus-senado-aprova-distribuicao-de-merenda-as-familias-com-filhos-na-rede-publica-de-ensino. Acesso em 17 abr. 2020.

O cerne da questão é que a pandemia criada pelo COVID-19 expôs as vulnerabilidades ainda gritantes, na medida em que há limitadores sociais que antecedem o ensino remoto e a questão da qualidade da educação.

A escola pode afigurar-se aos estudantes tanto como uma efetiva via de acesso ao exercício da cidadania como, ao contrário, um mecanismo de exclusão social. Na primeira perspectiva, a escola, a educação e o processo de ensino-aprendizagem funcionam como uma espécie de salvo-conduto moral, um passaporte para a entrada na sociedade.

Além disso, nas sociedades modernas, o estudo é cada vez mais um requisito para o acesso às possibilidades de trabalho e, este último, sem dúvida, é condição essencial à sobrevivência humana. Porém, é nesse ponto de intersecção entre o estudo e o trabalho que se situa um dos mais graves problemas da exclusão social, no qual o ensino de boa qualidade abre as oportunidades e o de má qualidade, ao contrário, acentua a exclusão.[8]

A educação em tempos de pandemia é situação complexa diante da adversidade imposta mundialmente, não se vislumbra consequências positivas, mas uma oportunidades dos gestores refletirem qual o tempo e a forma de reação dos governos diante de situações adversas[9].

A vulnerabilidade social de algumas crianças transforma escolas em locais que vão muito além da socialização e do processo educativo formal, que substituem as casas, que deveriam ser o local de segurança e aco-lhimento, que substituem o local de alimentação e que se transformam em locais de proteção e fiscalização da relação estabelecida com os pais e responsáveis.

Há crianças que somente se alimentam de forma adequada quando estão na escola, a merenda escolar é a base da alimentação cotidiana. Ainda que muitas escolas tenham permanecido com o fornecimento da merenda, há empecilhos de mobilidade, na medida em que muitos pais

---

[8] ABRAMOVAY, Miriam. *Violência nas escolas*. Brasília: UNESCO, Coordenação DST/AIDS do Ministério da Saúde, Secretaria de Estado dos Direitos Humanos do Ministério da Justiça, CNPq, Instituto Ayrton Senna, UNAIDS, Banco Mundial, USAID, Fundação Ford, CONSED, UNDIME, 2002, pp. 192-193.'

[9] SOBRAL, S. R. O impacto do COVID-19 na educação. Observador. Recuperado em https://observador.pt/opiniao/o-impacto-do-covid-19-na-educacao/. *Repositório UPT*. Disponível em: http://hdl.handle.net/11328/3045. Acesso em 19 abr. 2020.

5. QUANDO A PANDEMIA LEVA O NOME DE VIOLÊNCIA, O ANTÍDOTO É A SOLIDARIEDADE

estão afastados de seus trabalhos e há situações em que a escola fica nas imediações do trabalho da mãe ou pai.

As estatísticas já apontam que a contaminação é maior em zonas periféricas, onde as condições de saneamento básico são mais precárias, onde o acúmulo populacional é maior, onde os aposentos domiciliares são menores e a distância entre as residências também.

Não é chavão dizer que para se cuidar das crianças é preciso cuidar daqueles que cuidam delas e pandemia assolou as relações de trabalho, econômicas, de saúde, sociais... Não é segredo que o trabalho informal e precário predomina entre as famílias de baixa renda e o isolamento social tem transformado a pobreza em miséria.

Por outro lado, aos gestores públicos falta a articulação entre os poderes e entre os entes federativos, renegando a Justiça Social e fazendo com que os menos favorecidos fiquem dependentes da caridade, que não tem hora certa, aumentando a instabilidade dentro das famílias e fomentando conflitos.

A violência cresce e as crianças acabam sendo vítimas fáceis. Fora da escola e com os hospitais com questões urgentes decorrentes da pandemia, as crianças ficam invisíveis.

Esta é a temática que será tratada a seguir.

2. Isolamento social e violência doméstica contra a criança e o adolescente: a cartografia de uma vulnerabilidade

"A violência não se limita ao campo de batalha. Infelizmente, muitas mulheres e crianças estão particularmente em risco de violência exatamente onde deveriam ser protegidas. Nas suas próprias casas. É por isso que hoje apelo por uma nova paz em casa, nas casas, em todo o mundo". Esta afirmação, proferida em inglês e legendada em francês, árabe, espanhol, chinês ou russo, foi feita em forma de apelo por António Guterres, Secretário Geral da Organização das Nações Unidas[10].

Em 20 de março de 2020, em Nova Iorque foi a vez do UNICEF, Fundo das Nações para a Infância, alertar para as desastrosas consequências socioeconômicas do Covid-19 para crianças e adolescentes, incluindo, maus-tratos, violência de gênero, exploração, exclusão social e separação

[10] Disponível em https://agenciabrasil.ebc.com.br/internacional/noticia/2020-04/onu-pede-protecao-mulheres-e-criancas-vitimas-de-violencia-domestica.Acesso em 27 mar.2020.

de cuidadores, e declarou Cornelius Williams, chefe global de Proteção Infantil do UNICEF.

De várias maneiras, a doença está agora atingindo crianças e famílias que não estão infectadas diretamente",. "As escolas estão fechando. Pais e mães estão lutando para cuidar de suas crianças e manter o equilíbrio financeiro. Os riscos relacionados à proteção para crianças estão aumentando. Esta orientação fornece aos governos e autoridades de proteção um esboço de medidas práticas que podem ser tomadas para manter as crianças seguras durante este período de incerteza.[11]

Falar de violência contra a criança e adolescente é fato corriqueiro. A vulnerabilidade de crianças e adolescentes sempre existiu, em especial, nos lares e casas, a Pandemia do Coronavírus tornou visível, uma temática ainda inviabilizada: a naturalização da violência nos espaços domésticos. Há anos o UNICEF promove campanhas com a insígnia "Tornar o invisível, visível",[12] ao tratar do assunto. Essa não visibilidade guarda forte raízes históricas na intelecção de que a violência é um recurso educativo e disciplinar, sendo naturalize como uma prática culturalmente aceita e que se reproduz sem questionamentos.[13]

---

[11] Disponível em https://nacoesunidas.org/covid-19-criancas-enfrentam-risco-maior-de--abuso-e-negligencia-em-meio-a-medidas-de-contencao/. Acesso em 27 mar.2020.

[12] Sobre o tema ver "a iniciativa foi criada no contexto da crescente indignação popular após os terríveis ataques ocorridos em todo o mundo como os disparos contra a adolescente Malala Yousafzai no Paquistão em outubro de 2012; o assassinato de 26 alunos e professores em Newtown, Estados Unidos, em dezembro de 2012; e os estupros coletivos de meninas na Índia e na África do Sul em 2013.O lançamento foi marcado pela divulgação de um vídeo narrado pelo ator e embaixador do UNICEF Liam Neeson "Só porque você não consegue ver a violência contra crianças, não significa que ela não exista", diz Neeson. "Torne o invisível visível. Ajude-nos a fazer a violência desaparecer. Una-se a nós. Levante sua voz!" Disponível em https://nacoesunidas.org/unicef-lanca-iniciativa-para-acabar-com-violencia-invisivel--contra-criancas-e-adolescentes/. Acesso em 28 mar.2020.

[13] CALZA, Tiago Zanatta;DELL'AGLIO, Débora Dalbosco;SARRIERA, Jorge Castellá. Direitos da criança e do adolescente e maus-tratos: epidemiologia e notificação. *Rev. SPAGESP*, Ribeirão Preto, v. n. 1, p. 14-27, 2016. Disponível em <http://pepsic.bvsalud.org/scielo.php?script=sci_arttext&pid=S1677-29702016000100003&lng=pt&nrm=iso>. Acesso em 11 abr. 2020.

5. QUANDO A PANDEMIA LEVA O NOME DE VIOLÊNCIA, O ANTÍDOTO É A SOLIDARIEDADE

Violência é terminologia que se conceitua no plural, são muitas as suas formas e facetas e para Misse "não existe violência, mas violências, múltiplas, plurais, em diferentes graus de visibilidade, de abstração e de definição de suas alteridades."[14] É assunto de caráter epidêmico e de afronta aos Direitos Humanos dos chamados pequenos humanos, indefesos, vulneráveis e silentes. As facetas da violência contra a criança podem ocorrer de maneira estrutural e em diversas instituições sociais, e por princípios normativos de proteção integral, cabe em um pacto de não silêncio e sim, solidariedade e cooperação, a sua observância por todo o tecido social:

> O silêncio que envolve a violência contra as crianças tem sido atribuído à apresentação multifacetada e à ocorrência na privacidade do contexto da família, sendo perpetrada muitas vezes por indivíduos que deveriam prover proteção e cuidado. O medo que as crianças têm de relatar a violência contra elas, a aceitação social e cultural da violência, a ausência de proibição legal explícita de castigo corporal e o desconhecimento de formas seguras ou confiáveis para a denúncia contribuem ainda para a invisibilidade do fenômeno.[15]

Ademais, um castigo físico considerado moderado ou irrelevante quase sempre acaba sendo o primeiro passo para a prática de atos violentos de maior intensidade ou envergadura, desembocando em sérios prejuízos físicos e psicológicos às crianças e aos adolescentes.[16] Pautada no medo e na violência essa forma de "educar e criar os filhos" é extremamente reducionista e se manifesta de forma a corroborar a um estado de coisas latente e presente em nossa sociedade.

---

[14] MISSE, M. *Malandros, marginais e vagabundos & a acumulação social da violência no Rio de Janeiro*. Rio de Janeiro. Tese [Doutorado] – Instituto Universitário de Pesquisas do Rio de Janeiro; 1999.

[15] SANTOS, Nilma Lazara de Almeida Cruz; LIMA, Isabel Maria Sampaio Oliveira; CARVALHO, Rosely Cabral de. Crianças em Situação de Violência Intrafamiliar: Conceitos, Vivências e Sentimentos de Graduandos de Medicina. *Rev. bras. educ. med.*, Brasília , v. 44, n. 1, e019, 2020. Available from <http://www.scielo.br/scielo.php?script=sci_arttext&pid=S0100--55022020000100216&lng=en&nrm=iso>. Acesso em 09 abr. 2020.

[16] ROSSATO, Luciano Alves; LÉPORE, Paulo Eduardo; CUNHA, Rogério Sanches. *Estatuto da Criança e do Adolescente comentado artigo por artigo*. 6a edição. São Paulo: Revista dos Tribunais, 2014, p. 159.

Em tempos de confinamento essa situação se agrava e os dados computados até o presente momento demonstram uma alta significativa e segundo o Ministério da Mulher, da Família e dos Direitos Humanos (MMFDH), as denúncias de violação aos direitos humanos cresceram e foram registradas 1.133 denúncias entre 14 a 24 de março de 2020, período coincidente com o início da suspensão das aulas em vários estados. As principais violações registradas foram exposição de risco à saúde, maus tratos e ausência de recursos para sustento familiar.[17]

Muitos dos fundamentos estão associados ao stress a que todos os que convivem estão submetidos, em especial, a incerteza de uma renda econômica para sobrevivência. As narrativas pretéritas de epidemias globais nos informam o crescimento das taxas de abuso e exploração de crianças, entre elas, o fechamento das escolas durante o surto da doença pelo vírus ebola na África Ocidental de 2014 a 2016, fez crescer de forma exponencial o trabalho infantil, a negligência, o abuso sexual e a gravidez na adolescência, bem como em Serra Leoa, houve a duplicação dos casos de gravidez na adolescência atingindo na epidemia a mais de 14 mil.[18]

---

[17] Sobre o assunto são indispensáveis as percepções de Roberta Rivellino, presidente da Childhood Brasil "Com as escolas temporariamente fechadas e crianças em casa, a atenção de pais e responsáveis deve ser redobrada na proteção de crianças e adolescentes. Residências que passavam por tensões intrafamiliares podem ter no confinamento um gatilho de violências contra crianças e adolescentes. Existem algumas violações que não deixam marcas físicas, como agressões verbais ou o abuso sexual. Conversas inapropriadas, espiar o corpo da criança ou do adolescente, fotografias e vídeos divulgados na internet com nudez, dentre outras, também configuram violências sexuais." Informações disponíveis em https://www.childhood.org.br/childhood-brasil-alerta-para-protecao-de-criancas-e-adolescentes--durante-o-isolamento-social. Acesso em 09 abr.2020.

[18] Sobre o assunto ver " A palavra *naturalização* traduz o significado de adaptação de algo ou de alguém; e o vocábulo natural indica a definição de regular; característico; intrínseco; próprio; modo de ser. Na atualidade tornam-se naturalizadas no mundo privado e no mundo público a violência intrafamiliar, a displicência; o registro em vídeo e fotografia de brigas por motivos fúteis; a impaciência, a intolerância e o cyberbullying. Todas estas ações são formas de promoção dos múltiplos esquecimentos éticos que compõe modos de estar no mundo, em que a vida em sociedade é afetada, causando sofrimento psíquico, mental, social e banalização de atos graves de violências, em detrimento da constituição e do fortalecimento dos vínculos amorosos comuns." PIMENTEL, Adelma et al . Sentir-se vinculado, bem-comum e ética: antídotos para redução do sofrimento humano. *Rev. NUFEN*, Belém, v. 11, n. 1, p. 1-2, abr. 2019. Disponível em <http://pepsic.bvsalud.org/scielo.php?script=sci_arttext&pid=S2175--25912019000100001&lng=pt&nrm=iso>. Acesso em 09 abr. 2020.

5. QUANDO A PANDEMIA LEVA O NOME DE VIOLÊNCIA, O ANTÍDOTO É A SOLIDARIEDADE

Em perspectiva histórica a violência contra a criança e do adolescente sempre foi uma das tônicas nucleares em razão da necessidade de proteção especial, assim, além dos direitos fundamentais comuns a toda pessoa humana, podemos identificar alguns especiais relativos à criança e ao adolescente, albergados sob o manto da doutrina da proteção integral, que encontram fundamento internacional na Declaração Universal dos Direitos da Criança, adotada pela ONU em 20 de novembro de 1959, bem como na Convenção dos Direitos da Criança, em 20 de novembro de 1989, obrigando os países signatários a adotar em sua legislação interna seus três princípios básicos: proteção especial como ser em desenvolvimento; o desenvolvimento da criança no seio de sua família; a prioridade da criança para todas as nações signatárias, a proteção integral é a razão fundante dessa Convenção.

A doutrina da proteção integral foi acolhida no direito brasileiro com status constitucional ao ser prevista no artigo 227 da CF/88 que expressamente prevê ser *"dever da família, da sociedade e do Estado assegurar à criança, ao adolescente e ao jovem, com absoluta prioridade, o direito à vida, à saúde, à alimentação, à educação, ao lazer, à profissionalização, à cultura, à dignidade, ao respeito, à liberdade e à convivência familiar e comunitária, além de colocá-los a salvo de toda forma de negligência, discriminação, exploração, violência, crueldade e opressão."*, bem como depois reiterada pelo Estatuto da Criança e do Adolescente, Lei 8.069/90, ao também agasalhar o conceito de que crianças e adolescentes como sujeitos de direito em desenvolvimento, destinatários de prioridade absoluta e de responsabilidade de todos, família, sociedade e Estado, em exato cumprimento do princípio da cooperação ou solidariedade.

Apesar dos inúmeros comandos normativos nacionais e internacionais, a violência continua a ser uma constante, fazendo-se necessária a aprovação da Lei 13.010/2014, com o intuito de disciplinar a não aplicação de castigos físicos e outras formas de violência, a crianças e adolescentes. A Lei 13.010/2014 altera o ECA, bem como a Lei 9.394/96, na intenção de que sejam ensinados nos estabelecimentos de ensino conteúdos relativos aos direitos humanos e à prevenção de todas as formas de violência contra a criança e o adolescente, incluídos como temas transversais[19]. Nesse sen-

---

[19] O debate acerca da aprovação da Lei Menino Berrnado trouxe grande mobilização social e entre as ONG's que apoiavam cabe citar a atuação da "Rede Não Bata, Eduque" e o resumo

tido, a Lei discorre sobre o veto a posturas dos adultos que caracterizem violência física ou tratamento humilhante para com os menores, com a finalidade de discipliná-los ou reprimir o comportamento considerado inadequado.[20]

A educação para a paz tão sonhada pela UNESCO e a comunicação não-violenta de Marshall Rosenberg são ideários ainda projetivos, e de difícil efetivação em tempos emergenciais e de cautelaridade. Também quando fazemos uma viagem ao histórico legislativo e das demandas sociais ao longo do tempo resta inequívoca a certeza de que os debates sempre orbitaram sobre o status objetificação versus sujeitos de direito em desenvolvimento. Menores versus crianças e adolescentes. Todavia, é interessante notar que mesmo havendo farta legislação nacional e internacional, há um hiato entre o *ser* e o *dever ser*, a violência intrafamiliar, em suas mais variadas interfaces, continua a ser naturalizada, como forma de disciplina, educação e poder. Traduz-se como uma práxis cotidiana, concreta e real a lançar germinais que se desenvolvem para além do momento em que as violências aconteceram. Deixa marcas[21] e precisam ser ressignificadas.

de seus argumentos: 1º – Os castigos físicos e tratamento humilhante são uma violação dos direitos humanos de crianças e adolescentes. 2º – A lei, além de um instrumento jurídico, é um marco moral e ético de princípios e valores. 3º – A lei explicitará que as crianças têm direito a receber educação, orientação, cuidado e disciplina sem o uso de castigo físico ou tratamento humilhante. 4º – A lei assessorará todos os atores do Sistema de Garantida de Direitos da Criança e do Adolescente, evitando subjetividades como, por exemplo, o que é castigo moderado ou imoderado. 5º – A lei contribuirá para o estabelecimento de políticas públicas de orientação e apoio aos pais, para que se sintam de posse das melhores ferramentas de educação e sem necessidade do uso da violência. Disponível em http://www. http://www.naobataeduque.org.br/documentos/Porque%20somos%20a%20favor%20da%20lei_RNBE.pdf. Acesso em 10 mar.2020.

[20] MOURA,Maurinubia Monteiro & SANTIAGO, Maria Betania do Nascimento.*Por uma formação ética e dialógica: refletindo sobre o sentido da aprovação da Lei 13.010/2014 em face dos Direitos da Criança e do Adolescente.*Disponível em http://www.proealc.uerj.br/Site_VSeminario2014/trabalhos_PDF/GT%2003/Gt03%20Maurin+%C2%A6bia%20Monteiro%20de%20Moura%20et%20al.pdf. Acesso em 10 mar. 2020.

[21] Sobre o assunto ver "a partir da história oral de adolescentes, o estudo mostrou que a vivência de violência intrafamiliar deixa, além das marcas corporais, sequelas importantes que comprometem o desenvolvimento humano. Desvelou-se que experienciar o fenômeno suscita recordação constante do evento, contínua tristeza e desinteresse de viver, elementos que sugerem um quadro depressivo. Esse contexto guarda relação com o isolamento social, o

5. QUANDO A PANDEMIA LEVA O NOME DE VIOLÊNCIA, O ANTÍDOTO É A SOLIDARIEDADE

Resta evidente, portanto, que a preocupação com o aumento da violência contra crianças e adolescentes em tempos de Covid-19 é uma realidade, e foi pensando nisso que muitas agências nacionais e internacionais passaram a divulgar orientações e encaminhamentos para tratativas da questão. Já há evidências que na China, palco inicial da Pandemia, houve um aumento significativo nos casos de violência contra mulheres e meninas, atentando-se para as vulnerabilidades de gênero, abuso sexual, exploração e casamento infantil.[22]

O UNICEF e seus parceiros da Aliança para a Proteção da Criança em Ação Humanitária divulgaram um conjunto de orientações, incluindo, entre outros:

- Treinar a equipe de saúde, educação e serviços para crianças sobre os riscos à proteção infantil relacionados à Covid-19, inclusive sobre prevenção de exploração e abuso sexual e como relatar preocupações com segurança;
- Treinar os socorristas sobre como gerenciar a divulgação de violência baseada no gênero e colaborar com os serviços de saúde para apoiar sobreviventes desse tipo de violência;
- Aumentar o compartilhamento de informações sobre serviços de referência e outros serviços de apoio disponíveis para crianças;
- Engajar meninas e meninos, principalmente adolescentes, na avaliação de como a Covid-19 os afeta de maneira diferente para instruir programas e *advocacy*;

---

uso de álcool e o baixo desempenho escolar, situações que comprometem o desenvolvimento pleno do potencial das(os) adolescentes e limita, por consequência, as conquistas pessoais e profissionais. Considerando que nosso estudo desponta para o comprometimento sobre a saúde física, mental e social, acredita-se que a vivência de violência intrafamiliar afeta o futuro desses adolescentes. Anuindo que o potencial de uma pessoa adulta tem alicerce no respeito às suas necessidades enquanto pessoas em desenvolvimento, são urgentes estratégias que favoreçam experiências de relações familiares pautadas no respeito e na harmonia, a fim de assegurar às pessoas uma infância e adolescência saudável e livre de violência. MAGALHAES, Júlia Renata Fernandes de et al . Repercussões da violência intrafamiliar: história oral de adolescentes. **Rev. Bras. Enferm.**, Brasília , v. 73, n. 1, e20180228, 2020 . Available from <http://www.scielo.br/scielo.php?script=sci_arttext&pid=S0034-1672020000100178&lng =en&nrm=iso>. Acesso em 09 abr. 2020.

[22] Disponível em https://www.unicef.org/brazil/coronavirus-covid-19.Acesso em 09 abr.2020.

- Fornecer apoio direcionado a centros de cuidados provisórios e famílias, incluindo famílias chefiadas por crianças/adolescentes e famílias substitutas, para apoiar emocionalmente meninas e meninos e engajá-los no autocuidado apropriado;
- Prestar assistência financeira e material às famílias cujas oportunidades de geração de renda foram afetadas;
- Implementar medidas concretas para impedir a separação da criança de sua família e garantir apoio a crianças deixadas sozinhas sem os cuidados adequados devido à hospitalização ou morte de um dos pais ou cuidador; e
- Garantir que a proteção de todas as crianças seja levada em consideração nas medidas de controle de doenças.[23]

Percebe-se que os treinamentos e capacitações especiais para os tempos de Covid-19 é uma das preocupações da Agência da ONU, já que inúmeros profissionais estarão na "linha de frente" e chamados a atuar diante das emergências. Por outro lado, muitas eram as instituições sociais que em face do princípio da cooperação eram convocadas a estar em alerta diante de prováveis violências. Em tempos de isolamento social estes alertas desaparecem, crianças confinadas se inviabilizam ainda mais, e a violência não mostra sua existência. São criadas soluções simples mas que podem ajudar, entre eles, como paradigmas temos a adotada pelo Ministério do Interior da França ao criar um sistema de alerta nas farmácias com um código, nos mesmos moldes da Espanha[24], que ao ser

---

[23] Padrões Mínimos de Proteção da Crianças em Ação Humanitária, de 2019 (Minimum Standards for Child Protection in Humanitarian Action – CPMS), e com a Nota de Orientação: Proteção das Crianças durante Surtos de Doenças Infecciosas. Disponível em https://www.unicef.org/brazil/coronavirus-covid-19.Acesso em 09 abr.2020.

[24] Quando falamos de comunicação inovadora em prol da conscientização sobre a violência à criança e adolescente devemos lembrar da campaha desenvolvida pela agência publicitária Grey para a Fundação espanhola ANAR, de ajuda a crianças e adolescentes em risco, intitulada "Sólo para ñinos" e direcionada a crianças vítimas de maus tratos. São outdoors espalhados pelas ruas de cidades selecionadas da Espanha. Extremamente original tais letreiros possuem duplo comando de interpretação, um para crianças e outro para adultos. Enquanto os adultos vêem uma mensagem de consciencialização – o rosto de uma criança triste e a frase "às vezes, os maus tratos infantis só são visíveis para as crianças que os sofrem" –, as crianças vêem mais do que isso. Tudo depende do ângulo de visão. Neste caso, espectadores com estatura igual ou inferior a 1,35 metros – a altura mais comum de uma criança até 10

5. QUANDO A PANDEMIA LEVA O NOME DE VIOLÊNCIA, O ANTÍDOTO É A SOLIDARIEDADE

acionado se comunicada imediatamente e a polícia pode intervir emergencialmente. Tal sistema foi pensado em um primeiro momento para a violência doméstica contra as mulheres, mas poderia ser adaptado para crianças e adolescentes.

Fazendo coro a esta forma de alerta em tempos de Covid-19, António Guterres, secretário-geral da ONU considerou que o estabelecimento de "sistemas de alerta de emergência em farmácias e lojas de alimentos", seria uma das formas de dar amplitude às denúncias e alertas, já que são os únicos locais que permanecem abertos em muitos países.[25]

No Brasil, o CONANDA, Conselho Nacional dos Direitos da Criança e do Adolescente criado pela Lei nº 8.242 de 1991, órgão responsável por recomendou, entre outros, a cautelaridade e emergência que que mantenha-se, em regime de plantão, o atendimento dos Conselhos Tutelares, possibilitando o encaminhamento aos serviços nos órgãos do Executivo e Judiciário, e que sejam garantidas pelo Município a provisão dos recursos necessários para o trabalho remoto (internet e equipamentos) e para garantir os protocolos de segurança recomendados pelos órgãos sanitários.[26]

Também orientou que Conselhos Tutelares e Serviços de Saúde e demais serviços da rede de proteção devem implementar ações para enfrentar o aumento dos casos de violência contra crianças e adolescentes, estabelecendo a promoção de canais de denúncia nos meios de comunicação, uma vez que vários pontos da rede de proteção não estarão com contato permanente com as crianças/adolescentes, bem como estabeleceu a necessidade de monitoramento de famílias com histórico de violência contra crianças e adolescente e de práticas projetivas parentais projetivas para convivência familiar no ambiente doméstico.[27]

---

anos em Espanha, segundo um estudo da ANAR – conseguem ver uma cara com marcas de agressão e, para além da mensagem supracitada, uma outra que lhes oferece ajuda: "Se alguém te magoa, liga-nos e nós ajudamos-te", seguindo-se o número de telefone de apoio. Informações disponíveis em https://www.publico.pt/2013/05/07/p3/noticia/violencia--infantil-so-as-criancas-conseguem-ver-esta-campanha-1817180. Acesso em 08 abr.2020.

[25] Disponível em https://agenciabrasil.ebc.com.br/internacional/noticia/2020-04/onu-pede--protecao-mulheres-e-criancas-vitimas-de-violencia-domestica.Acesso em 27 mar.2020.

[26] Disponível em https://prioridadeabsoluta.org.br/agenda-227/covid-19-se-nao-garantirmos--o-bem-estar-e-a-saude-dos-adultos-quem-cuidara-das-criancas/. Acesso em 10. abr.2020.

[27] Disponível em https://prioridadeabsoluta.org.br/agenda-227/covid-19-se-nao-garantirmos--o-bem-estar-e-a-saude-dos-adultos-quem-cuidara-das-criancas/. Acesso em 10. abr.2020.

Conclusões

Violência e educação são temas de ordem fundamental em uma sociedade. Seus efeitos se expandem para além da territorialidade local e do tempo atual. Há entre eles uma estreita narrativa de consequências de natureza intergeracional. É noção cediça que o investimento em educação colabora para inúmeras questões de Estado, entre elas, minimização da desigualdade social, erradicação da pobreza, desenvolvimento científico, aprimoramento da saúde, empoderamento dos cidadãos.

Toda essa engrenagem colabora para a consolidação dos princípios da proteção integral e da compreensão da criança como sujeito de direito em desenvolvimento, basilares e presentes nos marcos normativos de proteção aos direitos infanto-juvenis.

Reconhecer a criança como prioridade é um passo importante, especialmente para a consolidação do modelo responsável para fazer com que sejam cumpridos de forma efetiva os objetivos e fundamentos da República Federativa propostos no texto constitucional vigente. A cidadania se impõe mediante o reconhecimento dos direitos fundamentais, da erradicação da pobreza, da redução das desigualdades e que deve ter início, literalmente, no berço.

A violência é um fenômeno de natureza plúrima e multidimensional e deve ser entendida não apenas como um ato em si, mas sim, de natureza transdisciplinar e intergeracional, pois não afeta apenas e tão somente a criança, mas sim todos os atores sociais que se inserem no lócus comunitário. [28]

Como ato de consequências a privação das crianças à educação acaba por desembocar na pobreza extrema, gerada pela falta do conhecimento, oportunidades e desenvolvimento como sujeito de direito. Nesse sentido, é imperiosa a promoção de políticas públicas vivificadoras dos direitos sociais de salvaguarda da educação em suas múltiplas interfaces como forma de desenvolvimento pleno e sustentável.[29]

---

[28] Sobre o assunto ver ANDREUCCI, Ana Claudia Pompeu Torezan; JUNQUEIRA, Michelle Asato; REBELO, Felipe Cesar. A educação infantil como corolário de direitos humanos: via de acesso para o desenvolvimento pleno e o combate à pobreza. In DUARTE, Clarice Seixas. *Reflexões acadêmicas para supercar a miséria e a fome.* Bauru: Canal 6, 2016, p. 99-114.
[29] *Idem, ibidem.*

5. QUANDO A PANDEMIA LEVA O NOME DE VIOLÊNCIA, O ANTÍDOTO É A SOLIDARIEDADE

Nos moldes propugnados por Paulo Freire, a educação quer seja no âmbito da escola, ou no âmbito das relações familiares, deve estar voltada ao diálogo, pautado na ação e na reflexão. Nas relações de dominação, diálogo e amor estão ausentes. Diálogo é o encontro dos homens para Ser Mais para construir sua autonomia. Para que a educação promova no educando a autonomia, é essencial que ela seja dialógica, pois assim há espaço para que a criança seja sujeito, para que ele mesmo assuma responsavelmente sua liberdade e, com a ajuda da família, desenvolva-se e transforme-se.[30] O diálogo implica na transformação do mundo. A pronúncia do mundo é um ato de criação e recriação, é um ato de amor.[31]

Assim, é noção cediça que a educação de crianças e adolescentes pressupõe o diálogo, a confiança, a responsabilidade e o respeito mútuo, consagrados que estão como sujeitos de direito. Nesse contexto impõe registrar, enfaticamente que a interpretação dos direitos da criança e do adolescente estão sempre sob a égide da construção, da formação e do pleno desenvolvimento[32].

Esta é uma visão que deve ser intensificada em momentos vívidos, em tempos que o estar presencialmente em convivência escolar não é uma escolha. O "fique em casa" trará muitos desafios, questionamentos, inseguranças, mas poderá ser compreendido de uma maneira diferente desde que o dever parental se estabeleça em momentos de convivência pacífica e social. Podem ser tempos de mudanças significativas e de ressignificações da violência para dar espaço para a paz nos lares, nos espaços públicos e em relação a todos que congregam da vivência planetária.

E, para concluir, quando perguntarem o que será esse "novo normal" e por quem os sinos dobram? Eles dobram por todos nós, na compreensão da solidariedade como atributo do humano e a que ofensa ao direito das crianças e dos adolescentes deve ser considerada como uma ofensa a humanidade como um todo.

---

[30] FREIRE, Paulo. *Pedagogia do oprimido*. 12ª ed. Rio de Janeiro: Paz e Terra, 1983, p.97.

[31] Idem, ibidem.

[32] Sobre o assunto ver ANDREUCCI, Ana Claudia Pompeu Torezan & CARACIOLA, Andrea Boari. ECA como uma rede principiológica: a interpretação construtiva dos direitos da criança e do adolescente, e a compreensão teleológica da Lei Menino Bernardo. *In Estudos sobre a violência contra a criança e o adolescente* [livro eletrônico] / (org.) Antônio Cecílio Moreira Pire... [et al.]. -- 1. ed. -- São Paulo : Libro, 2016. Disponível em https://www.mackenzie.br/fileadmin/user_upload/Estudos_sobre_a_violencia_e-book.pdf. Acesso em 09 abr.2020.

Referências

ABRAMOVAY, Miriam. *Violência nas escolas*. Brasília: UNESCO, Coordenação DST/ AIDS do Ministério da Saúde, Secretaria de Estado dos Direitos Humanos do Ministério da Justiça, CNPq, Instituto Ayrton Senna, UNAIDS, Banco Mundial, USAID, Fundação Ford, CONSED, UNDIME, 2002, pp. 192-193.'

ANDREUCCI, Ana Claudia Pompeu Torezan & CARACIOLA, Andrea Boari. ECA como uma rede principiológica: a interpretação construtiva dos direitos da criança e do adolescente, e a compreensão teleológica da Lei Menino Bernardo. *In Estudos sobre a violência contra a criança e o adolescente* [livro eletrônico] / (org.) Antônio Cecílio Moreira Pire... [et al.]. – 1. ed. – São Paulo: Libro, 2016. Disponível em https:// www.mackenzie.br/fileadmin/user_upload/Estudos_sobre_a_violencia_e-book. pdf. Acesso em 09 abr.2020.

ANDREUCCI, Ana Claudia Pompeu Torezan; JUNQUEIRA, Michelle Asato; REBELO, Felipe Cesar. A educação infantil como corolário de direitos humanos: via de acesso para o desenvolvimento pleno e o combate à pobreza. In DUARTE, Clarice Seixas. *Reflexões acadêmicas para supercar a miséria e a fome*. Bauru: Canal 6, 2016, p. 99-114.

ANDREUCCI, Ana Cláudia Pompeu Torezan; TEIXEIRA, Carla Noura. Formação de lideranças comunitárias e Direitos Humanos: a Educação tem que ir aonde o povo está. *In*

ANDREUCCI, Ana Cláudia Pompeu Torezan; CARACIOLA, Andrea Boari; TEIXEIRA, Carla Noura; ALVIM, Marcia Cristina de Souza; BARBOSA, Susana Mesquita (Orgs.). *Direitos Humanos: Perspectivas e Reflexões para o Século XXI*. São Paulo: LTr, 2014.

CALZA, Tiago Zanatta;DELL'AGLIO, Débora Dalbosco;SARRIERA, Jorge Castellá. Direitos da criança e do adolescente e maus-tratos: epidemiologia e notificação. *Rev. SPAGESP*, Ribeirão Preto, v. n. 1, p. 14-27, 2016. Disponível em <http://pepsic. bvsalud.org/scielo.php?script=sci_arttext&pid=S1677-29702016000100003&lng =pt&nrm=iso>. Acesso em 11 abr. 2020.

FREIRE, Paulo. *Pedagogia do oprimido*. 12ª ed. Rio de Janeiro: Paz e Terra, 1983.

MACEDO, Yuri Miguel, Ornellas, Joaquim Lemos e BONFIM, Helder Freitas do. COVID – 19 NO BRASIL: o que se espera para população subalternizada? *Revista Encantar* – Educação, Cultura e Sociedade – Bom Jesus da Lapa, v. 2, p. 01-10, jan./ dez. 2020. DOI: http://dx.doi.org/10.5935/encantar.v2.0001

MAGALHAES, Júlia Renata Fernandes de et al . Repercussões da violência intra-familiar: história oral de adolescentes. *Rev. Bras. Enferm.*, Brasília , v. 73, n. 1, e20180228, 2020. Available from <http://www.scielo.br/scielo.php?script=sci_ arttext&pid=S0034-1672020000100178&lng=en&nrm=iso>. Acesso em 09 abr. 2020.

5. QUANDO A PANDEMIA LEVA O NOME DE VIOLÊNCIA, O ANTÍDOTO É A SOLIDARIEDADE

MISSE, M. *Malandros, marginais e vagabundos & a acumulação social da violência no Rio de Janeiro*. Rio de Janeiro. Tese [Doutorado] – Instituto Universitário de Pesquisas do Rio de Janeiro; 1999.

MOURA,Maurinubia Monteiro & SANTIAGO, Maria Betania do Nascimento. *Por uma formação ética e dialógica: refletindo sobre o sentido da aprovação da Lei 13.010/2014 em face dos Direitos da Criança e do Adolescente.*Disponível em http://www.proealc.uerj.br/Site_VSeminario2014/trabalhos_PDF/GT%2003/Gt03%20 Maurin+%C2%A6bia%20Monteiro%20de%20Moura%20et%20al.pdf. Acesso em 10 mar. 2020.

PIMENTEL, Adelma et al . Sentir-se vinculado, bem-comum e ética: antídotos para redução do sofrimento humano. *Rev. NUFEN*, Belém , v. 11, n. 1, p. 1-2, abr. 2019. Disponível em <http://pepsic.bvsalud.org/scielo.php?script=sci_arttext&pid=S2175-25912019000100001&lng=pt&nrm=iso>. Acesso em 09 abr. 2020.

ROSSATO, Luciano Alves; LÉPORE, Paulo Eduardo; CUNHA, Rogério Sanches. *Estatuto da Criança e do Adolescente comentado artigo por artigo.* 6a edição. São Paulo: Revista dos Tribunais, 2014.

SANTOS, Nilma Lazara de Almeida Cruz; LIMA, Isabel Maria Sampaio Oliveira; CARVALHO, Rosely Cabral de. Crianças em Situação de Violência Intrafamiliar: Conceitos, Vivências e Sentimentos de Graduandos de Medicina. *Rev. bras. educ. med.*, Brasília , v. 44, n. 1, e019, 2020. Available from <http://www.scielo.br/scielo.php?script=sci_arttext&pid=S0100-55022020000100216&lng=en&nrm=iso>. Acesso em 09 abr. 2020.

SOBRAL, S. R. O impacto do COVID-19 na educação. Observador. Recuperado em https://observador.pt/opiniao/o-impacto-do-covid-19-na-educacao/. *Repositório UPT*. Disponível em: http://hdl.handle.net/11328/3045. Acesso em 19 abr. 2020.

6. A importância do dolo para a compreensão dos desafios lançados pela COVID-19 ao crime de apropriação indébita previdenciária

MARCO AURÉLIO FLORÊNCIO FILHO
RODRIGO CAMARGO ARANHA

Introdução

O presente artigo tem o objetivo de analisar a configuração, ou não, do crime de apropriação indébita previdenciária, previsto no artigo 168-A, do Código Penal, quando falta recursos ao empregador para repassar à Previdência Social o valor que foi escriturado para fins legais, mas que efetivamente não existem no caixa da empresa.

Essa discussão se faz necessária diante da pandemia derivada da COVID-19 que afetou não apenas a saúde pública mundial, mas também a economia dos países, especialmente a economia brasileira. Nesse sentido, faz-se necessário, a partir de uma perspectivamente eminentemente dogmática, (re)discutir o crime de apropriação indébita previdenciária a partir do seu tipo subjetivo.

Para tanto, fez-se necessário aprofundar o tema da tipicidade penal, juízo de tipicidade e tipo penal, especialmente, os elementos constitutivos do tipo, com olhar apurado aos elementos subjetivos, para, posteriormente, realizar-se uma análise do elemento subjetivo genérico dolo da apropriação indébita previdenciária, diante da pandemia ocasionada pela COVID-19

1. Tipo penal, juízo de tipicidade e tipicidade

Não se pode confundir tipo penal, juízo de tipicidade e tipicidade, visto que cada um desses institutos possui características próprias. O tipo é uma figura conceitual, que descreve formas de como se pode realizar a conduta humana proibida.[1] O tipo irá reunir o conjunto de elementos necessários para se configurar o fato punível descrito na lei penal. Nesse sentido, cada tipo desempenha uma função particular e a inexistência de um tipo penal acarreta à impossibilidade do perfazimento da tipicidade, logo se exclui a possibilidade da analogia e da interpretação extensiva para suprir a ausência de um tipo penal.[2]

O juízo de tipicidade é uma operação intelectual que se realiza com base na lei penal e na conduta realizada. Caso haja a adequação da conduta humana à lei penal, então a conduta praticada pelo agente é típica. Se o juízo for negativo, ou seja, a conduta não se adequar aos elementos descritos no tipo penal, não haverá tipicidade. Assim, se através do juízo de tipicidade verificar-se que a conduta não é típica, não há que se falar em crime. Entretanto, se se configurar a tipicidade, através da operação intelectual realizada pelo juízo de tipicidade, há de se verificar ainda, se a conduta é antijurídica e reprovável (culpável), para que se possa caracterizá-la como criminosa, visto que crime é toda conduta típica, antijurídica e culpável.

A tipicidade se configura justamente quando o juízo de tipicidade for positivo, ou seja, configura-se quando a conduta humana se adequa a uma lei penal.

2. Elementos constitutivos do tipo penal: objetivos, subjetivos e normativos

O tipo foi estruturado dogmaticamente como elemento autônomo na teoria do delito por ERNEST VON BELING, em 1906, e compreendia apenas elementos objetivos. Posteriormente, é que foram reconhecidos no tipo penal os elementos normativos e os elementos subjetivos.

---

[1] WELZEL, Hans. *El nuevo sistema del derecho penal*: una introducción a la doctrina de la acción finalista. Montevideo – Buenos Aires: BdeF, 2004, p. 74.

[2] BITENCOURT, Cezar Roberto. *Manual de direito penal*: parte geral. São Paulo: Saraiva, 2002, p. 197.

6. A IMPORTÂNCIA DO DOLO PARA A COMPREENSÃO DOS DESAFIOS LANÇADOS...

O tipo penal, na forma em que se encontra estruturado hoje, deveu-se aos estudos da teoria finalista da ação, mais precisamente aos estudos de WELZEL, pois referido autor deslocou o dolo e a culpa (elementos subjetivos genéricos), que se encontravam, segundo os causalistas, na culpabilidade, para a tipicidade. Com o intento de tornar o estudo dos elementos constitutivos do tipo penal mais didático, iremos analisar cada um desses elementos em apartado.

O tipo, como dito, em sua concepção originária (BELING, 1906) era composto apenas por elementos objetivos. Atualmente, entretanto, o tipo penal é composto por elementos objetivos, subjetivos e normativos.

Todo tipo penal possui elementos objetivos, que são justamente a base do tipo penal. O trabalho do legislador na elaboração dos tipos penais deve voltar-se predominantemente para a elaboração de condutas típicas que contenham, o máximo possível, elementos objetivos, com o objetivo de afastar arbitrariedades. No entanto, não é isso que está por se verificar nos dias atuais. Os tipos estão contendo cada vez mais elementos normativos, ou cada vez mais terminologias imprecisas que dificultam a análise do tipo penal pelo operador.

O elemento objetivo central de um tipo penal é o verbo núcleo-típico. Assim, por exemplo, na conduta prevista no artigo 168-A do Código Penal[3], que prevê o crime de apropriação indébita previdenciária, o elemento objetivo central é o verbo "deixar", tendo como núcleo da locução verbal a expressar "deixar de recolher".

Os elementos subjetivos do tipo são todos aqueles aspectos do tipo de conduta proibida que motivam a realização do tipo objetivo. O elemento subjetivo genérico é o dolo, que pode ser acompanhado de elementos subjetivos especiais, que são elementos acidentais, como, por exemplo, intenções, tendências, como no artigo 168 do Código Penal[4], que versa sobre a apropriação indébita, e prevê a necessidade do *animus rem sibi habendi*.

---

[3] "Art. 168-A. Deixar de repassar à previdência social as contribuições recolhidas dos contribuintes, no prazo e forma legal ou convencional:
Pena – reclusão, de 2 (dois) a 5 (cinco) anos, e multa."
[4] "Art. 168 – Apropriar-se de coisa alheia móvel, de que tem a posse ou a detenção:
Pena – reclusão, de um a quatro anos, e multa."

Segundo WELZEL, a direção final de uma ação é analisada a partir de duas etapas, que nas simples ações diárias se entrecruzam e que apenas podem ser distinguidas conceitualmente. A primeira etapa ocorre totalmente na esfera do pensamento. A segunda fase se dá quando o agente realiza a sua ação no mundo real, sendo, portanto, uma etapa objetiva[5]. O dolo por ser um elemento subjetivo encontra-se no primeiro momento da realização da ação, ou seja, quando a ação se desenvolve na esfera do pensamento. Assim, como o tipo penal é a descrição de uma ação, pode--se afirmar que o dolo se encontra presente no tipo penal, já que o tipo penal prescreve condutas e o dolo representa um momento da conduta, que é o momento psíquico, momento este que antecede a etapa objetiva.

O dolo é, como afirmado, o elemento subjetivo genérico do tipo. Coube à teoria finalista da ação deslocar o dolo e a culpa, que se encontravam na culpabilidade, para o tipo penal. O Código Penal brasileiro, em seu artigo 18, define o que vem a ser o dolo, e o que vem a ser culpa, além de afirmar, em seu parágrafo único, que o elemento subjetivo genérico é o dolo, por ser a regra na punição dos delitos[6]. Como visto, a punição, via de regra, deve tomar por base a modalidade dolosa. A culpa, assim, deve ser tomada como exceção, pois a punição por um delito culposo apenas será possível por expressa disposição legal.

O dolo, nessa toada, é por excelência o elemento subjetivo do tipo, que se define como a consciência e a vontade de realizar os elementos descritos no tipo penal.[7]

---

[5] WELZEL, Hans. *Derecho penal alemán*: parte general. Santiago: Editorial Juridica de Chile, 1997, p. 40-41.

[6] Afirma o Código Penal, em seu art. 18, *in verbis*: "Art. 18. Diz-se crime: I – doloso, quando o agente quis o resultado ou assumiu o risco de produzi-lo; II – culposo, quando o agente deu causa ao resultado por imprudência, negligência ou imperícia. Parágrafo único. Salvo os casos expressos em lei, ninguém pode ser punido por fato previsto como crime, senão quando o pratica dolosamente."
Fica claro, com a observação do artigo 18, os conceitos de dolo e de culpa, em seus incisos I e II, respectivamente. O parágrafo único afirmar que a punição será, via de regra, baseada nos crimes cometidos por dolo, só será permitida a culpa se houver expressa disposição legal. Assim, o legislador deixou bem claro que o elemento subjetivo geral é o dolo.

[7] Nesse Sentido, afirma JUAREZ CIRINO DOS SANTOS, *in verbis*: "o dolo, conforme um conceito generalizado, é a vontade consciente de realizar um crime, ou, mais tecnicamente, o tipo objetivo de um crime, também definível como *saber* e *querer* em relação às circunstâncias de fato do tipo legal. Assim, o dolo é composto de um elemento *intelectual*

6. A IMPORTÂNCIA DO DOLO PARA A COMPREENSÃO DOS DESAFIOS LANÇADOS...

Pelo conceito de dolo podemos perceber sua constituição a partir de dois elementos, um intelectivo – que é o conhecimento dos elementos que descrevem o tipo penal, e um volitivo, que é a vontade de realizar esses elementos descritos no tipo penal. Segundo WELZEL, "dolo, en sentido técnico-penal, es sólo la voluntad de acción orientada a la realización del tipo de un delito".[8] Dessa assertiva, podemos afirmar que nem todas as ações são dolosas, visto que só serão dolosas as ações que tiverem por vontade realizar uma conduta delituosa. Assim, as ações que tiverem como objetivo a realização de condutas lícitas não serão adjetivadas de dolosas. Pode-se afirmar, assim, que a maior parte das ações realizadas pelas pessoas não se caracteriza como dolosa, ou seja, ilícitas.

Os tipos penais são compostos, em regra, de elementos subjetivos e objetivos. Há de se ressaltar, entretanto, que podem existir tipos penais que possuam os chamados elementos normativos do tipo.

Os elementos normativos são todos os elementos cuja concorrência pressupõe uma valoração, diferentemente dos elementos descritivos.

É importante mencionar que principalmente com relação aos elementos normativos, deve-se ter muita cautela em sua observação, visto que necessitam um juízo de valor para a sua compreensão[9], podendo dar margem à realização de arbítrios.

(consciência, no sentido de representação psíquica) e de um elemento *volitivo* (vontade, no sentido de decisão de agir), como fatores formadores da ação típica dolosa." (SANTOS, Juarez Cirino dos. A moderna teoria do fato punível. Curitiba: Fórum, 2004, p. 62). Segundo Welzel, "toda acción consciente es conducida por la decisión de la acción, es decir, por la conciencia de lo que se quiere – el momento intelectual – y por la decisión al respecto de querer realizarlo – el momento volitivo. Ambos momentos, conjuntamente, como factores configuradotes de una acción típica real, forman o dolo (= "dolo de tipo"). La acción objetiva es la ejecución adecuada del dolo." (WELZEL, Hans. *Derecho penal alemán*: parte general. Santiago: Editorial Juridica de Chile, 1997, p. 77)

[8] WELZEL, Hans. *Derecho penal alemán*: parte general. Santiago: Editorial Juridica de Chile, 1997, p. 77.

[9] Segundo CLÁUDIO BRANDÃO, "os elementos normativos do tipo fazem prova de que o tipo não é isento de juízo de valor, como queria BELING, e conduzem ao entendimento que a tipicidade, por ser portadora de uma valoração inicial, conduz à antijuridicidade, sendo o meio através do qual ela pode ser conhecida, sua *ratio cognoscendi*." (BRANDÃO, Cláudio. *Teoria jurídica do crime*. Rio de Janeiro: Forense, 2002, p. 66).

COVID-19 E OS IMPACTOS NO DIREITO

3. A análise do elemento subjetivo genérico dolo da apropriação indébita previdenciária, diante da pandemia ocasionada pelo COVID-19

No Direito Penal, não se admite a responsabilidade penal objetiva. Portanto, a conduta somente será punível na seara criminal desde que esteja acompanhada de um elemento subjetivo: o dolo ou a culpa. No entanto, alguns delitos, para a sua caracterização, devem conter um elemento subjetivo específico. Enquanto o elemento subjetivo genérico é a consciência e vontade do agente de praticar a conduta típica, o elemento subjetivo específico é a mesma vontade, mas adicionada a uma especial finalidade.[10]

No tocante ao crime de apropriação indébita, previsto no artigo 168 do Código Penal, há muito se discute, na doutrina[11] e na jurisprudência[12], se é necessária a presença do *animus rem sibi habendi* para a caracterização do delito. Atualmente, ambas (doutrina e jurisprudência) se posicionam no sentido da necessidade da presença do elemento subjetivo específico do tipo penal em apreço.

Contudo, no tocante ao crime de apropriação indébita previdenciária, previsto no artigo 168-A do Código Penal,[13] a Jurisprudência[14] não tem

---

[10] NUCCI, Guilherme de Souza. *Manual de Direito Penal*. 10ª Ed. Rio de Janeiro: Forense, 2014, p. 182.

[11] Neste sentido: BITENCOURT, Cezar Roberto. *Tratado de direito penal: parte especial: crimes contra o patrimônio até crimes contra o sentimento religioso e contra o respeito aos mortos*. V. 3. 15ª Ed. São Paulo: Saraiva Educação, 2019, p. 280.

[12] TRF4, Apelação nº 5012680-03.2012.4.04.7100, 7ª T., Rel. CLÁUDIA CRISTINA CRISTOFANI, J. 19.05.2015.

[13] "Art. 168-A. Deixar de repassar à previdência social as contribuições recolhidas dos contribuintes, no prazo e forma legal ou convencional:
Pena – reclusão, de 2 (dois) a 5 (cinco) anos, e multa."

[14] STJ, Agravo Regimental em Agravo em Recurso Especial nº 1291995/SC, 5ª T., Rel. Min. RIBEIRO DANTAS, DJe. 22.11.2018; Embargos Infringentes em Recurso Especial nº 1207466/ES, 3ª Seção, Rel. Min. GURGEL DE FARIA, DJe. 06.11.2014; TRF1, Apelação nº 0021443-15.2005.4.01.3800, 3ª T., Rel. MONICA SIFUENTES, DJe. 17.03.2017; TRF1, Apelação nº 0032579-53.2012.4.01.3900, 3ª Turma, Rel. NEY BELLO, DJe. 23.09.2016; TRF2, Apelação nº 0001177-74.2007.4.02.5104, 1ª T. especializada, Rel. ABEL GOMES, J. 20.07.2016; TRF2, 200351015300935, 1ª T. especializada, Rel. ALUISIO GONÇALVES DE CASTRO MENDES, J. 12.01.2011; TRF3, Apelação nº 0008766-90.20134.03.6103, 5ª T. Rel. 20.03.2017; TRF3, Apelação nº 0006842-38.2004.4.03.6110, 5ª T., Rel. PAULO FONTES, J. 01.12.2014; TRF, Apelação nº 50107-94.2016.4.04.7205, 7ª T., Rel. CLÁUDIA CRISTINA CRISTOFANI, J. 30.01.2018; TRF4, Apelação nº 5001567-92.2012.4.04.7119, 7ª T., Rel.

6. A IMPORTÂNCIA DO DOLO PARA A COMPREENSÃO DOS DESAFIOS LANÇADOS...

aplicado o mesmo raciocínio, aduzindo que não é necessária a presença do elemento subjetivo específico para consumação de tal delito, em contramão do posicionamento doutrinário majoritário.[15]

Cumpre esclarecer que a pretensão do presente trabalho não é sanar a controvérsia sobre a necessidade ou não do *animus rem sibi habendi* para configuração do crime de apropriação indébita previdenciária. Pretende-se dar um passo atrás, para trazer considerações acerca do elemento subjetivo genérico do crime previsto no artigo 168-A do Código Penal, em épocas de crise financeira como a que vivemos atualmente.

O Brasil passou por momentos econômicos instáveis nos últimos anos. Os reflexos da crise financeira dos Estados Unidos em 2008, o desgaste da imagem do País no cenário internacional após a Operação Lava Jato e o *Impeachment* da ex-presidente DILMA ROUSSEFF em 2016 foram apenas alguns eventos que geraram graves crises no Brasil.

GERSON LUIZ ROCHA, J. 18.07.2017; TRF5, Apelação nº 0002793-85.2011.4.05.8200, 1ª T., Rel. JOSÉ MARIA LUCENA, DJe. 05.03.2015; TRF5, 0000265-19.2013.4.05.8100, 3ª T., Rel. MARCELO NAVARRO, DJe. 04.06.2014.

[15] Segundo GEORGE TAVARES, KATIA TAVARES e ALEXANDRE LOPES DE OLIVEIRA, "A maioria dos gestores de empresas que decidem não recolher aos cofres públicos contribuições descontadas de seus empregados, segundo temos visto, em processos dos quais participamos, são pessoas de bem, as quais, nos casos concretos, não agiram com o dolo específico da apropriação (o *animus rem sibi habendi*), ou das quais não se poderia exigir outra conduta, uma vez que, durante determinado período, tiveram a difícil tarefa de optar pelo não pagamento das contribuições, evitando a falência de companhias, o que significaria o desemprego de milhares de pessoas." (TAVARES, George; TAVARES, Kátia; OLIVEIRA, Alexandre Lopes de. *Anotações sobre direito penal tributário, previdenciário e financeiro.* Rio de Janeiro: Freitas Bastos, 2002, p. 99-100). De acordo com CEZAR ROBERTO BITENCOURT: "O elemento subjetivo geral é o dolo, representado pela vontade consciente de deixar de repassar à previdência social as contribuições recolhidas dos contribuintes. Tratandose de apropriação indébita, é indispensável o elemento subjetivo especial do injusto, representado pelo especial fim de apropriar-se dos valores pertencentes à previdência social, isto é, o agente se apossa com a intenção de não restitui-los. Nesse sentido, fica superada a posição anterior do STF e do TRF da 4a Região, que, a nosso juízo, sob a égide da legislação anterior, era intacável. Revigora-se, assim, o entendimento que já adotavam o STJ e o TRF da 5a Região, os quais já sustentavam a necessidade do elemento subjetivo especial. (BITENCOURT, Cezar Roberto. *Tratado de direito penal: parte especial: crimes contra o patrimônio até crimes contra o sentimento religioso e contra o respeito aos mortos.* V. 3. 15ª Ed. São Paulo: Saraiva Educação, 2019, p. 270)

COVID-19 E OS IMPACTOS NO DIREITO

Contudo, nenhum deles trouxe tantas incertezas e medo na população como a pandemia da COVID-19. Houve uma paralisação maciça de quase toda economia mundial. Praticamente todos os setores do comércio e eventos estão impossibilitados de exercerem suas atividades diante das seríssimas recomendações dos Órgãos Públicos para que as pessoas evitem aglomerações de qualquer natureza. Shoppings Centers e restaurantes fechados, festas de casamento e voos nacionais e internacionais cancelados, países fechando suas fronteiras, dentre outras medidas devem trazer prejuízos financeiros sem precedentes para as empresas.

Em situações de crise, como vivemos atualmente, muitos empresários terminam por deixar de repassar as contribuições à previdência social, com o objetivo de manter a empresa funcionando, adimplindo com os salários líquidos dos funcionários. É imperioso destacar que, nesta realidade, caso o empresário opte por recolher as contribuições previdenciárias de determinado funcionário, terá que deixar de pagar o salário líquido de outro. A dúvida que remanesce é se tal conduta, nesta hipótese, tipifica o delito de apropriação indébita previdenciária. E a resposta será negativa, por ausência do elemento subjetivo genérico do tipo penal.

Conforme ressalta CEZAR ROBERTO BITENCOURT, neste cenário, não se verifica o recolhimento ou desconto do contribuinte, o que tem sido ignorado pela jurisprudência. Não há retenção de valores e, portanto, não se pode falar em apropriação de algo que o empresário não possui. É pressuposto lógico da apropriação indébita, previdenciária ou não, a posse ou detenção do bem por parte do agente, o que não existe na hipótese ora trazida.[16]

A apropriação indébita previdenciária é um delito omissivo próprio, de modo que somente estará presente o elemento subjetivo quando a ação juridicamente exigida for possível de ser executada, o que não se verifica na hipótese abordada, haja vista que não existem contribuições a serem repassadas.[17] MAURACH, GÖSSEL e ZIPF[18] também se filiam ao

[16] BITENCOURT, Cezar Roberto. *Tratado de direito penal: parte especial: crimes contra o patrimônio até crimes contra o sentimento religioso e contra o respeito aos mortos.* V. 3. 15ª Ed. São Paulo: Saraiva Educação, 2019, p. 279

[17] WESSELS, Johannes. *Direito Penal: parte geral (aspectos fundamentais).* Trad. Juarez Tavares. Porto Alegre: Sérgio Antonio Fabris Editor, 1976, p. 161-162.

[18] MAURACH, Reinhart; GÖSSEL, Karl Heinz; ZIPF, Heinz. *Derecho Penal: parte general.* Trad. Jorge Bofill Genzsch e Enrique Aimone Gibson. Buenos Aires: Astrea, 1994. t. I,. p. 245.

6. A IMPORTÂNCIA DO DOLO PARA A COMPREENSÃO DOS DESAFIOS LANÇADOS...

mencionado posicionamento exposto, aduzindo que nos crimes omissivos, o agente somente poderá ser responsabilizado caso tenha a possibilidade de tomar uma atitude que pode conduzir à salvação do bem jurídico.

Com efeito, a mera escrituração das contribuições previdenciárias é uma exigência legal cumprida pelos empresários, mas não quer dizer que este efetivamente possui tal numerário. É uma questão meramente contábil. Em uma situação de crise financeira, o empresário manterá a escrituração das contribuições previdenciárias que devem ser pagas por mero cumprimento à lei, mas não fará qualquer repasse por absoluta impossibilidade de fazê-lo, uma vez que não dispõe de tais valores.

A confusão sobre o dolo no delito de apropriação indébita previdenciária pode ser ilustrada a partir de uma reportagem veiculada no sítio eletrônico "Consultor Jurídico", também conhecido como Conjur, intitulada "Apropriação indébita previdenciária dispensa dolo". Logo na abertura da notícia, afirmou-se que a 3ª seção do Superior Tribunal de Justiça teria consolidado entendimento no sentido de que *"Não é preciso comprovar o dolo nos casos de crime de apropriação indébita de contribuição previdenciária."*[19]

Ora, se verdadeira fosse tal conclusão, estar-se-ia diante de hialina responsabilidade penal objetiva, o que é, inclusive, inconstitucional, por violação aos princípios da culpabilidade e da intervenção mínima.[20]

Não se pode esquecer, inclusive, a função de garantia do tipo penal, que se estabelece a partir relação existente entre o princípio da legalidade e a tipicidade, e é de suma importância para a manutenção de um Estado Democrático de Direito que busca evitar arbitrariedades. Quando se afirmou que a função de garantia da tipicidade envolve uma discussão política, além de uma discussão técnica, é porque que um discurso jurídico-penal bem estruturado, não é outra coisa, senão um programa político elaborado com precisão técnica raramente observada.[21]

---

[19] https://www.conjur.com.br/2013-out-29/apropriacao-indebita-contribuicao-previdenciaria-dispensa-dolo-stj. Acesso em 21.04.2020.

[20] BITENCOURT, Cezar Roberto. *Tratado de Direito Penal: parte geral*. V. 1. 25ª Ed. São Paulo: Saraiva Educação, 2018, p. 56.

[21] ZAFFARONI, Eugenio Raúl. *En torno de la cuestión penal*. Montevideo – Buenos Aires: BdeF, 2005, p. 73-74.

COVID-19 E OS IMPACTOS NO DIREITO

Para que o juízo de tipicidade se configure, é necessário que uma conduta se subsuma a uma lei penal. Segundo o princípio da legalidade, a lei deve ser previamente estabelecida, senão a conduta não pode ser configurada como crime. É o que estabelece a Constituição da República Federativa do Brasil de 1988, em seu artigo 5º, inciso XXXIX[22]. Da mesma forma, o nosso Código Penal brasileiro estabelece em seu artigo 1º[23] que para que haja crime, deve existir previamente uma lei penal.

A tipicidade é o imperativo do princípio da legalidade, em sua vertente do *nullum crimen sine lege*, pois somente os fatos tipificados em uma lei penal como delitos podem ser considerados como tais.[24]

Assim, se a tipicidade é a adequação da conduta humana (ação ou omissão) à lei penal, não se pode haver incriminação se não houver uma lei previamente estabelecida. Fica claro o significado político do princípio da legalidade quando se verifica que um Estado de Direito – como o é o Brasil, conforme se pode depreender do artigo 1º *caput* da Carta Magna de 1988[25] – deve não apenas proteger o ser humano através do Direito Penal, mas deve também protegê-lo do próprio Direito Penal.

O princípio da legalidade, juridicamente, tem como finalidade equilibrar o sistema penal, visto que de um lado encontra-se o Estado, detentor do *jus puniendi*, e do outro se encontra a pessoa humana, com seus direitos e garantias. Logo, não se pode punir o agente pelo crime de apropriação indébita previdenciária, se não estiver caracterizado o dolo da conduta para perfazimento do juízo de tipicidade penal.

---

[22] "Art. 5.º (...) XXXIX – Não há crime sem lei anterior que o defina, nem pena sem prévia cominação legal"

[23] "Art. 1.º Não há crime sem lei anterior que o defina. Não há pena sem prévia cominação legal."

[24] MUÑOZ CONDE, Francisco; GARCIA ARÁN, Mercedes. *Derecho Penal*: parte general. Valencia: Tirant to Blanch, 2004, p. 251.

[25] "Art. 1.º A República Federativa do Brasil, formada pela união indissolúvel dos Estados e Municípios e do Distrito Federal, constitui-se de em Estado Democrático de Direito (...)."

Referências

BITENCOURT, Cezar Roberto. *Manual de direito penal*: parte geral. São Paulo: Saraiva, 2002.

___. *Tratado de Direito Penal*: parte geral. V. 1. 25ª Ed. São Paulo: Saraiva Educação, 2018.

___. *Tratado de direito penal*: parte especial: crimes contra o patrimônio até crimes contra o sentimento religioso e contra o respeito aos mortos. V. 3. 15ª Ed. São Paulo: Saraiva Educação, 2019.

BRANDÃO, Cláudio. *Teoria jurídica do crime*. Rio de Janeiro: Forense, 2002.

MAURACH, Reinhart; GÖSSEL, Karl Heinz; ZIPF, Heinz. *Derecho Penal*: parte general. Trad. Jorge Bofill Genzsch e Enrique Aimone Gibson. Buenos Aires: Astrea, 1994. t. I.

NUCCI, Guilherme de Souza. *Manual de Direito Penal*. 10ª Ed. Rio de Janeiro: Forense, 2014.

SANTOS, Juarez Cirino dos. *A moderna teoria do fato punível*. Curitiba: Fórum, 2004.

TAVARES, George; TAVARES, Kátia; OLIVEIRA, Alexandre Lopes de. *Anotações sobre direito penal tributário, previdenciário e financeiro*. Rio de Janeiro: Freitas Bastos, 2002.

WESSELS, Johannes. *Direito Penal*: parte geral (aspectos fundamentais). Trad. Juarez Tavares. Porto Alegre: Sérgio Antonio Fabris Editor, 1976.

WELZEL, Hans. *Derecho penal alemán*: parte general. Santiago: Editorial Juridica de Chile, 1997.

___. *El nuevo sistema del derecho penal*: una introducción a la doctrina de la acción finalista. Montevideo – Buenos Aires: BdeF, 2004.

ZAFFARONI, Eugenio Raúl. *En torno de la cuestión penal*. Montevideo – Buenos Aires: BdeF, 2005.

PARTE II

EFEITOS DO COVID-19 NA VIDA PRIVADA E NO DIREITO CONTRATUAL: CANCELAMENTO DE VIAGEM, DIREITO DE FAMÍLIA E DIREITO DO TABALHO

1. A boa-fé objetiva em época de pandemia: análise das medidas provisórias 927 e 936 à luz do artigo 504 da CLT

HENRIQUE GARBELLINI CARNIO

JOSÉ EDUARDO TREVISANO FONTES

Introdução

A primeira Medida Provisória que dispôs sobre as medidas trabalhistas para enfrentamento do estado de calamidade pública reconhecido pelo Decreto Legislativo nº 6, de 20 de março de 2020 foi a de número 927 editada e publicada em 22/03/2020[1].

Resta claro e evidente através da leitura dos artigos 1º e 2º da referida Medida Provisória que o seu escopo principal se pauta na preservação do emprego e da renda do trabalhador para enfretamento do estado de calamidade pública, respaldado na hipótese do conceito de força maior insculpido no artigo 501 da CLT.

A segunda Medida Provisória, de número 936, que dispôs sobre as medidas trabalhistas complementares para enfrentamento do estado de calamidade pública reconhecido pelo Decreto Legislativo nº 6, de 20 de março de 2020[2], traz nos incisos do artigo 2º mais alguns objetivos para além da preservação do emprego e da renda do trabalhador como, a

---

[1] Site planalto.gov.br dia 23/04/2020 às 09:54. Caminho: http://www.planalto.gov.br/ccivil_03/_ato2019-2022/2020/Mpv/mpv927.htm

[2] Site planalto.gov.br dia 23/04/2020 às 10:01. Caminho: http://www.planalto.gov.br/ccivil_03/_Ato2019-2022/2020/Mpv/mpv936.htm

COVID-19 E OS IMPACTOS NO DIREITO

garantia da continuidade das atividades laborais e empresariais e redução do impacto social.

Em análise as referidas Medidas Provisórias – e aqui salientamos que as referidas medidas emergenciais propriamente ditas não são o escopo desse trabalho – verificamos dois pontos de extrema relevância que colidem com princípios fundamentais do próprio direito.

O primeiro ponto é sobre a generalidade das Medidas Provisórias quanto o seu sujeito ativo, ou seja, de que todos os empregadores estão ou serão afetados pelo estado de calamidade em seu desempenho financeiro empresarial.

O segundo ponto trata-se da análise do parágrafo único do artigo 1º da Medida Provisória 927, estendida para Medida Provisória 936, que constituiu como hipótese de força maior o artigo 501 da CLT, mas quedou-se inerte quanto as sanções previstas no artigo 504 da CLT do mesmo capítulo que trata da força maior, provavelmente em decorrência da generalidade citada no parágrafo acima.

Diante deste cenário, examinaremos a aplicação da boa-fé objetiva nas Medidas Provisórias e o impacto social da ausência de previsão de sanções.

1. Atual Cenário Econômico, Relações de Trabalho e a Pandemia

Antes de adentrarmos no mérito da análise, importante salientar que não estamos fazendo juízo de valor quanto aos anseios e necessidades de cada empresa frente a real pandemia que passamos, até porque sabemos que são as pequenas e microempresas que geram o maior número de empregos em nosso País.

O que não podemos compactuar, para o bem do nosso sistema jurídico, é que tenhamos medidas positivadas de forma polarizada (tudo ou nada), até porque a ciência jurídica se ocupa em analisar diferentes concepções e métodos de reflexão e interpretação da norma jurídica, trazendo o "caso concreto" para o âmbito de fato e normativo (Friedrich Müller em sua obra chamada Teoria Estruturante do Direito).

Pois bem. O *site* Veja.abril.com.br publicou uma matéria de autoria de Alessandra Kianek datada de 16/04/2020 com o seguinte título "Coronavírus: Comércio eletrônico cresce 29% no início de abril". De 16 segmentos analisados, só o de brinquedos teve retração, segundo pesquisa da ABComm/Konduto; eletrodomésticos e cosméticos lideraram altas[3].

Referida matéria aponta que no período de isolamento as vendas, em geral, caíram 19,2%. Porém, entre o final do mês de março até o dia 08 de abril as compras voltaram a se intensificar com um aumento de 28,8% afirmando que: *"Os setores que tiveram maiores aumentos nas compras foram: eletroeletrônicos (96,7%), cosméticos (88,0%), moda (62,7%).*

Pontualmente, a matéria apontou que a empresa Ozllo, hub de serviços para o setor de moda que atua como *marketplace,* cresceu em ganhos 384% de março para abril, bem como a empresa FreeCô, diante da procura por lenços antissépticos, passou de 199 unidades, vendidas via e-commerce, em fevereiro para 5.363 unidades vendidas no final de março.

Diante dos fatos acima apontados, o que se questiona é se realmente todos os empregadores estão inseridos na hipótese de força maior do artigo 501 da CLTE. E a resposta é não.

Seguindo com os questionamentos, perquirimos se mesmo a empresa que não está inserida na hipótese de força maior do artigo 501 da CLT poderia valer-se das benesses insculpidas nas Medidas Provisórias 927 e 936 diante da generalidade e ausência de sanções?

2. Sanção como Decorrência do Próprio Conceito de Direito

O direito como um fato social é resultado de fatores sociais mutáveis que se constituem e buscam dar uma resposta as necessidades sociais. Diante desse contexto, o direito atua também como um organizador do próprio Estado.

Se entendermos que Medidas Provisórias 927 e 936 tratam de um direito positivado[4] e que na CLT grande parte das sanções impostas

---

[3] Site Veja.abril.com.br dia 23/04/2020 às 10:55. Caminho: https://veja.abril.com.br/economia/coronavirus-comercio-eletronico-cresce-29-no-inicio-de-abril/

[4] Como aponta Miguel Reale a sanção trata de uma possibilidade e não uma certeza que está inserida em uma Lei jurídica e moral, tendo como ponto determinante de sua aplicação o comportamento: *"Sanção é toda consequência que se agrega, intencionalmente, a uma norma. Visando ao seu cumprimento obrigatório. Sanção, portanto, é somente aquela consequência querida, desejada, posta com o fim específico de tutelar a regra. Quando a medida se reveste de uma expressão de força física, temos propriamente o que se chama de coação. A coação, de que tanto falam os juristas é, assim uma espécie de sanção, ou seja, a sanção de ordem física. (...) Toda vez que surge uma regra, há uma medida estimativa do fato, que envolve o fato mesmo e o protege. A norma envolve o fato e, por*

decorrem exclusivamente da má-fé da parte na relação laboral, o questionamento que se faz é o porquê das Medidas Provisórias 927 e 936 não terem recepcionado o artigo 504 da CLT, já que aludido artigo está inserido no próprio capitulo da Força Maior.

Ocorre que o direito sendo um sistema que atenta às condutas humanas, deve conter em sua própria aplicabilidade os deveres e sanções de cumprimento espontâneo. Quando um agente assume um "negócio jurídico" por livre e espontânea vontade, também assume as consequências de sua conduta.

A professora Rosa Maria de Andrade Nery, quanto ao vínculo jurídico de obrigações, aponta que:

> É necessário precisar, por isso, a problemática central de nossa preocupação, isto é, identificar e demonstrar como se dá, em sociedade, a interação de sujeitos como causa eficiente do nascimento dos fenômenos de interesse da ciência do direito e desvendar, num segundo momento, qual a natureza de certas relações (também jurídicas) que aparecem como consequência das interações humanas, mas agora já num segundo momento da dogmática jurídica, como é o caso da natureza relacional do vínculo jurídico de obrigações, que nós costumamos denominar de relação jurídica de obrigação.[5]

Seguindo esse pensamento, a obrigação sempre será passível de sanção, sendo que tal medida não está no negócio jurídico para ser aplicada e sim para lembrar a própria observação da lei. Portanto, não estamos falando de sanção como conceito de expiação.

Como é cediço, Durkheim elabora algo próximo a uma teoria da sanção. Para ele, as normas jurídicas, diferentemente de quaisquer outras, implicam a ideia de sanções organizadas, uma vez que não sendo observadas determinam uma atitude sancionadora.

Tais sanções podem ser *repressivas* ou *restitutivas* e são derivadas de dois tipos de direito estabelecidos por Durkheim, a saber repressivo e

---

envolvê-lo, valora-o, mede-o em seu significado, baliza-o em suas consequências, tutela o seu conteúdo, realizando uma mediação entre o valor e o fato. REALE, Miguel. Filosofia do Direito. 22 Ed. São Paulo: Saraiva, 1995, p. 260/262

[5] NERY, Rosa Maria de Andrade. Introdução ao Pensamento Jurídico e à Teoria Geral do Direito Privado. São Paulo: Editora Revista dos Tribunais, 2008, pag. 114-15.

restitutivo respectivamente. Portanto, sua definição se fundamenta na classificação do direito com base em dois tipos de sanções: as *repressivas*, correspondentes à "solidariedade mecânica" ou "por semelhança", próprias do direito penal, e as sanções *restitutivas*, correspondentes à "solidariedade orgânica" ou por "dissemelhança", próprias do direito.[6]

Portanto, independentemente da ausência de sanções dentro das Medidas Provisórias 927 e 936, certo é que a relação jurídica de obrigações vinculada ao próprio fato social, faz com que a conduta "antissocial" ou "antijurídica" da parte determine a aplicação de sanções legais, inclusive aquelas consignadas no artigo 504 da CLT.

4. Do Princípio da Boa-fé objetiva: cláusula geral e sua aplicação

Quando falamos em conduta "antissocial" ou "antijurídica" da parte pensamos no princípio da boa-fé objetiva que norteia todas as relações de direito, em especial, os contratos.

Veja-se que o Código Civil com a inclusão da lei de Liberdade Econômica (Lei 13.874/2019) trouxe em seu artigo 113 a força da boa-fé objetiva[7], disposição que, inclusive está em consonância com o disposto no art. 5º da LINDB[8].

Se levarmos em conta que as Medidas Provisórias 927 e 936 tiveram como espoco a "ordem econômica" e a "valorização do trabalho humano" temos que trata-las como ditames da justiça social, observando os princípios constitucionais que norteiam a relação laboral.

Portanto, a liberdade contratual deve ser exercida nos limites da função social do contrato (art. 421 do Código Civil).

---

[6] DURKHEIM, Émile. *Da divisão do trabalho social*. Tradução de Eduardo Brandão. 2 ed. São Paulo: Martins Fontes, 1999. p. 14-37. Vale lembrar que para Durkheim a sociedade e as suas relações formam a personalidade e a forma de agir dos indivíduos, ou seja, o indivíduo é formado unilateralmente de uma forma externa, diferentemente de Marx, para quem a consciência individual é formada dialeticamente.

[7] *Art. 113. Os negócios jurídicos devem ser interpretados conforme a boa-fé e os usos do lugar de sua celebração. § 1º A interpretação do negócio jurídico deve lhe atribuir o sentido que: (Incluído pela Lei nº 13.874, de 2019) III – corresponder à boa-fé; (Incluído pela Lei nº 13.874, de 2019)*

[8] *Art. 5º. Na aplicação da lei, o juiz atenderá aos fins sociais a que ela se dirige e às exigências do bem comum.*

Assim, a discussão sobre a aplicação do princípio da boa-fé objetiva entra justamente quando se extrapola os limites da função social do contrato de trabalho.

Daí temos como primeiro ponto a aplicação do artigo 4º da lei de Introdução às Normas do Direito Brasileiro que diz *"Quando a lei for omissa, o juiz decidirá o caso de acordo com a analogia, os costumes e os princípios gerais de direito.",* não havendo necessidade de previsão expressa na lei, pois o direito se forma a partir de elementos normativos constitucionais diferentes da lei (cláusulas gerais de direitos fundamentais).

Tal artigo, entretanto, deve ser pensado em consonância com a hermenêutica constitucional, uma vez que na atual quadra dos estudos hermenêuticos não há mais como sustentar que, por exemplo, somente princípios gerais do direito – máximas morais – sirvam como fundamento de decisões judiciais.

Como aponta Otavio Pinto e Silva[9]

toda negociação deve partir de um pressuposto básico: o de que as partes se comprometem a negociar de boa-fé e a proceder com lealdade em todos os seus entendimentos, assim como na execução do que vier a ser acordado.

Nesse trilho a Constituição Federal em seu artigo 5º, parágrafo 2º, trata dos princípios como fontes normativas do direito positivado.

Assim, temos que os princípios não se movem por critério de preferência, mas de obrigatoriedade não sendo negociados em sua aplicação.

Conclusões

Há de se ressaltar que a boa-fé objetiva é uma cláusula gera e as cláusulas gerais são dispositivos legais de textitude genérica que vinculam a atuação do magistrado, que inclusive sobre elas deve se pronunciar mesmo sem provocação das partes, ocorre que, ao mesmo tempo que vinculam o magistrado na confecção da decisão judicial, elas lhe conferem maior liberdade, na medida em que sua vagueza possibilita melhor e mais sistemática adaptação do texto legal à realidade atual.[10]

---

[9] SILVA, Otavio Pinto e. *A contratação coletiva como fonte do direito do trabalho.* São Paulo: Ed. LTr, 1998. p. 105.

[10] WIEACKER, Franz. *História do Direito Privado Moderno,* 4.ª ed., Lisboa: Fundação Calouste Gulbenkian, 2010, p. 545-546.

1. A BOA-FÉ OBJETIVA EM ÉPOCA DE PANDEMIA

São exemplos de cláusulas gerais além da boa-fé objetiva, a função social do contrato, a função social da propriedade, em sua grande parte, as cláusulas gerais costumam ser consectárias de princípios constitucionais ou dos princípios gerais do direito.[11]

As cláusulas gerais, diferentemente dos conceitos legais indeterminados, não têm sua solução pré-estabelecida pela lei. As cláusulas gerais quando identificadas pelo magistrado exigem que ele formule a solução mais consentânea com a ordem jurídica para a solução do caso, uma vez que esta solução não estará pré-definida na lei.[12]

Na realidade, a utilização das cláusulas gerais impõe ao magistrado a obrigação de criar uma solução judicial que leve em conta a valoração e a própria justiça de cada caso concreto.[13]

Destarte, em nenhuma hipótese, as cláusulas gerais – e os conceitos legais indeterminados –, podem ser utilizados como subterfúgio para o julgador decidir o caso concreto de forma discricionária ou arbitrária. Vale dizer, apesar da maior vagueza dos textos legais que consagram esses dispositivos, o magistrado deve sempre fundamentar suas conclusões tendo em vista que a obrigatoriedade de fundamentar advém de mandamento constitucional expresso no inc. IX, art. 93 da CF. De se ressaltar que essa fundamentação deve possuir como lastro a história institucional do direito da comunidade política. Essa história institucional se apresenta emblematicamente nos princípios (constitucionais) e nas decisões corretas tomadas no passado. A decisão fundamentada de forma adequada deve, portanto, espelhar uma reconstrução dos elos da cadeia discursiva que compõem a história institucional, cujos marcos iluminadores são os princípios que compõem a moralidade da comunidade política.

Caminhar em sentido diferente é, no mínimo – no que tange à temática do presente artigo – agir (ir)razoavelmente.

Como nota Luis Virgilio Afonso da Silva, o teste da irrazoabilidade, conhecido também como teste de *Wednesbury*, implica tão somente em rejeitar atos que sejam excepcionalmente irrazoáveis. Com isso, na esteira do pensamento do referido autor, nota-se que o teste sobre a

---

[11] NERY JUNIOR, Nelson e NERY, Rosa Maria de Andrade. *Código Civil Comentado*, cit., coment. prelim. 12, p. 198.

[12] NERY JUNIOR, Nelson NERY, Rosa Maria de Andrade, cit., coment. prelim. 18, p. 199.

[13] WIEACKER, Franz. *História do Direito Privado Moderno*, cit., p. 626.

irrazoabilidade é muito menos intenso do que os testes que a proporcionalidade exige, destinando-se meramente a afastar atos absurdamente irrazoáveis[14].

Com base nesses apontamentos, entendemos, então, que para não se coadunar com posturas que firam a boa-fé objetiva, ocasionando total irrazoabilidade no descumprimento de contratos de trabalho, mesmo em tempos sombrios como esses – e mais ainda neles – é preciso que se recupere e aplique a hermenêutica constitucional na a prática do direito juslaboral

Referências

DURKHEIM, Émile. *Da divisão do trabalho social.* Tradução de Eduardo Brandão. 2 ed. São Paulo: Martins Fontes, 1999.

NERY, Rosa Maria de Andrade. *Introdução ao Pensamento Jurídico e à Teoria Geral do Direito Privado.* São Paulo: Editora Revista dos Tribunais, 2008.

REALE, Miguel. *Filosofia do Direito: Lições preliminares de Direito.* 22 Ed. São Paulo: Saraiva, 1995.

SILVA, Otavio Pinto e. *A contratação coletiva como fonte do direito do trabalho.* São Paulo: Ed. LTr, 1998.

WIEACKER, Franz. *História do Direito Privado Moderno,* 4.ª ed., Lisboa: Fundação Calouste Gulbenkian, 2010, p. 545-546.

[14] SILVA, Virgílio Afonso da. O proporcional e o razoável. Revista dos Tribunais, n. 798. p. 23-50.

2. Cancelamento de viagens e eventos por força do Coronavírus

Lucas Rister de Sousa Lima

Introdução

Questão interessante e que merece especial atenção no momento atual, é a de saber se o consumidor que, antes de eclodir essa nova epidemia global, comprou sua passagem e reservou hotel ou determinado evento para sua viagem, tem agora direito ao cancelamento ou remarcação, sem a incidência de qualquer ônus, da data do seu passeio ou evento, junto às companhias aéreas e demais fornecedores/prestadores de serviço.

Apesar de, à primeira vista, parecer inequívoco o direito das pessoas em cancelar as suas viagens e eventos ou, no mínimo, remarcá-los, diante do risco iminente de contágio por conta do Coronavírus, a resposta não é tão simples, como a seguir tentar-se-á demonstrar.

1. Reagendamento ou restituição no prazo de 12 meses
1.1. Da regulamentação da matéria

Não obstante o grande número de contaminados e mortos (espalhados ao longo de um sem-número de países, com aproximadamente dois milhões e meio de infectados e pouco mais de 150 mil mortos até a conclusão desse texto), o índice de letalidade da doença ainda é pequeno e varia muito de país para país, atingindo algo entre 3% e 4%[1] em média

---

[1] Interessante notar, acerca desse percentual, que muitos estudos sérios têm sustentado, de maneira bastante coerente e razoável, que ele seria, na verdade, muito menor do que o apregoado, haja vista que nos países com mais recursos, em que um número muito maior de

no mundo (até o momento), com maior incidência em casos de pessoas com idade mais avançada ou portadoras de eventuais comorbidades. O curioso desses números é que, segundo se nota, a maior parte dos casos são considerados 'leves', de pessoas com sintomas como dores no corpo, febre ou tosse, que nem precisam ser hospitalizadas. As pessoas mais suscetíveis de desenvolverem quadros mais graves são aquelas com idade mais avançada ou portadoras de outras doenças, como diabetes, câncer ou problemas cardiovasculares (segundo os especialistas, 20% das pessoas com mais de 80 anos morrem de Covid-19, assim como 13% dos pacientes com doenças do sistema cardiovascular e 9% dos diabéticos também não resistem).

Ademais, ainda que assim não fosse, verifica-se que a epidemia não tem um culpado específico ou direto, de maneira que não é justo e nem razoável que o ônus/encargo decorrente do cancelamento de eventuais viagens ou eventos fique apenas por conta da parte 'teoricamente'[2] mais forte da relação de consumo.

Dado os contornos e a dimensão que o problema tomou, em 11/03/2020 a OMS (Organização Mundial de Saúde) declarou que vivemos uma pandemia por força do novo coronavírus, dado o crescente contágio e rápido espalhamento da doença pelo mundo, de forma inédita e sem precedentes.

Disso deflui a dúvida que justifica o presente artigo: como ficam agora as viagens e eventos já marcados em data anterior?

Duas recentes medidas provisórias foram editadas buscando criar um norte a respeito do tema, em razão da recém-decretada pandemia. A primeira (n.º 925/20, editada em 18/03/2020) buscou proteger o setor da aviação civil e versa acerca do cancelamento ou reagendamento das

---

pessoas é testada, como Alemanha e EUA, por exemplo, verifica-se que a taxa de mortalidade cai para algo entre 0,4 e 0,5%, dado o fato de nos países mais pobres, como o Brasil, o volume de testes ser significativamente inferior, daí a aparente maior taxa de mortalidade aqui, em virtude de muitos casos de pessoas com a covid-19 não chegarem sequer a ser testadas. Vide, nesse sentido, interessante artigo sustentando tal conclusão (em seu item 2): https://medium.com/@flohagenbuch/vemos-luz-no-fim-do-t%C3%BAnel-covid-19-96663d3cf1ed [acesso em 19/04/2020].

[2] Diz-se teoricamente, pois quando está a se falar de um ou alguns cancelamentos, a assertiva pode até realmente ser verdadeira. Contudo, no momento atual, em que os cancelamentos ocorreram quase que instantaneamente e em massa, ao que parece, as empresas do setor de turismo tornaram-se a parte mais vulnerável da relação.

2. CANCELAMENTO DE VIAGENS E EVENTOS POR FORÇA DO CORONAVÍRUS

passagens aéreas, enquanto a segunda (n.º 948/20, editada em 08/04/2020) voltou-se para os setores de turismo e cultura, regulando a forma de cancelamento ou remarcação dos serviços, reservas e eventos.

1.2. Das passagens aéreas (MP n.º 925/2020)

A primeira foi bastante simples e pontual no sentido de determinar que o consumidor teria o direito a remarcar as passagens aéreas num prazo de até 12 (doze) meses contados da data do voo contratado, sem a necessidade de pagamento de qualquer tarifa ou valor adicional. Poderá, outrossim, pedir o reembolso do valor pago, mas, neste caso, ficará sujeito às regras vigentes para o serviço contratado, a teor do art. 3º da MP 925/20 (que, em tese, pode incluir até a perda total do valor pago pelas passagens, com exceção das tarifas previstas no art. 4º, § 1º, incs. II e III[3], da Resolução nº. 400/2016 da ANAC, conforme determina o art. 29, § único, da citada resolução).

No tocante à matéria objeto dessa MP três pontos chamam a atenção, à primeira vista. O primeiro diz respeito ao fato de, pela sua aplicação, já se poder excluir de plano a aplicação do artigo 11[4] da Resolução 400/16 da ANAC nas hipóteses aqui tratadas, na medida em que referido artigo obriga o passageiro, para conseguir o reembolso integral da passagem aérea adquirida, a desistir desta num prazo de 24h, a contar do recebimento do seu comprovante, o que viola, inequivocamente, além da MP acima referida, o próprio art. 49[5] do Código de Defesa do Consumidor, que prevê um prazo de 7 (sete) dias para o exercício de tal direito.

---

[3] II – tarifas aeroportuárias; e III – valores devidos a entes governamentais a serem pagos pelo adquirente da passagem aérea e arrecadados por intermédio do transportador.

[4] Art. 11. O usuário poderá desistir da passagem aérea adquirida, sem qualquer ônus, desde que o faça no prazo de até 24 (vinte e quatro) horas, a contar do recebimento do seu comprovante.

[5] Art. 49. O consumidor pode desistir do contrato, no prazo de 7 dias a contar de sua assinatura ou do ato de recebimento do produto ou serviço, sempre que a contratação de fornecimento de produtos e serviços ocorrer fora do estabelecimento comercial, especialmente por telefone ou a domicílio.

Parágrafo único. Se o consumidor exercitar o direito de arrependimento previsto neste artigo, os valores eventualmente pagos, a qualquer título, durante o prazo de reflexão, serão devolvidos, de imediato, monetariamente atualizados.

COVID-19 E OS IMPACTOS NO DIREITO

Ademais, o valor do percentual de reembolso ou retenção deve guardar relação direta, em regra, com a antecedência com que o cancelamento ou alteração da viagem for comunicado à companhia aérea, bem como com o motivo que levou o passageiro a pedir o cancelamento ou modificação do que foi inicialmente pactuado. É dizer: quanto antes for realizado o aviso e/ou mais razoável o motivo da alteração, menor deverá ser o valor eventualmente cobrado pelas companhias aéreas a título de multa ou penalidade. Se o motivo do cancelamento ou reagendamento de uma viagem, por exemplo, for problema de saúde, evidente que a multa, apesar de devida (pois a companhia aérea também não tem culpa da doença e reservou o assento para o seu cliente, podendo inclusive não conseguir renegociá-lo a tempo), deverá ser cobrada em patamar mínimo, por ausência de conduta voluntária por parte do passageiro ou possibilidade comunicação prévia da desistência com maior antecedência.

Tal orientação permanece válida e aplicável mesmo após o Covid-19, devendo serem observados os detalhes acima e cada caso concreto para reagendamento ou cancelamento da viagem, com especial atenção, principalmente, para o destino e a data da viagem. Se o local é alguma das regiões mais afetadas, evidente que a chance de cancelamento (sem multa) ou modificação da data (sem custo adicional) será maior. Por outro lado, ainda que o destino seja perigoso hoje, não se justifica o cancelamento ou alteração de uma viagem que se realizará daqui a 6 (seis) meses, por exemplo, apenas porque o passageiro imagina ou supõe que a questão não esteja resolvida ainda na data da sua viagem ou porque, agora, está receoso de viajar para aludido local.

O problema deve ser analisado *cum grano salis*, sempre, para evitar abuso de qualquer das partes. Se é verdade que a viagem não pode se tornar motivo de pânico, com igual razão também não se pode admitir que o simples temor de ser infectado justifique o cancelamento de qualquer viagem. Se é certo que não se pode obrigar ninguém a viajar, também é correto afirmar que as companhias áreas não têm a obrigação de suportar todo o prejuízo por algo que não deram causa ou sequer poderiam prever.

O segundo ponto que desperta dúvida em relação à MP 925/20, voltada para o setor aéreo, diz respeito a uma determinada viagem adquirida em função de um evento específico (como, por exemplo, um congresso) e que, por conta até mesmo da natureza da viagem, não pode ser reagendada, seja porque o evento foi cancelado ou já foi até mesmo realizado. Neste caso,

2. CANCELAMENTO DE VIAGENS E EVENTOS POR FORÇA DO CORONAVÍRUS

a orientação também deve ser adaptada de acordo com o caso concreto. Se o evento foi alterado por força da pandemia, a remarcação deverá ser realizada sem qualquer custo adicional ao passageiro. Por outro lado, se o evento foi cancelado ou realizado em data que o passageiro não pôde viajar em virtude da pandemia e a solução do reembolso for a única que lhe interessar, a este deverá ser assistido o direito de restituição no prazo de dozes meses, contados do fim da pandemia [o termo inicial da contagem não é mencionado nesta MP, mas deve ser aplicado, por analogia, o prazo previsto na MP 948/20 (art. 2º, § 4º), por absoluta similaridade de assuntos e motivos[6]], com possibilidade de isenção ou, pelo menos, redução ao patamar mínimo de eventual multa ou penalidade imposta pela companhia aérea (estima-se algo entre 10 e 20% do valor cobrado, no máximo, a depender de cada caso concreto).

Imprescindível, para aqueles que insistirem no cancelamento quando não for possível o adiamento, que as multas/penalidades sejam menores do que as usualmente praticadas para simples desistência, por tratar--se de evento de força maior, de caráter atípico e que, portanto, merece tratamento diferenciado e igualmente extraordinário.

Antes mesmo da publicação da aludida MP (que admite o reembolso no prazo nela indicado, mas prioriza a remarcação), o MPF (Ministério Público Federal) e o Procon-SP já sugeriam que a remarcação fosse realizada sem custo pelo consumidor num prazo de até doze meses, sustentando contudo que, alternativamente, fosse assegurado o cancelamento e reembolso integral (caso esta fosse a sua opção), sem pagamento de taxas ou multa pelo consumidor[7] – entendemos, porém, como acima exposto, que o cancelamento pode e deve sofrer a incidência de multa, ainda que menores do que as geralmente aplicáveis ordinariamente, até porque as companhias aéreas, como dito, também não tiveram culpa pelo ocorrido e não podem, sob pena de colocar em risco a sua própria subsistência, assumir a responsabilidade integral por evento nessas proporções.

---

[6] A ideia é que o prazo seja o mais elástico possível, em razão das proporções inéditas da crise e do fato de o setor de turismo encontrar-se no epicentro dela, sendo seguramente um dos segmentos mais afetados.

[7] https://g1.globo.com/turismo-e-viagem/noticia/2020/03/10/mpf-e-procon-sp-afirmam--que-cliente-pode-cancelar-passagem-sem-multa-veja-o-que-empresas-aereas-dizem.ghtml [acesso em 17/04/2020]

COVID-19 E OS IMPACTOS NO DIREITO

Por último, apesar de não tratado pela MP, digno de nota, outrossim, é o fato de que, por força da pandemia, muitas companhias aéreas foram obrigadas a remanejar ou até cancelar muitos dos seus voos de última hora, sem conseguir comunicar os seus clientes no prazo de 72h previsto no art. 12[8] da Resolução 400/16 da ANAC, ficando, em tese, sujeitas às penalidades previstas na aludida resolução, no sentido de fornecer aos clientes alternativas como a reacomodação em outro voo ou reembolso integral das passagens, bem como disponibilizar toda a assistência material necessária, à luz da letra e espírito dos artigos 21,[9] 26[10] e 27[11] da citada resolução da ANAC, salvo, contudo, nas hipóteses em que restar demonstrado que as companhias aéreas não tinham como cumprir tal encargo

[8] Art. 12. As alterações realizadas de forma programada pelo transportador, em especial quanto ao horário e itinerário originalmente contratados, deverão ser informadas aos passageiros com antecedência mínima de 72 (setenta e duas) horas.
§ 1º O transportador deverá oferecer as alternativas de reacomodação e reembolso integral, devendo a escolha ser do passageiro, nos casos de: I – informação da alteração ser prestada em prazo inferior ao do caput deste artigo; e II – alteração do horário de partida ou de chegada ser superior a 30 (trinta) minutos nos voos domésticos e a 1 (uma) hora nos voos internacionais em relação ao horário originalmente contratado, se o passageiro não concordar com o horário após a alteração.
§ 2º Caso o passageiro compareça ao aeroporto em decorrência de falha na prestação da informação, o transportador deverá oferecer assistência material, bem como as seguintes alternativas à escolha do passageiro: I – reacomodação; II – reembolso integral; e III – execução do serviço por outra modalidade de transporte.
[9] Art. 21. O transportador deverá oferecer as alternativas de reacomodação, reembolso e execução do serviço por outra modalidade de transporte, devendo a escolha ser do passageiro, nos seguintes casos: I – atraso de voo por mais de quatro horas em relação ao horário originalmente contratado; II – cancelamento de voo ou interrupção do serviço; III – preterição de passageiro; e IV – perda de voo subsequente pelo passageiro, nos voos com conexão, inclusive nos casos de troca de aeroportos, quando a causa da perda for do transportador.
Parágrafo único. As alternativas previstas no caput deste artigo deverão ser imediatamente oferecidas aos passageiros quando o transportador dispuser antecipadamente da informação de que o voo atrasará mais de 4 (quatro) horas em relação ao horário originalmente contratado.
[10] Art. 26. A assistência material ao passageiro deve ser oferecida nos seguintes casos: I – atraso do voo; II – cancelamento do voo; III – interrupção de serviço; ou IV – preterição de passageiro.
[11] Art. 27. A assistência material consiste em satisfazer as necessidades do passageiro e deverá ser oferecida gratuitamente pelo transportador, conforme o tempo de espera, ainda que os passageiros estejam a bordo da aeronave com portas abertas, nos seguintes termos: I – superior a 1 (uma) hora: facilidades de comunicação;

2. CANCELAMENTO DE VIAGENS E EVENTOS POR FORÇA DO CORONAVÍRUS

por motivos de força maior (como ocorreu, por exemplo, em muitos países que fecharam suas fronteiras, abruptamente, para estrangeiros). Ficarão responsáveis, por outro lado, por dar todo o suporte material de que o cliente necessitar, especialmente no sentido de realocá-lo o mais rápido possível em outro voo (se esta for a escolha do consumidor), caso haja lugares disponíveis e sem nenhum custo adicional para o mesmo, tanto no sentido de antecipar como de postergar o voo originariamente previsto.

1.3. Dos eventos turísticos (MP n.º 948/2020)

Já em relação à MP n.º 948/20, voltada para o setor de serviços relacionados com o turismo de uma maneira geral, a orientação parece ser similar à mencionada no item anterior, voltada para o setor aéreo. Visa aquela assegurar – e, na verdade, priorizar – a possibilidade de remarcação dos eventos sem custo adicional para o cliente, dentro de um período de até 12 (doze) meses contados do encerramento do estado de calamidade pública reconhecido pelo decreto legislativo 6/2020, desde que tal remarcação ocorra no período de até 90 (noventa) dias, contados da publicação da MP, que se deu em 08/04/20 (art. 2º, § 1º).

Se as partes não se compuserem, os prestadores de serviços turísticos deverão então realizar a devolução do valor pago pelo consumidor no prazo de 12 (doze) meses contados do fim do estado de calamidade pública decretado no país, com correção pelo IPCA-E.

A mesma solução vale para artistas já contratados e também impactados pelo coronavírus, havendo a opção de remarcação dos shows destes

---

II – superior a 2 (duas) horas: alimentação, de acordo com o horário, por meio do fornecimento de refeição ou de voucher individual; e III – superior a 4 (quatro) horas: serviço de hospedagem, em caso de pernoite, e traslado de ida e volta.

§ 1º O transportador poderá deixar de oferecer serviço de hospedagem para o passageiro que residir na localidade do aeroporto de origem, garantido o traslado de ida.

§ 2º No caso de Passageiro com Necessidade de Assistência Especial – PNAE e de seus acompanhantes, nos termos da Resolução nº 280, de 2013, a assistência prevista no inciso III do caput deste artigo deverá ser fornecida independentemente da exigência de pernoite, salvo se puder ser substituída por acomodação em local que atenda suas necessidades e com concordância do passageiro ou acompanhante.

§ 3º O transportador poderá deixar de oferecer assistência material quando o passageiro optar pela reacomodação em voo próprio do transportador a ser realizado em data e horário de conveniência do passageiro ou pelo reembolso integral da passagem aérea.

ou devolução dos valores recebidos pelos mesmos, na impossibilidade de reagendamento, corrigido pelo IPCA-E, também no prazo de 12 (doze) meses contado do encerramento do estado de calamidade pública.

Objetiva referida MP, a teor do seu art. 3º, albergar e proteger todos os prestadores de serviços e estabelecimentos do setor de turismo listados no art. 21[12] da Lei 11.771/2008, de forma bastante ampla e pujante.

Apesar de despiciendo (haja vista os contornos inéditos da pandemia em questão), referida MP ainda faz questão de deixar claro que "as relações de consumo regidas por esta Medida Provisória caracterizam hipóteses de caso fortuito ou força maior e não ensejam danos morais, aplicação de multa ou outras penalidades, nos termos do disposto no art. 56[13] da

---

[12] Art. 21. Consideram-se prestadores de serviços turísticos, para os fins desta Lei, as sociedades empresárias, sociedades simples, os empresários individuais e os serviços sociais autônomos que prestem serviços turísticos remunerados e que exerçam as seguintes atividades econômicas relacionadas à cadeia produtiva do turismo:
I – meios de hospedagem;
II – agências de turismo;
III – transportadoras turísticas;
IV – organizadoras de eventos;
V – parques temáticos; e
VI – acampamentos turísticos.
Parágrafo único. Poderão ser cadastradas no Ministério do Turismo, atendidas as condições próprias, as sociedades empresárias que prestem os seguintes serviços:
I – restaurantes, cafeterias, bares e similares;
II – centros ou locais destinados a convenções e/ou a feiras e a exposições e similares;
III – parques temáticos aquáticos e empreendimentos dotados de equipamentos de entretenimento e lazer;
IV – marinas e empreendimentos de apoio ao turismo náutico ou à pesca desportiva;
V – casas de espetáculos e equipamentos de animação turística;
VI – organizadores, promotores e prestadores de serviços de infra-estrutura, locação de equipamentos e montadoras de feiras de negócios, exposições e eventos;
VII – locadoras de veículos para turistas; e
VIII – prestadores de serviços especializados na realização e promoção das diversas modalidades dos segmentos turísticos, inclusive atrações turísticas e empresas de planejamento, bem como a prática de suas atividades.
[13] Art. 56. As infrações das normas de defesa do consumidor ficam sujeitas, conforme o caso, às seguintes sanções administrativas, sem prejuízo das de natureza civil, penal e das definidas em normas específicas:
I – multa;
II – apreensão do produto;

2. CANCELAMENTO DE VIAGENS E EVENTOS POR FORÇA DO CORONAVÍRUS

Lei nº 8.078, de 11 de setembro de 1990", buscando minorar, com isso, as consequências advindas dos fatos jurídicos em questão, especialmente no sentido de excluir a possibilidade de indenização por danos morais, bem como para evitar que eventual autoridade administrativa (como o Procon, por exemplo), venha a multar alguma empresa do setor em razão dos fatos listados na aludida medida provisória.

Por fim, um último ponto que parece digno de relato nesta sede, é a redação do art. 2º, § 3º, inc. I, da MP 948/20, segundo o qual, na remarcação dos serviços, reservas e eventos cancelados, serão respeitados a sazonalidade e os valores originalmente contratados, dando margem, quando fala em sazonalidade, para interpretação no sentido de que se poderia admitir eventual alteração no valor originário contratado, a depender da época da remarcação da nova data (quando esta ocorrer, *v.g.*, em alta temporada). A interpretação da MP, não obstante confusa a redação no trecho supra referido, no entanto, não pode ser outra, senão a de que o consumidor terá o direito de remarcar o evento cancelado ou adiado sem qualquer custo adicional, independentemente da data, bastando, para tanto, que ela esteja disponível no calendário do fornecedor.

Conclusões

Diante do mencionado nos itens anteriores, verifica-se que as referidas medidas provisórias editadas para regular a temática disciplinaram de maneira justa e consentânea a matéria, procurando sopesar isonomicamente, de um lado, os interesses do consumidor e, de outro, o das

III – inutilização do produto;
IV – cassação do registro do produto junto ao órgão competente;
V – proibição de fabricação do produto;
VI – suspensão de fornecimento de produtos ou serviço;
VII – suspensão temporária de atividade;
VIII – revogação de concessão ou permissão de uso;
IX – cassação de licença do estabelecimento ou de atividade;
X – interdição, total ou parcial, de estabelecimento, de obra ou de atividade;
XI – intervenção administrativa;
XII – imposição de contrapropaganda.
Parágrafo único. As sanções previstas neste artigo serão aplicadas pela autoridade administrativa, no âmbito de sua atribuição, podendo ser aplicadas cumulativamente, inclusive por medida cautelar, antecedente ou incidente de procedimento administrativo.

companhias aéreas e prestadores/fornecedores de serviços do setor de turismo e cultura, reconhecendo que nenhuma das partes têm culpa pelo ocorrido e, por assim ser, acabaram por prestigiar a solução que prioriza a remarcação das passagens ou eventos, num prazo de até 12 (doze) meses, deixando, propositadamente, o reembolso como última alternativa e com prazo mais elástico que o da remarcação para ser realizado (sendo o prazo, no caso de devolução, contado após o fim da estado de calamidade pública decretado no país), a depender das circunstâncias que permeiam cada uma das hipóteses, podendo ser aplicadas, inclusive, as penalidades que, ordinariamente, regulam a matéria e segundo o pactuado entre os envolvidos, dentre elas a incidência de multa ou penalidade que sujeite o passageiro desistente a perda de parte do valor pago.

3. COVID-19, a força maior e o equilíbrio do ordenamento juslaboral

FRANCESCA COLUMBU

Introdução

A presente análise trata da possibilidade de enquadramento da pandemia do Covid-19 (também conhecida como "coronavírus") entre os fatos jurídicos que caracterizam a força maior.

O texto aborda o problema jurídico, principalmente, sob o viés do equilíbrio sistêmico do ordenamento, propondo uma leitura prudente e restritiva dos institutos jurídicos a serem adotados em momentos sociais excepcionais.

1. Do equilíbrio das relações jurídicas em momentos de crise

A emergência sanitária ocasionada pela difusão pandêmica do Covid-19 revolucionou, em um brevíssimo lapso de tempo – e talvez permanentemente – as relações sociais e seus desdobramentos jurídicos. Neste momento, os países do mundo inteiro encontram-se, ainda que com diferente intensidade, sob estado de assédio pandêmico.

Do ponto de vista laboral, conforme análise da Organização Internacional do Trabalho: "mais de quatro em cada cinco pessoas (81%) das 3,3 bilhões que compõem a força de trabalho global estão sendo afetadas pelo fechamento total ou parcial do local de trabalho". A OIT define o cenário como "a crise mais grave desde a segunda Guerra Mundial"[1], exortando os Governos à adoção de:

---

[1] ILO – International Labour Organization. *Monitor: COVID-19 and the world of work. Second edition Updated estimates and analysis.* Texto integral: https://www.ilo.org/wcmsp5/groups/

COVID-19 E OS IMPACTOS NO DIREITO

"medidas políticas integradas e de larga escala com foco em quatro pilares: apoio às empresas, ao emprego e à renda; estímulo à economia e ao emprego; proteção de trabalhadores no local de trabalho; e, uso do diálogo social entre governos, trabalhadores e empregadores a fim de encontrar soluções."[2]

Pode-se afirmar que não existe âmbito da ciência do direito que não tenha sido solicitado para a revisão de seus institutos de referência, em alguns casos adaptando princípios e normas já existentes e, em outros, inserindo de modo urgente novas regras, ainda que temporárias.

Em se tratando de um problema de saúde pública sem precedentes, o seu enfrentamento impôs aos governos nacionais a adoção de medidas que, em muitos casos, sacrificam, parcial ou totalmente, outros bens jurídicos fundamentais, como por exemplo a liberdade de ir e vir, ou do exercício da livre iniciativa privada.

O Estado brasileiro, com a Lei n. 13.979 de 6 de fevereiro de 2020 adota a primeira medida jurídica para o enfrentamento da emergência de saúde pública de importância internacional e com o Decreto n. 6 de 20 de março 2020, reconhece os efeitos do Covid-19 como estado de calamidade pública.

A legislação laboral foi problematizada, até o momento, por duas normas de urgência: a Medida Provisória n. 927 de 22 de março 2020, das alternativas trabalhistas para o enfrentamento do estado de calamidade pública com medidas que interessam, principalmente, a gestão da jornada de trabalho e a Medida Provisória n. 936 de 1° de Abril 2020, que institui o Programa Emergencial de Manutenção do Emprego e da Renda e dispõe sobre medidas trabalhistas complementares como o Benefício Emergencial de Preservação do Emprego e da Renda.

Evidentemente, toda escolha de política legislativa é sujeita a críticas ou aclamações, entretanto, parece ainda prematuro, para o nosso universo científico, elaborar conclusões ou fazer um balanço sobre a eficiência

---

public/---dgreports/---dcomm/documents/briefingnote/wcms_740877.pdf. p. 3. Acesso 16.04.2020.

[2] ILO – International Labour Organization. *Monitor: COVID-19 and the world of work. Second edition Updated estimates and analysis.* Texto integral: https://www.ilo.org/wcmsp5/groups/public/---dgreports/---dcomm/documents/briefingnote/wcms_740877.pdf. p. 7-8. Acesso 16.04.2020.

3. COVID-19, A FORÇA MAIOR E O EQUILÍBRIO DO ORDENAMENTO JUSLABORAL

ou a oportunidade das escolhas normativas feitas, principalmente em razão da "provisoriedade" inerente às inúmeras medidas provisórias que deverão ser aprovadas (ou não) pelo Congresso e que, provavelmente, sofrerão modificações.

Aliás, o ordenamento jurídico, como sensato que é, além das normas da legislação de urgência, já prevê no seu *corpus* alguns antídotos para situações que extrapolam a normalidade. A Consolidação das Leis do Trabalho, por exemplo, já tinha uma disciplina para situações excepcionais do contexto econômico-produtivo. De fato, a CLT contempla, desde sua promulgação, tanto o capítulo sobre a modificação ou extinção do contrato de trabalho por força maior (artigos 501 e ss.), quanto a norma sobre *factum principis* (art. 486). Isso explica, atualmente, o renovado interesse da doutrina por tais institutos.

O que parece viável, no momento, é uma análise do direito *in feri*, de seus possíveis corolários. A interpretação jurídica, de fato, sempre foi demanda aos *juris prudentes*.

Esta reflexão quer ser uma exortação à parcimônia em adotar o que para o direito é *extrema ratio*, fazendo das normas neste sentido, a solução última para a manutenção da unidade do sistema. Recorde-se, sempre, que:

> "a norma jurídica positiva que consagra a diminuição na tutela de um determinado valor integrante da substância da ordem pública social, longe de condicionar a conclusão de que mudou a consideração jurídica coletiva que merece o bem jurídico, deveria ser objeto de uma análise extremamente restritiva, pelo fato de que (...) a presunção de progressividade estaria determinando ou uma conclusão negativa quanto a sua legitimidade (sendo uma norma positiva em contradição com os valores superiores que constituem a ordem pública) ou, no melhor das hipóteses, a conclusão de que se trata uma norma excepcional, que baseia sua legitimidade para marcar uma inflexão na linha de principio, em razões de interesse geral"[3].

No atual momento histórico, é inevitável assistir ao conflito de bens jurídicos fundamentais, que por si só apresentam igual valor e importância no sistema de normas, e podem entrar em colisão até determinar a crise do próprio sistema. A edição das Medidas Provisórias laborais, por

---

[3] GARMENDIA ARIGÓN, Mario. *Orden público y derecho del trabajo*. Ed. FCU. 2001, p. 135.

exemplo, chamadas a conter a crise das relações economico-produtivas em prol da defesa do direito à saúde da sociedade, produziram normas que desestabilizaram o já frágil equilíbrio axiológico constitucional.[4]

Como ressaltou a Corte Constitucional italiana – chamada a julgar o conflito, justamente, entre o direito à saúde e o direito ao trabalho, ambos garantidos na Constituição – o equilíbrio do sistema é essencial:

> "todos os direitos fundamentais protegidos pela Constituição estão em uma relação de integração mútua e, portanto, não é possível identificar um deles com prevalência absoluta sobre os demais. A proteção deve sempre ser "sistêmica e não dividida em uma série de regras descoordenadas e potencialmente conflituantes" (sentença nº 264 de 2012). Se não fosse esse o caso, ocorreria a expansão ilimitada de um dos direitos, que se tornaria um "tirano" em relação a outras situações legais reconhecidas e protegidas constitucionalmente, que juntas constituem a expressão da dignidade da pessoa"[5].

Importante relembrar que, principalmente em momentos de crise, político ou social que seja (se é que as duas são situações distintas), é a própria dogmática do direito que nos impõe a análise jurídica atrelada a não negação dos pontos de partida, a leitura do sistema normativo como dogma, portanto. Neste sentido, o cuidado do jurista é para que o estado de calamidade, porquanto excepcional, não seja capaz de subverter o conceito de ordem pública[6] que, caso contrário, se transformaria em estado de exceção.

---

[4] Faz-se referência neste caso, principalmente, às polemicas levantadas pela Medida Provisória n.936 e à consequente ADI n. 6363 cuja liminar foi indeferida pelo Plenário do Supremo Tribunal Federal no dia 17.04.2020 declarando tais normas em consonância com o disposto constitucional.

[5] Fragmento da decisão da Corte Constitucional italiana, n. 85 de 9 de maio 2013. Disponível em: http://www.giurcost.org/decisioni/2013/0085s-13.html. Último acesso em: 18.04.2020.

[6] Nas palavras do Mario Garmendia, entende-se com ordem público: "o conjunto de valores da vida que pela especial transcendência que assumem em determinado estado da evolução social, passam a integrar a consciência jurídica coletiva e se constituem em objetos de tutela privilegiada por parte do Direito", GARMENDIA ARIGÓN, Mario. *Orden público y derecho del trabajo*. Ed. FCU. 2001, p. 33.

2. Força maior e *factum príncipis* nas relações de trabalho em época de COVID-19

A força maior é instituto jurídico que o direito do trabalho herdou da sua matriz jurídica principal, o direito comum. O Código Civil brasileiro não faz distinção conceitual entre força maior e caso fortuito, e concentra a caracterização do instituto nos efeitos "liberatórios" que estes produzem para o devedor na ausência de culpa[7].

Para o Código Civil, portanto, tanto a força maior quanto o caso fortuito são eventos que devedor não podia evitar ou resistir, e que determinam a impossibilidade da prestação: "a inexecução decorrente do acaso, caracteriza-se pela impossibilidade da prestação, determinada por evento estranho e superior à vontade do devedor (...)"[8].

De fato, muito se discute, sobre a amplitude do conceito de força maior nas relações laborais, sobre sua distinção com a conceituação própria do direito civil e, principalmente, sobre seus efeitos uma vez reconhecida sua ocorrência em um caso concreto.

Similarmente ao direito civil, o direito do trabalho não faz diferença conceitual entre caso fortuito e a força maior. No mesmo sentido do acima mencionado art. 393 do Código Civil, são os artigos 61[9] e 501[10] da CLT, sobre respectivamente, aumento imprevisto da jornada de trabalho e modificação ou extinção do contrato de trabalho por causa de

---

[7] Art. 393. O devedor não responde pelos prejuízos resultantes de caso fortuito ou força maior, se expressamente não se houver por eles responsabilizado. Paragrafo único. O caso fortuito, ou de força maior, verifica-se no fato necessário, cujos efeitos não era possível evitar ou impedir.

[8] GOMES, Orlando. *Obrigações*. (atualização. Edvaldo Brito). – 19. ed. – Rio de Janeiro: Forense, 2019, p. 137.

[9] Art. 61 – Ocorrendo necessidade imperiosa, poderá a duração do trabalho exceder do limite legal ou convencionado, seja para fazer face a motivo de força maior, seja para atender à realização ou conclusão de serviços inadiáveis ou cuja inexecução possa acarretar prejuízo manifesto. § 1º O excesso, nos casos deste artigo, pode ser exigido independentemente de convenção coletiva ou acordo coletivo de trabalho. (...).

[10] Art. 501 – Entende-se como força maior todo acontecimento inevitável, em relação à vontade do empregador, e para a realização do qual este não concorreu, direta ou indiretamente. § 1º – A imprevidência do empregador exclui a razão de força maior. § 2º – À ocorrência do motivo de força maior que não afetar substancialmente, nem for suscetível de afetar, em tais condições, a situação econômica e financeira da empresa não se aplicam as restrições desta Lei referentes ao disposto neste Capítulo.

força maior, atribuindo o descumprimento contratual do empregador à força maior o liberam (parcialmente) do respeito ao sinalagma contratual inicial próprio da relação empregatícia.

Nas palavras de Orlando Gomes e Elson Gottschalk:

> "a força maior no seu rigoroso significado de *vis fatale cui resistit non potest* é, portanto, um fato exterior que reage violentamente sobre a empresa, impedindo-lhe o funcionamento. Neste caso, segundo a concepção tradicional, libera de obrigações ambos os contraentes".[11]

Com relação especificamente aos efeitos da força maior na relação laboral, conforme os sucessivos artigos 502[12] e 503[13] da CLT, todo evento inevitável ou imprevisível pelo empregador, que comprometa ou que seja suscetível de comprometer a saúde econômica e financeira da empresa, o "autoriza" a derrogar *in pejus* o pacto laboral (no respeito evidentemente dos limites constitucionais)[14], e até a rescindi-lo, distribuindo, portanto, o risco contratual entre as partes.[15]

---

[11] GOMES, Orlando. GOTTSCHALK, Elson. *Curso de Direito do Trabalho*. Rio de Janeiro: Forense, 2012, p. 410.

[12] Art. 502 – Ocorrendo motivo de força maior que determine a extinção da empresa, ou de um dos estabelecimentos em que trabalhe o empregado, é assegurada a este, quando despedido, uma indenização na forma seguinte: I – Sendo estável, nos termos dos arts. 477 e 478; II – Não tendo direito à estabilidade, metade da que seria devida em caso de rescisão sem justa causa; III – havendo contrato por prazo determinado, aquele a que se refere o art. 479 desta Lei, reduzida igualmente à metade.

[13] Art. 503 – É lícita, em caso de força maior ou prejuízos devidamente comprovados, a redução geral dos salários dos empregados da empresa, proporcionalmente aos salários de cada um, não podendo, entretanto, ser superior a 25% (vinte e cinco por cento), respeitado, em qualquer caso, o salário mínimo da região.
Parágrafo único – Cessados os efeitos decorrentes do motivo de força maior, é garantido o restabelecimento dos salários reduzidos.

[14] Neste sentido, é fundamental relembrar que a regra da irredutibilidade salarial prevista no art. 7, VI CF impôs nova leitura do art. 503 da CLT, subordinando a redução salarial ao filtro da autonomia privada coletiva, único instrumento jurídico, não heterônomo, capaz de reestabelecer o equilíbrio contratual das relações de trabalho.

[15] Importante ressaltar que não caracterizam a força maior: (a) medidas governamentais de caráter geral no campo da economia; (b) extinção de setor obsoleto da empresa; (c) incêndio, inexistindo seguro contra fogo; (d) mau tempo, em atividade realizada a céu aberto; (e) falência e recuperação judicial (art. 449, CLT). JORGE NETO, Francisco Ferreira.

3. COVID-19, A FORÇA MAIOR E O EQUILÍBRIO DO ORDENAMENTO JUSLABORAL

Conforme nos explica a doutrina:

"a força maior não suprimiu o direito do empregado de receber a indenização. Reduz, apenas, seu montante. Ademais, estabeleceu-se o preceito de que a imprevidência do empregador exclui a razão de força maior, bem como o evento que não alterar substancialmente, ou não for suscetível de alterar, a situação econômica e financeira da empresa. É considerado força maior todo acontecimento inevitável, em relação à vontade do empregador, e para a realização do qual este não concorreu, direta ou indiretamente"[16].

Assim sendo, não obstante o vínculo empregatício represente uma relação obrigacional, não aplicamos a este a teoria do risco, uma vez que, também, com relação aos efeitos da força maior se apresenta a substancial distinção, e emancipação axiológica, entre direito civil e direito do trabalho quando este último derroga à eficácia liberatória da força maior e distribui entre as partes o risco do negócio, balizando ou interpretando através da razoabilidade e da proporcionalidade a norma pela qual o risco de empresa é de responsabilidade exclusiva do empregador em virtude do artigo 2º da CLT[17].

CAVALCANTE, Jouberto de Quadros Pessoa. *Direito do Trabalho*. 9. Ed. – São Paulo: 2019, p. 797. De fato, a jurisprudência sempre interpretou a força maior de forma restritiva, e modo que, a simples crise econômica não poderá ser invocada: "Não há *factum principis* ou força maior a ser declarada no atraso de salários por falta de repasse de verba pública. A reclamada tem personalidade jurídica própria e apesar de ser entidade filantrópica assume os riscos de sua atividade ao contratar empregados. Não há exceção legal que beneficie a ré. Devidas multas pelo atraso no pagamento de salários (TRT 2a R. – RO 00277200604702009 – 15a T. – Rel. Des. Silvana Abramo Margherito Ariano – DOE 13.07.2010).

[16] GOMES, Orlando. GOTTSCHALK, Elson. *Curso de Direito do Trabalho*. Rio de Janeiro: Forense, 2012, p. 410-411.

[17] A doutrina italiana entende que o risco do empregador é, fundamentalmente, interdependente da subordinação do próprio trabalhador, é portanto inerente à relação de emprego: "justamente pelo fato de que o empregador se onera dos riscos do resultado do trabalho, bem como de toda a atividade econômica organizada, o trabalhador não pode que ser subordinado" SANTORO-PASSARELLI, Francesco. *Nozioni di diritto del lavoro*. 35ª ed. Napoli: Jovene. 1995, p. 90.

Neste sentido, a doutrina esclarece:

"procura-se, modernamente, fundamentar esta indenização na teoria denominada risco do estabelecimento (*Betriebsrisiko*). A fundamentação foi estendida a todos os casos em que o funcionamento da empresa é embaraçado pela falta de matéria-prima, de energia, por incêndio, pela crise econômico--financeira, por deterioração do material ou por uma greve. A princípio, a solução desses problemas foi procurada nos princípios civilistas, invocando-se as regras da mora do credor, que permitem ao devedor obter a remuneração convencionada. Posteriormente, procurou-se formular uma teoria própria ao Direito do Trabalho, a que se denominou esfera de responsabilidade (*Sphaeren-theorie*), pela qual se afirma que todo acontecimento que atinge a empresa entra na esfera jurídica da responsabilidade do empregador. Quando a força maior não determina a extinção da empresa, o empregador deve suportar os riscos e continuar a pagar os salários do pessoal (Durand, J. Vincent). Por extensão, chegou-se a admitir que o evento que causa a extinção do estabelecimento, determinando a despedida dos empregados, deve ser imputado à esfera jurídica do empregador."[18].

A questão central, no atual momento histórico – em que a pandemia determina por um lado o isolamento social e a suspensão de algumas atividade produtivas e por outro mantém em funcionamento aquelas atividades e serviços considerados essenciais à população – é estabelecer se e em que medida, considerada a natureza especial e precária do equilíbrio contratual das relações laborais, a pandemia e as medidas de saúde e segurança coletiva tomadas pelos governos determinam a impossibilidade de cumprimento da prestação por caso fortuito eximindo o empregador da responsabilidade contratual nos moldes de quanto acima visto. Estamos, portanto, chamados a determinar o *an* e o *quantum* da impossibilidade da prestação. Assim, evidentemente, parece-nos, que nem toda e qualquer atividade produtiva ou econômica poderia invocar a pandemia como causa de força maior.

Todavia, entre as disposições da Medida Provisória n. 927 aparece justamente uma norma (o art. 1º, parágrafo único), que assim estabelece:

---

[18] GOMES, Orlando. GOTTSCHALK, Elson. *Curso de Direito do Trabalho*. Rio de Janeiro: Forense, 2012, p. 411.

3. COVID-19, A FORÇA MAIOR E O EQUILÍBRIO DO ORDENAMENTO JUSLABORAL

"o disposto nesta Medida Provisória se aplica durante o estado de calamidade pública reconhecido pelo Decreto Legislativo nº 6, de 2020, e, para fins trabalhistas, constitui hipótese de força maior, nos termos do disposto no art. 501 da Consolidação das Leis do Trabalho, aprovada pelo Decreto-Lei nº 5.452, de 1º de maio de 1943".

Mediante ato de intepretação autêntica, o legislador estabelece *a priori*, e ressalte-se, apenas para "fins trabalhistas", que o estado de calamidade pública do COVID-19 constitui força maior, submetendo a uma regra excepcional, um inteiro ramo das relações jurídicas. Quanto menos questionável aparece, neste sentido, a escolha – em termos de oportunidade jurídica – de predeterminar de forma geral, o que o direito qualifica como exceção às regras do sistema capaz de revertê-las.

Na realidade, todo sistema jurídico, desde o direito romano, prevê a força maior, para abraçar os casos de impossibilidade da prestação e/ou de excludente de responsabilidade. A lógica se assemelha à da legitima defesa para o direito penal. Estamos, entretanto, perante exceções do ordenamento jurídico, para prever situações, condições, contextos nos quais se abre um hiato no sistema de normas que deveria ser um conjunto coerente, unitário e completo de regras[19].

Neste sentido, toda vez que nos deparamos em um conflito social que pode ser enquadrado na força maior faremos deste a interpretação mais restrita possível, uma vez que é norma considerada de *extrema ratio*. Sua apreciação deveria se dar, portanto, caso a caso segundo a prudente intepretação fático-jurídica da magistratura.

Finalmente, cabe aqui ressaltar que, como acima mencionado, o direito do trabalho conhece também outro instituto jurídico que no atual contexto está sendo objeto de renovado interesse, o *factum principis*, que parte da doutrina considera espécie da força maior.[20]

---

[19] BOBBIO, Norberto. *Teoria do Ordenamento Jurídico*. 10. ed. (trad. de Maria Celeste C. J. Santos). Brasília: Ed. Universidade de Brasília, 1997.

[20] Para Valentin Carrion, o fato do príncipe representa uma tipologia de força maior que perdeu sua efetividade no tempo: "a paralisação do trabalho por ato de autoridade é o *factum principis*, uma das espécies de força maior. O instituto se esvaziou no decorrer no tempo, se é que já não nasceu morto; a prática revela dois aspectos: se o ato da autoridade é motivado por comportamento ilícito ou irregular da empresa, a culpa e as sanções lhe são atribuídas por inteiro; se seu proceder foi regular, a jurisprudência entende que a cessação

O *factum príncipis* é instituto que pertence ao direito administrativo[21] e tem sido transplantado na legislação laboral através da inserção do art. 486 da CLT que assim dispõe:

> "No caso de paralisação temporária ou definitiva do trabalho, motivada por ato de autoridade municipal, estadual ou federal, ou pela promulgação de lei ou resolução que impossibilite a continuação da atividade, prevalecerá o pagamento da indenização, que ficará a cargo do governo responsável".

Para poder invocar o *factum príncipis* é necessária, portanto, a presença simultânea de duas características: a) a ausência de culpa do empregador por imprevisão ou por se tratar de risco econômico inerente ao exercício de atividade de empresa; b) decisão discricionária do Estado que impossibilite a atividade laboral.[22]

---

da atividade faz parte do risco empresarial e também isenta o poder público do encargo; o temor de longa duração dos processos judiciais contra a Fazenda Pública também responde por essa tendência dos julgados". CARRION, Valentin. Comentário à Consolidação das Leis do Trabalho. 15. ed. São Paulo: Revista dos Tribunais. 1992, p. 375. *Apud* JORGE NETO, Francisco Ferreira. CAVALCANTE, Jouberto de Quadros Pessoa. *Direito do Trabalho*. 9. Ed. – São Paulo: 2019, p. 798.

[21] A definição técnica do instituto merece destaque: "Para se transportar o fato do príncipe para outros contextos é preciso, antes de mais nada, fixar sua definição como qualquer atuação lícita tomada pelo Estado com base em seus poderes de autoridade — inclusive a criação de medidas limitativas da economia por lei — e que gere efeitos sobre os particulares de forma direta, especial e significativa, dando-lhe, por medida de justiça, um direito à compensação dos efeitos".GASIOLA, Gustavo Gil. MARRARA, Thiago. *Fato do príncipe: o que é e como identificar?* Em: https://www.conjur.com.br/2020-abr-18/fato-principe-identificar Acesso em 18.04.2020.

[22] Na leitura da doutrina trabalhista: "o instituto do fato do príncipe regido pelo art. 486 da CLT, se aplica a nosso ver, às situações de extinção de estabelecimentos, fechamento de empresas, ou longas paralisações de atividade, motivados por fatos alheios e totalmente imprevisíveis, sem qualquer participação ou concorrência do empregador, que lhe tenha provocado prejuízos imensuráveis, levando-o ao total colapso e ruptura de suas atividades econômicas e produtivas. Geralmente ocorre quando o Poder Público, na sua linha estratégica de planejamento urbano, e com olhar direcionado ao interesse público primário, implementa, por exemplo, uma linha de metro, uma reforma de rodovia, viaduto etc., promovendo a interdição de espaços públicos e privados, que provocam a ruptura das atividades econômicas e o desenvolvimento dos negócios circunvizinhos.

3. COVID-19, A FORÇA MAIOR E O EQUILÍBRIO DO ORDENAMENTO JUSLABORAL

Neste caso por decisão discricionária administrativa, que pode emanar tanto do Governo central como periférico (Estados e Municípios), verificada a paralisação temporária ou permanente da atividade econômico – produtiva, o pagamento da indenização monetária por resolução do contrato (que corresponde a 40% calculado acima do montante do FGTS) será a cargo dos cofres públicos.

A exigência de discricionariedade da decisão administrativa para a existência de *factum principis* leva a excluir a possibilidade de aplicação de tal instituto ao caso da pandemia atualmente em curso.

Conforme esclarece Enoque Ribeiro dos Santos:

"o enquadramento do coronavírus como pandemia, pela Organização Mundial da Saúde, o situa no plano da calamidade pública, atingindo virtualmente todas as empresas do planeta, provocando uma gigantesca canalização de recursos financeiros do Estado para a saúde pública, já que a vida das pessoas se encontra em primeiro lugar. (...) Os atos das autoridades públicas que no momento determinam o fechamento temporário dos estabelecimentos industriais, comerciais e de serviços, com exceção das atividades essenciais, recomendando às pessoas que permaneçam em suas residências, se relacionam a atos de imperatividade absoluta, de saúde, higiene e medicina pública preventiva, como forma de conservação da vida e da saúde das pessoas, em atendimento ao mandamento constitucional da dignidade humana, com base em experiências internacionais até então bem sucedidas.(...)".[23]

Estamos diante do clássico caso de direitos fundamentais em colisão, cuja escolha estatal se posiciona – evidentemente – pelo respeito e primazia do direito à vida e à saúde, em conformidade com das recomendações

---

Semelhante caso ocorre com as desapropriações. São casos pontuais". SANTOS, Enoque Ribeiro dos. *Responsabilidade do empregador e fato do príncipe nos tempos de Coronavírus: análise jurisprudencial.* In: https://genjuridico.jusbrasil.com.br/artigos/824557752/responsabilidade--do-empregador-e-fato-do-principe-nos-tempos-de-coronavirus-analise-jurisprudencial. Acesso em: 17.03.2020.

[23] SANTOS, Enoque Ribeiro dos. *Responsabilidade do empregador e fato do príncipe nos tempos de Coronavírus: análise jurisprudencial.* In: https://genjuridico.jusbrasil.com.br/artigos/824557752/responsabilidade-do-empregador-e-fato-do-principe-nos-tempos-de-coronavirus-analise--jurisprudencial. Acesso em: 17.03.2020.

internacionais da Organização Mundial da Saúde. Não podemos, portanto, definir a Lei 13.979/2020 como ato arbitrário do Poder Público e enquadrar as medidas de isolamento social ou suspensão das atividades econômico-produtivas como fato do príncipe (art. 486 CLT).

Conclusões

No que tange às relações de trabalho, quanto à identificação do instituto jurídico da força maior (artigo 501 e ss. CLT) com a pandemia do Covid19, o art. 1º, parágrafo único da Medida Provisória n. 927 de 22 de março 2020, já respondeu afirmativamente.

Entretanto, as reflexões até aqui desenvolvidas querem ser um convite à prudente análise sistêmica do instituto, por se tratar de solução concebida para contextos excepcionais e, principalmente, por ser potencialmente capaz de desestabilizar o frágil equilíbrio axiológico constitucional.

Quanto mais intenso o ataque à harmonia jurídica, tanto mais forte deve ser a defesa e a reafirmação das garantias fundamentais. Neste sentido, o cuidado do jurista é para que o estado de calamidade, porquanto extraordinário, não seja capaz de subverter o conceito de ordem pública. Do contrário esta se transformaria em estado de exceção, que é justamente a negação do atual Estado Democrático de Direito.

Referências

BOBBIO, Norberto. *Teoria do Ordenamento Jurídico*. 10. ed. (trad. de Maria Celeste C. J. Santos). Brasília: Ed. Universidade de Brasília, 1997.

GARMENDIA ARIGÓN, Mario. *Orden público y derecho del trabajo*. Ed. FCU. 2001.

GASIOLA, Gustavo Gil. MARRARA, Thiago. *Fato do príncipe: o que é e como identificar?* Em: https://www.conjur.com.br/2020-abr-18/fato-principe-identificar.

GOMES, Orlando. *Obrigações*. (atualização de Edvaldo Brito). – 19. ed. – Rio de Janeiro: Forense, 2019

GOMES, Orlando. GOTTSCHALK, Elson. *Curso de Direito do Trabalho*. Rio de Janeiro: Forense, 2012,

ILO – International Labour Organization. *Monitor: COVID-19 and the world of work. Second edition Updated estimates and analysis*. Texto integral:https://www.ilo.org/wcmsp5/groups/public/---dgreports/---dcomm/documents/briefingnote/wcms_740877.pdf. Útimo acesso em: 16.04.2020.

NASCIMENTO, Amauri Mascaro. *Curso de direito do trabalho*. 26. ed. São Paulo: Saraiva, 2011.

JORGE NETO, Francisco Ferreira. CAVALCANTE, Jouberto de Quadros Pessoa. *Direito do Trabalho*. 9. Ed. – São Paulo: 2019.

SANTORO-PASSARELLI, Francesco. *Nozioni di diritto del lavoro*. 35ª ed. Napoli: Jovene. 1995.

SANTOS, Enoque Ribeiro dos. *Responsabilidade do empregador e fato do príncipe nos tempos de Coronavírus: análise jurisprudencial*. In: https://genjuridico.jusbrasil.com.br/artigos/824557752/responsabilidade-do-empregador-e-fato-do-principe-nos--tempos-de-coronavirus-analise-jurisprudencial. Último acesso em: 17.04.2020.

4. Família e COVID 19: momento de reflexão e redescoberta

ANA CLÁUDIA SILVA SCALQUETTE

Introdução

O que esperar de um mundo em que todos os dias fazíamos planos para o futuro... viagens, cursos, ascensão profissional, recebimentos, pagamentos, filhos, *pets*, funcionários, patrões.... e, de repente, tudo é colocado em câmera lenta.... como se todos os nossos planos tivessem sido muito bem guardados em uma caixa e colocados dentro de um armário?

Esse mundo chegou com a quarentena determinada pelo surgimento da COVID-19, doença causada por um vírus que traz para muitos de nós consequências graves, sobretudo, as de caráter respiratório que podem levar à morte.

Como combater um vírus? Algo não visível aos nossos olhos, mas que pode estar em todos os lugares? Roupas, embalagens, móveis e, para alguns, até no ar?

Pânico? Medo? Negação? Descrença do perigo? Reações das mais diversas surgiram em nossa sociedade, reflexos de nossos sentimentos mais íntimos, aqueles que muitos de nós não tinham experimentado até então.

Diante de nossos olhos televisores ligados, computadores a todo o vapor, celulares em punho para que buscássemos notícias.... e elas vieram, desencontradas.... números assustadores vindos de outros países nos alertavam para o pior.... por outro lado, Deus não é brasileiro? Vivemos em um país tropical, não vivemos? Pois é... o "vírus" não "gosta" de calor, não é? Buscas e mais buscas em *google* e similares.... uns procurando formar suas próprias convicções e teorias, outros, até mesmo, tentando ser formadores de opinião, doutrinadores dos demais...

Teorias da conspiração surgiram.... guerra econômica, caos político, demonstração nacional e internacional de como "não se deve proceder" quando se quer acalmar os "governados"..., enfim, uma cena digna de filme de *Hollywood* que, em breve, certamente, lotará as salas de cinema....

É a vida, mas o que merece ser analisado – nossa proposta no presente texto – é entendermos que, assistindo tudo isso, vivendo intensamente as notícias, se encontram milhares de famílias, com todos os seus anseios e temores..... convivendo, vinte e quatro horas por dia, em um único ambiente: a casa.

O lema *'fique em casa"* é o mantra da quarentena, pois em época em que a ciência ainda não descobriu nada eficaz[1] para combater o "novo Corona" vírus, o melhor antídoto é o isolamento social.

Mas o que quer dizer isolamento social? Em suma, não permitir ou diminuir ao máximo o contato entre humanos. Por ora, seres humanos, mas já se estudam as transmissões por animais...

Contato mínimo porque precisamos nos alimentar e nossa sobrevivência passa longe de estar estruturada em uma agricultura de subsistência, ou seja, para comermos precisamos ir aos mercados e lá sermos atendidos por funcionários que, ao contrário do que está sendo recomendado, não podem manter o isolamento social... têm que estar presentes fisicamente em seus locais de trabalho.

Muitos poderiam dizer: "em respeito a estas pessoas é que não saio de casa tampouco para ir aos mercados.... peço que tudo me seja entregue!"

---

[1] Interessantes as ponderações da jurista e pesquisadora italiana Vitulia Ivone sobre Ciência em Direito: "Ciência e Direito estão localizados inegavelmente em pistas distintas e velocidade muito diferentes: a primeira, move-se com o objetivo de exercer a sua função inovadora; o segundo, responde a uma função ordenação. Eles são áreas de pesquisa ontologicamente diferentes: a história tem mostrado que a ciência não pode prosseguir sem o direito e, na mesma medida, um direito que pretende prosseguir sem considerar a relevância dos dados científicos é, pelo menos, forçado a (*sic.*) uma perda de aderência à realidade social e a aceitar uma visão limitada e limitante". IVONE. Vitulia. *Responsabilidade Civil do Médico na Itália. In* Anais do II Congresso Internacional de Biodireito & Desenvolvimento Tecnológico: A Interface entre o Direito e a Medicina. São Paulo: Café com Lei, 2017, p. 44. Assim se pode, mais uma vez, constatar com a pandemia da COVID-19. Quantos direitos atingidos pela mudança da vida em sociedade e quantas respostas ainda são aguardadas da ciência médica?

4. FAMÍLIA E COVID 19: MOMENTO DE REFLEXÃO E REDESCOBERTA

Vamos pensar, então, nos entregadores que estão trabalhando com carga dobrada.... sem falar dos policiais, porteiros, seguranças e TODOS os profissionais da saúde.... parcela considerável da população que vive sem o recomendado isolamento social para que a outra parcela sobreviva.

Pois bem, estes também têm famílias... que convivem mais proximamente com o risco quando seus entes queridos voltam para casa...

E assim a roda gira, flutuando entre os binômios preservação e risco, bravura e medo, saudade e instinto de proteção dos seus...

Reticências, neste texto, haverá muitas... creio que nesta obra... fato justificado por ainda não existirem conclusões, mas apenas suposições.

Nunca tão claramente tivemos a percepção de que a história está sendo por nós escrita, diariamente, e só mais tarde é que, em suas inúmeras versões e mais diversos ângulos, teremos como recontá-la, entretanto, esperamos fazê-lo com o final mais feliz possível.

Neste momento de humanidade *versus* COVID-19, o núcleo familiar, mais uma vez, ganha em importância e o convívio intenso e inesperado gera consequências até então impensadas e das mais diversas ordens.

Vamos a elas.... sem a intenção de exaurir o assunto...

1. Juntos, mas separados

A experiência da quarentena, para uma parcela considerável das famílias do Brasil e do mundo, pode significar também restrição de convívio.

Quem tem amigos ou conhecidos que trabalham na área da saúde sabe do ritual de assepsia praticado todos os dias quando do retorno ao lar.

Assim que entram, sem sapatos, é claro, e sem tocar em nada, despem-se, colocam as roupas todas para lavar (preferencialmente em lavadoras automáticas, para quem as têm) e entram no banho para que qualquer eventual vírus que os tivessem acompanhado ao lar fosse eliminado.

Mas os cuidados não param por aí... será que seria recomendado que você, tendo se aproximado tanto de pessoas doentes ou tendo estado em locais de risco, deva dormir no mesmo quarto, dividindo a mesma cama com o seu companheiro(a)?

Há quem pense que não... não seria seguro, afinal, poder-se-ia estar contaminado e contaminar, portanto, o parceiro.

E com relação aos filhos, abraços calorosos, beijos repletos de amor? Será que são os mesmos de outrora? Também não... não sem ao menos pensar que o risco seria por estes gestos potencializado...

Estar juntos na mesma casa, para grande parcela da população brasileira,[2] significa, ainda sim, estar separado de quem você ama.

No que tange ao tema *"juntos, mas separados..."* podemos, ainda, pensar sobre o aspecto emocional... falar de casais ou de integrantes de família que mesmo compartilhando, há muitos anos, o mesmo domicílio não tinham intimidade ou cumplicidade emocional suficiente para que se sentissem confortáveis com um convívio tão próximo e por período tão longo, quanto o que nos fora imposto pela quarentena.

Com o melhor do espírito do brasileiro – que tenta extrair o riso de situações até mesmo trágicas – *memes* não faltaram sobre o assunto... como "não tenho para onde ir e tive que conviver com meu companheiro... não é que ele é gente boa?!" A fim de dar tratamento equânime aos envolvidos, podemos – e devemos – repensar a frase segundo a igualdade entre homens e mulheres, garantida pela Constituição Federal de 1988.

Pois bem, a "piada" expressa o que a realidade demonstra.... muitos são os casais que pela rotina assoberbada e agitada do nosso século, sobretudo em grandes cidades, pouco se conheciam, pouco se encontravam, mas agora chegou a hora... momento que pode revelar compatibilidades e solidificar o relacionamento; ou incompatibilidades, causando ainda mais distanciamento... aqui está a "magia emocional" trazida pela pandemia da COVID-19 que, se pudesse ser lida em um "manual organizado de abrangência e alcance" teria como uma possível consequência a "a intensificação dos convívios e aprofundamento dos relacionamentos familiares"[3] como um de seus tópicos.

---

[2] Segundo o Conselho Federal de Medicina, em levantamento feito em 2018, o número de médicos ativos no Brasil é de 466.135. Informações estatísticas disponíveis em https://portal.cfm.org.br/index.php?option=com_content&view=article&id=27983:2018-11-26-13-05-15&catid=3. Acesso em 20.04.2020, às 15h30.

Segundo o Ministério da Saúde, porém, no Brasil, 5 milhões de profissionais da saúde, de quatorze áreas de atuação distintas, estão sendo cadastrados e capacitados nos protocolos clínicos da COVID-19. Trata-se de medida preventiva que é parte da Ação Estratégica, criada pelo Governo Federal, por meio do Ministério da Saúde, chamada de "O Brasil Conta Comigo – Profissionais da Saúde. Disponível em https://www.saude.gov.br/noticias/agencia-saude/46646-cerca-de-5-milhoes-de-profissionais-de-saude-serao-cadastrados. Acesso em 20.04.2020, às 15h40.

[3] Professores do Curso de Psicologia da Universidade de Caxias do Sul alertam sobre os cuidados com a Saúde Mental na época de isolamento e após inúmeras recomendações práticas sobre Cuidados Pessoais e Trabalho em Casa, observam que a intensificação do

2. Separados, mas juntos

Outra realidade vivenciada por algumas famílias é a de um relacionamento já desfeito, cujo final estava prestes a ser formalizado judicialmente, mas, antes que isso ocorresse, houve a determinação de distanciamento social por nossos governantes e, no âmbito do Poder Judiciário, a suspensão de prazos.

Como sobreviver à indefinição? Aqui está o dilema de muitos casais que tiveram que protelar a definição de suas vidas matrimoniais, isto é, de seus relacionamentos amorosos, até que a pandemia seja resolvida.

Mais do que isso, por força da crise financeira e econômica que atingiu a maioria da população brasileira, alguns destes casais, mesmo já vivendo em lares separados, resolveram aguardar a definição formal de seus relacionamentos passando, novamente, a viver no mesmo domicílio, como medida de contenção de despesas.

Deve-se presumir que esta decisão tendo sido tomada por ambos pode representar uma possibilidade de reaproximação e, até mesmo, reconciliação. Infelizmente, muitas das vezes, não. Dizemos infelizmente porque não pode ser considerado motivo de alegria o final de um relacionamento... ninguém casa aventando a possibilidade de separação... é, de toda forma, a frustação de um plano de vida em comum, portanto, situação emocionalmente adversa que custa para ser superada.

Esta reaproximação "quase que forçada" por motivos financeiros acaba por gerar mais angústia e uma sensação de aprisionamento e frustação ainda maior. Sem mencionarmos a seríssima situação da violência doméstica, potencializada com o "confinamento" em casa. Tema merecedor de análise aprofundada de especialistas[4].

Ressalte-se, porém, que saindo da situação de extrema violência – que deve ser evitada e combatida com veemência, este desafio de convívio

---

convívio familiar pode ocasionar conflitos. "É necessário manter uma abertura ao diálogo e à mediação. Respeitar o espaço, seu e dos outros, é vital para uma convivência harmoniosa. Converse e busque saber das necessidades de quem está junto de você." Mais uma demonstração da importância do convívio harmônico para que se garanta a higidez mental. Disponível em https://www.ucs.br/site/noticias/professores-da-psicologia-alertam-sobre--cuidados-a-saude-mental-no-periodo-de-isolamento/. Acesso em 20.04.2020, às 16h.

[4] Sobe o aumento da Violência Doméstica vide alerta feito por António Guterrez – Chefe da ONU, disponível em https://nacoesunidas.org/chefe-da-onu-alerta-para-aumento-da--violencia-domestica-em-meio-a-pandemia-do-coronavirus/. Acesso em 20.04.2020, às 19h40.

na adversidade, para alguns, pode ser encarado como um aprendizado e, dessa forma, uma oportunidade para o amadurecimento. Separados sim, inimigos jamais.... sobretudo se existirem filhos, pois, ainda que desapareça o casal conjugal, não desaparecerá o casal parental[5].

Importante, também, é frisar que, em períodos de dificuldade, conseguimos, muitas vezes, dar o que temos de melhor em termos de solidariedade, e o amor/convívio conjugal pode dar espaço para o companheirismo entre seres que têm o mesmo sofrimento, fazendo nascer uma identidade colaborativa que pode ser frutífera para quando a pandemia for resolvida e a situação retomar seu curso natural. É o que se espera.

3. Juntos juntos!

Nem para todas as pessoas a quarentena representará um período de insatisfação...

Ainda que possa parecer politicamente incorreto dizer que se está gostando deste período de distanciamento social, de ficar em casa, mormente diante de tantas reclamações que são compartilhadas a cada segundo em redes sociais, há quem esteja realmente aproveitando este período de isolamento social para se redescobrir e aprender muito sobre si mesmo.

Muitos têm alcançado as tão almejadas "paz de espírito" e "calma", mesmo diante de tantas notícias terríveis que se pode assistir todos os dias pelos mais diversos meios de comunicação.

Pode parecer até mesmo vergonhoso dizer que se está em paz ou tranquilo enquanto tantos sofrem com a miséria, doença, morte e dificuldades, mas, analisemos, não seria esta possível vergonha fruto de uma culpa que não se pode ou não se deve carregar?

A solidariedade humana é qualidade das mais belas e sofrer com o sofrimento alheio é, sem dúvida, o compartilhamento de nossa condição de humanos, seres viventes... mas seria realmente algo impossível coexistirem a solidariedade com a dor do outro e a paz de espírito? Sensação de que, mesmo em meio a dificuldades, o seu centro emocional está equilibrado? Parece-nos que esta coexistência é perfeitamente possível.

Para cristãos e judeus, a páscoa foi celebrada em meio a quarentena. Muitos foram os relatos de pessoas no sentido de que "nunca tinham vivido

---

[5] Cf. SCALQUETTE, Ana Cláudia Silva. *Família & Sucessões*. 8ª ed. São Paulo: Almedina, 2020, p. 56.

uma páscoa tão pacífica, intensa..." seja pela oração que fizeram em suas casas, seja pelo momento de introspecção que tiveram em busca de um sentido maior para o que estamos vivendo e, até mesmo, pela sensação de fragilidade e mortalidade trazida pela pandemia, o que enseja reflexão maior quanto à brevidade da vida e suas vaidades...

O lado belo da quarentena também vai mostrar a sua face... Superada a vergonha de dizer que viveram bons momentos em que pese a situação grave trazida pelo Corona vírus, testemunhos de compartilhamento e da mais pura prática da "mútua assistência" demonstrarão que o estar junto pode ser realmente praticado com todas as suas letras...

O amadurecimento interior e a força de superar dificuldades quando combinados e exercidos em conjunto podem fazer a vida em família se tornar mais harmoniosa e próxima daquilo que se conhece como a prática do exercício do amor ao próximo.

Esta é uma das faces da quarentena, narremos, também, este lado da história...

4. Filhos ioiôs

Ah... os filhos... quantos relatos de preocupação com a saúde das crianças e adolescentes... quantos vídeos registrando falas de crianças que desejam sair de casa... conviver com os amigos...

Relatos, ainda, de pais desesperados com o que fazer para entreter seus filhos...

O que se fazia antes de vivermos na era digital? Jogos de tabuleiros? Contação de histórias e estórias? Pois bem, podem ser ideias do que se pode fazer, incrementadas pela retomada dos *picnics* nos locais mais diversos da casa, como aquele narrado por uma amiga: a sacada de seu apartamento!

A maior questão para refletirmos e, obviamente, mais facilmente identificada por quem não a está vivenciando, é a de encararmos que tudo aquilo que servia para alimentar o sentimento de culpa pela não possibilidade de convívio com os filhos, como excesso de trabalho, tempo de deslocamento no trânsito, horários pouco flexíveis, acabou desaparecendo em um piscar de olhos, fazendo com que a razão da culpa tivesse que ser substituída pelo sentimento sobre "o que fazer com o filho" já que o convívio diário havia sido, até então, prejudicado por fatores alheios à vontade dos pais e estes fatores já não mais existiam.

Uma senhora muito sábia, no auge de seus 95 anos, viúva de um relacionamento matrimonial único de 61 anos, comentou diante dos relatos de reclamação dos pais durante a quarentena no que se referia à energia de seus filhos: "Será que não seria um 'pouquinho' de falta de prática de criar os próprios filhos?"

Este questionamento foi feito de maneira muito delicada mas, ao mesmo tempo, deixa transparecer questão muito difícil de ser enfrentada.

Havia, até então, uma terceirização dos cuidados, seja para a escola – muitas vezes em período integral, para os outros familiares – frequentemente avós – ou para funcionárias, as queridas babás.

Tomar as rédeas da educação dos filhos é mais difícil ou mais fácil do que conviver com o sentimento de culpa por não ter tempo de se dedicar a eles da maneira como gostaríamos? Eis o dilema... possíveis respostas virão, acreditamos, em inúmeros estudos a serem publicados no período pós quarentena... aguardemos.

Imersos na questão da nova rotina de convívio familiar estão, também, os filhos de pais divorciados, sobretudo as crianças.

Se adolescentes, na quarentena, ainda lhes é permitido opinar sobre uma visitação à casa do pai ou da mãe e suas vontades são, na maioria das vezes, atendidas, ponderados os riscos. Mas, e as crianças? Tanto na guarda compartilhada quanto na guarda unilateral o convívio com ambos os genitores é garantido, mas, em época de quarentena, é ideal expor a criança a um risco dobrado?

Alguns perguntariam: por que razão risco dobrado? Se os pais fossem casados a criança não conviveria com ambos da mesma forma?

Sim, mas não em ambientes diversos e com contato com um maior número de familiares. Imaginem que ambos os genitores já tenham contraído novas uniões... duplicamos o número de pessoas com as quais as crianças têm contato e, consequentemente, a sua exposição ao risco.

De toda sorte, o que seria mais prejudicial, aumentar o risco físico de contato com a doença ou criar um dano emocional pela saudade de um dos genitores, fato que também pode desencadear outras tantas doenças?

O fato é que não se tem fórmula... o amor dos pais pelos filhos é incomensurável e o convívio com eles um alento, todavia, a situação de crianças que são filhas de pais divorciados é, via de regra, no mínimo, mas delicada do que aquelas que são filhas de pais casados.

4. FAMÍLIA E COVID 19: MOMENTO DE REFLEXÃO E REDESCOBERTA

Deve-se, dessa forma, para garantir o melhor interesse das crianças e adolescentes que tenham pais separados/divorciados pensar em tudo o que nos vêm sendo alertado nesta época de pandemia: Há alguém do grupo de risco que conviva com as crianças na casa de um dos genitores? A criança faz parte do grupo de risco por, por exemplo, ter problemas respiratórios? Um dos genitores ou alguém que resida na casa é profissional da saúde ou de atividade essencial que aumente sua possibilidade de contato com o vírus? Caso a resposta para uma destas questões seja afirmativa, os pais, como medida de bom senso, devem se compor para evitar este convívio presencial, preservando os filhos em época crítica como esta da quarentena. Mais do que nunca a missão dos genitores é a da preservação do melhor interesse de seus filhos em busca de garantir a sua proteção integral[6], ainda que isto implique em algum prejuízo para o convívio durante este período.

Destaque-se que está em trâmite, no Congresso Nacional, o Projeto de Lei n. 1627 de 2020, de autoria da Senadora Soraya Thronick[7,] visando a estabelecer um regime jurídico emergencial e transitório das relações jurídicas de Direito de Família e Sucessões no período de pandemia causada pela COVID-19.

Dentre as inúmeras alterações propostas estão aquelas relativas à guarda de filhos e regime de convivência, prevendo-se, inicialmente, a possibilidade de suspensão temporária da convivência, a critério do juiz ou por acordo entre as partes, a fim de que sejam atendidas as medidas de isolamento social impostas pelas autoridades, garantindo-se ao genitor não residente o convívio por meio virtual, estendido, inclusive, aos avós idosos ou em condição de vulnerabilidade. Em caso de suspensão de atividades escolares o projeto de lei determina a aplicação do regime de convivência previsto para o período de férias (artigos 7º e 8º do PL 1627/20).

---

[6] Com relação à proteção integral de Crianças e Adolescentes destacamos que "o dever de proteção integral da criança não é exclusivo do Estado, cabendo também à família e à sociedade, ou seja, é um dever compartilhado". SCALQUETTE, Rodrigo Arnoni. *Lições Sistematizadas de História do Direito*. 2ª ed. São Paulo: Almedina, 2020, p. 179.

[7] Projeto de Lei n. 1.627/2020, de autoria da Senadora Soraya Thronick. Disponível em: https://legis.senado.leg.br/sdleg-getter/documento?dm=8090502&ts=1587390957570&disposition=inline.Acesso em 20.04.2020, às 18h30.

Já no artigo 9º está prevista a possibilidade de redução de até 30% no valor dos alimentos, por 120 dias, para quem comprovar alteração econômico-financeira decorrente da pandemia. O valor do abatimento, contudo, deverá ser pago em 6 parcelas mensais, atualizadas monetariamente, a partir de 1º de janeiro de 2021.

O referido projeto de lei, contudo, já tem gerado inúmeras críticas de profissionais que atuam na área, tanto que no que se refere à convivência quanto no que se refere aos alimentos. Com relação à convivência, a regra é a do convívio e não a da suspensão que deve ser prevista, apenas, em casos excepcionais. Acrescente-se o fato de que ainda que se garanta o convívio virtual ele poderia não atender pessoas que não têm acesso a estas ferramentas tecnológicas, sobretudo idosos.

A possibilidade de ser aplicado o regime de convivência das férias em caso de suspensão de atividades escolares, parece, contudo, para alguns, ser adequado, como defende Silvia Felipe Marzagão para quem a medida possibilita "que a criança fique menos exposta a idas e vindas e, assim, esteja mais salvaguardada, garantindo o convívio equilibrado e o cuidado conjunto".[8] Mas destaque-se que no Projeto de Lei em comento apenas seria possível esse regime previsto para as férias em caso de suspensão de atividades escolares.

No que se refere aos alimentos, a possibilidade de revisão judicial de valores já é realidade em nosso ordenamento, não havendo necessidade de qualquer previsão legal que determine que em caso de alteração econômica o montante anteriormente estipulado possa ser revisto. Ademais, o genitor que presta alimentos pode ter reservas suficientes para arcar com suas obrigações, sem que necessite, embora atingido pela crise econômica, de qualquer redução.

Em suma, o que anteriormente registramos ainda nos parece ser a medida mais eficaz: os pais, a fim de garantirem a proteção integral de seus filhos e visando ao seu melhor interesse, devem agir simplesmente como "pais" e tomarem as medidas necessárias com equilíbrio e bom senso.

De qualquer forma, a única certeza que podemos ter é que os filhos verão a pandemia e esta fase de quarentena com os olhos dos pais, daí

---

[8] MARZAGÃO, Silvia Felipe. Direito de Família e Pandemia: tempo de reflexão e transformação. Disponível em https://www.migalhas.com.br/depeso/324495/direito-de-familia-e-pandemia-tempo-de-reflexao-e-transformacao. Acesso em 20.04.2020, às 19h

a imensa responsabilidade dos genitores de fazer com que este período seja o mais suave possível para os seus filhos, missão que muito nos lembra o filme italiano, vencedor do Oscar de melhor Filme estrangeiro, em 1999, em que em plena Segunda Guerra Mundial um pai fazia parecer uma grande aventura para seu filho a vida em um campo de concentração nazista. O título do filme não poderia ter sido melhor: *A vida é bela!* Assim o pai fez parecer...

Embora não devam existir comparações entre fatos históricos trágicos, a pandemia da COVID-19 deixará suas marcas e caberá aos pais colocarem as cores que desejam que seus filhos guardem na lembrança.

5. Famílias e famílias

Aí quarentena... pesadelo de uns, sonho de outros...

Por que tanta diferença? Porque vivemos em um país extremamente desigual.

Permito-me aqui, fazer uma observação que carrego com um profundo sentimento de tristeza e inconformismo. Se um dia quisermos ter uma sociedade em que se possa realizar a dignidade, preconizada em nosso texto constitucional, teremos que combater com veemência a desigualdade, em todos os seus âmbitos.

Utopia? Jamais. Igualdade plena sim, seria utópica, mas desigualdade mínima esta sim perfeitamente possível, atingida por sociedades que, há alguns séculos, eram violentas e implacáveis, como as da Escandinávia.

Esta tão nociva desigualdade, mais uma vez, mostra sua face na quarentena.

Pessoas em situação de rua, pessoas que trabalham na informalidade, milhões de brasileiros que, de uma forma ou de outra, sempre conseguiram sobreviver e que agora estão juntos com tantos outros, sem terem com o que se alimentar.

Que pena vivermos em um país tão desigual... Lamentamos que a preocupação de algumas famílias seja com a qualidade da *internet* e das lições que vêm sendo passadas aos seus filhos por meio digital – preocupações mais do que legítimas, frise-se –, mas que se contrapõem a questões relacionadas à sobrevivência de outras tantas famílias, como as que se referem à alimentação, pagamento de aluguel e contas básicas como a de água, já que por Medida Provisória (MP 950/20), editada pelo Governo Federal, a conta de luz poderá deixar de ser paga por 90 (noventa) dias – de 1º de abril até 30 de junho – sem que haja cortes no fornecimento de energia, por consumidores que tiverem consumo mensal de até 220 kWh/mês[9].

Que triste viver em um país em que profissionais liberais que nunca dependeram do governo para nada, passaram, do dia para a noite, a precisar de auxílio já que não teriam mais como trabalhar em razão da pandemia.

O que defendemos? O cancelamento da quarentena? De forma alguma. Acreditamos que ela é necessária e pode salvar milhares de vidas.

Defendemos, porém, principalmente, a diminuição da desigualdade para que todas ou, pelo menos, grande parte das pessoas pudesse ter agora o sossego de protegerem suas vidas por 30, 60, 90 dias sem terem que se preocupar com suas subsistências já que o mínimo para uma vida com dignidade lhes teria sido garantido.

Urge que os governos federal, estadual e municipal busquem realizar ações coordenadas e concretas no sentido de consolidar uma vida digna e mais igualitária – esta sim vacina para as eventuais "futuras pandemias".

É indubitável que a quarentena trouxe ainda mais luz à problemática da diferença de classes. O desemprego para alguns, a "quebra" de empresas próprias para outros; a falta de auxílio de funcionário no lar para os que têm casa grande e a inviabilidade de isolamento social para famílias de dez pessoas que moram em um único cômodo; crianças entediadas e frustradas sem poderem manter suas rotinas de outrora e crianças sem abraços e beijos em orfanatos...

Problemas sempre são problemas e, portanto, difíceis de lidar. Aquele que estamos vivendo é sempre o maior, até porque é o atual e nos traz dor, mas que pena saber que alguns destes problemas colocam em risco a sobrevivência digna... estes doloridos demais.

6. Enfim só(s) !?

Que deleite é ouvir esta frase após a celebração de um matrimônio, momento em que tudo o que os cônjuges mais desejam é estarem sozinhos e poderem aproveitar a dois a vida matrimonial.

Será que esta frase pode ser ouvida também na quarentena, com o mesmo entusiasmo? Acreditamos que para alguns sim.

---

[9] Informação disponível em https://www.camara.leg.br/noticias/652787-medida-provisoria--isenta-consumidor-de-baixa-renda-de-pagar-conta-de-luz/. Acesso em 20.04.2020, às 16h40.

4. FAMÍLIA E COVID 19: MOMENTO DE REFLEXÃO E REDESCOBERTA

O carinho e o amor que unem membros de uma mesma família podem fazer com que esta frase apareça nas mais diversas configurações: pai e filhos; mãe e filha; avó, mãe e neta; companheiros; cônjuges; tia e sobrinho, avó e neto; pais e filho; e outras tantas variáveis.

Cuidar da casa, partilhar as atividades do dia a dia, como limpar, cozinhar, lavar louças podem ser atos que unem os familiares, quaisquer que sejam as condições de subsistência.

Estar disponível para conversar, para saber como o outro está vivendo este período é, certamente, uma das maiores demonstrações de carinho para com o seu familiar.

O "só", o "estar sozinho" também pode ser exclamado como Enfim só! O estar consigo é ato que exige coragem e desprendimento... comparações com outras famílias são inevitáveis, lembranças de outras épocas também: de ex-cônjuges, de companheiros falecidos, de familiares que estão em outras cidades, estados e até mesmo países... mas o "estar só" pode significar estar bem... estar inteiro... se conhecer... atender às suas próprias vontades... ainda que seja para fazer, em horário nada convencional, um dos mais típicos doces brasileiros: nosso brigadeiro![10]

O período de quarentena pode ser de "Enfim só(s)!" ou de "Que pena que só(s)!" Ambos trazem lições e reflexões... devemos aproveitar tudo bastante intensamente... sairemos transformados... esperamos que para melhor.

Conclusões

O ideal seria poder concluir este texto daqui a alguns meses ou anos...

Talvez assim tivéssemos um panorama mais adequado sobre o impacto ou a transformação que a COVID-19 trouxe para as relações familiares.

Quando pensamos nelas, ponderamos, sobretudo, os aspectos da saúde emocional e/ou mental de seus integrantes.

---

[10] Interessante a abordagem de Sumaia Santana da equipe do "Eu sem fronteiras" sobre *O lado bom de ficar sozinho*. Claro que esta abordagem é baseada em uma escolha e não em lockdown, mas, ainda assim, destacamos a citação que ela faz do livro de Susan Cain, *Quiet: The Power of Introverts in a World That Can't Stop Talking* (*Silêncio: O poder dos introvertidos num mundo que não consegue parar de falar*), destacando que a autora é categórica na defesa de que a criatividade e a inovação apresentam seu ápice em indivíduos avessos a multidões. Disponível em https://www.eusemfronteiras.com.br/o-lado-bom-de-ficar-sozinho/. Acesso em 20.04.2020, às 17h.

Vimos que estarmos juntos nem sempre significa uma boa situação, tampouco estarmos separados, ainda que juntos... além disso, há desafios imensos e lições que levaremos para toda a vida sobre convivência, respeito, tolerância, generosidade e mútua assistência.

Mesmo em situação tão adversa como a de uma pandemia, até mesmo o planeta agradece... a quarentena em forma de *lockdown* integral ou de distanciamento social diminuiu a poluição e melhorou a qualidade do ar... alívio momentâneo para o planeta e para a nossa saúde também[11].

Valorizamos o convívio pessoal como há muito não fazíamos! Antes a briga era para conseguirmos nos desapegar dos aparelhos eletrônicos, agora brigamos para estar com as pessoas... que paradoxo!

Casamentos e uniões mais sólidos, divórcios e finais de relacionamentos, preocupação eterna com os filhos... enfim, sempre há motivos para

---

[11] Embora o tema ambiental seja merecedor de uma abordagem específica, não podemos deixar de destacar publicação da National Geographic Brasil em que Beth Gardiner relaciona poluição, letalidade da COVID 19 e os efeitos benéficos da diminuição da poluição em razão de paralisações. Vejamos: "Novas evidências mostram que o ar poluído torna a covid-19 mais letal, fato que não surpreendeu as pessoas interessadas na ciência da poluição atmosférica — mas a dimensão do efeito foi impressionante. Em estudo que ainda precisa ser revisado por pares para publicação, constatou-se que as minúsculas partículas poluentes denominadas MP2,5, quando respiradas por muitos anos, aumentam acentuadamente as chances de morte pelo vírus. (...). Mas, mesmo que a poluição inalada no passado ainda cause danos hoje, a experiência temporária de um ar mais limpo, provocada pelas paralisações generalizadas, pode mostrar o tipo de mundo que queremos viver após a pandemia. Disponível em: https://www.nationalgeographicbrasil.com/ciencia/2020/04/poluicao-pandemia-coronavirus-india--eua-isolamento-social-morte-qualidade-ar. Acesso em 20.04.2020, às 17h45.

Sobre esse tema, a jurista e pesquisadora italiana Stefania Negri, em obra intitulada "Environmental Health in International and Eu Law Current Challenges And Legal Responses", destaca que *"Air pollution is a major threat to public health owing to the severe respiratory (lung diseases and cancer) and cardiovascular diseases caused by air pollutants (both outdoor and indoor). Its death toll is estimated in 7 million deaths every year. The impact of air pollution on human health is currently at the top of the WHO agenda (...)"*. (Poluição do ar é uma grande ameaça à saúde pública devido às graves doenças respiratórias (doenças pulmonares e câncer) e cardiovasculares causadas por poluentes do ar (tanto em ambientes externos quanto internos). O número de mortos é estimado em 7 milhões de mortes por ano. O impacto da poluição do ar na saúde humana está atualmente no topo da agenda da OMS (...). NEGRI, Stefania. *Introduction. In* Environmental Health in International and Eu Law Current Challenges and Legal Responses. New York: Routledge; Torino: G. Giappichelli Editore, 2019, p. XVI

4. FAMÍLIA E COVID 19: MOMENTO DE REFLEXÃO E REDESCOBERTA

agradecimentos e reclamações... sopesando todos eles cabe a cada um de nós e à história deixar o registro de como os que nos sucederão verão o ano de 2020... Aguardemos...

Referências

CÂMARA DOS DEPUTADOS. *Medida provisória isenta consumidor de baixa renda de pagar conta de luz.* Disponível em https://www.camara.leg.br/noticias/652787-medida--provisoria-isenta-consumidor-de-baixa-renda-de-pagar-conta-de-luz/.

CFM – Conselho Federal de Medicina. *Demografia Médica: Brasil possui médicos ativos com CRM em quantidade suficiente para atender demandas da população.* Disponível em https://portal.cfm.org.br/index.php?option=com_content&view=article &id=27983:2018-11-26-13-05-15&catid=3.

GARDINER, Beth. *Poluição intensificou gravidade da Covid-19, mas isolamento social deixou o ar mais limpo In* National Geographic Brasil. Disponível em: https://www. nationalgeographicbrasil.com/ciencia/2020/04/poluicao-pandemia-coronavirus-india-eua-isolamento-social-morte-qualidade-ar.

IVONE. Vitulia. *Responsabilidade Civil do Médico na Itália. In* Anais do II Congresso Internacional de Biodireito & Desenvolvimento Tecnológico: A Interface entre o Direito e a Medicina. São Paulo: Café com Lei, 2017

MARZAGÃO, Silvia Felipe. Direito de Família e Pandemia: tempo de reflexão e transformação. Disponível em https://www.migalhas.com.br/depeso/324495/ direito-de-familia-e-pandemia-tempo-de-reflexao-e-transformacao.

MINISTÉRIO DA SAÚDE. *Cerca de 5 milhões de profissionais de saúde serão cadastrados.* Disponível em:https://www.saude.gov.br/noticias/agencia-saude/46646-cerca-de-5-milhoes--de-profissionais-de-saude-serao-cadastrados.

NAÇÕES UNIDAS BRASIL. https://nacoesunidas.org/chefe-da-onu-alerta-para--aumento-da-violencia-domestica-em-meio-a-pandemia-do-coronavirus/.

NEGRI, Stefania. *Introduction. In* Environmental Health in International and Eu Law Current Challenges and Legal Responses. New York: Routledge; Torino: G. Giappichelli Editore, 2019.

SANTANA, SUMAIA. *O lado bom de ficar sozinho.* Disponível em Disponível em https:// www.eusemfronteiras.com.br/o-lado-bom-de-ficar-sozinho/.

SCALQUETTE, Ana Cláudia Silva. *Família & Sucessões.* 8ª ed. São Paulo: Almedina, 2020.

SCALQUETTE, Rodrigo Arnoni. *Lições Sistematizadas de História do Direito.* 2ª ed. São Paulo: Almedina, 2020.

SENADO FEDERAL. *PL n. 1627/2020.* Disponível em: https://legis.senado.leg.br/ sdleg-getter/documento?dm=8090502&ts=1587390957570&disposition=inline.

UCS – Universidade Caxias do Sul. Professores de Psicologia alertam sobre cuidados à saúde mental na época de isolamento. Disponível em https://www.ucs.br/site/noticias/professores-da-psicologia-alertam-sobre-cuidados-a-saude-mental-no--periodo-de-isolamento/.

5. O impacto jurídico e econômico da pandemia do novo Coronavírus nos contratos privados

Renata Domingues Balbino Munhoz Soares

Introdução

Nos dicionários de várias línguas, as explicações relacionadas ao termo "impacto" se referem a terremotos, doenças, asteroides, erupções vulcânicas, choques e pandemias; no aspecto econômico e cultural, a efeitos e consequências.

Tema global, interdisciplinar e impactante na vida das pessoas, a pandemia do novo coronavírus espalha teorias. Como sobrevivem os contratos nesse período?

Entre pessoas (contratos civis), entre empresários (contratos empresariais) ou nas relações de consumo, as consequências no direito e na economia se multiplicam.

A par de sua concepção social moderna, o contrato sempre foi um instrumento de circulação de riquezas, ou seja, sempre exerceu uma função econômica.

De acordo com os ensinamentos de Humberto Theodoro Júnior:

> Dependendo o homem da cooperação recíproca de seus semelhantes para sobreviver, e sendo tal cooperação instrumentalizada basicamente pelo contrato, fácil é concluir sobre o significado e a imprescindibilidade desse instituto econômico para a organização da sociedade, no que diz respeito ao acesso aos bens da vida.[1]

---

[1] THEODORO JÚNIOR, Humberto. *Direitos do consumidor*. 4ª ed. Rio de Janeiro: Forense, 2004, p. 288.

Na sociedade hodierna, como bem observado por Paulo Luiz Netto Lôbo, a economia baseia-se em contratos que apanham desde os negócios jurídicos de esquina, ou de rua, como os vendedores ambulantes, autônomos e informais, até os que têm por objeto patrimônios, além das relações impessoais com utilização de máquinas ou da internet[2] e das atividades econômicas de produção e consumo que dependem de crédito para sobreviver.

Assim, neste estudo analisaremos os principais contratos da sociedade moderna e os impactos jurídicos e econômicos do coronavírus em sua execução.

1. Efeitos da COVID-19 nos contratos no período de contingência

A extinção dos contratos se dá, em regra, pelo seu adimplemento, seja em relação ao cumprimento da obrigação originariamente assumida, seja em relação às hipóteses de pagamento indireto (como dação em pagamento, compensação, consignação, dentre outras formas).

Importante que se cumpra a obrigação, como diz Jorge Cesa Ferreira da Silva, "ponto por ponto."[3] Isso inclui tanto o cumprimento de obrigações contratuais principais, como as secundárias e, também os deveres anexos ou laterais decorrentes da boa-fé objetiva.

Caso não sejam cumpridas as obrigações, estamos diante do inadimplemento – absoluto, relativo (mora) ou da violação positiva do contrato. E, nessa seara, outras formas de inadimplemento vêm sendo acolhidas pela jurisprudência, como o inadimplemento antecipado e o adimplemento substancial.

No entanto, como relação jurídica complexa, Karl Larenz já ensinava que "a obrigação é tida como um processo – uma série de atos relacionados entre si –, que desde o início se encaminha a uma finalidade: a satisfação do interesse na prestação".[4]

---

[2] LÔBO, Paulo Luiz Netto. *Comentários ao Código Civil. Parte Especial. Das várias espécies de contratos*. V. 6 (arts. 481 a 564). São Paulo: Saraiva, 2003, p. 7.

[3] SILVA, Jorge Cesa Ferreira da. *Adimplemento e extinção das obrigações*. V. 6. Biblioteca de Direito Civil. Estudos em Homenagem ao Professor Miguel Reale. REALE, Miguel e MARTINS-COSTA, Judith (coords.). São Paulo: Revista dos Tribunais, 2006, p. 61.

[4] FARIAS, Cristiano Chaves de; ROSENVALD, Nelson. *Direito das obrigações*. Rio de Janeiro: Lumem Juris, 2007, p. 40.

Nos contratos comutativos, de execução diferida ou continuada, as prestações devem manter um equilíbrio, a fim de que os benefícios de cada um sejam compatíveis com seus sacrifícios.

Desta forma, é possível ao contratante, diante de um fato superveniente, extraordinário e imprevisível, que lhe tenha causado onerosidade excessiva, a postulação de revisão (art. 479, do CC) ou resolução do contrato (art. 478, do CC).

Tal possibilidade não ocorreria levando-se em conta apenas o princípio da obrigatoriedade do contrato, que determina que o contrato faz lei entre as partes e que tem um conteúdo imutável, fora da hipótese de alteração por mútuo consentimento (autonomia privada) ou renegociação (presença da cláusula de "hardship", como corolário da boa-fé objetiva).

No entanto, em nome da justiça contratual ou do equilíbrio econômico das avenças, e na esteira dos arts. 478 a 480 do Código Civil, a parte prejudicada pode requerer a revisão judicial do contrato com a alteração de seu conteúdo. Em sendo impossível o rearranjo contratual, ou a manutenção do negócio jurídico, surge, então, a possibilidade de resolução do contrato.

Como bem observa Nelson Rosenvald:

> O Código Civil de 2002 mitiga a rigidez contratual. Acontecimentos novos, de natureza variada, revolucionam o programa contratual, impedindo as partes de tirar da operação as vantagens esperadas ou, até, transformando-a em fonte de prejuízos. Quando as circunstâncias supervenientes e as perturbações da economia do contrato por elas determinadas são de molde a justificar que o contratante atingido seja desvinculado dos compromissos contratuais, o remédio previsto pela lei para a sua tutela é a possibilidade – que só a ele pertence – de pedir ao juiz a resolução do contrato.
>
> Quer se aplique a resolução do contrato por se considerar subentendida a cláusula *rebus sic stantibus*, quer pela teoria da imprevisão, ou da base do negócio, a verdade é que, no direito contemporâneo, a alteração radical das condições econômicas dentro dos quais o contrato foi celebrado tem sido considerada uma das causas que, com o concurso de outras circunstâncias, podem determinar a sua resolução.[5]

---

[5] FARIAS, Cristiano Chaves de; ROSENVALD, Nelson. Curso de Direito Civil. Contratos. Vol. 4. 5ª ed., rev., ampl. e atual. São Paulo: Atlas, 2015, p. 559.

O Projeto de Lei n° 1179, DE 2020[6], que dispõe sobre o Regime Jurídico Emergencial e Transitório das relações jurídicas de Direito Privado (RJET), no período da pandemia do Coronavírus (Covid-19), com o intuito de proteção dos vulneráveis, estabelece em matéria contratual que os efeitos da pandemia equivalem ao caso fortuito ou força maior, mas não se aproveitam a obrigações vencidas antes do reconhecimento da pandemia (art. 6º).

Dispõe o art. 6º, do Projeto: "As consequências decorrentes da pandemia do Coronavírus (Covid-19) nas execuções dos contratos, incluídas as previstas no art. 393 do Código Civil, não terão efeitos jurídicos retroativos".

O art. 393, do CC, por sua vez, determina que "o devedor não responde pelos prejuízos resultantes de caso fortuito ou força maior, se expressamente não se houver por eles responsabilizado".

E acrescenta, em seu parágrafo único, que "o caso fortuito ou de força maior verifica-se no fato necessário, cujos efeitos não era possível evitar ou impedir."

Sendo assim, a pandemia do coronavírus enquadra-se, *a priori*, na figura do caso fortuito ou força maior.

No caso concreto, outrossim, deve-se observar se o sujeito da relação jurídica contratual não assumiu, em cláusula contratual expressa, a responsabilidade mesmo em caso de pandemia; ou se não há a presença de hipóteses de excludente de responsabilidade civil (como a força maior); ou, ainda, a possibilidade de cumprimento das obrigações contratuais (como afirma Carlos Eduardo Pianovski, se a obrigação permanece exigível diante da ausência de repercussão efetiva da força maior que afaste a possibilidade razoável de cumprimento tempestivo ensejada pela pandemia em sua atividade econômica[7]).

Nelson Rosenvald observa que:

> Entra em cena a questão da força maior, como um evento externo, inevitável e alheio às ações de uma das partes, impossibilitando que alguém honre um contrato. Em que momento esses eventos permitem que uma

---

[6] Aprovado pelo Senado Federal em 03.04.2020.

[7] PIANOVSKI, Carlos Eduardo. *A força obrigatória dos contratos nos tempos do coronavírus*. Disponível em: <http://www.migalhas.com.br/coluna/migalhas-contratuais/322653/a-forca--obrigatoria-dos-contratos-nos-tempos-do-coronavirus> Último acesso em: 07.04.2020.

parte de um contrato adie o desempenho, não execute, ou renegocie os termos de um contrato? Afinal, em um contexto comercial, as disposições sobre força maior eliminam ou limitam a responsabilidade por danos ou outras perdas resultantes de tais eventos, considerando-os fora do controle das partes no contrato.

(...)

Superados todos estes obstáculos, a cláusula de FM normalmente descreve o cenário posterior a eclosão do evento, que nem sempre será o fim do contrato, na medida em que o ajustado poderá ser a suspensão contratual ou um dever de renegociação. Porém, a declaração de FM pode conduzir o destinatário do aviso ao exercício do direito à resolução do contrato.[8]

Assim sendo, levando-se em conta que o contrato é uma relação jurídica complexa, e que o seu maior objetivo é a manutenção daquilo que foi avençado, em respeito aos princípios contratuais (autonomia privada, boa-fé objetiva, função social e equilíbrio econômico), mister se faz a análise casuística das intercorrências em seu percurso, para definirmos o seu rumo – continuidade de sua vida, transformação ou morte.

Em seu âmago, o contrato não deve fugir à gestão de seus riscos.

Portanto, em ocorrendo, na prática, situações de riscos que não foram geridas pelo contrato, riscos extraordinários, imprevisíveis, como a pandemia do novo coronavírus, alguns contratos serão impossíveis de serem cumpridos (por força maior); outros terão grande dificuldade de manutenção de acordo com as cláusulas vigentes e poderão sofrer revisão judicial ou resolução, dependendo de seu contexto; e alguns, nada sofrerão, mantendo a possibilidade de adimplemento conforme pactuado.

2. As consequências econômicas nos "Fashion Contracts"

Com a decretação de estado de calamidade pública e a interrupção do comércio e dos serviços não essenciais, há um impacto econômico nos contratos da cadeia de fornecimento, que entra em disrupção.

---

[8] ROSENVALD, Nelson. *Os impactos do coronavírus na responsabilidade contratual e aquiliana.* Disponível em: <http:// https://www.nelsonrosenvald.info/single-post/2020/03/06/OS-IMPACTOS-DO-CORONAVIRUS-NA-RESPONSABILIDADE-CONTRATUAL-E-AQUILIANA. Último acesso em: 07.04.2020.

De acordo com dados divulgados pelo Infomoney, em 23.03.20, o setor com maior queda no período de quarentena pelo novo coronavírus, no Brasil, foi o setor de vestuário (91%). Daí a relevância de sua análise apartada.

Vejamos o gráfico abaixo:

Os denominados "Fashion Contracts" são os contratos interempresariais situados na cadeia de produtos e serviços da indústria da moda, como fornecimento, franquia, distribuição, importação, exportação, locação comercial, prestação de serviços, transferência de tecnologia, dentre outros.

Como bem destaca Vicente Bagnoli:

> Os números apresentados pelo mercado da moda são relevantes para a economia nacional, contribuindo diretamente para o desenvolvimento socioeconômico. A cadeia da moda, indústria têxtil e varejo, gera empregos, arrecada tributos, promove a produção e a circulação da riqueza.
>
> O mercado da moda está diretamente ligado à economia nacional e às questões estruturais do País, de modo que se a economia está bem e o

5. O IMPACTO JURÍDICO E ECONÔMICO DA PANDEMIA DO NOVO CORONAVÍRUS...

ambiente para fazer negócios é bom, a indústria da moda prospera e gera riquezas. Porém, problemas econômicos e estruturais afetam diretamente o desempenho do mercado da moda.[9]

Os "Fashion Contracts" são caracterizados, também, por uma maior informalidade. Lembra Pamela Echeverría, do Instituto de Fashion Law da Argentina, ao falar dos contratos e do mercado da moda, que:

> Los contratos em general y em particular las licencias, franquicias y distribución resultan de suma importância en uma indústria donde la 'informalidad' em las contrataciones parece ser la regla."[10]

Ainda que sob a classificação de contratos empresariais, muitos deles envolvem sujeitos que apresentam hipossuficiência econômico-financeira ou vulnerabilidade (como descrita pelo Código de Defesa do Consumidor), como os micro e pequenos empresários, o que possibilita uma interpretação contratual diversa, à semelhança protetiva do consumidor.

Já decidiu o Superior Tribunal de Justiça pela possibilidade de ampliação do conceito de consumidor, havendo prova da vulnerabilidade *in concreto*.

Nesse sentido:

> O adquirente do produto ou serviço pode ser vulnerável em relação ao fornecedor pela dependência do produto; pela natureza adesiva do contrato imposto; pelo monopólio da produção do bem ou sua qualidade insuperável; pela extremada necessidade do bem ou serviço; pelas exigências da modernidade atinentes à atividade, dentre vários outros fatores.
>
> Como exemplo, podemos citar o caso um estabelecimento de saúde que está vinculado ao único fornecedor de oxigênio do mercado; de uma empresa de cosméticos que depende da prestadora serviços de informática

---

[9] BAGNOLI, Vicente. As perspectivas do mercado brasileiro para o fashion law. In: SOARES, Renata Domingues Balbino Munhoz. *Fashion law – Direito da moda*. São Paulo: Almedina, 2019, p. 45.

[10] ECHEVERRÍA, Pamela. Qué es el derecho de la moda? In: KNOLL, Susy Inés Bello; ECHEVERRÍA, Pamela (coords.). *Derecho y moda*. Buenos Aires: Marcial Pons, 2015, p. 35.

para manutenção do seu sistema de rede, que não está ligado diretamente à sua produção e outros.[11]

As relações contratuais empresariais da cadeia produtiva têxtil – e, portanto, os "fashion contracts", podem ainda sofrer interferência de terceiros em seus contratos.

No período da pandemia, as restrições determinadas pelo Poder Público Federal, Estadual e Municipal atingiram economicamente as relações contratuais.

Em razão disso, medidas foram tomadas para ajudar o combate da pandemia, especialmente programas de ajuda a pequenas e médias empresas e empreendedores, justificadas pelo interesse público.

Nessa linha, os contratos de empréstimos ou financiamento resumem-se às linhas de crédito de emergência para financiar folhas de pagamento de empregados de pequenas e médias empresas, e às linhas de crédito para capital de giro (Resolução nº 850) para financiar todas as micro e pequenas empresas, especialmente gastos e custos em geral, salários, cargos, aluguéis, água, eletricidade, telefone, matéria-prima, bens para revenda, etc.

Os contratos de locação empresarial em shoppings centers podem sofrer grande impacto também. Com o fechamento de estabelecimentos comerciais, que inviabiliza o exercício da atividade empresarial nestes locais, há uma preocupação com os respectivos aluguéis.

Na linha de raciocínio desenvolvida no item anterior, esses contratos não se tornam impossíveis de cumprimento, mas também a melhor solução talvez não seja a judicialização do problema, buscando a resolução do contrato. O interesse do locatário se aproxima da manutenção do vínculo, mas com revisão do valor acordado de aluguel, por exemplo.

Importante nesse contexto a previsão nos contratos empresariais de cláusula de "hardship", derivada do dever de renegociação e colaboração determinados pelo princípio contratual da boa-fé objetiva (art. 422, do CC).[12]

---

[11] CAMPOS, Liliane Fonseca. *As empresas e o conceito de consumidor: possibilidade de enquadramento*. Disponível em: <https://www.migalhas.com.br/depeso/54529/as-empresas-e-o-conceito--de-consumidor-possibilidade-de-enquadramento> Último acesso em: 08.04.2020.

[12] Ver SOARES, Renata Domingues Balbino Munhoz. *A boa-fé objetiva e o inadimplemento do contrato. Doutrina e Jurisprudência*. São Paulo: LTr, 2008.

Frederico Eduardo Z. Glitz esclarece que:

> O termo hardship significa na prática contratual internacional a alteração de fatores políticos, econômicos, financeiros, legais ou tecnológicos que causam algum tipo de dano econômico aos contratantes.
>
> A cláusula de hardship apresenta-se ao direito contratual como instrumento de conservação do negócio jurídico. Trata-se de cláusula de readaptação do contrato, prevendo a renegociação pelos contratantes dos termos contratuais, quando a execução houver se tornado inútil ou demasiado onerosa para uma delas, em vista das modificações imprevistas de circunstâncias que embasaram o negócio. Reveste-se, portanto, de nítida função conservatória do negócio jurídico.
>
> O fundamento teórico da cláusula de hardship é a autonomia privada e a manutenção da base econômica do contrato. O que legitima sua invocação seria o prejuízo de um dos contratantes, causado por evento imprevisível e exterior à vontade das partes e que alterasse a "economicidade" do contrato. As cláusulas de hardship se referem não ao evento propriamente, mas as suas conseqüências na economia do contrato.
>
> A possibilidade de readaptação dos contratos ante as novas condições do negócio viabiliza a manutenção da relação contratual, da confiança das partes e garantiria um certo grau de segurança jurídica (já que as partes estabelecerão os novos limites para o cumprimento das obrigações).
>
> A cláusula de hardship possuiria outras vantagens. Possibilita seja suprida eventual ausência de regulamentação legal interna das hipóteses de revisão do contrato, possibilita solução mais adequada à alteração das circunstâncias do contrato e a critérios de justiça contratual, evitando-se maiores custos ou suspensão da execução do avençado.[13]

Nos contratos de fornecimento de produtos, o impacto do fechamento de estabelecimentos comerciais tem ocasionado tanto um aumento das vendas online e do sistema delivery para atendimento da demanda dos consumidores, como uma mudança na atividade de produção das empresas.

---

[13] GLITZ, Frederico Eduardo Z. *Anotações sobre a cláusula de hardship e a conservação do contrato internacional.* Disponível em: <https://www.fredericoglitz.adv.br/wp-content/uploads/2018/06/GLITZ_-Anotacoes_sobre_conservacao_do_negocio_juridico_no_direito.pdf> Último acesso em: 08.04.2020.

Sob o ponto de vista econômico, tal fato estimulou empresas do setor têxtil e de confecção a transformar sua produção para atender a demanda por equipamentos de proteção pessoal, fornecendo máscaras, luvas, uniformes para unidades de saúde, etc.

Nesse sentido, notamos a concretização do princípio da função social do contrato e da empresa.

No aspecto jurídico, o aumento das vendas online, ou seja, fora do estabelecimento empresarial, tem sido objeto de regulamentação pelo Poder Público.

O art. 49, do Código de Defesa do Consumidor, no Brasil, que estabelece o direito de arrependimento para vendas fora do estabelecimento empresarial, sofreu suspensão quanto aos seus efeitos pelo Projeto de Lei nº 1179, de 2020.

Tal suspensão reflete uma nítida preocupação com a criação de incentivos econômicos para diminuir o risco do empresário que se vale da entrega de produtos por sistema de delivery.

Assim, de acordo com o art. 49 do referido diploma legal:

> O consumidor pode desistir do contrato, no prazo de 7 dias a contar de sua assinatura ou do ato de recebimento do produto ou serviço, sempre que a contratação de fornecimento de produtos e serviços ocorrer fora do estabelecimento comercial, especialmente por telefone ou a domicílio.

No entanto, com a alteração realizada pelo Projeto, fica suspensa a aplicação do art. 49 do Código de Defesa do Consumidor, até 30 de outubro de 2020, mantidos os direitos de devolução do produto por defeito ou vício e os prazos de garantia consagrados pelo referido diploma legal.

Demais vicissitudes contratuais suscitadas durante a execução de contratos em curso devem buscar solução no sistema principiológico de direito privado, ou seja, no cumprimento da boa-fé objetiva, com criação de deveres de lealdade, cooperação, colaboração e informação adequada a ambas as partes, e da função social do contrato, ainda que modulada esta última pela Lei de Liberdade Econômica (Lei nº 13.874, de 20.09.2019), que privilegia o princípio da autonomia privada de forma mais intensa.

Conclusões

Segundo as lições de Enzo Roppo, "O próprio modo de ser e de se conformar do contrato como instituto jurídico não pode deixar de sofrer a influência decisiva do tipo de organização político-social a cada momento afirmada."

Nesse sentido, as chamadas crises da pós-modernidade, como a decorrente da pandemia do novo coronavírus, podem afetar a base das relações contratuais, por influenciar a economia e o direito.

No entanto, como Cláudia Lima Marques já ressaltava, em sua obra sobre "A nova crise do contrato", que:

> A nova concepção de contrato é uma concepção social deste instrumento jurídico, para a qual não só o momento da manifestação da vontade (consenso) importa, **mas em que também e principalmente os efeitos do contrato na sociedade serão levados em conta** e em que a condição social e econômica das pessoas nele envolvidas ganham em importância.[14] (grifo nosso).

Sendo assim, o contrato, como relação jurídica complexa, como um processo com vistas ao adimplemento, deve atender aos interesses econômicos e jurídicos em jogo neste momento de crise mundial, mas voltando seus olhos para uma solução *inter partes*, ou seja, de negociação entre os contratantes, rearranjo, solidariedade, manutenção da sua base e, excepcionalmente, para sua extinção por impossibilidade ou dificuldade de cumprimento.

Referências

BAGNOLI, Vicente. As perspectivas do mercado brasileiro para o *fashion law*. In: SOARES, Renata Domingues Balbino Munhoz. *Fashion law – Direito da moda*. São Paulo: Almedina, 2019, p. 45-60.

BURBIDGE, Rosie. *European Fashion Law. A Practical Guide from Start-up to Global Success*. Cheltenham: Elgar, 2019.

CAMPOS, Liliane Fonseca. *As empresas e o conceito de consumidor: possibilidade de enquadramento*. Disponível em: <https://www.migalhas.com.br/depeso/54529/

---

[14] MARQUES, Cláudia Lima. *A nova crise do contrato. Estudos sobre a Nova Teoria Contratual*. São Paulo: RT, 2007, p. 27-28.

as-empresas-e-o-conceito-de-consumidor-possibilidade-de-enquadramento> Último acesso em: 08.04.2020.

ECHEVERRÍA, Pamela. Qué es el derecho de la moda? In: KNOLL, Susy Inés Bello; ECHEVERRÍA, Pamela (coords.). *Derecho y moda*. Buenos Aires: Marcial Pons, 2015, p. 35.

FARIAS, Cristiano Chaves de; ROSENVALD, Nelson. *Curso de Direito Civil. Contratos*. Vol. 4. 5ª ed., rev., ampl. e atual. São Paulo: Atlas, 2015.

GLITZ, Frederico Eduardo Z. *Anotações sobre a cláusula de hardship e a conservação do contrato internacional*. Disponível em: <https://www.fredericoglitz.adv.br/wp-content/uploads/2018/06/GLITZ_-Anotacoes_sobre_conservacao_do_negocio_juridico_no_direito.pdf> Último acesso em: 08.04.2020.

LÔBO, Paulo Luiz Netto. *Comentários ao Código Civil. Parte Especial. Das várias espécies de contratos*. V. 6 (arts. 481 a 564). São Paulo: Saraiva, 2003.

LORENZETTI, Ricardo Luis. *Tratado de los contratos. Parte general*. Segunda edición ampliada y actualizada. Buenos Aires: Rubinzal – Culzoni Editores, 2010.

MARQUES, Cláudia Lima. *A nova crise do contrato. Estudos sobre a Nova Teoria Contratual*. São Paulo: RT, 2007.

PIANOVSKI, Carlos Eduardo. *A força obrigatória dos contratos nos tempos do coronavírus*. Disponível em: <http://www.migalhas.com.br/coluna/migalhas-contratuais/322653/a-forca-obrigatoria-dos-contratos-nos-tempos-do-coronavirus> Último acesso em: 07.04.2020.

ROPPO, Enzo. *O Contrato*. Coimbra: Almedina, 1988.

ROSENVALD, Nelson. *Os impactos do coronavírus na responsabilidade contratual e aquiliana*. Disponível em: <http:// https://www.nelsonrosenvald.info/single-post/2020/03/06/OS-IMPACTOS-DO-CORONAVIRUS-NA-RESPONSABILIDADE-CONTRATUAL-E-AQUILIANA. Último acesso em: 07.04.2020.

___. *O Direito como experiência. Dos "Coronation cases" aos "Coronavírus cases"*. Disponível em: <http:// https://www.nelsonrosenvald.info/single-post/2020/03/06/OS-IMPACTOS-DO-CORONAVIRUS-NA-RESPONSABILIDADE-CONTRATUAL-E-AQUILIANA.> Último acesso em: 07.04.2020.

SILVA, Jorge Cesa Ferreira da. *Adimplemento e extinção das obrigações*. V. 6. Biblioteca de Direito Civil. Estudos em Homenagem ao Professor Miguel Reale. REALE, Miguel e MARTINS-COSTA, Judith (coords.). São Paulo: Revista dos Tribunais, 2006.

SOARES, Renata Domingues Balbino Munhoz. *A boa-fé objetiva e o inadimplemento do contrato. Doutrina e Jurisprudência*. São Paulo: LTr, 2008.

___. A indústria da moda e os novos paradigmas contratuais: princípios, espécies e características. In: SOARES, Renata Domingues Balbino Munhoz (coord.). *Fashion law – Direito da Moda*. São Paulo: Almedina, 2019, p. 79-93.

THEODORO JÚNIOR, Humberto. *Direitos do consumidor*. 4ª ed. Rio de Janeiro: Forense, 2004, p. 288.

6. COVID-19: um exemplo literal de força maior no direito do trabalho

Ivandick Cruzelles Rodrigues

Introdução

De Aristóteles a Yuval Noah Harari, pensadores desenvolvem teorias sobre a condição humana de vida em sociedade. Tal qual ocorre em uma imensa quantidade de espécies na natureza, os seres humanos encontraram na vida em sociedade uma de suas estratégias para sobrevivência e difusão da espécie. HARARI[1], por exemplo, defende que a humanidade atingiu o topo da cadeia alimentar e a condição de espécie mais bem sucedida no mundo em razão de (i) transformar o meio ambiente, para atender às suas necessidades; (ii) dividir o mundo em "nós" e "eles", como forma de agregação; e (iii) imaginar histórias e crenças coletivas, utilizando--as para engajar o trabalho coletivo, sendo a mais impactante delas o dinheiro.

Apesar dessas estratégias aparentemente terem funcionado muito bem até o presente momento, fato é que as ações humanas empregam pegadas e geram consequências no mundo físico, consequências estas que nem sempre estamos preparados para enfrentar, dado o seu ineditismo ou dadas as características que integram suas essências.

---

[1] HARARI, Yuval Noah. *SAPIENS: Uma breve história da humanidade.* São Paulo: L&PM, 2015, pp. 181-195.

Nunca pareceram mais atuais as ideias difundidas por Ulrich BECK[2], as quais conceituam "risco" na sociedade pós-industrial como uma construção cultural a partir do conhecimento científico, a qual tem cada vez mais se defrontado com *riscos invisíveis, imprevisíveis e imperceptíveis à sensibilidade humana*, além de usualmente serem *devastadores*.

O COVID-19 surge exatamente neste contexto, colocando em confronto a saúde pública e a economia, tendo a ciência como único fiel da balança. O mercado de trabalho encara, em escala global, uma condição nunca antes vista, demandando dos Estados e dos Organismos Internacionais soluções para diminuição dos impactos da pandemia. Destarte, o presente estudo investiga os possíveis impactos do novo coronavírus no mercado de trabalho e quais as medidas adotadas pelo Governo brasileiro.

1. Impactos do COVID-19 no mercado de trabalho mundial e brasileiro

Como divulgado pela OIT[3], há três dimensões de impacto do COVID-19 sobre os mercados de trabalho: (1) a quantidade de vagas de trabalho, inclusive as de subempregos; (2) a qualidade das vagas de trabalho (e questões reflexas, como formalização, proteção previdenciária e sanitária etc.); e (3) efeitos específicos sobre grupos mais vulneráveis às adversidades do mercado de trabalho.

Até 07/04/2020, as estimativas da OIT[4] sobre os impactos das medidas de isolamento social no mercado de trabalho apresentam resultados

---

[2] Para BECK, a gênese da sociedade de risco é a absorção da natureza primitiva pela indústria humana, devolvida sob a forma de natureza industrializada, é a principal fonte desses riscos invisíveis. (BECK, Ulrich. *SOCIEDADE DE RISCO: Rumo a uma outra modernidade.* São Paulo: Editora 34, 2010, pp. 12-13)

[3] ORGANIZAÇÃO INTERNACIONAL DO TRABALHO. *COVID-19 and the world of work: Impacts and policy responses (ILO Monitor 1st Edition).* Disponível em < https://www.ilo.org/wcmsp5/groups/public/---dgreports/---dcomm/documents/briefingnote/wcms_738753.pdf>. Visitado em 19/04/2020.

[4] ORGANIZAÇÃO INTERNACIONAL DO TRABALHO. COVID-19 and the world of work (ILO Monitor 2nd Edition). Disponível em <https://www.ilo.org/wcmsp5/groups/public/---dgreports/---dcomm/documents/briefingnote/wcms_740877.pdf>. Visitado em 19/04/2020.

6. COVID-19: UM EXEMPLO LITERAL DE FORÇA MAIOR NO DIREITO DO TRABALHO

negativos para quase 2,7 bilhões de trabalhadores, o que representa 81% da força de trabalho no mundo, sendo que 1,25 bilhões de trabalhadores (aproximadamente 38%) estão alocados em setores econômicos diretamente impactados pelo isolamento social.

Em três cenários diferentes, a OIT já dá como certa a perda de 5,3 milhões de postos de trabalho e prevê sua evolução para uma possível perda entre 13 e 24,7 milhões postos, uma perda maior do que a crise financeira global de 2008 (a qual gerou uma perda de 22 milhões de postos de trabalho):

GRÁFICO 1: **Cenários de crescimento do desemprego no mundo.**

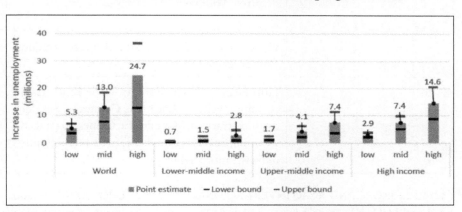

(Fonte: ORGANIZAÇÃO INTERNACIONAL DO TRABALHO. *COVID-19 and the world of work: Impacts and policy responses (ILO Monitor 1st Edition).* Disponível em <https://www.ilo.org/wcmsp5/groups/public/---dgreports/---dcomm/documents/briefingnote/wcms_738753.pdf>. Visitado em 19/04/2020.)

Numa visão setorial, a distribuição dos impactos relacionados ao trabalho trazidos pelo COVID-19 seria assim traduzida:

COVID-19 E OS IMPACTOS NO DIREITO

TABELA 1: **Visão setorial sobre os graus de impacto do COVID-19 sobre o mercado de trabalho.**

Grau de Impacto da Pandemia sobre os Empregos	Setor Econômico
Baixo	Educação; Serviços de Saúde; Serviço Social; Administração Pública; Segurança Pública; Previdência Social; Utilidades
De Baixo para Médio	Agricultura; Silvicultura e Pesca
Médio	Construção Civil; Atividades Financeiras e de Seguros; Mineração e Garimpo.
De Médio para Alto	Artes, Entretenimento, Recreação e outros serviços correlatos; Transporte; Armazenamento; Comunicações.
Alto	Hotelaria e Gastronomia; Setor Imobiliário (Compra/Venda e Locação); Comércio; Serviços Administrativos; Manufatura; Comércio (atacado e varejo); Serviços de reparação de veículos automóveis e motociclos.

(Adaptado de ORGANIZAÇÃO INTERNACIONAL DO TRABALHO. *COVID-19 and the world of work (ILO Monitor 2nd Edition).* Disponível em <https://www.ilo.org/wcmsp5/groups/public/---dgreports/---dcomm/documents/briefingnote/wcms_740877.pdf>. Visitado em 19/04/2020.)

A queda no número de vagas formais de trabalho, associada à queda da demanda de consumo e da atividade econômica, provocará um deslocamento desses trabalhadores formalizados para o mercado informal de trabalho, expondo-os ainda mais ao risco de contaminação e para níveis de renda abaixo da linha da pobreza, bem como levarão a um alto grau de judicialização de demandas na Justiça do Trabalho, caso medidas urgentes de proteção do mercado de trabalho não sejam tomadas.

Referindo-nos mais uma vez aos números apresentados pela OIT, a parcela do PIB mundial correspondente à renda dos trabalhadores angariará uma perda certa de US$ 860 bilhões, podendo chegar até US$ 3,440 trilhões:

TABELA 2: **Queda estimada da renda do trabalho e aumento da pobreza extrema e moderada no trabalho**

Nível de Renda	Baixa	Média	Alta
Renda do trabalho (bilhões de dólares)	-860	-1,720	-3,440
Trabalhadoras(es) em situação de pobreza extrema ou moderada (milhões)			
Mundo	8.8	20.1	35.0
Baixa renda	1.2	2.9	5.0
Baixa-média renda	3.7	8.5	14.8
Média-alta renda	3.6	8.3	14.5

(<US $ 3,20 por dia, PPP), 2020. (Fonte: ORGANIZAÇÃO INTERNACIONAL DO TRABALHO. *COVID-19 and the world of work: Impacts and policy responses (ILO Monitor 1st Edition)*. Disponível em <https://www.ilo.org/wcmsp5/groups/public/---dgreports/---dcomm/documents/briefingnote/wcms_738753.pdf>. Visitado em 19/04/2020.)

Por fim, a OIT classifica como grupos sociais mais vulneráveis aos efeitos do COVID-19 no mercado de trabalho (i) as pessoas com problemas de saúde subjacentes ou idosas, em virtude do risco de exposição; (ii) os jovens, que ocupam grande percentual das taxas de emprego e subempregos, em virtude da queda da atividade econômica; (iii) as mulheres, por ocuparem-se em maior parte (58,6%) nos setores a serem mais impactados e por ocuparem grandes quantidades de vagas nas profissões de saúde e cuidado; (iv) os(as) trabalhadores(as) sem proteção social, por não poderem contar com qualquer ajuda estatal para suprir a queda/supressão de renda; e (v) os(as) trabalhadores(as) migrantes, que moram e trabalham em locais diferentes, em razão das medidas de restrição de mobilidade e de isolamento social[5].

[5] ORGANIZAÇÃO INTERNACIONAL DO TRABALHO. *COVID-19 and the world of work: Impacts and policy responses (ILO Monitor 1st Edition)*. Disponível em <https://www.ilo.org/wcmsp5/groups/public/---dgreports/---dcomm/documents/briefingnote/wcms_738753.pdf>. Visitado em 19/04/2020

A pesquisa não retornou, até o seu fechamento, uma projeção oficial e específica do governo brasileiro sobre os impactos do COVID-19 no nosso mercado de trabalho. Não obstante a falta de tais dados oficiais, a partir do cruzamento de dados apurados pelas projeções independentes de mercado e pelos anexos IV.1 (Metas Fiscais Anuais) e V (Riscos Fiscais) presentes no projeto da LDO (Lei de Diretrizes Orçamentárias), formulado pelo Ministério da Economia e apresentado ao Congresso Nacional, é possível perceber que o cenário brasileiro não diverge do cenário mundial.

Segundo levantado pela Agência de Notícias BLOOMBERG[6], os analistas independentes já previam, em 28/02/2020, que a taxa de desemprego no Brasil não deveria baixar de dois dígitos para 2020 e que o COVID-19 impactaria frontalmente o mercado de trabalho nacional, "que ainda sofre com grande informalidade, renda estagnada e baixa produtividade", apesar da possiblidade de algum crescimento do número de formais de empregos em comparação com 2019.

No anexo que trata das Metas Fiscais Anuais (IV.1) da LDO, o Ministério da Economia (ME)[7] aposta na retomada do crescimento econômico para o triênio 2021-2023, partindo de um nível moderado já em 2021, com base na Grade de Parâmetros desenhada pela Secretaria de Política Econômica do Ministério em 19/03/2020, isto é, um dia antes da decretação de estado de calamidade pública no território brasileiro. No cenário adotado pelo ME, a massa salarial nominal cresceria 5,9%, em 2021; 6,9%, em 2022; e 7,1%, em 2023, condição consequente de uma "melhoria gradual das condições do mercado de trabalho, com recuperação do emprego formal"[8].

Em que pese a previsão de crescimento da massa salarial, o que também reflete o crescimento da arrecadação para as despesas do Regime Geral de Previdência Social (RGPS) – aproximadamente R$ 459,2 bilhões, em 2021; –R$ 485,4 bilhões, em 2022; e 520,3 bilhões, em 2023 –, mais

---

[6] LIMA, Mario Sergio; MILANESE, Daniela. *Virada no mercado de trabalho brasileiro ainda levará tempo.* Disponível em <https://economia.uol.com.br/noticias/bloomberg/2020/02/28/virada-no-mercado-de-trabalho-brasileiro-ainda-levara-tempo.htm>. Visitado em 19/04/2020.

[7] MINISTÉRIO DA ECONOMIA (BRASIL). *Projeto de Lei de Diretrizes Orçamentárias de 2021 – Anexo IV.1 – Metas Fiscais Anuais.* Disponível em <https://www.gov.br/economia/pt-br/assuntos/orcamento/orcamentos-anuais/2021/pldo/anexo-iv-1-metas_fiscais.pdf>. Visitado em 19.04.2020.

[8] *Idem*, pp. 2-3.

adiante, o anexo parece se contradizer, pois reconhece ainda não ter como calcular os impactos do COVID-19 sobre os gastos públicos, bem como estabelece sua estratégia de ação para promoção da recuperação econômica o reforço de "compromisso do Governo Federal com objetivos de austeridade e sustentabilidade fiscal de longo prazo, tornando-se ainda mais premente avançar na agenda de reformas estruturais"[9].

Uma hipótese mais realista parece ser exposta no Anexo V do PLDO-2021, que trata dos Riscos Fiscais, o qual trabalha 3 possíveis cenários de recessão econômica:

TABELA 3. **Cenários de recessão econômica estimados pelo Ministério da Economia**

Variáveis	2020			
	Cenário base	**Cenário 1**	**Cenário 2**	**Cenário 3**
PIB Real	0,0%	-2,0%	-3,0%	-4,5%
Massa Salarial	4,4%	4,4%	1,4%	-0,1%

(Fonte: MINISTÉRIO DA ECONOMIA (BRASIL). *Projeto de Lei de Diretrizes Orçamentárias de 2021 – Anexo V – Riscos Fiscais.* Disponível em <https://www.gov.br/economia/pt-br/assuntos/orcamento/orcamentos-anuais/2021/pldo/anexo-v-riscos-fiscais.pdf>, p. 34. Visitado em 19.04.2020.)

Num cenário otimista, o Governo Federal esperava uma rápida recuperação da economia, projetando um crescimento do PIB em 3,3% e da massa salarial em 5,9%, em 2021. Como cenário de estresse fiscal, que parece mais factível, a projeção seria de queda do PIB em 1,2% e redução da massa salarial em 1,4%, ou seja, uma diferença de 4,5 pontos percentuais. A perda de arrecadação da União seria da ordem de R$ 51,2 bilhões (R$ 19,7 bilhões de arrecadação previdenciária e R$ 31,5 bilhões das demais receitas tributárias)[10].

---

[9] *Idem*, p. 4.
[10] MINISTÉRIO DA ECONOMIA (BRASIL). *Projeto de Lei de Diretrizes Orçamentárias de 2021 – Anexo V – Riscos Fiscais.* Disponível em <https://www.gov.br/economia/pt-br/assuntos/orcamento/orcamentos-anuais/2021/pldo/anexo-v-riscos-fiscais.pdf>, pp. 34-36. Visitado em 19.04.2020.

2. A força maior no direito do trabalho brasileiro

Com a declaração de Estado de Emergência Internacional, pela OMS, em 30/01/2020, o Governo Federal, através do Grupo Executivo Interministerial, inicia o desenvolvimento de um plano de ação para combate ao novo coronavírus, tendo como medida principal neste momento a remessa de um projeto de lei regulamentando a estratégia e as medidas restritivas que o Estado brasileiro poderia adotar em face de seus cidadãos, que culminou no texto atual da Lei n. 13.979/2020, de 06/02/2020. Em 09/02/2020, os 58 brasileiros que estavam em Wuhan, na China, retornam ao Brasil, sendo os primeiros cidadãos submetidos ao regime da Lei n. 13.979/2020. E, em 26/02/2020, é confirmado o primeiro caso de COVID-19 no Brasil[11].

Pela cronologia dos fatos, percebe-se que a pandemia do novo coronavírus representa um fenômeno completamente inesperado e imprevisto, até mesmo se compararmos com determinados desastres naturais e/ou humanos. Trata-se de um fato que se sobrepôs à vontade de empregados e empregadores de modo avassalador, ainda mais quando consideramos que, em 20/03/2020, o Governo Federal editou do Decreto n. 10.282/2020, para definir quais seriam os serviços públicos e as atividades consideradas essenciais e que poderiam permanecer em funcionamento. Todas as demais atividades não-essenciais deveriam virtualizar ou interromper seus trabalhos.

No direito do trabalho, a ocorrência de um fenômeno tal qual se descreveu é denominado como *Força Maior* e sua previsão legal está estabelecida no art. 501, CLT: "*Entende-se como força maior todo acontecimento inevitável, em relação à vontade do empregador, e para a realização do qual este não concorreu, direta ou indiretamente*".

Força maior, nas lições de Luciano MARTINEZ[12], é assim sintetizada:

> Se um fato irresistível e inevitável afetar substancialmente a situação econômica e financeira da empresa, o empregador estará inserido numa situação tipificada como força maior, causa geradora da dissolução do contrato pela

---

[11] MINISTÉRIO DA SAÚDE (BRASIL). *Resposta nacional e internacional de enfrentamento ao novo coronavírus*. Disponível em https://coronavirus.saude.gov.br/index.php/resposta--brasileira-a-emergencia. Visitado em 19.04.2020.

[12] MARTINEZ, Luciano. *Curso de direito do trabalho*. 10.ed., São Paulo: Saraiva, 2019, p. 753.

6. COVID-19: UM EXEMPLO LITERAL DE FORÇA MAIOR NO DIREITO DO TRABALHO

impossibilidade de sua execução. Entende-se, portanto, como força maior todo acontecimento inevitável, em relação à vontade do empregador, e para a realização do qual este não concorreu, direta ou indiretamente.

É possível ilustrar o conceito de força maior também pela visão da jurisprudência:

> FORÇA MAIOR. CARACTERIZAÇÃO. Nos termos do disposto no art. 501 da CLT, a força maior é caracterizada por acontecimento inevitável em relação à vontade do empregador e para a realização do qual este não tenha concorrido direta ou indiretamente, restando excluída a força maior se o evento danoso deveu-se à imprevidência do empregador. Assim, são três os elementos essenciais para reconhecimento da força maior: imprevisibilidade, involuntariedade e inevitabilidade. Considerando que a atividade da reclamada apresentava alto risco potencial de incêndio, não há que se falar em imprevisibilidade. Frise-se, ainda, que, segundo o princípio da alteridade, o empregador assume integralmente os riscos do negócio, riscos esses que não podem ser repassados para o trabalhador. Afastada a alegação de ruptura contratual por força maior. (TRT-SP, RO n. 0001209-90.2010.5.02.0351, Desª. Relª. Soraya Galassi Lambert, 17ª Turma, j.: 19/01/2012; DeJT.: 03/02/2012)

Para que não se despertasse qualquer dúvida interpretativa pela jurisprudência, desde que seja aprovado pelo Congresso Nacional, o art. 1º, parágrafo único, da MP n. 927/2020, que será melhor analisada adiante, prevê literalmente que a pandemia do novo coronavírus, "para fins trabalhistas, constitui hipótese de força maior, nos termos do disposto no art. 501 da Consolidação das Leis do Trabalho".

No caso do COVID-19, como já dito, há o agravante de que a interrupção da atividade empresarial se deu por determinação estatal, o que é juridicamente conceituado como *Factum Principis*. Nas palavras de Francisco Ferreira JORGE NETO e Jouberto de Quadro Pessoa CAVALCANTE[13]:

> Antigamente, a expressão *factum principis* (fato do príncipe) representava o ato arbitrário da autoridade executiva. Atualmente, compreende todo ato

---

[13] JORGE NETO, Francisco Ferreira; CAVALCANTE, Jouberto de Quadros Pessoa. *Direito do trabalho*. 9.ed., São Paulo: Atlas, 2019, p. 791.

voluntário da Administração Pública que vem onerar as partes que com ela contratam. A teoria do fato do príncipe tem grande importância no campo dos contratos administrativos, para permitir ao prejudicado obter reparação do Estado.

No campo do Direito do Trabalho, *factum principis* compreende a paralisação temporária ou definitiva do trabalho, motivada por ato de autoridade municipal, estadual ou federal, ou pela promulgação de lei ou resolução que impossibilite a continuação da atividade, quando prevalecerá o pagamento da indenização, que ficará a cargo do governo responsável (art. 486, caput, CLT).

Ives Gandra MARTINS FILHO[14] considera a paralisação da atividade empresarial (seja por *factum principis* ou por força maior *lato sensu*) uma hipótese de interrupção do contrato de trabalho, em que, apesar da ausência de prestação de serviços, há obrigação de pagamento de salários e direito à contagem do tempo de serviço.

Com a diminuição da atividade econômica e consequente queda de faturamento, as empresas acabam por consumir seu capital de giro rapidamente com as obrigações contratuais, trabalhistas e tributárias, de tal sorte que há grande embate doutrinário e jurisprudencial sobre aplicabilidade do art. 503 da CLT[15] aos contratos de trabalho impactados pelas medidas de restrição impostas pelo Estado[16].

---

[14] MARTINS FILHO, Ives Gandra. *Manual esquemático de direito e processo do trabalho*. 27.ed., São Paulo: SaraivaJur, 2019, p. 125.

[15] Art. 503, CLT – É lícita, em caso de força maior ou prejuízos devidamente comprovados, a redução geral dos salários dos empregados da empresa, proporcionalmente aos salários de cada um, não podendo, entretanto, ser superior a 25% (vinte e cinco por cento), respeitado, em qualquer caso, o salário mínimo da região.

Parágrafo único – Cessados os efeitos decorrentes do motivo de força maior, é garantido o restabelecimento dos salários reduzidos.

[16] Tentando construir uma solução de consenso sobre a recepção do art. 503, CLT, pela Constituição de 1988, é a opinião de Luciano MARTINEZ: "Cabe anotar, nesse contexto, que o art. 503 da CLT foi recepcionado em parte pela Constituição de 1988, já que a redução de salários somente será possível, de acordo com o citado texto fundamental, mediante negociação coletiva. Cessados os efeitos decorrentes do motivo de força maior, porém, será garantido o restabelecimento dos salários reduzidos, se coisa diversa não indicar a referida negociação coletiva." (MARTINEZ, Luciano. *Op. cit.*, p. 753). No entanto, essa solução parece momentaneamente rechaçada, face ao julgamento (ainda provisório) da MC em ADI

Malgrado a CLT aparentemente ter as respostas necessárias para lidar com as intempéries do caso pandêmico, do ponto de vista econômico e da dinâmica social, a situação revelou-se mais complexa, de tal sorte que foram editadas as MPs nn. 927, de 22/03/2020 e 936, de 1º/04/2020[17], estabelecendo medidas de suporte às relações trabalhistas e à atividade empresarial, as quais passaremos a avaliar, mas não sem antes dizer que, nos termos do art. 3º, §2º, III, da Lei n. 13.979/2020, a aplicação das medidas de combate ao novo coronavírus devem observar o "pleno respeito à dignidade, aos direitos humanos e às liberdades fundamentais da pessoas", o que abrange também os direitos trabalhistas.

3. As medidas de combate ao COVID-19 relacionadas ao mercado de trabalho formal

Dois dias após à decretação do estado de calamidade pública, pelo Decreto Legislativo n. 06, de 20/03/2020, a primeira medida de suporte às relações trabalhistas veio com a MP n. 927/2020, a qual, amparada pelo princípio da continuidade das relações trabalhistas, estabeleceu alternativas a serem aplicadas pelo empregador, evitando-se assim a demissão em massa de trabalhadores, tal qual ocorrido nos Estados Unidos da América, cujo mercado sofreu a pulverização de 22 milhões de vagas de trabalho[18], e permitindo o êxito mais célere das medidas de isolamento social.

O "espírito" da MP n. 927/2020, basicamente, foi o de eleger algumas das previsões contidas na CLT – aptas à sustentação econômica das relações trabalhistas e passíveis de alteração por negociação coletiva (arts. 134 a 145 e 611-A, CLT) – e criar procedimentos mais céleres para suas implementações, em especial pela atribuição de validade jurídica a acordos individuais firmados diretamente entre empregados e patrões, sem

---

n. 6.363, em face da MP n. 936/2020, ocorrido em 17.03.2020, como será tratado adiante, na Nota n. 27.

[17] A MP n. 944, de 03/04/2020, apesar de instituir o Programa Emergencial de Suporte a Empregos, em verdade, trata das linhas de crédito a serem ofertadas às empresas interessadas, para viabilização financeira do pagamento da folha salarial de seus empregados, sendo que essa relação jurídica se estabelece entre o empregador e a instituição bancária, não sofrendo a incidência da CLT e, por tal razão, excluída do corte epistemológico deste estudo.

[18] UOL ECONOMIA. *Desemprego nos Estados Unidos atinge 22 milhões*. Disponível em <https://economia.uol.com.br/noticias/estadao-conteudo/2020/04/17/desemprego-nos-estados--unidos-atinge-22-milhoes.htm>. Visitado em 19/04/2020.

COVID-19 E OS IMPACTOS NO DIREITO

a necessidade de intervenção dos sindicatos, o que, em tese, contraria os princípios da autonomia da vontade coletiva e da hipossuficiente dos trabalhadores, ressalvada a hipótese do art. 444, § único, CLT.

Pelo art. 3º da citada MP, poderão os empregadores ajustar com seus empregados, dentre outras medidas possíveis ou a serem criadas, a implementação de: (i) teletrabalho; (ii) antecipação de férias individuais; (iii) concessão de férias coletivas; (iv) aproveitamento e/ou antecipação de feriados; (v) banco de horas; (vi) suspensão de exigências administrativas em segurança e saúde no trabalho; (vii) direcionamento do trabalhador para qualificação[19]; e (viii) diferimento do recolhimento do Fundo de Garantia do Tempo de Serviço – FGTS.

Para implementação do teletrabalho, a CLT já trazia parâmetros nos arts. 75-A e seguintes. No entanto, ela exigia anuência e pactuação prévia e período de ajuste mínimo de 15 dias. Com a MP, o empregador poderá, a seu critério, alterar o regime de trabalho presencial para qualquer modalidade de virtualizada ou digitalizada de teletrabalho[20], no prazo de 48 horas, por escrito ou por meio eletrônico. Tal qual estabelecido no art. 75-D da CLT, o art. 4º, §3º, da MP 927/2020, diz que o contrato disporá sobre a responsabilidade pela aquisição, pela manutenção ou pelo fornecimento dos equipamentos tecnológicos e da infraestrutura necessária à execução do labor e ao reembolso de despesas arcadas pelo

---

[19] Essa previsão está em desuso, por força da MP n. 928/2020, de 23/03/2020, que revogou o art. 18 da MP n. 927/2020. Tratava-se de medida que autorizava a suspensão do contrato de trabalho, sem qualquer garantia de suporte financeiro ao empregado, pelo prazo de quatro meses, bastando que, para tanto, o empregador encaminhasse o trabalhador para programa de qualificação profissional. Essa previsão foi objeto de severas críticas por diversos setores da sociedade e de autoridades públicas, o que motivou sua revogação de um dia para o outro. (G1. *Maia, partidos e entidades criticam MP que suspende contratos de trabalho; Bolsonaro e Mourão defendem.* Disponível em <https://g1.globo.com/politica/noticia/2020/03/23/maia-partidos-e-entidades-criticam-mp-que-suspende-contratos-de-trabalho-bolsonaro--e-mourao-defendem.ghtml>. Visitado em 19/04/2020.)

[20] A definição de teletrabalho está no art. 4º, §1º, da MP 927/2020, que é idêntica à prevista no art. 75-B, CLT: "Para fins do disposto nesta Medida Provisória, considera-se teletrabalho, trabalho remoto ou trabalho a distância a prestação de serviços preponderante ou totalmente fora das dependências do empregador, com a utilização de tecnologias da informação e comunicação que, por sua natureza, não configurem trabalho externo, aplicável o disposto no inciso III do caput do art. 62 da Consolidação das Leis do Trabalho, aprovada pelo Decreto-Lei nº 5.452, de 1943."

6. COVID-19: UM EXEMPLO LITERAL DE FORÇA MAIOR NO DIREITO DO TRABALHO

empregado. Porém agora faculta-se a sua formalização no prazo de até 30 (trinta) dias, contados da mudança do regime de trabalho.

Em adição ao que prevê a CLT, a MP estabelece que (art. 4º, §4º) se o empregado não tiver os equipamentos ou infraestrutura necessária e adequada à prestação do teletrabalho, deverá o empregador (i) ceder em comodato ou pagar por tais equipamentos/infraestrutura, sem que isso configure salário, ou (ii) na impossibilidade, considerar o tempo de jornada como tempo à disposição do empregador. Outrossim, a MP também autoriza a implementação de teletrabalho aos aprendizes e estagiários (art. 5º), bem como estabelece que a comunicação eletrônica ocorrida *"fora da jornada de trabalho normal do empregado não constitui tempo à disposição, regime de prontidão ou de sobreaviso, exceto se houver previsão em acordo individual ou coletivo"* (art. 4º, § 5º).

Na medida de antecipação das férias individuais, tal qual na implementação do teletrabalho, o empregador deverá comunicar ao empregado, por escrito ou eletronicamente (dispensando-se a anotação em CTPS e ficha de registro – art. 135, §§ 1º ao 3º, CLT), no prazo mínimo de 48 horas (pelo art. 135, CLT, o prazo de comunicação prévia seria de 30 dias), sobre a concessão ou antecipação de suas férias, informando o período aquisitivo (ainda que não tenha transcorrido totalmente, diferentemente do que dispõe o art. 134, CLT) e de gozo das férias, as quais não poderão ser inferiores a 5 dias. Ademais, o art. 6º, §2º, da MP n. 927/2020, autoriza as partes no contrato de trabalho negociarem *"a antecipação de gozo de férias relativas a períodos aquisitivos futuros, mediante acordo individual escrito"*, com prioridade de concessão aos trabalhadores que pertencerem aos grupos de risco do COVID-19 (§3º).

Para garantir a viabilidade econômica dessa medida, o art. 8º da MP n. 927/2020 autoriza ao empregador optar por efetuar o pagamento do adicional de um terço de férias *a posteriori*, o que poderá ser feito até a data em que é devido o pagamento do 13º salário. Na mesma esteira, o pagamento da remuneração das férias poderá ser efetuado *"até o quinto dia útil do mês subsequente ao início do gozo das férias, não sendo aplicável a disposição do art. 145 da Consolidação das Leis Trabalhistas"* (art. 9º).

No que tange às férias coletivas, a CLT permite sua concessão e gozo a todos ou a parte dos empregados da empresa, em até dois períodos no mesmo ano, desde que nenhum deles seja inferior a 10 dias e cuja comunicação aos empregados, ao Sindicato da Categoria e ao Ministério da

Economia deve se dar com antecedência mínima de 15 dias. Agilizando esse procedimento, os arts. 11 e 12 da MP n. 927/2020 reduzem o prazo mínimo de comunicação prévia para 48 horas, sem a necessidade de prévia comunicação ao Sindicato e ao ME, nem observância dos limites de períodos anuais e de dias de gozo.

Em sequência, no concernente ao banco de horas e ao aproveitamento ou antecipação de feriados, a CLT autoriza a pactuação de disposições sobre os temas via norma coletiva (Acordo ou Convenção Coletiva de Trabalho), no art. 611-A, II e XI, respectivamente. Com a MP, torna-se possível a pactuação via acordo individual escrito, sendo que, no caso de aproveitamento ou antecipação de feriados federais, estaduais e municipais (vedados os feriados religiosos), deverão as partes indicar expressamente os feriados compensáveis (art. 13), e que, no caso do banco de horas, a compensação ocorra no prazo de até 18 meses, contada do encerramento do estado de calamidade pública (art. 14), observado limite máximo de 2 horas diárias para prorrogação da jornada.

As medidas de suspensão de exigências administrativas em saúde e segurança no trabalho, por diferir temporariamente a realização de exames médicos ocupacionais (art. 15) e dos treinamentos estabelecidos em NRs (art. 16), por 60 e 90 dias, respectivamente, contado da data de encerramento do estado de calamidade pública, em termos de apoio à manutenção dos empregos, pouco (ou nada) colabora, servindo apenas para aliviar a pressão fiscalizatória sobre os empregadores. As CIPAs já compostas poderão manter-se ativas até o encerramento do estado de calamidade pública e os processos eleitorais em curso poderão ser suspensos (art. 17).

Também destinada aos Auditores Fiscais do Trabalho, ainda no sentido de aliviar a pressão, pelo período de 180 dias da publicação da MP, ficam suspensos os prazos em processos administrativos (art. 28) e estabelecido o caráter orientador das fiscalizações, evitando-se autuações, exceto nos casos de: (i) falta de registro de empregado, a partir de denúncias; (ii) situações de grave e iminente risco, somente para as irregularidades imediatamente relacionadas à configuração da situação; (iii) ocorrência de acidente de trabalho fatal apurado por meio de procedimento fiscal de análise de acidente, somente para as irregularidades imediatamente relacionadas às causas do acidente; e (iv) trabalho em condições análogas às de escravo ou trabalho infantil.

6. COVID-19: UM EXEMPLO LITERAL DE FORÇA MAIOR NO DIREITO DO TRABALHO

Por fim, a MP n. 927/2020 autoriza o diferimento do recolhimento do FGTS pelos empregadores no período de 3 meses (competências de março, abril e maio de 2020), sem qualquer incidência de atualização, multa e encargos legais. Esses valores poderão ser saldados em até seis parcelas mensais, com vencimento no sétimo dia de cada mês, a partir de julho de 2020. Todavia, na ocorrência de rescisão de contrato de trabalho de um empregado, em relação aos valores a ele devidos, ocorrerá o vencimento antecipado das parcelas diferidas.

Dez dias após a publicação da MP n. 927/2020 e um dia antes da publicação da Lei n. 13.982/2020[21], para complementar o conjunto de ações de combate ao novo coronavírus relacionadas ao mercado de trabalho formal[22], o Poder Executivo Federal editou a MP n. 936, de 1º/04/2020, a qual institui o "Programa Emergencial de Manutenção do Emprego e da Renda".

A nova MP, dilatando as medidas previstas no art. 503, CLT, e tentando redimir-se das críticas apresentadas à redação do art. 18 da MP n. 927/2020[23], cria e dispõe sobre o pagamento do "Benefício Emergencial de Preservação do Emprego e da Renda", destinado aos empregados

---

[21] Seria desejável a abordagem, neste artigo, das disposições trazidas pela Lei n. 13.982/2020, a qual estabeleceu as regras para concessão do Auxílio Emergencial aos trabalhadores informais e à população de baixa renda, já que se trata de medida de proteção dos trabalhadores fortemente recomendada pela OIT. Inobstante, as relações jurídicas de trabalho informal ou de condições de pobreza não são regulamentadas pela CLT, o que as exclui do recorte epistemológico ora realizado. Os empregados titulares de contrato de trabalho intermitente ativos (art. 443, §3º, CLT) impactados pela diminuição da atividade econômica farão jus às medidas de proteção social trazidas pelo art. 18 da MP n. 936/2020, sem a possibilidade de cumulação com o auxílio emergencial da Lei n. 13.982/2020. (vide art. 18, §5º, da MP n. 936/2020 e art. 3º, §3º, I, do Decreto n. 10.316, de 07/04/2020)

[22] Considerando que o cenário econômico brasileiro pré-pandemia já era ruim, com uma taxa de desemprego de 11,9% em 2019, e sem embargos da real necessidade de complementação das medidas de diminuição dos impactos econômicos causados a partir do COVID-19, até o momento, não é possível saber empiricamente como o mercado de trabalho adentrou no período pandêmico, nem o grau de efetividade das medidas trazidas pelas MPs nn. 927 e 936, em termos de manutenção das relações de emprego, já que ainda não foram divulgados os dados do CAGED em 2020. Mais informações, disponível em <http://trabalho.gov.br/component/content/article?id=7372>. Visitado em 19/04/2020; e <https://agenciabrasil.ebc.com.br/economia/noticia/2020-01/taxa-de-desemprego-no-pais-fecha-2019-em-119>. Visitado em 19/04/2020.

[23] Vide Nota n. 20, supra.

formalizados que sofreram (i) redução proporcional de jornada de trabalho e de salários e/ou (ii) suspensão temporária do contrato de trabalho[24].

Sobre a forma de pactuação, o art. 12 da MP n. 936/2020 estabelece que, para os empregados com remuneração até R$ 3.135,00 ou enquadrados no art. 444, §único, CLT, os acordos poderão ser individuais ou coletivos, independentemente da alíquota redutora aplicada. Para os demais funcionários, será possível a celebração de acordo individual para aplicação da alíquota redutora de 25%, sendo necessário, para qualquer outra hipótese, a pactuação via acordo coletivo de trabalho[25].

De forma bastante parecida ao antigo Programa Seguro-Emprego[26], o art. 7º da MP n. 936/2020 autorizou, via acordo individual escrito celebrado com 48 horas de antecedência, a hipótese de redução de jornada de trabalho e de salário, por até 90 dias, preservada a proporcionalidade do valor do salário-hora de trabalho e observados os percentuais redutores de 25%, 50% ou 70%. O acordo previsto neste artigo cessará em dois dias corridos, contados do que ocorrer primeiro: *"(i) da cessação do estado de calamidade pública; (ii) da data estabelecida no acordo individual como termo de encerramento do período e redução pactuado; ou (iii) da data de comunicação do empregador que informe ao empregado sobre a sua decisão de antecipar o fim do período de redução pactuado"* (art. 7º, §único).

A pactuação de alíquotas redutoras diferentes daquelas previstas no art. 7º somente será considerada lícita pela via da negociação coletiva, atendendo aos preceitos do art. 11 da MP n. 936/2020, em especial dos que tratam do valor do Benefício Emergencial (§2º):

---

[24] É lícita a adoção sucessiva das medidas, nos termos do art. 16, MP n. 936/2020: *"O tempo máximo de redução proporcional de jornada e de salário e de suspensão temporária do contrato de trabalho, ainda que sucessivos, não poderá ser superior a noventa dias, respeitado o prazo máximo de que trata o art. 8º."*

[25] Esse dispositivo foi questionado na ADI n. 6.363, de autoria do partido Rede Solidariedade, alegando a necessidade de participação obrigatória dos sindicatos na negociação, em qualquer que fosse a negociação, por força do art. 7º, VI, XIII e XXVI, CF/88. Em julgamento de Medida Cautelar, ocorrido em 17/04/2020, o STF afastou liminarmente o pedido formulado, por 7x3, acolhendo o argumento de que, a despeito da previsão dos meios eletrônicos para realização de assembleia extraordinária (art. 17, II, MP n. 936/2020), a excepcionalidade do momento demanda rapidez na implementação das medidas de proteção ao emprego. O mérito da ação ainda está pendente de julgamento.

[26] Criado pela Lei n. 13.189/2015, com alterações introduzidas pela Lei n. 13.456/2017.

6. COVID-19: UM EXEMPLO LITERAL DE FORÇA MAIOR NO DIREITO DO TRABALHO

I – sem percepção do Benefício Emergencial para a redução de jornada e de salário inferior a vinte e cinco por cento;

II – de vinte e cinco por cento sobre a base de cálculo prevista no art. 6º para a redução de jornada e de salário igual ou superior a vinte e cinco por cento e inferior a cinquenta por cento;

III – de cinquenta por cento sobre a base de cálculo prevista no art. 6º para a redução de jornada e de salário igual ou superior a cinquenta por cento e inferior a setenta por cento; e

IV – de setenta por cento sobre a base de cálculo prevista no art. 6º para a redução de jornada e de salário superior a setenta por cento.

O art. 8º, por sua vez, trata da possibilidade de suspensão temporária do contrato de trabalho, também via acordo individual escrito celebrado com 48 horas de antecedência, pelo prazo máximo de 60 dias (fracionáveis em até 2 períodos de 30 dias). Durante o período de suspensão, o empregador deverá manter a concessão de todos os benefícios em vigência e poderá contribuir para a Previdência Social (RGPS) como segurado facultativo[27]. Para as empresas que, no ano-calendário de 2019, tiveram receita bruta superior a R$ 4.800.000,00, a suspensão do contrato de trabalho somente poderá ser implementada mediante o pagamento de ajuda compensatória mensal, de 30% do valor do salário do empregado (§5º). Equivalentemente à hipótese anterior, o contrato de trabalho será restabelecido no prazo de dois dias corridos, contado *"(i) da cessação do estado de calamidade pública; (ii) da data estabelecida no acordo individual como termo de encerramento do período e suspensão pactuado; ou (iii) da data de comunicação do empregador que informe ao empregado sobre a sua decisão de antecipar o fim do período de suspensão pactuado"* (§3º).

Um destaque merecido deve ser feito ao art. 8º, §4º, da MP n. 936/2020, que estabelece sanções ao empregador que fraudar a suspensão do contrato, mediante manutenção, ainda que parcial, de suas atividades por meio de teletrabalho, trabalho remoto ou trabalho à distância. Nestas circunstâncias, ficará descaracterizada a suspensão temporária do contrato de trabalho e o empregador deverá arcar com: (i) ao pagamento imediato da remuneração e dos encargos sociais referentes a todo o período; (ii) às

---

[27] Ver arts. 14 e 21, Lei n. 8.212/91 e art. 11, Decreto n. 3.048/99.

penalidades previstas na legislação em vigor; e (iii) às sanções previstas em convenção ou em acordo coletivo.

Os empregados, inclusive os aprendizes e os de jornada parcial, porém excluídos os intermitentes, atingidos pela implementação da redução de jornadas e salários e/ou da suspensão do contrato de trabalho, como forma de redução de impacto na renda, farão jus à percepção do Benefício Emergencial de Preservação do Emprego e da Renda (arts. 5º e 6º) – financiado com recursos da União e operacionalizado pelo Ministério da Economia –, consistente numa prestação mensal cujo valor terá como base de cálculo o valor mensal do seguro-desemprego a que o empregado teria direito[28]. Para definição do valor do benefício, sobre a base de cálculo, (i) no caso de acordo para redução de salário e jornada, será aplicada a mesma alíquota redutora incidente sobre o salário; e (ii) para o caso de acordo de suspensão do contrato de trabalho, as alíquotas aplicáveis serão de 100% (para empregados de empresas com receita bruta de até R$ 4.800.000,00) ou de 70% (para empregados de empresas com receita bruta igual ou superior a R$ 4.800.000,01)[29]. A duração do benefício se dará apenas durante a vigência dos acordos de redução e/ou suspensão.

Os empregados intermitentes farão jus a um benefício diferente do supracitado, nos termos do art. 18 da MP n. 936/2020, recebendo-o pelo período de três meses, no valor mensal de R$ 600,00, vedada sua cumulação com outros auxílios emergenciais.

Não são elegíveis ao Programa Emergencial os empregados (i) que estiverem ocupando cargo ou emprego público, cargo em comissão de livre nomeação e exoneração ou titular de mandato eletivo; (ii) ou em gozo (a) de benefício de prestação continuada do Regime Geral de Previdência Social ou dos Regimes Próprios de Previdência Social,

---

[28] Para definição desses valores, ver art. 5º da Lei n. 7.998/1990.

[29] Em outras palavras, nos casos de redução de jornada e salário, o empregado receberá o equivalente a 25%, 50% ou 70% do valor da parcela mensal de seu seguro-desemprego, paga pelo Governo Federal, somado de 75%, 50% ou 30% da sua remuneração, paga pelo empregador. E, nos casos de suspensão do contrato de trabalho, se empregado de empresa com receita bruta de até R$ 4,8 milhões, receberá 100% do valor da parcela mensal de seu seguro-desemprego, paga exclusivamente pelo Governo; ou, se empregado de empresa com renda bruta superior a R$ 4,8 milhões, receberá 70% do valor da parcela mensal de seu seguro-desemprego, paga pelo Governo, e 30% de sua remuneração, paga pelo empregador.

6. COVID-19: UM EXEMPLO LITERAL DE FORÇA MAIOR NO DIREITO DO TRABALHO

ressalvado o disposto no parágrafo único do art. 124 da Lei nº 8.213/1991; (b) do seguro-desemprego, em qualquer de suas modalidades; e (c) da bolsa de qualificação profissional de que trata o art. 2º-A da Lei n° 7.998, de 1990.

Para inclusão de empregados no rol de beneficiários, a empresa deverá informar ao Ministério da Economia sobre a pactuação de redução ou a suspensão temporária do contrato de trabalho, no prazo de dez dias, contado da data da celebração do acordo, sob pena de o empregador ficar responsável pelo pagamento da remuneração no valor anterior, inclusive dos respectivos encargos sociais, até a que informação seja prestada. O pagamento da primeira parcela será realizado em até 30 dias da data do pacto, salvo se não observado o prazo de comunicação prévia de 10 dias, condição em que o pagamento será realizado em até 30 dias da data da efetiva comunicação. A comunicação deve ser feita através do site <https://servicos.mte.gov.br/bem/>. A MP também prevê a obrigação de comunicação ao sindicato da categoria, no prazo de 10 dias corridos da celebração dos acordos individuais, contudo, sem qualquer previsão de penalidade.

A percepção do Benefício Emergencial de Preservação do Emprego e da Renda não excluirá o direito do empregado ao seguro-desemprego, na hipótese de rescisão imotivada de seu contrato de trabalho e preenchidos os requisitos legais, bem como será devido pelo Governo ao trabalhador independentemente de (i) cumprimento de qualquer período aquisitivo; (ii) tempo de vínculo empregatício; e (iii) número de salários recebidos.

Em paralelo ao pagamento do Benefício Emergencial pelo Governo, poderá o empregador pagar ao empregado uma "ajuda compensatória mensal", em valor a ser definido por negociação individual ou coletiva, a qual terá natureza indenizatória e será excluída das bases de cálculo do imposto de renda do empregado, dos tributos sobre a folha de pagamento e do FGTS. Nos casos de pessoas jurídicas tributadas pelo lucro real, a ajuda compensatória mensal também poderá ser excluída do lucro líquido para fins de determinação do imposto sobre a renda da pessoa jurídica e da contribuição social sobre o lucro líquido.

Além da proteção da renda, a MP n. 936/2020 busca simultaneamente a proteção do emprego, o que se dará através da criação da garantia provisória ao emprego, nos termos estabelecidos pelo art. 10:

Art. 10. Fica reconhecida a garantia provisória no emprego ao empregado que receber o Benefício Emergencial de Preservação do Emprego e da Renda, de que trata o art. 5º, em decorrência da redução da jornada de trabalho e de salário ou da suspensão temporária do contrato de trabalho de que trata esta Medida Provisória, nos seguintes termos:

I – durante o período acordado de redução da jornada de trabalho e de salário ou de suspensão temporária do contrato de trabalho; e

II – após o restabelecimento da jornada de trabalho e de salário ou do encerramento da suspensão temporária do contrato de trabalho, por período equivalente ao acordado para a redução ou a suspensão.

§ 1º A dispensa sem justa causa que ocorrer durante o período de garantia provisória no emprego previsto no caput sujeitará o empregador ao pagamento, além das parcelas rescisórias previstas na legislação em vigor, de indenização no valor de:

I – cinquenta por cento do salário a que o empregado teria direito no período de garantia provisória no emprego, na hipótese de redução de jornada de trabalho e de salário igual ou superior a vinte e cinco por cento e inferior a cinquenta por cento;

II – setenta e cinco por cento do salário a que o empregado teria direito no período de garantia provisória no emprego, na hipótese de redução de jornada de trabalho e de salário igual ou superior a cinquenta por cento e inferior a setenta por cento; ou

III – cem por cento do salário a que o empregado teria direito no período de garantia provisória no emprego, nas hipóteses de redução de jornada de trabalho e de salário em percentual superior a setenta por cento ou de suspensão temporária do contrato de trabalho.

§ 2º O disposto neste artigo não se aplica às hipóteses de dispensa a pedido ou por justa causa do empregado.

Com essas medidas, vê-se que o Poder Executivo brasileiro aposta numa rápida reabertura econômica, já que as medidas propostas não apresentam duração superior a 90 dias e o PLDO-2021 trabalha com o cenário de crescimento econômico[30]. Em contraponto à visão otimista do Executivo, é de se destacar que (i) as medidas provisórias serão apreciadas pelo Congresso Nacional, onde o Governo apresenta grave dificuldade

---

[30] Vide Notas 10 e 11, supra.

6. COVID-19: UM EXEMPLO LITERAL DE FORÇA MAIOR NO DIREITO DO TRABALHO

de articulação política, e poderão sofrer alterações, inclusive de duração; e (ii) o STF, por unanimidade, nos autos da ADI n. 6.341, que a competência da União não se sobrepõe ou afasta a competência dos Estados e Municípios para legislar sobre temas de saúde pública, o que inclui as hipóteses de isolamento, quarentena, restrição excepcional e temporária de rodovias, portos ou aeroportos etc.

Conclusões

Segundo a OIT[31], as medidas de respostas à crise pandêmica demandam foco em dois objetivos obrigatórios e imediatos: proteção à saúde e suporte econômico (tanto em relação à demanda quanto em relação ao fornecimento), em larga escala. Para atingimento desses objetivos, quatro pilares são propostos: (1) Criar estímulo à economia e geração de empregos; (2) Dar suporte às empresas, trabalhos e receitas; (3) Proteger os trabalhadores em seus postos de trabalho; (4) Fiar-se no debate público para achar soluções.

No primeiro pilar, as medidas recomendas demandam inovações nas políticas fiscais e monetárias dos países, com a criação de linhas de crédito para os setores mais atingindo e para a saúde. No segundo, as recomendações apontam para a necessidade de extensão da proteção social para todos, de implementação de medias de manutenção dos empregos e de alívios (tributários, financeiros etc.) para as empresas. Em sequência, a OIT recomenda o fortalecimento das medidas de proteção ambiental e de saúde e segurança do trabalho, a adaptação dos trabalhos ao teletrabalho, prevenir discriminações e exclusões, garantir acesso à saúde para todos e expandir as garantias rescisórias dos contratos. Por fim, no quarto pilar, são recomendadas medidas de fortalecimento da capacidade de ação dos governos, fortalecimento da capacidade e resiliência dos sindicatos de trabalhadores e de empresas e fortalecimento das instituições trabalhistas, dos processos de diálogo social e das negociações coletivas.

Uma análise crítica das medidas propostas pelo Governo nos situa no meio do caminho recomendado pela OIT: ao mesmo tempo em que

---

[31] ORGANIZAÇÃO INTERNACIONAL DO TRABALHO. *COVID-19 and the world of work (ILO Monitor 2nd Edition)*. pp. 7-8. Disponível em <https://www.ilo.org/wcmsp5/groups/public/---dgreports/---dcomm/documents/briefingnote/wcms_740877.pdf>. Visitado em 19/04/2020.

estímulos econômicos foram criados, visando a proteção dos contratos atuais de emprego, parecemos distantes das medidas de proteção aos trabalhadores em atividades (em especial, os da saúde) e do fortalecimento do debate público e das negociações coletivas, condição em que o Governo se torna o único responsável pelas políticas públicas, seja no sucesso, seja no fracasso.

Referências

BECK, Ulrich. *SOCIEDADE DE RISCO: Rumo a uma outra modernidade*. São Paulo: Editora 34, 2010.

G1. *Maia, partidos e entidades criticam MP que suspende contratos de trabalho; Bolsonaro e Mourão defendem*. Disponível em <https://g1.globo.com/politica/noticia/2020/03/23/maia-partidos-e-entidades-criticam-mp-que-suspende-contratos-de-trabalho--bolsonaro-e-mourao-defendem.ghtml>. Visitado em 19/04/2020.

HARARI, Yuval Noah. *SAPIENS: Uma breve história da humanidade*. São Paulo: L&PM, 2015.

JORGE NETO, Francisco Ferreira; CAVALCANTE, Jouberto de Quadros Pessoa. *Direito do trabalho*. 9.ed., São Paulo: Atlas, 2019.

LIMA, Mario Sergio. *Virada no mercado de trabalho brasileiro ainda levará tempo*. Disponível em <https://economia.uol.com.br/noticias/bloomberg/2020/02/28/virada-no-mercado-de-trabalho-brasileiro-ainda-levara-tempo.htm>. Visitado em 19/04/2020.

MARTINEZ, Luciano. *Curso de direito do trabalho*. 10.ed., São Paulo: Saraiva, 2019.

MARTINS FILHO, Ives Gandra. *Manual esquemático de direito e processo do trabalho*. 27.ed., São Paulo: SaraivaJur, 2019.

MINISTÉRIO DA ECONOMIA (BRASIL). *Projeto de Lei de Diretrizes Orçamentárias de 2021 – Anexo IV.1 – Metas Fiscais Anuais*. Disponível em <https://www.gov.br/economia/pt-br/assuntos/orcamento/orcamentos-anuais/2021/pldo/anexo-iv-1--metas_fiscais.pdf>. Visitado em 19.04.2020.

MINISTÉRIO DA ECONOMIA (BRASIL). *Projeto de Lei de Diretrizes Orçamentárias de 2021 – Anexo V – Riscos Fiscais*. Disponível em <https://www.gov.br/economia/pt-br/assuntos/orcamento/orcamentos-anuais/2021/pldo/anexo-v-riscos-fiscais.pdf>. Visitado em 19.04.2020.

MINISTÉRIO DA SAÚDE (BRASIL). *Resposta nacional e internacional de enfrentamento ao novo coronavírus*. Disponível em https://coronavirus.saude.gov.br/index.php/resposta-brasileira-a-emergencia. Visitado em 19.04.2020.

ORGANIZAÇÃO INTERNACIONAL DO TRABALHO. *COVID-19 and the world of work: Impacts and policy responses (ILO Monitor 1st Edition)*. Disponível em <https://

6. COVID-19: UM EXEMPLO LITERAL DE FORÇA MAIOR NO DIREITO DO TRABALHO

www.ilo.org/wcmsp5/groups/public/---dgreports/---dcomm/documents/briefingnote/wcms_738753.pdf>. Visitado em 19/04/2020.

ORGANIZAÇÃO INTERNACIONAL DO TRABALHO. *COVID-19 and the world of work (ILO Monitor 2nd Edition)*. Disponível em <https://www.ilo.org/wcmsp5/groups/public/---dgreports/---dcomm/documents/briefingnote/wcms_740877.pdf>. Visitado em 19/04/2020.

UOL ECONOMIA. *Desemprego nos Estados Unidos atinge 22 milhões*. Disponível em <https://economia.uol.com.br/noticias/estadao-conteudo/2020/04/17/desemprego-nos-estados-unidos-atinge-22-milhoes.htm>. Visitado em 19/04/2020.

PARTE III

EFEITOS DO COVID-19 NO PAPEL DO ESTADO E DA ORGANIZAÇÃO MUNDIAL DA SAÚDE: OS FUNDAMENTOS E AS MEDIDAS ADMINISTRATIVAS E TRIBUTÁRIAS

1. Da miopia ao panóptico: crítica à autonomia do Direito em tempos de pandemia

RICARDO TINOCO DE GÓES

RAINEL BATISTA PEREIRA FILHO

Passamos por um momento crítico na história caracterizado por um evento de alcance global para o qual pouco nos preparamos. Assim, já se tornou capaz de gerar um tão profundo e decisivo impacto que os mais amplos aspectos da vida em sociedade vêm repercutindo seus desdobramentos variados, o que não passa despercebido pelas ciências sociais ou humanas. Neste sentido, resta evidente a afirmação do poeta de que "nada será como antes amanhã"[1].

No meio desta crise gerada pelo evento pandêmico, surgem alguns pensadores que, sob os mais variados signos, passam a analisar e tentar antever o resultado da crise humanitária, econômica e sanitária que vivenciamos.

Dentre eles, o sul coreano Byung – Chul Han[2] aponta que, os países da Ásia têm conseguido com maior facilidade conter e controlar a pandemia, em parte – inicialmente – por imperar nestes países o que ele denomina de coletivismo em oposição ao individualismo ocidental. Além disso, em países como a China, onde impera uma tradição

---

[1] Música de Milton Nascimento: "nada será como antes".

[2] HAN, Byung-Chul. *O coronavírus de hoje e o mundo de amanhã*. Disponível em: < https://brasil.elpais.com/ideas/2020-03-22/o-coronavirus-de-hoje-e-o-mundo-de-amanha-segundo-o--filosofo-byung-chul-han.html > Acesso em 08 de abril de 2020.

autoritária, não há sigilo de dados pessoais frente aos órgãos do Estado, logo, a análise do amontoado de dados produzidos pelos cidadãos em suas mais variadas interações virtuais (BIG DATA), por meio de uma constante vigilância digital, tem possibilitado aos órgãos do Estado identificar os doentes, delimitar a suas interações para discernir os possíveis infectados, além de controlar o estrito cumprimento do isolamento social.

Tal quadro, diante do paradigma das democracias ocidentais, seria praticamente impensável, considerando as premissas em que foram fundadas tais sociedades, calcadas na liberdade, no individualismo e na proteção da esfera privada da vida. Neste sentido, diante dos trágicos resultados da pandemia na Europa, Estados Unidos e América Latina, Byung – Chul Han aponta para a possibilidade de a China, além de exportar artigos manufaturados, para combater a crise instalada, servir de modelo para que as democracias ocidentais adotem um sistema de vigilância digital, segundo o modelo Asiático.

Noutra senda, o filósofo italiano Giorgio Agamben (2020)[3], desde o início da emergência sanitária, vem produzindo ensaios que lançam um olhar reflexivo sobre a situação do seu país, e, neles, chama a atenção para o estabelecimento do estado de exceção na Itália que limitou severamente os direitos fundamentais insculpidos na Carta Magna. Com isso, o cidadão se vê obrigado a viver no mais severo regime de "toque de recolher", típico de uma guerra, muito embora, trate-se de uma guerra absurda e por poucos imaginadas. Neste combate, o inimigo é invisível, pode habitar em qualquer outro ser humano e, eventualmente, estar dentro de nós sem que sequer saibamos.

---

[3] O autor possui um sítio eletrônico sob o endereço: < https://www.quodlibet.it/una-voce-giorgio-agamben > onde publica seus ensaios, desde o início das medidas de contenção na Itália, tendo produzido cinco textos: *L'invenzione di un'epidemia*, de 26 de fevereiro de 2020 < https://www.quodlibet.it/giorgio-agamben-l-invenzione-di-un-epidemia >; *Contagio*, de 11 de março de 2020 <https://www.quodlibet.it/giorgio-agamben-contagio> , *Chiarimenti*, de 17 de março < https://www.quodlibet.it/giorgio-agamben-chiarimenti >; *Riflessioni sulla peste*, de 27 de março < https://www.quodlibet.it/giorgio-agamben-riflessioni-sulla-peste > e o último: *Distanziamento sociale*, de 06 de abril de 2020 < https://www.quodlibet.it/giorgio-agamben-distanziamento-sociale >. Todos os textos foram consultados em 10 de abril de 2020.

Tal situação extrema, evidencia que as sociedades ocidentais se tornaram profundamente niilistas, tendo por característica uma única crença, denominada pelo autor de "vida nua".

Ao esclarecer o significado do termo "vida nua", demonstra o fato de os italianos terem sacrificado quase que totalmente os aspectos mais amplos e capazes de revestir a vida, tais como: a amizade, o amor, a discussão política, o funcionamento de espaços cognitivos, além de vários de seus direitos fundamentais, inclusive, a própria possibilidade de enterrar seus mortos, pelo único valor da vida. Esse, por sua vez, afastado de todos tais predicados e condições, faz com que a população se renda a uma experiência vivenciada praticamente anódina, na qual o seu único sentido se resume à manutenção da sobrevivência biológica.

Diante deste terrível quadro, resta explícito que a crise envolverá riscos sistêmicos globais, ocasionando uma tragédia humanitária, econômica e social que poderá ser agravada ainda mais pela estagnação econômica e pelo desemprego em massa.

Como bem aponta José Eduardo Faria[4], uma crise de magnitude extraordinária tende a provocar rupturas e perturbações na ordem institucional em vigor, atraindo enorme dificuldade para interpretá-la e para realizar prognósticos que solucionem as dificuldades que se avultam, já que o instrumentário tecnológico, os esquemas cognitivos e doutrinários são concebidos em tempos ordinários.

Nesta toada, diante de quadro tão desalentador, cabe refazer a pergunta realizada pelo catedrático da Universidade de Coimbra, Antônio Castanheira Neves, que em dezembro de 2001[5], proferiu palestra na qual ensaiava investigar, diante daquele momento histórico, qual o sentido da autonomia do direito e qual o seu principal significado.

À época, realizando o cotejo entre o positivismo normativista de Hans Kelsen[6] em confronto com o pós-positivismo, surgido com o término da segunda guerra mundial, Castanheira Neves aponta a superação do modelo de autonomia do direito desenvolvido pelo autor austríaco, enquanto um sistema de normatização prescrita *a priori*, antes do *input*

---

[4] FARIA, José Eduardo. *O Estado de direito depois da crise*. 2. ed. São Paulo: Saraiva, 2017, p. 14.
[5] A palestra proferida foi transformada em livro: NEVES, Antonio Castanheira Neves. *O direito hoje e com que sentido?* Editora Instituto Piaget: Lisboa, 2002.
[6] KELSEN, Hans. *Teoria Pura do Direito*. 6 Edição. São Paulo: Martins Fontes, 1998.

de qualquer dado concreto, dando azo a uma racionalidade prévia e logicamente construída, sem a preocupação efetiva com os problemas jurídicos e sociais concretos, mas hermeticamente estabelecido dentro de premissas lógicas que davam coesão ao sistema e privilegiavam uma racionalidade dogmática e autorreferente do direito.

Fato que esta concepção pura, autorreferente e avalorativa do fenômeno jurídico conduziu o direito a tornar-se um sistema formal alienado da realidade social que evoluía, afastando-o dos compromissos sociais, políticos, econômicos, e, sobretudo, dos problemas que a própria facticidade real exigia[7]: a proteção à dignidade humana, o respeito à autonomia dos povos, o estabelecimento de valores humanitários aptos a barrar atitudes despóticas e a concreção de valores universais, inalienáveis e inderrogáveis.

A par de todas estas críticas a teoria do direito se movimentou a abandonar a autonomia, dentro dos cânones do positivismo normativista, e passou a construir inúmeras teorias que visavam reconduzir o direito a uma aproximação dos valores éticos e morais inseridos umbilicalmente em determinada sociedade.

Nos albores do século XXI, talvez nos encontremos num momento de risco tão proeminente, somente comparável na história ao pós-segunda guerra. Entretanto, será a oportunidade de pôr a prova todo o arsenal técnico que as teorias do direito advindas do pós-positivismo construíram e procuraram realizar.

Nessa quadra, um dos pontos de saturação a justificar uma necessária virada para uma prática pós-positivista, acreditamos, reside na tentativa de bem demonstrar que uma leitura mais recente do positivismo jurídico, nascida da sociologia e centrada no pensamento de Niklas Luhmann[8], não consegue, em tempos de pandemia, fazer coincidir a autonomia funcional do sistema jurídico com a promessa clara de bem estabilizar as expectativas comportamentais representativas da tarefa cometida ao Direito.

O aporte sobre a autonomia do Direito quando a força maior, imprevisível e repentina, toma o espaço da tranquilidade, deixa entrar em cena importante discussão sobre a base teórica que contemporaneamente fez

---

[7] NEVES, Antonio Castanheira Neves. *Op. Cit.* p. 29 e 30

[8] LUHMANN, Niklas. *Sociologia do Direito I.* Tradução de Gustavo Bayer. Rio de Janeiro: Edições Tempo Brasileiro, 1983.

1. DA MIOPIA AO PANÓPTICO: CRÍTICA À AUTONOMIA DO DIREITO...

estágio naquela teoria, retratada dentre tantos por Gunther Teubner (1989), quando sintetiza:

"a chave para a compreensão da autonomia do sistema jurídico reside nesta relação tripartida entre auto-observação, auto-constituição e auto--reprodução. Logo que a comunicação jurídica sobre a distinção básica legal/ilegal comece a diferenciar-se da comunicação social geral, aquela se torna inevitavelmente auto-referencial e é compelida a tematizar-se a si mesma no quadro de categorias intrinsecamente jurídicas."[9]

É certo que a proposta sistêmica bem se ergue quando o sistema jurídico envolto esteve por um entorno (relação sistema/ambiente) que, inobstante complexo, não se mostrava tão arrebatador como o que irrompeu com a pandemia do coronavírus.

Contudo, compreender agora que a autonomia do Direito advém de um processo que o diferencia do seu ambiente, e que a partir da atuação seletiva do código binário lícito/ilícito pode produzir normas suficientemente capazes de estabilizar expectativas comportamentais[10] para um mundo complexo, plural, policêntrico e policontextural, mostra-se, frente aos efeitos deletérios de um evento extraordinário como a Covid-19, uma verdadeira quimera.

Claro que a crítica não se propõe a retirar o valor epistemológico da autopoiese para o Direito. Mas se coloca como um olhar que renova as impressões teóricas sobre a leitura sociológica de Luhmann, quando o fenômeno que estimula e provoca as irritações intersistêmicas é, agora, ao mesmo tempo, plurissistêmico e universal, desafiando, sobretudo, o sentido dos acoplamentos estruturais que se estabelecem em face das relações mantidas pelo Direito com a Política e a Economia.

---

[9] TEUBNER, Gunther. *O Direito como sistema autopoiético*. Trad. José E. Antunes, Lisboa: Calouste Gulbenkian, 1989. p. 70.

[10] CAMPILONGO, Celso. *O direito na sociedade complexa*. São Paulo: Max Limonad, 2000. p. 189. Sobre a estabilização de expectativas comportamentais, diz o autor: "O direito é um sistema diferenciado da sociedade moderna, funcionalmente especificado, que estabiliza estruturas de expectativas e institucionaliza a possibilidade da sua própria transformação. O direito, portanto, não produz efeitos, mas torna possível o agir sobre a base de uma seletividade que permite isolar eventos e qualificá-los como ações".

É o caso de se pensar com alguns exemplos, se o sistema jurídico, que pela óptica da Teoria dos Sistemas reage às influências (irritações) provocadas pela Economia, poderá mesmo ensejar respostas normativas adequadas para situações geradoras de distintas consequências.

Veja-se o que certamente ocorrerá, diante da necessidade de garantir postos de trabalho em dezenas de países, quando os trabalhadores, antes detentores dessas ocupações, são igualmente cidadãos de diversas nacionalidades, manufaturando num dado lugar e vendendo noutro vários produtos pertencentes à mesma cadeia produtiva. Como assegurar, então, que diferentes respostas jurídicas advindas da totalidade dos Estados envolvidos e afetados pela pandemia, poderão equalizar soluções que atendam à finalidade de proteger, na mesma medida e no mesmo grau de importância, todos os empregos que compõem essa cadeia?

Nessas situações, não há dúvida de que a mesma informação econômica, captada pelo código binário de um sistema jurídico pode ser significada de modo diametralmente oposto pelo código do Direito de outro Estado, isso em escala geométrica, pondo em colapso o modo próprio de reger juridicamente essas relações multilaterais e, assim, comprometer o que obrigatoriamente deve o Direito regular.

Valores universais firmados sob o manto protetor da dignidade humana impõem-se agora como alvos concretos de decisões jurídicas produtoras de sentido num mundo sem fronteiras. É o que se pode dizer, também exemplificativamente, frente à recorrente indignidade de submeter inúmeros trabalhadores da saúde pública ao enfrentamento do coronavírus sem os equipamentos de proteção individual tão necessários, a fim de proverem atendimento aos infectados. Essa é uma questão de política pública que alcança a todos e que, ao mesmo tempo, pode receber diferentes tratamentos normativos de Estado para Estado, naquilo que resguarda, por exemplo, a algum país que exerça hegemonicamente atividades concentradas na industrialização desses insumos.

Nesse caso, aponte-se hipótese em que um mesmo Estado soberano contém em seu sistema jurídico, regras assecuratórias tanto da força obrigatória dos contratos, como do dever de reciprocidade com os outros países e que, levado a vender a totalidade de sua produção de equipamentos de proteção para um só destino, ante a incidência daquela primeira regra, passe, em contrapartida, a sofrer retaliações de outro Estado que lhe vende matéria prima para a produção de medicamentos, mas que se

1. DA MIOPIA AO PANÓPTICO: CRÍTICA À AUTONOMIA DO DIREITO...

encontre com seus profissionais da saúde morrendo à míngua de proteção. Como buscar estabilidade nas respostas jurídicas, caso esse último país tenha justificado sua atitude na falta de reciprocidade daquele em não lhe disponibilizar os mesmos equipamentos protetivos?

Pergunta-se: nesse caso, frente às possíveis respostas jurídicas forjadas sob o manto do funcionalismo sistêmico, no âmbito da ordem jurídica do país que vende os equipamentos e que importa a matéria prima, a quem atender nesse impasse? À norma fundada na força obrigatória dos contratos ou à regra jurídica que exige reciprocidade? Como é possível que o mesmo sistema jurídico, apenas se valendo de sua autonomia autor-referente, autorize a venda da totalidade dos equipamentos de proteção a um só país, arrimando-se na regra jurídica sediada na obrigatoriedade dos contratos e ao mesmo tempo desconsidere a obrigação, também jurídica, de ser recíproco com o país que lhe vende insumos para a fabricação de medicamentos? Isso tudo a considerar que as duas relações jurídicas somente surgiram a partir de um único fenômeno, inserido num universo distinto dos específicos lindes econômicos, mas que atingiu em cheio toda a economia, ao promover uma completa reviravolta no financiamento da saúde pública mundial?

É questionar: a leitura seletiva do código lícito/ilícito sobre as relações internacionais pode admitir respostas antagônicas para relações jurídicas nascidas do mesmo fato? O paradoxo gerado pelo sistema jurídico frente às situações análogas assegura a correção da decisão jurídica a advir dessa normatividade?

E partindo de perguntas específicas para uma reflexão mais abrangente: como assegurar que as duas normas do mesmo sistema jurídico sejam válidas e eficazes, ainda que se tornem antagônicas, à luz da só reação que o sistema jurídico produziu frente a um só evento gerador de múltiplas e variadas consequências?

Essa impossibilidade parece ser patente, já que o paradoxo nasce da captação do sentido do evento pandêmico pelo código sistêmico que, incoerentemente, avaliza soluções jurídicas para a mesma hipótese, mas adotando, na prática e para ambas, sentidos contrapostos. Isso se dá exatamente porque só considera a pandemia como um mero estímulo para a produção de normas que assentem a licitude ou a ilicitude de certas ações, jamais como um fato a ser considerado amplamente com as repercussões morais e éticas que certamente nele estão contidas.

Veja-se: a influência que a economia, pelas leis do mercado, pode gerar sobre sistemas jurídicos de diferentes informações históricas, mas que se encontram numa só zona de afetação, em face das consequências nefastas que a pandemia pode lhes causar, impõe uma nova proposta para a funcionalidade dos sistemas jurídicos mundiais.

O conhecido fenômeno da globalização gerou uma inevitável relação de interdependência entre as nações, de tal modo que a paralisação da atividade econômica pôde, a um primeiro momento, ser absorvida por instrumentos de intervenção estatal em alguns países, a fim de que grande parte de bens e serviços continuassem a ser produzidos, havendo os governos reagido por meio de medidas heterodoxas autorizadas pelo código binário do respectivo sistema jurídico. Mas se igual postura não sobrevier do sistema jurídico do país com o qual aquele primeiro Estado mantém altos níveis de interdependência, de que adiantará esse esforço?

De que vale a autonomia do Direito de um Estado soberano, quando as normas jurídicas decorrentes de sua funcionalidade sistêmica, não são capazes de produzir eficácia num mundo sem fronteiras e num ambiente sociológico em que um fenômeno extraordinário como o atual, a despeito de ser um só, é múltiplo quanto aos seus efeitos e desdobramentos?

Ao tempo em que as irritações geradas pela fricção das informações partidas da Economia ao Direito atingem, no mesmo instante, os mais diversos sistemas jurídicos, espalhados mundo afora, reclamando respostas jurídicas coerentes e compactadas em conteúdos logicamente explicáveis, o Direito de cada nação pode fazer atuar seu código binário intrassistêmico de modo tão diferenciado que uma só ação heterorreferente será capaz de gerar, ao mesmo tempo e num só golpe fatal, prejuízos indeléveis para os destinatários de todos os sistemas jurídicos nacionais envolvidos.

Para uma patologia universal, somente uma proposta de construção jurídico-normativa de fundo igualmente universal, sediada no diálogo pleno entre as nações, democraticamente calcado em pressupostos comunicacionais reciprocamente reconhecidos, poderá assegurar simetria às soluções eventualmente construídas.

A presunção de que o Direito de cada Estado seguirá ditando respostas para os efeitos dessa tragédia, a partir de uma recursividade sistêmica desatrelada do que esse mesmo fenômeno produziu economicamente, nos limites territoriais das demais nações, traduz-se como uma visão claramente míope da realidade. O derretimento das finanças públicas e do capital circulante é o mesmo em todos os lugares. Persiste e se amplia nas mesmas dimensões, mas continua a ser cognitivamente captado por cada sistema jurídico de forma diferenciada, produzindo respostas igualmente destoantes.

Essa presunção ainda se alimenta da frágil percepção de que os valores constitucionais de cada país são insuspeitamente postos a salvo todas as vezes que a reação sistêmica do Direito se der em atendimento ao que o acoplamento estrutural entre o Direito e a Política considerar juridicamente válido, isso para um fenômeno que é transnacional, supraestatal e extraterritorial como é a propagação da Covid-19.

Recentemente, Luigi Ferrajoli escreveu sobre a necessidade de uma Constituição da Terra[11]. Em sua proposta não se concebe um retorno às fontes metajurídicas do Direito Natural, nem tampouco a uma Moral secular substitutiva da autonomia do Direito. O que há de relevante e de assombrosamente magnânimo em sua visão, é a imperiosa necessidade de cindir-se o paradigma do insulamento sistêmico ancorado na vetusta imagem da supremacia do Estado Nação.

Quando um só fenômeno é capaz de produzir múltiplas consequências jurídicas para uma mesma realidade nacional, a partir da geração de paradoxos inevitáveis, oriundos de diversas relações jurídicas mantidas mundo afora pelo mesmo país e quando esse mesmo fenômeno dá origem a uma cadeia de efeitos sociais, cujas reações sistêmicas podem interferir diretamente na eficácia de decisões jurídicas tomadas já em outros territórios, segundo cada sistema jurídico específico, o diagnóstico é um só: há um déficit de normatividade patente e uma insuficiência substancial na proposta de um Direito que, para essas realidades subjacentes, continue a espelhar os postulados de um paradigma jurídico sediado na aceitação de um funcionalismo sistêmico puro, simples e extremado.

Na realidade que se abateu sobre a humanidade, as situações aqui cogitadas, em verdade, já são hipostasiadas na contingência nua e crua das sociedades dos cinco continentes, a saber: tanto a impossibilidade prática de que o mesmo sistema jurídico ofereça sempre respostas coerentes para

---

[11] FERRAJOLI, Luigi. Entrevista concedida ao jornal *El País*, Madrid, 27 de março de 2020. Disponível em < https://elpais.com/ideas/2020-03-27/luigi-ferrajoli-filosofo-los-paises-de-la-ue-van-cada-uno-por-su-lado-defendiendo-una-soberania-insensata.html > consultado em 13/04/2020.

COVID-19 E OS IMPACTOS NO DIREITO

casos análogos, reagindo a esses estímulos de modo coeso e íntegro, como também a impossibilidade de que dois ou mais sistemas jurídicos reajam a um mesmo fenômeno econômico de modo a tornar compatíveis, entre si, as decisões jurídicas extraídas de um e de outro. Essas constatações revelam a face oculta do fechamento operacional enquanto modo próprio de reduzir tais complexidades.

Em verdade, a insuficiência de um modelo que prega o absolutismo da autonomia do sistema jurídico, frente à multiplicidade de demandas revestidas de diferentes características, instantaneamente ocorrentes nos mais variados lugares, leva-nos ao diagnóstico de que as comunicações internas que cada sistema mantém em seu ambiente jamais serão capazes de selecionar, por meio de seu código binário, e reproduzir, recursivamente, respostas jurídicas que promovam a estabilização de expectativas comportamentais num mundo que reclama mudanças radicais.

E a maior mudança, naquilo a que se propõe, pela tradição, o Direito, nos impulsiona a estar à frente do que a tragédia gerou na saúde pública. Aliás, nos concita mesmo a transcender o imediatismo contido no sentido maléfico da doença e das mortes que ela tem provocado. E com isso reconhecer que é preciso superar a dualidade prévia das qualificações binárias, tal como a do lícito/ilícito. Ir além do bem e do mal, superar a oposição dos valores[12] como em Nietzsche, e instaurar uma nova consciência sobre conceitos essenciais da própria vida.

Mesmo vindo a reboque, o Direito aí se encontrará, talvez, sob outra informação ontológica. Sem escolhas predeterminadas em torno dos valores em debate, poderá oferecer-se como mais um objeto ao diálogo entre as nações, não só captando os sentidos que essa nova ambiência, então pós-pandemia, revelará, mas também sendo captado por um debate amplo, geral e livre de coações.

E assim o pós-positivismo se fará necessidade. Impor-se-á pela revolução dos fatos, como já sustentaram, por exemplo, os mais ousados defensores do pragmatismo jurídico.[13] Nesse porvir, quem sabe, nenhuma deferência terá o Direito às posturas teóricas que promovem um "autoritarismo

---

[12] NIETZSCHE, Friederich W. *Além do bem e do mal – prelúdio de uma filosofia do futuro*. Trad. Antônio Carlos Braga, São Paulo: Lafonte, 2012. p. 16.

[13] A propósito, linha jusfilosófica encampada mais abrangentemente por RICHARD POSNER e, num sentido mais estrito, pelo viés do minimalismo jurídico, por CASS SUSTEIN.

consentido", como na versão letal do Estado de Exceção de Agamben, em que *autorictas* ou poder da anomia coincide, numa só pessoa, com a *potestas* ou poder da ordem jurídica.[14]

Ao revés, na pós-pandemia poderá o Direito assumir um olhar multifocado, não propriamente destinado a vigiar as pessoas desarrazoadamente ou para servir ao controle estabelecido no Oriente, como apontado por Byung – Chul Han.

Com esse outro descortinar, a realização quase desesperada de contratos para a aquisição de equipamentos de proteção individual e de insumos para a produção de medicamentos, como no exemplo oferecido, sequer poderia ocorrer não sem que antes todos os interessados fossem ouvidos e sobre as mesmas bases pudessem negociar com o máximo sentido de igualdade, mirando sempre para o supraprincípio da dignidade, primado básico de um Direito a serviço de toda a humanidade. Isso seria possível, pois antes que uma só reação sistêmica do Direito de cada país ocorresse, a abertura ao diálogo obrigatoriamente a antecederia, assim funcionando como uma premissa básica, condicionante e obrigatória!

É o que se pode acentuar ao desfecho desse escrito: contra a cegueira e o atomismo dos riscos sistêmicos desse novo ciclo, que ao Direito se ofereça a alegoria de um novo panóptico, indutor de uma visão, cuja abrangência seja capaz de bem expressar que é na abertura ao diálogo e à solidariedade entre Estados e nações, que poderá residir, a partir de então, a essência de sua própria existência.

Referências

AGAMBEN, Giorgio. *L'invenzione di un'epidemia*, 26 de fevereiro de 2020. Disponível em: < https://www.quodlibet.it/giorgio-agamben-l-invenzione-di-un-epidemia > Acesso em em10 de abril de 2020.

AGAMBEN, Giorgio. *Contagio*, 11 de março de 2020. Disponível em: <https://www.quodlibet.it/giorgio-agamben-contagio> Acesso em10 de abril de 2020.

AGAMBEN, Giorgio. *Chiarimenti*, 17 de março, Disponível em: < https://www.quodlibet.it/giorgio-agamben-chiarimenti > Acesso em 10 de abril de 2020.

AGAMBEN, Giorgio. *Riflessioni sulla peste*, 27 de março Disponível em: < https://www.quodlibet.it/giorgio-agamben-riflessioni-sulla-peste > Acesso em 10 de abril de 2020.

[14] CASTRO, Edgardo. *Introdução a Giorgio Agamben*. Trad. Beatriz de Almeida Magalhães, Belo Horizonte: Editora Autêntica, 2012, p. 85.

AGAMBEN, Giorgio. *Distanziamento sociale*, 06 de abril de 2020 Disponível em: < https://www.quodlibet.it/giorgio-agamben-distanziamento-sociale >. Acesso em 10 de abril de 2020.

CAMPILONGO, Celso. *O direito na sociedade complexa*. São Paulo: Max Limonad, 2000.

CASTRO, Edgardo. *Introdução a Giorgio Agamben*. Trad. Beatriz de Almeida Magalhães, Belo Horizonte: Editora Autêntica, 2012.

FARIA, José Eduardo. *O Estado de direito depois da crise*. 2. ed. São Paulo: Saraiva, 2017.

FERRAJOLI, Luigi. Entrevista concedida ao jornal *El Pais*, Madrid, 27 de março de 2020. Disponível em < https://elpais.com/ideas/2020-03-27/luigi-ferrajoli-filosofo-los--paises-de-la-ue-van-cada-uno-por-su-lado-defendiendo-una-soberania-insensata. html > consultado em 13 de abril de 2020.

HAN, Byung-Chul. *O coronavírus de hoje e o mundo de amanhã*. Disponível em: < https://brasil.elpais.com/ideas/2020-03-22/o-coronavirus-de-hoje-e-o-mundo-de-amanha-segundo-o-filosofo-byung-chul-han.html > Acesso em 08 de abril de 2020.

KELSEN, Hans. *Teoria Pura do Direito*. 6 Edição. São Paulo: Martins Fontes, 1998.

LUHMANN, Niklas. *Sociologia do Direito I*. Tradução de Gustavo Bayer. Rio de Janeiro: Edições Tempo Brasileiro, 1983.

NEVES, Antonio Castanheira Neves. *O direito hoje e com que sentido?* Editora Instituto Piaget: Lisboa, 2002.

NIETZSCHE, Friederich W. *Além do bem e do mal – prelúdio de uma filosofia do futuro*. Trad. Antônio Carlos Braga, São Paulo: Lafonte, 2012.

TEUBNER, Gunther. *O Direito como sistema autopoiético*. Trad. José E. Antunes, Lisboa: Calouste Gulbenkian, 1989.

2. Direito administrativo e COVID-19: medidas estatais para o enfrentamento da pandemia

Irene Patrícia Nohara

Introdução

É uma honra poder contribuir para a presente obra, organizada por Fernando Rister, Gianpaolo Smanio, Ricardo Waldman e Sandra Martini, sobre o Direito e o COVID-19. A questão da saúde já era uma preocupação constante na reflexão teórica do competente Fernando Rister, por meio do qual me chegou o honroso convite, e essa coletânea é uma contribuição coletiva, sob organização conjunta, muito completa e genuína para os aspectos jurídicos de distintas áreas do Direito em face da emergência de enfrentamento da atual Pandemia do COVID-19, sendo, portanto, uma reflexão de utilidade pública.

O presente estudo objetiva esclarecer a contribuição dos institutos do Direito Administrativo para o combate da Pandemia do Covid-19. O Direito Administrativo é o ramo do direito público que trata de princípios e regras que disciplinam a função administrativa e que abrange entes, órgãos, agentes e atividades desempenhadas pela Administração Pública na consecução do interesse público.

Assim, há muitas facetas que podem ser exploradas em função das distintas áreas do Direito, sobretudo diante do impacto econômico, trabalhista, empresarial, tributário, penal, da situação da Pandemia, mas, pode-se dizer, por outro lado, que o Direito Administrativo apresenta um certo protagonismo diante da situação, pois é nele que se estudam as medidas estatais de restrição à liberdade e à propriedade, em benefício da saúde pública, e também a própria saúde pública enquanto serviço público que precisa de instrumentos ágeis e eficazes para conseguir dar conta do aumento das internações por problemas respiratórios ocasionados pelo COVID-19.

Por conseguinte, procurar-se-á expor quais são, no Brasil, as principais medidas que podem ser utilizadas pelos distintos Poderes Públicos, no sistema federativo, para o combate à Pandemia, com base na Lei nº 13.979/2020, e também na orientação atual do Supremo Tribunal Federal. Na sequência, também haverá a problematização da necessidade de se interpretar as medidas tomadas pelos gestores com base no primado da realidade.

Objetiva-se, ao final, defender que a situação de emergência enfrentada não significa Estado de Exceção, ainda que sejam circunstâncias bastantes excepcionais, pois a Constituição e o ordenamento jurídico que nela se fundamenta continuam em vigor e possuem instrumentos que devem ser manejados, dentro de sua conformação legal, para combater o exponencial contágio da população, sendo que as medidas devem ser tomadas nos limites constitucionais, ainda que se mitigue eventuais responsabilizações injustas de decisões tomadas pelos gestores públicos ao ensejo da Pandemia.

1. Principais medidas de combate à disseminação da Pandemia

Em dezembro de 2019, em Wuhan, China, houve a identificação de um novo coronavírus, que ocasiona doença respiratória aguda grave. Como o ocorrido se deu no ano de 2019, o vírus foi denominado COVID-19. Em janeiro de 2020, a Organização Mundial da Saúde – OMS declarou o surto como emergência de saúde pública de interesse internacional, sendo que, em março de 2020, mais recentemente, ele foi reconhecido Pandemia.

O Brasil não fez parte dos epicentros iniciais de disseminação da doença e de seu contágio, mas não está livre de sofrer seus efeitos mais devastadores também que chegaram ao continente americano mais recentemente. O percentual de letalidade do coronavírus não é alto, mas, se a população infectada for, em números absolutos, imensa, com o contágio exponencial, então haverá mortes proporcionalmente em contingentes populacionais grandes, caso a velocidade de contágio não seja contida por medidas eficazes.

Assim, muitos governos se esforçam para contenção da Pandemia em sua expansão geográfica, contando o relógio para que a ciência avance

2. DIREITO ADMINISTRATIVO E COVID-19

rapidamente em descobertas de tratamentos adequados e testes de vacinas, sendo imprescindível, portanto, que os governos tomem medidas aptas para que o sistema de saúde dê conta de atender a demanda crescente que se anuncia, momento em que o SUS se mostra como exemplo, sendo importante haver uma gestão pública eficaz e concertada entre órgãos e governos, Poder Público e inciativa privada, para conter os riscos dos avanços da Pandemia.

Por conta do coronavírus, houve a edição da Lei nº 13.979/2020, que prevê medidas de enfrentamento da saúde pública para proteção da sociedade na disseminação e no seu contágio. As medidas devem ser acionadas em função de evidências científicas e análises estratégicas no período (de tempo) ou no espaço necessário à promoção e preservação da saúde, dentro das categorias de risco e prevenção.

São medidas dispostas na Lei nº 13.979/2020: o isolamento e a quarentena, sendo que a diferença básica entre elas é que enquanto o *isolamento* envolve a separação de pessoas doentes ou contaminadas, recaindo também sobre bagagens, meios de transporte, mercadorias e encomendas postais, para evitar a contaminação ou a propagação, a *quarentena* recai sobre restrições de atividades ou separação de pessoas apenas suspeitas de contaminação, também recaindo sobre bagagens, meios de transporte, mercadorias e encomendas postais.

Os gestores locais de saúde também podem adotar as seguintes medidas: (a) determinação compulsória de: exames médicos, testes laboratoriais, coleta de amostras clínicas, vacinação e outras medidas profiláticas, ou tratamentos médicos específicos; (b) estudo ou investigação epidemiológica; e (c) requisições de bens e serviços.

A requisição de bens e serviços é um instituto clássico do Direito Administrativo, sendo que a lei estabelece que será garantido o pagamento de posterior indenização justa para o particular que tiver seus bens requisitados nestas condições. A requisição é importante caso o SUS não dê conta de atender o aumento exponencial de casos de pessoas doentes, hipótese em que poderá requisitar espaços particulares para os fins da lei.

Quando o Poder Público se depara com uma situação de necessidade pública inadiável e urgente, em tempos de guerra ou em caso de perigo público iminente, ele necessita de um instituto que autorize a utilização de bens e serviços particulares para o atendimento das necessidades coletivas prementes.

O ato administrativo unilateral, autoexecutório e oneroso, criado para atender a essa situação extraordinária, que permite a utilização coativa de bens e serviços particulares, se chama requisição administrativa.[1] Ela incide sobre bens, móveis ou imóveis, ou sobre serviços, sendo independente da prévia aquiescência do particular ou mesmo da prévia intervenção do Judiciário, tendo em vista a urgência da situação. Quando recai sobre imóvel, confunde-se com alguns aspectos da ocupação temporária. Se envolve bens móveis fungíveis, assemelha-se à desapropriação, porém, diferentemente desta, na requisição, a indenização é sempre posterior.

No caso da Pandemia, há a utilização da requisição administrativa voltada para promoção, proteção e recuperação da saúde, de acordo com a Lei nº 8.080/90, que trata do Sistema Único de Saúde. O art. 15 da mencionada lei atribuiu aos entes federativos competência para requisitar bens e serviços de pessoas jurídicas e naturais, desde que assegurada a justa indenização, para atendimento de necessidades coletivas, urgentes e transitórias, decorrentes de perigo iminente, calamidade pública ou de irrupção de epidemia.

Também são medidas previstas na Lei nº 13.979/2020: exumação, necrópsia, cremação (a cremação não é obrigatória, sendo possível também o enterro, desde que haja os cuidados necessários)[2] e manejo de cadáveres, sendo medidas importantes para que haja um protocolo de manejo do corpo, evitando-se, assim, contaminações. Conforme informações do Ministério da Saúde,[3] a transmissão de doenças infecciosas também pode ocorrer pelo manejo de corpos, sobretudo em equipamentos de saúde.

Importante que haja o uso de equipamentos de proteção individual pelos profissionais envolvidos com os cuidados com o corpo, para não se exporem ao risco de contaminação existente. Velórios e funerais não são recomendados pela aglomeração de pessoas em ambientes fechados sobretudo durante períodos com indicação de isolamento social e quarentena.

Se houver confirmação antes da morte da presença do COVID-19, a autópsia, que não é recomendada, seria desnecessária. Também na área de saúde, houve a recomendação de que profissionais acima de 60 anos,

---

[1] NOHARA, Irene Patrícia. *Direito Administrativo*. 10. ed. São Paulo: Atlas, 2020. p. 840.

[2] No geral, embalado em sacos impermeáveis, com todo o protocolo de transporte.

[3] MINISTÉRIO DA SAÚDE. Manejo de Corpos no Contexto do Novo Coronavírus – COVID-19. Brasília: Ministério da Saúde, 2020. p. 5.

gestantes, lactantes, portadores de doenças crônicas, cardiopulmonares, oncológicas e imunodeprimidos não sejam expostos a atividades relacionadas a manejo de corpos em casos confirmados ou suspeitos de COVID-19.

Uma medida que afeta a livre circulação, mas que está prevista, é a restrição excepcional e temporária à entrada e saída do País, por rodovias, portos e aeroportos. Para que haja a edição dessa medida, faz-se necessário: (1) recomendação técnica da ANVISA; e (2) ato conjunto do Ministro do Estado com o Ministro da Justiça e da Segurança Pública.

Note-se que o governador do Rio de Janeiro, Wilson Witzel, determinou, em março de 2020, a suspensão de voos nacionais para o Estado do Rio de Janeiro, além de todos os voos internacionais. Seria uma medida com início de vigor no dia 21 de março de 2020, contudo, ela não respeitava as determinações a Lei nº 13.979. Assim, a ANAC emitiu nota com o seguinte conteúdo:

> Aeroportos são bens públicos da União Federal, atendendo a interesse de toda a nação, além das localidades imediatamente servidas. Visando o interesse público, cabe à União determinar o fechamento de aeroportos e fronteiras. No que diz respeito a questões fitossanitárias, esta determinação segue as orientações do Ministério da Saúde e da Agência Nacional de Vigilância Sanitária (Anvisa). A interdição de um aeroporto não é uma conduta indicada pela Agência Nacional de Vigilância Sanitária (Anvisa) neste momento e pode prejudicar de forma irresponsável o deslocamento de pessoas, profissionais de saúde, materiais hospitalares e medicamentos para os estados brasileiros.[4]

Tem razão a ANAC, ao enfatizar que haveria necessidade, primeiro, de um ato emanado dos Ministros da Saúde e da Justiça e Segurança Pública, lastreado em recomendação técnica da ANVISA, como condição de fechamento de aeroporto, sendo então de se compatibilizar tanto a lei como as competências constitucionais para a adoção das medidas restritivas.

Outra medida fundamental, que pode vir a ser muito útil, é a autorização excepcional e temporária para importação de produtos sem registro

---

[4] ANAC diz que cabe somente à União determinar fechamento de aeroportos. Disponível em: https://g1.globo.com/economia/noticia/2020/03/19/anac-diz-que-cabe-somente-a--uniao-determinar-fechamento-de-aeroportos.ghtml. Acesso em 29 mar. 2020.

da Anvisa, desde que sejam produtos registrados por autoridade sanitária estrangeira e houver previsão por ato do Ministério da Saúde. Trata-se de previsão relevante, dado que nesse estágio de proliferação da doença o mundo inteiro está sintonizado com laboratórios e institutos de pesquisa em busca de uma vacina ou medida profilática e um tratamento eficaz e customizado ao coronavírus (Covid-19), então, mesmo que houvesse essa relevante descoberta científica, seria importante que o nosso País pudesse importar o produto sem esperar pela burocracia de um registro interno pela Anvisa, devido à situação de emergência derivada da Pandemia.

Importante que haja uma concertação[5] interorgânica e interfederativa, no compartilhamento de dados e estratégicas, sendo também importante a colaboração da sociedade e da iniciativa privada, numa governança de riscos. Somente com essa mobilização macro eficaz há a possibilidade de o Brasil evitar os piores efeitos da Pandemia, reduzindo o número de mortes e primando pela preservação da saúde pública.

Ocorre que, nem sempre é o que acontece no caso do Brasil, em que houve inicialmente um entendimento divergente do Governo Federal em relação às medidas tomadas pelos Governos Estaduais. Assim, conforme decisão do Ministro Alexandre de Moraes:

> Não compete ao Poder Executivo afastar, unilateralmente, as decisões dos governos estaduais, distritais e municipais que, no exercício de suas competências constitucionais, adotaram ou venham a adotar, no âmbito de seus respectivos territórios, importantes medidas restritivas como a imposição de distanciamento/isolamento social, quarentena, suspensão de atividades de ensino, restrições ao comércio, atividades culturais e à circulação de pessoas, ante outros mecanismos reconhecidamente eficazes para a redução do número de infectados e de óbitos, como demonstram a recomendação da OMS (Organização Mundial da Saúde) e vários estudos técnico científicos.[6]

---

[5] Ver. BITTENCOURT NETO, Eurico. *Concertação Administrativa Interorgânica*: Direito Administrativo e Organização no Século XXI. São Paulo: Almedina, 2017. p. 30.
[6] Cf. Arguição de Descumprimento de Preceito Fundamental nº 672. Disponível em: http://portal.stf.jus.br/noticias/verNoticiaDetalhe.asp?idConteudo=441075&ori=1. Acesso em 10 abr. 2020.

2. DIREITO ADMINISTRATIVO E COVID-19

Por fim, a lei estabelece dispensa de licitação para bens, serviços, insumos de saúde adquiridos para o enfrentamento da emergência do coronavírus. Não há como mensurar precisamente o impacto, mas o sistema de saúde já deve estar preparado para as contratações diretas, tendo em vista a potencialidade de incremento do seu uso. Determina a lei que as contratações diretas serão disponibilizadas no site oficial, sendo importante para assegurar a transparência e o maior controle social, pois haverá divulgação dos dados dos contratos celebrados, com a inscrição na receita do contratado, o prazo e o valor firmado.

2. Adaptações da interpretação dos institutos ao primado da realidade previsto na LINDB

Uma indagação sobre a aplicação não apenas do Direito Administrativo, mas de todas as áreas, é o grau de flexibilização que a aplicação jurídica demanda nesses tempos de COVID-19, pois se trata de uma situação emergencial, não ocasionada pela vontade das pessoas, mas involuntária a que todos fomos submetidos.

Ora, já há instrumentos jurídicos que foram engendrados para lidar com o imponderável, como, por exemplo: a teoria da imprevisão.[7] Também é possível que os contratos administrativos sejam redesenhados, isto é, revistos, com base na aplicação do fato do príncipe,[8] se alguma medida tomada pelo governo reflexamente tornar o contrato administrativo de difícil execução, por onerá-lo excessivamente.

Evidente que toda e qualquer interpretação que pondere uma circunstância fática dificultadora deve considerar essa situação. Isso não é novidade na hermenêutica contemporânea. Há tempos, no mínimo, após a Segunda Guerra Mundial, se sabe que a interpretação não se restringe a uma subsunção que parte do texto normativo, como premissa maior, incide sobre a premissa menor, para gerar a norma individual, mas também há a possibilidade de se partir da interpretação do contexto, premissa menor (*Tatbestand* ou Pressuposto Fático), para afastar aplicações desequilibradas

---

[7] DI PIETRO, Maria Sylvia Zanella. *Direito Administrativo*. 31. ed. São Paulo: Forense, 2018. p. 318.
[8] BANDEIRA DE MELLO, Celso Antônio. *Curso de Direito Administrativo*. 31 ed. São Paulo: Malheiros, 2014. p. 659.

de textos normativos que não solucionam adequadamente os problemas enfrentados em um exercício consequencial.

Apesar de a LINDB ter enunciado, a partir da Lei nº 13.655/2018, de forma mais específica o consequencialismo[9], bem como o primado da realidade, estes preceitos não representam propriamente novidades previstas em texto normativo, mas contemplam possibilidades de aplicações normativas que já povoavam a hermenêutica jurídica, que rechaçava alguns pressupostos e pontos cegos positivistas da aplicação do Direito.

Assim, tanto a aplicação do Direito, isto é, as invalidações de atos, contratos e ajustes, deve ser feita pelos órgãos de controle ponderando a consequencialidade de sua aplicação jurídica, como também deve-se considerar o primado da realidade na aplicação jurídica. Nesta perspectiva, orienta o dispositivo contido no art. 22 da LINDB, conforme inserção feita pela Lei nº 13.655/2018, que, na interpretação da gestão pública, serão considerados os obstáculos e as dificuldades reais do gestor e as exigências das políticas públicas a seu cargo, sem prejuízo dos direitos dos administrados.

Assim, não se trata de um "salvo conduto" para todo e qualquer desrespeito às determinações normativas, mas da necessidade de ponderação e calibramento, com bom senso, das exigências legais em função do contexto de dificuldades faticamente enfrentado pelo gestor público. Logo, na imposição de futura responsabilização por determinada ação da gestão, deve-se considerar que o "estado da arte" de conhecimento sobre o comportamento do vírus, quando da declaração da circunstância da Pandemia, era em alguma medida obscuro.

Sabe-se que os gestores estão caminhado em velocidade emergencial em uma estrada cujo horizonte está neblinado, pois o COVID-19 é um vírus ainda pouco conhecido, relativamente novo, então, deve-se considerar que a decisão que se toma em um dia pode não ser mais, diante da alteração do "estado da arte"[10] do assunto, a melhor num momento posterior.

---

[9] NOHARA, Irene Patrícia. *LINDB*: Hermenêutica e Novos Parâmetros ao Direito Público. Curitiba: Juruá, 2018. p. 15.

[10] Estamos, no momento, navegando numa estrada com neblina, pois não se sabe ainda muito sobre o COVID-19, pode ser que amanhã ou num futuro próximo as suposições de hoje sejam esclarecidas por novas descobertas que estão em rumo de ocorrer, que iluminem

2. DIREITO ADMINISTRATIVO E COVID-19

É cômodo fazer um controle *a posteriori* sem que se pondere qual a situação enfrentada, mas seria muito injusto e inadequado que o controle se comportasse, diante da veiculação de medidas de combate ao COVID-19, tal qual "engenheiro de obra pronta",[11] isto é, como juiz que se arvora de um teor exclusivamente repressivo de um sancionamento que desconsidera as dificuldades e os gargalos enfrentados quando da proliferação da Pandemia e de sua curva exponencialmente ascendente de contágio.

Portanto, deve-se considerar que seja melhor e recomendável, inclusive por orientações que são emanadas da Organização Mundial da Saúde, que as autoridades públicas responsáveis ajam, em vez de ficar omissas, pois a omissão neste caso pode, por consequência, dar ensejo a que os contaminados exponenciais do COVID-19 mais graves venham a se deparar com o colapso do sistema de saúde, incapaz de garantir um tratamento adequado para pessoas que necessitem de um leito em UTI e de ventiladores artificiais para os problemas respiratórios provocados pela doença.

Mas, as ações e medidas tomadas devem ser controladas e julgadas em função do contexto em que foram editadas, as informações disponíveis naquele momento, o comportamento do COVID-19 na ambiência analisada, dado que também varia a velocidade e extensão do contágio por inúmeros fatores associados às características comportamentais e ambientais da região do contágio, bem como do alcance do sistema de saúde existente, com restrito ou amplo acesso a equipamentos de proteção individual, em cada contexto, dentre vários elementos fáticos a serem sopesados para uma decisão justa e, portanto, equilibrada.

Conclusões

O presente escrito procurou enunciar quais são as medidas, associadas com o poder de polícia do Estado, que se relacionam com o combate à Pandemia do COVID-19, que são: o isolamento, a quarentena, a determinação

---

o horizonte das melhores e mais efetivas decisões, daí a necessidade de se considerar o momento da tomada de decisão do gestor, com os dados existentes, curva ascendente de contágio, e ações estratégicas diante do "estado da arte" do momento da ação, pautado na ausência de vacina testada e eficaz.

[11] Sobre a terminologia "engenheiros de obra pronta", ver: MOTTA, Fabrício; NOHARA, Irene Patrícia. *LINDB no Direito Público*. São Paulo: Thomson Reuters Brasil, 2019. p. 25.

COVID-19 E OS IMPACTOS NO DIREITO

compulsória de exames médicos, testes laboratoriais, coleta de amostras clínicas, vacinação e tratamentos médicos, estudo ou investigação epidemiológica, manejo de cadáver, restrição excepcional e temporária de entrada e saída do país e de locomoção interestadual e intermunicipal e a requisição de bens e serviços e autorização de importação de produtos sem registro da Anvisa.

Note-se que, do ponto de vista da competência, o Supremo Tribunal Federal, em decisão do relator Alexandre de Moraes, na ADPF 672, legitima as medidas adotadas diretamente pelos governos estaduais, distritais e municipais que, no exercício de suas competências constitucionais, como: a imposição de distanciamento/isolamento social, quarentena, suspensão de atividades de ensino, restrições ao comércio, atividades culturais e à circulação de pessoas, afastando exigência, portanto, de qualquer autorização ou aval prévio federal nesse sentido.

O Direito Administrativo contempla institutos que estão relacionados diretamente com as questões analisadas neste contexto, não apenas do poder de polícia, mas também da prestação de serviços públicos, para os quais prevê a Lei nº 13.979 a contratação direta de bens, serviços, insumos de saúde adquiridos para o enfrentamento da emergência do coronavírus, hipótese em que se admite dispensa para agilizar e desburocratizar o acesso aos insumos necessários para dar conta do aumento dos casos graves de internação nos hospitais.

Por fim, importante reiterar que, apesar de ser uma situação emergencial, não se pode considerar que o COVID-19 legitime uma situação de Estado de Exceção, sendo um desafio ao intérprete adaptar as exigências constitucionais à realidade, mas sem passar o "rolo compressor" pela Constituição, pois, apesar de nova e negativamente supreendente, a Pandemia gera a necessidade de mobilização dos instrumentos já previstos, dentro da legislação existente inclusive para enfrentá-la, conforme regras de competência determinadas constitucionalmente, e pelo uso de expedientes extralegais e arbitrários.

Também o controle deve ser equilibrado, ponderado e considerar o primado da realidade, o que não implica em "passar por cima" dos limites jurídicos, pois, se não, toda e qualquer situação grave implicaria rasgar a Lei Maior e legitimar ações sem freios por parte de todos os envolvidos, sendo, então, uma situação muito perigosa e pouco desejável para a sociedade, pois perderíamos os parâmetros mínimos de limites e possibilidades das medidas de enfrentamento da Pandemia, o que nos faria deparar com ações desmedidas do Estado.

Referências

BANDEIRA DE MELLO, Celso Antônio. *Curso de Direito Administrativo*. 31 ed. São Paulo: Malheiros, 2014.

BITTENCOURT NETO, Eurico. *Concertação Administrativa Interorgânica*: Direito Administrativo e Organização no Século XXI. São Paulo: Almedina, 2017.

DI PIETRO, Maria Sylvia Zanella. *Direito Administrativo*. 31. ed. São Paulo: Forense, 2018.

MINISTÉRIO DA SAÚDE. *Manejo de Corpos no Contexto do Novo Coronavírus – COVID-19*. Brasília: Ministério da Saúde, 2020.

MOTTA, Fabrício; NOHARA, Irene Patrícia. *LINDB no Direito Público*. São Paulo: Thomson Reuters Brasil, 2019.

NOHARA, Irene Patrícia. *Direito Administrativo*. 10. ed. São Paulo: Atlas, 2020.

NOHARA, Irene Patrícia. *LINDB*: Hermenêutica e Novos Parâmetros ao Direito Público. Curitiba: Juruá, 2018.

3. Eficácia normativa das decisões da Organização Mundial da Saúde

Gustavo Ferraz de Campos Monaco

Maria Rosa Guimarães Loula

Introdução

As suposições de que a ordem internacional seria imperfeita não são novas[1]. E os detratores da normatividade internacional costumam estender suas críticas às instituições internacionais responsáveis quer pela produção normativa, quer por sua incidência aos conflitos entre sujeitos de direito internacional.

Confunde-se eventual dificuldade (persistente) no âmbito da eficácia com a existência mesma do direito internacional, como se as normas jurídicas cunhadas nesse ambiente não fossem dotadas da necessária coercibilidade, construídas sob a forma de proposições imperativas e não se destinassem à sociedade de Estados e demais sujeitos das relações internacionais[2].

Nesse sentido, o cumprimento espontâneo das normas internacionais demonstra, de um lado, a maturidade dos sujeitos das relações internacionais e, de outro, o respeito que nutrem por seus homólogos no cenário

---

[1] BROWNLIE, Ian. The reality and efficacy of international law. *The British Year Book of International Law*, v. 52, p. 1-8, 1981, p. 1.

[2] A respeito, veja-se MONACO, Gustavo Ferraz de Campos. *A Declaração Universal dos Direitos da Criança e seus sucedâneos internacionais: tentativa de sistematização*. Coimbra: Coimbra (Coleção *Stvdia Ivridica*, v. 80), 2004, p. 21-73.

assimétrico em que Estados e Organizações internacionais travam suas relações.

No cenário da Pandemia causada pelo vírus COVID-19, torna-se necessário esclarecer a natureza jurídica da Organização Mundial da Saúde, suas competências e atribuições, além de especular qual seria a força normativa de suas decisões, sobretudo como parâmetros para as tomadas de decisões pelos entes estatais e, no caso específico do Brasil, também pelos entes federados, consoante as recentes decisões do Supremo Tribunal Federal.

1. Natureza jurídica da Organização Mundial da Saúde (OMS)

Com sede em Genebra, a Organização Mundial[3] da Saúde é uma Organização Internacional, ou seja, uma associação de Estados ou de outras organizações com personalidade de direito internacional que se estabelece por meio de tratado constitutivo e que se destaca da personalidade dos entes criadores, ganhando, assim, autonomia. Como salientam Accioly, Nascimento e Silva e Casella, as organizações internacionais "multiplicam-se à medida que aumenta a conscientização a respeito dos problemas especificamente internacionais, ante os quais são impotentes os Estados"[4].

A partir de proposta formulada pela delegação brasileira[5] presente à Conferência de São Francisco, de 1945 (Conferência responsável pela instituição da Organização das Nações Unidas), a OMS foi efetivamente criada em 22 de julho de 1946, quando sessenta e um Estados firmaram seu tratado constitutivo (Constituição), na cidade de Nova York. A Organização Sanitária Pan-Americana é um seu organismo regional no

---

[3] A preferência pelo termo Mundial, em lugar de Internacional, mais recorrente, deveu-se à pretensa universalização da atuação da organização internacional, consoante expõe DINIZ, Maria Gabriela Araújo. *Democracia sanitária e participação social na Organização Mundial da Saúde.* Tese de Doutorado apresentada ao Programa de Pós-Graduação em Direito da Faculdade de Direito da Universidade de São Paulo (área de concentração: Direitos Humanos). Orientação: Fernando Mussa Abujamra Aith. São Paulo, 2016, p. 26.

[4] ACCIOLY, Hildebrando; SILVA, Geraldo Eulálio do Nascimento; CASELLA, Paulo Borba. *Manual de Direito Internacional Público.* 24. ed. São Paulo: Saraiva, 2019, p. 398.

[5] ACCIOLY, Hildebrando. *Tratado de direito internacional público,* v. II. 3. ed. São Paulo: Quartier Latin, 2009, p. 113. Hildebrando Accioly era Ministro do Presidentre Eurico Gaspar Dutra e assinou, juntamente com ele, o Decreto de Promulgação mencionado na nota 7.

3. EFICÁCIA NORMATIVA DAS DECISÕES DA ORGANIZAÇÃO MUNDIAL DA SAÚDE

continente americano. A OMS sucedeu o extinto Escritório Internacional de Higiene.

O Brasil aprovou a Constituição da OMS por meio do Decreto Legislativo nº 6, de 14 de fevereiro de 1948[6], tendo depositado o ato de ratificação perante o Secretariado da Organização das Nações Unidas em 1º de junho de 1948 e publicado o texto de referida Constituição por meio do Decreto nº 26.046, de 17 de dezembro daquele mesmo ano[7].

A OMS compõe a "família das Nações Unidas", que congloba diversas organizações e agências especializadas com atribuições variáveis, mas "subsumíveis à actividade de governação global"[8], sem que a OMS perca, todavia, sua condição de entidade juridicamente autônoma[9]. A adesão de novos membros (inclusive Estados que não sejam membros da ONU) é controlada pela Assembleia Geral por votação favorável da maioria simples dos membros – ao contrário das demais organizações da família ONU, que exigem maioria qualificada[10].

Como salienta Antonio Cassese, como consequência da cooperação econômica e social típica do sistema ONU, o Conselho Econômico e Social, que é composto por 54 Estados membros eleitos pela Assembleia Geral da ONU, tem a incumbência de coordenar a atuação não apenas da ONU nesse tema, como, também, a de suas agências especializadas e das organizações a ela coligadas[11], como é o caso da OMS.

A saúde, enquanto direito social, é encarada pela Constituição da OMS não como a simples ausência de doenças ou enfermidades, mas, antes, como o completo estado de bem-estar físico, mental e social dos indivíduos. Assim, a Organização Mundial da Saúde atua com os governos

---

[6] Disponível em: https://www2.camara.leg.br/legin/fed/decleg/1940-1949/decretolegislativo-6-14-fevereiro-1948-364765-publicacaooriginal-1-pl.html. Último acesso em 17/04/2020.

[7] Disponível em: https://www2.camara.leg.br/legin/fed/decret/1940-1949/decreto-26042-17-dezembro-1948-455751-publicacaooriginal-1-pe.html. Último acesso em 17/04/2020.

[8] MACHADO, Jónatas. E.M. *Direito internacional – do paradigma clássico ao pós-11 de setembro.* Coimbra; Coimbra, 2003, p. 194.

[9] MACHADO, Jónatas. E.M. *Direito internacional – do paradigma clássico ao pós-11 de setembro.* Coimbra; Coimbra, 2003, p. 195.

[10] DAILLIER, Patrick; FORTEAU, Mathias; PELLET, Alain [DINH, Nguyen Quoc]. *Droit international public.* 8. ed Paris: L.G.D.J., 2009, p. 654.

[11] CASSESE, Antonio. *Diritto internazionale.* 2. ed. Bologna: Il Mulino, 2006, p. 148 e 158.

dos Estados, consequentemente e de forma colaborativa, na erradicação de endemias, epidemias e pandemias, na assistência técnica, nos serviços sanitários e nas pesquisas científicas sobre as condições de saúde[12].

2. Competências e atribuições

A OMS é dotada de três órgãos principais com atribuições distintas para o desempenho das múltiplas competências da organização.

A Assembleia Geral, denominada Assembleia Mundial de Saúde, é composta por representantes de todos os Estados-membros, a quem incumbe determinar a política e o programa de atividades da Organização, além de aprovar seu orçamento. Trata-se de um órgão que se reúne esporadicamente, com reuniões anuais.

O Secretariado é o órgão administrativo da organização e é chefiado por um Diretor Geral, indicado pela Assembleia Mundial de Saúde (art. 18). Sua incumbência é a de chefiar o pessoal técnico e administrativo da entidade, além de, nos termos do art. 33 da Constituição, estabelecer, "em virtude de um acordo com os Estados Membros, o sistema que lhe torne possível para o exercício de suas funções, o contato direto com os diversos ministérios dos referidos Estados, particularmente com os serviços de saúde e com organizações de saúde nacionais, governamentais ou não governamentais".

Por fim, o Conselho Executivo, com atribuições técnicas, composto por 18 membros indicados a título pessoal, segundo um procedimento complexo que se inicia com a eleição de 18 Estados membros na Assembleia Mundial de Saúde, incumbindo a cada qual desses Estados a indicação de uma pessoa para compô-lo. Nos termos da parte final do art. 24 da Constituição da OMS, "cada um desses Estados enviará ao Conselho um representante tecnicamente qualificado em assuntos de saúde, que poderá ser acompanhado de suplentes e de assessores" e que cumprirão um mandato de três anos, admitidas as reeleições. O conselho se reúne

---

[12] MAZZUOLI, Valerio de Oliveira. *Curso de Direito Internacional Público*. 11. ed. Rio de Janeiro: Forense, 2018, p. 571. Também: DINIZ, Maria Gabriela Araújo. *Democracia sanitária e participação social na Organização Mundial da Saúde*. Tese de Doutorado apresentada ao Programa de Pós-Graduação em Direito da Faculdade de Direito da Universidade de São Paulo (área de concentração: Direitos Humanos). Orientação: Fernando Mussa Abujamra Aith. São Paulo, 2016, p. 27.

3. EFICÁCIA NORMATIVA DAS DECISÕES DA ORGANIZAÇÃO MUNDIAL DA SAÚDE

duas vezes ao ano para traçar estratégias de execução das decisões da Assembleia Mundial de Saúde, sendo, por isso, seu órgão executivo.

Nos termos do art. 28 da Constituição, compete ao Conselho Executivo:

> tomar medidas de emergência, dentro do âmbito das atribuições e das possibilidades financeiras da Organização, nos casos que requerem uma ação imediata. Especialmente, poderá autorizar o Diretor Geral a tomar as medidas necessárias para combater epidemias, a tomar parte na organização de socorros sanitários às vítimas de calamidades, e a empreender estudos e pesquisas cuja urgência tenha sido apontada à atenção do Conselho por qualquer dos Membros ou pelo Diretor Geral.

Compete à Assembleia Mundial de Saúde, nos termos do art. 21 da Constituição, adotar regulamentos em diversas matérias, inclusive regulamentos atinentes "às medidas sanitárias e de quarentena ou qualquer outro processo com o fim de impedir a propagação de doenças de um país a outro. Acerca da execução desses regulamentos, a OMS "solicita que seus Estados-membros forneçam relatórios periódicos sobre a execução interna" das normativas "concluídas em seu seio ou sob seus auspícios"[13].

3. O poder normativo das organizações internacionais

Ian Brownlie, antigo membro da Comissão de Direito Internacional da ONU, salientou os diversos papéis que as organizações internacionais em geral podem desempenhar no exercício de seu poder normativo, elencando nove diferentes modos de manifestação desse poder[14].

Assim, pode a organização internacional (i) patrocinar a celebração de tratados, revelando-se o *locus* onde se forma o consenso entre os Estados membros e eventuais Estados terceiros, e onde se consolida esse consenso no texto dos tratados internacionais ali assinados.

---

[13] DAILLIER, Patrick; FORTEAU, Mathias; PELLET, Alain [DINH, Nguyen Quoc]. *Droit international public.* 8. ed Paris: L.G.D.J., 2009, p. 248. No original: "demandent à leurs membres de fournir des rapports périodiques sur l'exécution des conventions conclues en leur sein ou sous leurs auspices".

[14] BROWNLIE, Ian. *Princípios de direito internacional público.* Trad. Maria Manuela Farrajota, Maria João Santos, Victor Richard Stockinger e Patrícia Galvão Teles. Lisboa: Fundação Calouste Gulbenkian, 1997, p. 725-728.

Podem servir, também, de (ii) foro privilegiado para a observância da prática internacional e para a prova do direito consuetudinário vivenciado pelos Estados em manifestações e votos colhidos sobretudo em suas assembleias gerais.

Manifestam sua força normativa, ainda, quando (iii) emitem resoluções que, embora não sejam necessariamente vinculativas, prescrevem princípios de direito internacional, ainda que sejam ou intentem ser meramente declarativas. "As resoluções sobre novos problemas jurídicos fornecem um meio de balizar e definir a prática rapidamente crescente dos Estados, enquanto permanecem sob forma retórica"[15], afirma o autor.

Outro modo catalogado por Brownlie é a (iv) circunstância de as organizações internacionais servirem de canais privilegiados para a opinião de peritos. Muito embora sua preocupação na elaboração do texto fosse com a difusão de conhecimentos jurídicos, é plenamente viável reconhecer-se que as organizações internacionais de viés técnico, como a OMS, configuram-se como relevantes foros para a difusão de conhecimentos técnicos específicos.

Referindo-se aos órgãos que exercem funções jurisdicionais (v) e aos que desempenham atribuições eminentemente políticas (vi), o autor menciona a similitude com a observância da prática dos Estados e revela a importância de tais órgãos, sobretudo os que desempenham funções jurisdicionais para o descortinar do direito internacional não escrito.

Continuando sua análise dos poderes normativos das organizações internacionais, elenca, a seguir, (vii) os poderes legislativos delegados pelos Estados membros aos órgãos de algumas das organizações internacionais. A eficácia de tais normas nas ordens jurídicas internas dos Estados depende dos mecanismos descritos nos acordos constitutivos. E cita "a Assembleia Mundial de Saúde da OMS" como uma das entidades que pode "elaborar regulamentos por decisão maioritária, permitindo aos Estados afastá-los através de uma rejeição expressa ou através da formulação de reservas"[16].

---

[15] BROWNLIE, Ian. *Princípios de direito internacional público*. Trad. Maria Manuela Farrajota, Maria João Santos, Victor Richard Stockinger e Patrícia Galvão Teles. Lisboa: Fundação Calouste Gulbenkian, 1997, p. 726.

[16] BROWNLIE, Ian. *Princípios de direito internacional público*. Trad. Maria Manuela Farrajota, Maria João Santos, Victor Richard Stockinger e Patrícia Galvão Teles. Lisboa: Fundação Calouste Gulbenkian, 1997, p. 727-728.

3. EFICÁCIA NORMATIVA DAS DECISÕES DA ORGANIZAÇÃO MUNDIAL DA SAÚDE

Outro modo indicado pelo autor como hábil para fazer prova do direito internacional vigente decorre (viii) da prática externa das organizações internacionais ao celebrar acordos com Estados membros e não membros ou com outras organizações internacionais, além da formulação de declarações oficiais sobre questões que as afetem[17].

Por fim, menciona o (ix) poder normativo interno, com considerável grau de autonomia para regularem aspectos eminentemente internos às organizações.

3.1. A força normativa das decisões da OMS em face de Estados-membros

Analisados esses modelos descritos pelo consagrado internacionalista à luz da Constituição da Organização Mundial da Saúde, é possível detectar como aplicáveis à OMS os poderes normativos descritos sob (i), (ii), (iii), (iv), (vii), (viii) e (ix), sendo certo que para a análise jurídica da atuação da OMS durante a presente pandemia causada pelo vírus COVID-19, as hipóteses (iii), (iv) e (vii) parecem ser as mais relevantes.

Com efeito, como descrito no item 2 do presente artigo, o Conselho Executivo da OMS pode autorizar o Diretor Geral a tomar as medidas necessárias para combater epidemias. Ora, o Conselho Executivo é um painel de especialistas em saúde e sobretudo em saúde pública, indicados pelos Estados eleitos pela Assembleia Mundial de Saúde segundo um rodízio de representatividade geográfica e que garante olhares técnicos e cuidadosos com as situações vivenciadas.

Ademais, o Diretor Geral dispõe de poder outorgado pelos Estados-membros para gerenciar as crises e situações pandêmicas como a atual, sem se esquecer o poder de que dispõe a Assembleia Mundial de Saúde da OMS para elaborar regulamentos sobre temas de sua competência

---

[17] Assim, por exemplo, a competência da OMS para provocar a Corte Internacional de Justiça para a emissão de Parecer Consultivo, como manifestado na Opinião Consultiva sobre a licitude da utilização de armas nucleares por um Estado em conflitos armados, de 8 de julho de 1996. A respeito, veja-se DAILLIER, Patrick; FORTEAU, Mathias; PELLET, Alain [DINH, Nguyen Quoc]. *Droit international public.* 8. ed Paris: L.G.D.J., 2009, p. 282 e 1007-1008. Especificamente, PONS RAFOLS, F. Xavier. La competencia de la OMS para solicitar una opinión consultiva sobre la licitude de la utilización de las armas nucleares por un Estado en un conflicto armado. *Revista Española de Derecho Internacional.* Madrid, v. 49, n. 1, p. 29-61, 1997.

COVID-19 E OS IMPACTOS NO DIREITO

(aí incluída a competência para adotar regulamentos atinentes "às medidas sanitárias e de quarentena ou qualquer outro processo com o fim de impedir a propagação de doenças de uma país a outro") e que, adotados por maioria, vinculam todos os Estados membro, exceto aqueles que tenham formulado reservas ou manifestado expressa rejeição à vinculatividade da norma, consoante dispõem os arts. 21 e 22 da Constituição da OMS.

E isso sem falar na competência de que é dotada a Assembleia Mundial de Saúde para estabelecer recomendações dirigidas aos Estados membros sobre quaisquer assuntos que sejam da competência da Organização (art. 23 da Constituição da OMS).

Trata-se, sem sombra de dúvidas, de um poder normativo que destaca a Organização Mundial da Saúde no panteão das Organizações Internacionais, inclusive quanto ao caráter democrático da formulação normativa[18].

3.2. A força normativa das decisões da OMS em face dos entes federados brasileiros

A natureza federativa do Estado brasileiro e a circunstância de a Constituição Federal atribuir competência concorrente à União, aos Estados e aos Municípios para legislar sobre questões de saúde levou o Conselho Federal da Ordem dos Advogados do Brasil a propor, em abril de 2020, perante o Supremo Tribunal Federal, a Arguição de Descumprimento de Preceito Fundamental nº 672, distribuída para relatoria do Ministro Alexandre de Moraes.

No relatório de decisão proferida em 08 de abril, o Ministro Relator fez consignar que as alegações da entidade autora basearam-se, dentre outros, no fato de "a Organização Mundial de Saúde, OMS, em colaboração com autoridades de todo o mundo, [ter indicado] o distanciamento social como o protocolo de prevenção e contenção da escala de contágio da pandemia, especialmente no estágio de transmissão comunitária, em que se encontra[va] o Brasil desde 20/3/2020 (Portaria 454/2020 do Ministério da Saúde)" (texto do Relator).

---

[18] DINIZ, Maria Gabriela Araújo. *Democracia sanitária e participação social na Organização Mundial da Saúde*. Tese de Doutorado apresentada ao Programa de Pós-Graduação em Direito da Faculdade de Direito da Universidade de São Paulo (área de concentração: Direitos Humanos). Orientação: Fernando Mussa Abujamra Aith. São Paulo, 2016, p. 115.

3. EFICÁCIA NORMATIVA DAS DECISÕES DA ORGANIZAÇÃO MUNDIAL DA SAÚDE

Um dos preceitos constitucionais violados, segundo a OAB, seria "o princípio federativo (art. 1º, caput, da CF), na medida em que o Presidente da República age para esvaziar e desacreditar políticas adotas por outros entes federativos com fundamento em suas respectivas competências constitucionais (art. 23, II, e art. 24, XII, da CF)" (texto do Relator).

Nas informações apresentadas, o Presidente da República, por meio da Advocacia Geral da União, não combate a eficácia normativa das recomendações da OMS, limitando-se a atacar a via eleita, "pois a ADPF não se prestaria ao controle preventivo de atos do Poder Público" (texto do Relator). E, no mérito, afirma que "o Governo Federal estaria comprometido com políticas de isolamento social, como medida para prevenção contra a disseminação do novo coronavírus: **todas as ações concretas do Governo demonstram estar de acordo com as políticas adotadas no mundo, com as recomendações da OMS**" (texto do Relator; o texto em destaque consta da peça da AGU citada na decisão pelo Ministro Relator).

Na parte decisória de sua manifestação, o Relator afirma que "na condução dessa crise sem precedentes recentes no Brasil e no Mundo, mesmo em assuntos técnicos essenciais **e de tratamento uniforme em âmbito internacional**, é fato notório a grave divergência de posicionamentos entre autoridades de níveis federativos diversos e, inclusive, entre autoridades federais componentes do mesmo nível de Governo, acarretando insegurança, intranquilidade e justificado receio em toda a sociedade" (texto do Relator; destaques inexistentes no original).

E, citando a OMS, determinou que "não compete ao Poder Executivo federal afastar, unilateralmente, as decisões dos governos estaduais, distrital e municipais que, no exercício de suas competências constitucionais, adotaram ou venham a adotar, no âmbito de seus respectivos territórios, importantes medidas restritivas como a imposição de distanciamento/ isolamento social, quarentena, suspensão de atividades de ensino, restrições de comércio, atividades culturais e à circulação de pessoas, entre outros mecanismos reconhecidamente eficazes para a redução do número de infectados e de óbitos, **como demonstram a recomendação da OMS (Organização Mundial de Saúde)** e vários estudos técnicos científicos, como por exemplo, os estudos realizados pelo Imperial College of London, a partir de modelos matemáticos" (texto do Relator; destaques inexistentes no original).

Percebe-se que o conteúdo das recomendações da OMS é tomado pelo Relator como questões que, por seu conteúdo aparentemente técnico, dispensaria qualquer discussão jurídica acerca de sua normatividade ou de sua força vinculante *vis-à-vis* dos Estados membros.

Essa impressão parece corroborada pela manifestação de outro integrante do Supremo Tribunal Federal, o Ministro Gilmar Mendes, que, em debate realizado por videoconferência, manifestou-se nos seguintes termos: **"tenho dúvida se algum tribunal vai validar decisão do governo federal** – não que contrarie uma decisão ou outra de um Estado – **que contrarie orientações da OMS.** Acho que nenhum juiz do STF vai validar esse entendimento. Esse tipo de refrega acaba sendo inútil"[19-20].

Por outro lado, a tese da competência concorrente da União, de Estados e de Municípios para a tomada de decisões em matéria de saúde foi afirmada pelo Plenário do Supremo Tribunal Federal ao referendar medida cautelar concedida pelo Relator da Ação Direta de Inconstitucionalidade nº 6.341, Ministro Marco Aurélio Mello. O acórdão não havia sido publicado até o término da redação desse artigo, pelo que não é possível analisar e debater os termos em que o Supremo avalia eventual poder normativo da Organização Mundial da Saúde. A decisão cautelar, proferida em 24 de março de 2020, no entanto, não menciona a OMS uma única vez.

---

[19] Disponível em https://g1.globo.com/politica/noticia/2020/04/06/se-governo-tomar--decisao-que-contrarie-oms-supremo-nao-deve-validar-diz-ministro.ghtml. Último acesso em 17/04/2020.

[20] Nesse mesmo sentido, voto do relator Ministro Herman Benjamin, do Superior Tribunal de Justiça, Recurso Especial n. 1310471/SP, julgado pela Segunda Turma do Tribunal em 18/06/2013, REPDJe 17/09/2013, DJe 01/08/2013, em que estabelecia a necessidade de observância de padrões de plumbemia (*plumbum*, elemento químico Pb, chumbo) da Organização Mundial de Saúde – OMS, mais rigorosos que os previstos na legislação brasileira: "aqui vigora cláusula geral implícita no sentido de que os padrões, critérios e parâmetros nacionais devem ser lidos à luz daqueles acordados, inclusive com a intervenção do Brasil, pela comunidade científica internacional." A respeito, confira-se: Ventura, D., & Balbinot, R. A. (2015). A aplicação judicial das normas da Organização Mundial da Saúde no Brasil: *in dubio pro salute. Revista de Direito Sanitário*, 15(3), 162-172. https://doi.org/10.11606/issn.2316-9044.v15i3p162-172. Último acesso em 17/04/2020.

Conclusões

Espera-se, com esse artigo, contribuir para as decisões futuras que venham a ser tomadas pelos Tribunais brasileiros acerca da juridicidade das decisões – de conteúdo técnico-científico – normativas tomadas pela Organização Mundial da Saúde, uma vez que os Estados que participaram da elaboração de sua Constituição – bem como aqueles que aderiram à Organização posteriormente – tenham-na dotado de um invejável poder normativo, apto ao enfrentamento de pandemias como a que ora se vivencia, não sem sacrifícios de toda sorte e de parte a parte.

Referências

ACCIOLY, Hildebrando. *Tratado de direito internacional público*, v. II. 3. ed. São Paulo: Quartier Latin, 2009.

ACCIOLY, Hildebrando; SILVA, Geraldo Eulálio do Nascimento & CASELLA, Paulo Borba. *Manual de Direito Internacional Público*. 24. ed. São Paulo: Saraiva, 2019.

BROWNLIE, Ian. *Princípios de direito internacional público*. Trad. Maria Manuela Farrajota, Maria João Santos, Victor Richard Stockinger e Patrícia Galvão Teles. Lisboa: Fundação Calouste Gulbenkian, 1997.

BROWNLIE, Ian. The reality and efficacy of international law. *The British Year Book of International Law*, v. 52, p. 1-8, 1981.

CASSESE, Antonio. *Diritto internazionale*. 2. ed. Bologna: Il Mulino, 2006.

DAILLIER, Patrick; FORTEAU, Mathias; PELLET, Alain [DINH, Nguyen Quoc]. *Droit international public*. 8. ed Paris: L.G.D.J., 2009.

DINIZ, Maria Gabriela Araújo. *Democracia sanitária e participação social na Organização Mundial da Saúde*. Tese de Doutorado apresentada ao Programa de Pós-Graduação em Direito da Faculdade de Direito da Universidade de São Paulo (área de concentração: Direitos Humanos). Orientação: Fernando Mussa Abujamra Aith. São Paulo, 2016.

MACHADO, Jónatas. E.M. *Direito internacional – do paradigma clássico ao pós-11 de setembro*. Coimbra; Coimbra, 2003.

MAZZUOLI, Valerio de Oliveira. *Curso de Direito Internacional Público*. 11. ed. Rio de Janeiro: Forense, 2018.

MONACO, Gustavo Ferraz de Campos. *A Declaração Universal dos Direitos da Criança e seus sucedâneos internacionais: tentativa de sistematização*. Coimbra: Coimbra (Coleção *Stvdia Ivridica*, v. 80), 2004.

PONS RAFOLS, F. Xavier. La competencia de la OMS para solicitar una opinión consultiva sobre la licitude de la utilización de las armas nucleares por un Estado en un conflicto armado. *Revista Española de Derecho Internacional*. Madrid, v. 49, n. 1, p. 29-61, 1997.

Ventura, D., & Balbinot, R. A. (2015). A aplicação judicial das normas da Organização Mundial da Saúde no Brasil: *in dubio pro salute*. *Revista De Direito Sanitário, 15*(3), 162-172. https://doi.org/10.11606/issn.2316-9044.v15i3p162-172.

4. Libertarismo e liberalismo em termos de pandemia

José Eduardo Faria

Ao obrigar os governos a gastar trilhões de dólares, convertendo instalações públicas em hospitais, obrigando fábricas a produzir equipamentos hospitalares e material médico e exigindo que os gastos públicos sejam direcionados para as famílias mais pobres, a pandemia do novo coronavírus ou do Covid-19 corroeu as condições para a continuidade das experiências de uma agenda econômica liberal.

É o caso do Brasil, onde o ministro da Economia, Paulo Guedes, alegou que a privatização de empresas públicas era modo prioritário de obter recursos para tempos de guerra sanitária. Em vez de uma política fiscal anticíclica para enfrentar a queda na demanda privadas, ele e sua equipe mais de uma vez refirmaram reafirmar a necessidade de uma nova onda de reformas liberalizantes para enfrentar os efeitos corrosivos da pandemia do coronavírus. Guedes também voltou a editar MPs com enviesamento patronal, como a que autorizava a suspensão de contratos de trabalho, sem prever providências compensatórias para os trabalhadores. Agiu como no caso da PEC da reforma previdenciária e das MPs da Liberdade Econômica e do Emprego Verde e Amarelo, quando limitou a discricionariedade dos fiscais do trabalho, reduziu pensões e subsídios sob a justificativa de baratear o custo da mão de obra, dificultou o acesso aos tribunais de segurados e pensionistas do INSS do trabalho e taxou quem recebe seguro-desemprego para compensar o que deixaria de entrar no caixa do Tesouro por causa dos benefícios fiscais dados às empresas que contratassem jovens de 18 a 29 anos. Na reforma administrativa, que é apenas uma tentativa de reduzir salários revogar direitos do funcionalismo público, classificou como negativa a intervenção regulatória do Estado no domínio econômico. E apontou como virtuoso o jogo de mercado – protagonizado pelo "espírito animal" dos agentes econômicos – livre de quaisquer responsabilidades legais e sociais.

Antes da pandemia, a justificativa era que essas medidas tinham por objetivo afastar os obstáculos institucionais, legais e administrativos que estariam impedindo a retomada do crescimento, com base numa concepção de autossuficiência social que seria capaz de prover serviços, gerar oportunidades e distribuir recursos. Desde que concentrou poderes como poucas vezes se viu na história do país, o ministro da Economia se apresentou como sendo declaradamente liberal. Nas últimas cinco ou seis décadas, talvez somente Roberto Campos tenha feito o mesmo. Mas, enquanto este jamais se furtou a esclarecer o que entendia por liberalismo[1], Guedes nunca explicou com seriedade e responsabilidade mínimas o sentido que dá a esse conceito. No máximo, afirmou, aqui e ali, que o Estado atrapalha, que sua máquina administrativa é parasita e que o formalismo jurídico despreza a eficácia alocativa dos fatores de produção. Encarando a ordem legal apenas do ponto de vista de sua adequação à consecução de metas estabelecidas a partir de uma lógica econométrica, e não impostas por uma vontade política, disse também que princípios jurídicos consagrados pela Constituição ameaçam a estabilidade macroeconômica.

Acima de tudo, o ministro e sua equipe mostraram não entender o que é o liberalismo como uma doutrina que, nos séculos 19 e 20, consagrou a liberdade de iniciativa e de mercado. E, ao mesmo tempo, enfatizou a importância da regulação estatal em matéria de institucionalização do direito de propriedade, publicidade dos atos negociais, registro comercial, punição de falência fraudenta, combate a práticas monopolistas e criação de mecanismos judiciais para assegurar a inalterabilidade e o cumprimento de obrigações contratuais. Pelo que produziram, em matéria de PECs e MPs, o ministro e sua equipe parecem não ter compreendido a importância que o liberalismo dá a alguns dos mais importantes primados do Estado de Direito, como a igualdade de todos perante a lei, o acesso

---

[1] Ver, por exemplo, o livro por ele escrito em colaboração com Mário Henrique Simonsen, *A nova economia brasileira*, São Paulo Editora José Olympio, 1979.

4. LIBERTARISMO E LIBERALISMO EM TERMOS DE PANDEMIA

aos tribunais, o direito ao devido processo legal, o instituto jurídico da defesa da concorrência e o direito do consumidor.

Em sua primeira fase – a que abrange o contratualismo de John Hobbes e John Locke, o liberalismo utilitário de John Stuart Mill e Jeremy Bentham e a teoria dos sentimentos morais de Adam Smith – o liberalismo aponta as condições necessárias ao funcionamento do mercado, à acumulação e ao estímulo às vocações empreendedoras. Ele é avesso ao dirigismo estatal, mas destaca as liberdades públicas como marcos normativos desse jogo e da atuação do Estado sobre os cidadãos, seguindo regras democraticamente definidas por eles. Também enfatiza o princípio da responsabilidade social de quem empreende e obtém lucros, enfrentando os riscos de mercado. E, por mais que seja pró-mercado no âmbito da economia, entende que, onde o Estado é reduzido ao mínimo, o contrato social tende a se corroer, levando ao risco de o estado civil retroceder ao estado da natureza.

Com o passar do tempo, o liberalismo passa a afirmar que, embora não caiba ao Estado indicar o que é felicidade aos cidadãos, ele tem de atuar para que o jogo político seja menos desequilibrado, pois, onde há desigualdade, nem todos podem decidir em iguais condições. Dito de outro modo, para ser livre, o indivíduo necessita de condições materiais básicas. Sem elas, o alcance de seu campo de escolha é limitado. Isso exige repensar os direitos, vinculando-os a mecanismos compensatórios, capazes de atenuar os desequilíbrios produzidos pelo livre jogo dos mercados[2]. Nesse sentido, política e economia são verso e reverso de uma mesma moeda. Por mais que seja *market friendly*, enfatizando aas funções estruturantes do direito de propriedade e o cumprimento das obrigações contratuais, o liberalismo não descarta a responsabilidade social de quem empreende e, enfrentando os riscos de mercado, lucra.

Poucos são os vestígios da influência do liberalismo histórico no que ministro da Economia e sua equipe chamam de *agenda liberal*. Menores, ainda, são os vestígios do que tem sido o liberalismo após a década de 1970. Esse foi o período em que John Rawls, professor de filosofia política

---

[2] Ver KUNTZ, Rolf. *Estado, mercado e direitos* , in Faria, José Eduardo; KUNTZ, Rolf. *Qual o futuro dos Direitos? (Estado, mercado e justiça na reestruturação capitalista)*. São Paulo: Max Limonad, 2002; e VITA, Álvaro de. *A justiça igualitária e seus críticos*. São Paulo: Martins Fontes, 2007.

da Harvard University, publicou *Uma Teoria da Justiça*. À época, Estados Unidos e Europa Ocidental estavam presos a uma tensão entre crise de governabilidade e crise de legitimidade, e a teoria e a prática politicas se revelavam incapazes de conciliar as ideias de liberdade e de igualdade. Até então, a história mostrara que as experiências que priorizaram a liberdade tinham relegado para segundo plano a justiça social, enquanto as experiências que deram primazia ao igualitarismo culminaram com a corrosão das liberdades públicas. Para Rawls, essa incapacidade de conciliação era um falso dilema.

A determinação dos termos equitativos de cooperação em sociedade envolve o contrato social como ideia reguladora da vida política – mais precisamente, da ordem legal necessária para a efetivação dos direitos, não apenas civis mas, também, sociais, como os trabalhistas, os previdenciários e os assistenciais. E, para que esse labor cooperativo seja legítimo e se dê em conformidade a regras democráticas, é necessário projetar a posição original dos cidadãos livres e iguais no momento do contrato social. Daí a necessidade de um nível mínimo de educação, renda e condições de saúde para que todos os cidadãos possam exercer plenamente sua liberdade na prática da cooperação. E isso depende não apenas de liberdades formais previstas pela Constituição, afirma Rawls, mas, igualmente, de funções governamentais alocativas, de estabilização, de transferência e de distribuição. Funções essas implementadas por políticas públicas que defendam o emprego por meio do estímulo da demanda, impeçam a manipulação de preços pela concentração de poder econômico e assegurem um mínimo social que complemente a renda dos mais pobres. "As expectativas mais altas daqueles mais bem situados são justas se, e apenas se, funcionarem como parte de um esquema que melhore as expectativas dos membros menos favorecidos da sociedade", diz Rawls no capítulo relativo aos fundamentos institucionais da justiça distributiva. Em suma, ele não confunde liberalismo com um contexto em que as forças de mercado possam agir de modo indiscriminado. A seu ver, a ideia de liberdade é indissociável da ideia de uma igualdade obtida pela distribuição equitativa da educação, pela garantia de uma segurança mínima em face de doenças e desemprego, pelo uso de instrumentos como o imposto de renda negativo, pelo combate aos monopólios e pela multiplicação de oportunidades de emprego.

4. LIBERTARISMO E LIBERALISMO EM TERMOS DE PANDEMIA

Na réplica a Rawls, partindo da premissa de que por princípio os mercados são eficientes e o Estado regulador viola a liberdade, os defensores de um liberalismo mais radical – como F. Hayek, M. Friedmann e R. Nozick – rejeitaram as funções corretivas e distributivas do poder público e criticaram a ideia de justiça definida por critérios de equidade. Em nome do que hoje se designa libertarismo, alegaram que uma distribuição é justa quando atende a determinados princípios de aquisição e de transferência da propriedade. O que importa é como ela foi constituída, e não suas implicações com um princípio de equilíbrio na distribuição de bens e oportunidades, o que torna a questão dos direitos centrada no indivíduo. Para Nozick, particularmente, o libertarismo se assenta no respeito pela liberdade individual, constituindo um imperativo moral, e não um simples instrumento de promoção da eficiência econômica. A seu ver, interferências governamentais no mercado não são censuráveis pelos efeitos negativos que podem acarretar na economia, mas sim porque constituem erros morais[3].

Quase todos argumentos apresentados no embate entre liberais e libertários não parecem estar presentes nas justificativas das PECs e MPs formuladas pela equipe econômica atual. O que ela entende como mercado parece ser uma economia liberta de quaisquer constrangimentos pelo poder público. No limite, é como se a simples existência do Estado fosse um mal em si e tudo que viesse dele seria ilegítimo. O ministro e sua equipe consideram natural a transformação de obrigações públicas em negócios privados e a redução do tamanho do Estado, com a desconstitucionalização de direitos. Parecem confundir economia de mercado com sociedade de mercado, onde tudo – inclusive alternativas políticas – pode ser vendido ou comprado. Nesse tipo de raciocínio, quando surgem problemas ambientais, por exemplo, entendem que basta criar um mercado de direitos de poluição. Se há dificuldades para financiar a Previdência, basta montar um sistema de estímulo para subscrição de seguros privados e de contribuições definidas. São respostas singelas frente a um sistema previdenciário organizado sobre o emprego tradicional e folha salarial, num período de expansão do emprego por conta própria, de contratações por tarefas e trabalho temporário.

---

[3] Robert Nozick, *Anarquia, Estado e Utopia*, São Paulo, Martins Fontes Editora, 2011.

Sem compreender que o contrato social e o pacto moral nele implícito são corroídos quando determinados serviços essenciais são reduzidos ao conceito geral de mercadoria, aceitando e defendendo sua transferência da esfera pública para a do mercado, o que a equipe tem em mente é a ideia de um mercado cada vez mais autorregulado. É o ideal da interação entre agentes econômicos que não precisem responder perante a comunidade, conjugado com a defesa de um Estado minimalista e de formas privadas de Justiça, como a arbitragem. Ao hiper-responsabilizar os indivíduos por seu futuro, esse tipo de libertarismo esvazia as ideias de cidadania e de contrato social. Torna as pessoas empreendedoras de si mesmas – o que tem sido evidenciado pelo forte aumento do número de trabalhadores informais e por conta própria. Com isso, desfigura o *homus juridicus*, convertendo-o num homem simultaneamente responsável e culpado por seu destino individual. Nesta abordagem, a crise econômica brasileira seria apenas uma questão moral, decorrente da corrupção e/ou de gastos sucessivos dos governos.

Ao insistir na tese de que o mercado não pode ser regulado por qualquer estrutura normativa transcendente às próprias transações, ao se opor a políticas anticíclicas e ao defender uma liberdade radical no universo dos negócios, a equipe do Ministério da Economia pode ser tudo. Menos liberal, no sentido doutrinário e histórico do termo. É, certamente, libertário – no sentido mais vulgar da expressão, próximo à ideia de darwinismo social. E é por isso que demonstrou ter enorme dificuldade de entender que, num contexto de pandemia no âmbito de um país já vinha numa arrastada recuperação econômica, após anos de estagnação e forte desemprego, o Estado deve agir com visão estratégica, foco, determinação e urgência. Dificuldade essa que o levou a tomar medidas pouco articuladas, tímidas e pontuais, limitando-se, por exemplo, a antecipar no primeiro semestre gastos que seriam realizados ao longo de todo o ano e 2020. E demonstrando, acima de tudo, não saber como, no médio prazo, formular políticas de sustentação ao crescimento econômico.

5. Limites constitucionais às medidas de exceção do poder público: uma análise comparada das legislações de emergência entre Brasil e França

ANDERSON VICHINKESKI TEIXEIRA

Introdução

Mais do que um problema sanitário de dimensões globais, a crise do Covid-19 traz ao ano de 2020 uma série de questões jurídicas, políticas e constitucionais que até então eram raras ou não passavam de discussões as quais estávamos habituados a chamar de meros "exemplos acadêmicos". No âmbito jurídico-constitucional há um questionamento que, desde o início da crise, tem sido posto em diversos países: quais os limites do poder público em estabelecer limitações aos direitos fundamentais dos seus cidadãos? Quem, e sob quais circunstâncias jurídico-constitucionais, teria competência para emitir os atos normativos que, por exemplo, determinam o isolamento social das pessoas ou a suspensão temporária de atividades empresariais?

Furtando-nos de uma extensa revisão de literatura sobre o tema normalidade e exceção no direito constitucional, estruturamos nossa tentativa de enfrentamento aos questionamentos acima recuperados com a seguinte proposta: primeiramente, recordar os conceitos político--filosóficos elementares que fundamentaram as previsões constitucionais de "normalização da exceção" a partir do pensamento de Carl Schmitt; em seguida, a recente legislação francesa que instituiu, em 23 de março de 2020, o inédito "estado de emergência sanitária" será analisada a partir do quadro teórico-normativo daquele país; um terceiro e último item será destinado ao exame de como o Brasil está enfrentando, do ponto de vista normativo, a questão do Covid-19, sobretudo com a legitimação, por parte do Supremo Tribunal Federal, de decretos e atos normativos oriundos de autoridades legislativas e executivas dos Estados e Municípios.

Por fim, nas conclusões tentaremos introduzir a hipótese de que, embora tenham quadros constitucionais com esquemas relativamente próximos para a adoção de medidas de exceção, há um espaço de autonomia política que concede, exclusivamente, à esfera política o arbítrio de definir quais poderes serão os mais adequados para uma abordagem pragmática, técnica e científica da matéria em objeto, isto é, um problema sanitário de proporções globais. Tal esfera de autonomia da política nada mais seria do que a clássica tentativa de "normalizar a exceção" prevista por Schmitt.

1. Normalidade e exceção no pensamento político-constitucional de Carl Schmitt

Por mais que nosso enfoque central seja dogmático-constitucional em relação às legislações de Brasil e França no tratamento dos problemas da Covid-19, é fundamental estabelecer bases epistemológicas claras que nortearão inclusive as hipóteses que tentaremos sustentar ao final desta breve pesquisa. Assim, a compreensão de Carl Schmitt sobre uma relação altamente atual, isto é, normalidade e exceção, ganha significativa importância. Notoriamente foi Schmitt um dos constitucionalistas que maior atenção dedicou ao tema em objeto, seja como aluno durante a Faculdade de Direito, quando estudava autores que tentaram justificar as origens do poder político do Estado moderno, como Jean Bodin e Thomas Hobbes, seja em sua tese doutoral ou em tese de livre-docência. Nessas obras iniciais Schmitt buscava expor os conceitos políticos que chamava de "teológicos", pois sustentava que teria sido uma "teologia secular" que, desde o século XVI, erigiu as bases do Estado moderno em oposição a qualquer outra forma de poder existente, sobretudo o poder da Igreja.

A origem etimológica da palavra "normalidade" vem do latim *normalis*, isto é, algo que segue uma regra, uma norma. Na antiguidade romana *normalis* seria uma espécie de régua de carpinteiro, um esquadro. No entanto, a própria origem etimológica da palavra latina *normalis* remonta a um conceito em sua essência jurídico e que deriva do grego *nomos*. Antes disso, na literatura antiga grega, em especial nos textos de Sófocles,

5. LIMITES CONSTITUCIONAIS ÀS MEDIDAS DE EXCEÇÃO DO PODER PÚBLICO

Platão e Aristóteles, o *nomos* seria também uma régua, porém bem mais flexível e capaz de medir as formas de coisas dispostas em um terreno montanhoso. Teria sido tal régua inventada na Ilha de Lesbos para medir seu terreno montanhoso e muito rochoso. Do conceito de *nomos* o pensamento ocidental constituiu não apenas o conceito jurídico de norma: a ideia de "normalidade", no senso comum, está ontologicamente assentada naquela antiga definição de "seguir uma norma". Já para Carl Schmitt, no ano de 1919, fora esse pano de fundo que o influenciou ao tratar de um fenômeno que denominou de *Romantismo político* (inclusive o título da obra era esse): a tentativa da política, por meio do Estado moderno, de atribuir normalidade a todas as condutas humanas. Algumas perguntas eram inquietantes a ele: qual o espaço para o irracional? Para o arbitrário? Para um ditador que simplesmente impõe sua vontade pela força? Seria em duas obras – *A ditadura* (1921) e *Teologia política* (1921) – que Schmitt tentaria responder a tais questões. A obra *Teologia política* foi tão impactante porque é uma espécie de ponto de chegada do pensamento schmittiano sobre como o Estado moderno substituiu a função da religião no coração da política; sobre como o Deus onipotente agora teria o próprio Estado se tornando onipotente! Assim, competiria ao Estado definir o que seria a normalidade.

Mas onde entraria a exceção? Schmitt emprega uma metáfora de difícil compreensão para aqueles que não são muito próximos das suas obras, mas que pode ser aqui recuperada de modo pontual: o estado de exceção estaria para o Estado moderno assim como o milagre está para a teologia.[1] O milagre seria uma forma de corrigir os atos humanos que violam as leis da natureza. Logo, a exceção seria um modo de corrigir a política do Estado quando ela não funciona com base na própria normalidade que institui. Não seria isso uma perigosa supervalorização da capacidade humana de se autoguiar e transcender da normalidade para a exceção? Schmitt não estaria concebendo um remédio demasiadamente amargo contra as insuficiências do próprio Estado? Diversas vezes ele se dizia um mero intérprete do fenômeno político, pois a essência do humano é, ao longo da história, o existir político, seja na normalidade ou na exceção. Recorde-se que a antiguidade grega o *nomos* era o que

---

[1] Utilizo-me aqui da coletânea que inclui o texto de 1922, ver SCHMITT, Carl. *Le categorie del politico*. Bologna: il Mulino, 1972, p. 61-62.

separava a civilidade da barbárie, da anomia, da ausência de qualquer padrão de conduta aceito por todos.

Exatamente por ter tanta convicção na política e na capacidade humana de se ordenar que ele entendia que mesmo na exceção existiria um soberano. Na normalidade, este seria o Estado. Mas quem seria o soberano no estado de exceção? A resposta está sintetizada naquela que talvez seja sua frase mais conhecida: "Soberano é quem decide em estado de exceção."[2]

Ocorre que o seu conceito político-jurídico de soberania encontra-se intimamente vinculado à noção de poder (comando máximo) em uma sociedade política, resultando em um conceito de soberania que lhe é peculiar e, até mesmo, reducionista. Para compreender uma tal noção de exceção sem entendê-la como uma categoria conceitual que simplesmente legitimaria o arbítrio de alguém que se revolta contra uma lei injusta do Estado, torna-se importante recordar duas questões fulcrais no pensamento de Schmitt sobre a exceção: a superação do paradigma territorialista e a existência do inimigo.

A primeira questão estava em consonância com tendência presente em todas demais ciências e esferas da vida humana: a superação do paradigma territorialista da soberania estatal. Ele dizia não ser exagerado afirmar que todas as esferas e âmbitos da vida, em todas as ciências e formas de ser, conduziram à produção de um novo conceito de espaço, de modo que "As grandes modificações da imagem geográfica da terra foram apenas um aspecto exterior da profunda transformação indicada com o termo, tão rico de consequências, de 'revolução espacial'."[3]

Já a segunda questão envolve um clássico conceito schmittiano: o inimigo político. Dizia que o inimigo "não é algo que se deva eliminar por qualquer motivo, ou que se deva exterminar pelo seu desvalor. O inimigo se situa no mesmo plano que eu. Por esta razão devo me confrontar com ele: para adquirir a minha medida, o meu limite."[4] O "inimigo absoluto" era, para Schmitt, algo a sempre ser evitado devido à impossibilidade de busca pela paz que tal absolutização causaria, pois, uma vez encerrada a guerra, uma mínima adesão a princípios do outrora inimigo será passo

---

[2] SCHMITT, Carl. *Le categorie del politico*, cit., p. 33.
[3] SCHMITT, Carl. *Terra e mare*. Milano: Giuffrè, 1986, p. 63. (tradução livre)
[4] SCHMITT, Carl. *Teoria del Partigiano*. Milano: Adelphi, 2005, p. 119. (tradução livre)

fundamental para a construção de uma nova ordem política.[5] Mesmo quando em estado de exceção, o inimigo seria uma medida para a correta delimitação do poder soberano.

Com esses dois conceitos Schmitt tenta dar fechamento ao que seria o estado de exceção: por um lado, seria um modo de ir além dos confins do Estado, dos seus limites geográficos, possibilitando enfrentar qualquer ameaça externa; por outro lado, teria na existência concreta do inimigo as medidas capazes de definir, igualmente em concreto, o poder político de quem é o soberano. Em poucas palavras, a normalidade seria o domínio da política por meio do Direito; a exceção seria o domínio da política por meio da força.

2. O novo "estado de emergência sanitária" na França e suas implicações constitucionais

Em 23 de março de 2020, o Parlamento da França aprovou a Lei n. 290 que instituiu e disciplinou uma figura até então inédita naquele país: o "estado de emergência sanitária" (*état d'urgence sanitaire*). Trata-se, de fato, de uma legislação com grande amplitude temática, tendo em vista que abordou questões de ordem econômica e também eleitoral, sobretudo no sentido de postergar (art. 19) a data do segundo turno das eleições municipais para, no máximo, junho de 2020, já que estava previsto para ocorrer em 22 de março deste ano.

Todavia, o ponto central é que o governo Macron vinha adotando uma série de medidas (decretos do Executivo) para combater a pandemia do coronavírus, mas cuja legitimidade constitucional estava sendo cada vez mais questionada, uma vez que, mediante decretos, o governo – recorde-se que a França é um Estado unitário – aprofundava restrições ao exercício de liberdades individuais e direitos fundamentais, como, por exemplo, a liberdade de ir e vir, a livre iniciativa empresarial, a liberdade de associação, a liberdade de reunião. Portanto, a Lei n. 290 criou uma espécie de regime de exceção que, por um lado, legitima as decisões tomadas até então pelo governo, enquanto que, por outro lado, disciplina em detalhes o isolamento social parcial, o confinamento total de certos grupos de pessoas vulneráveis, o fechamento de empresas etc.

---

[5] SCHMITT, Carl. *Teoria del Partigiano*, cit., p. 131.

A Constituição francesa em vigor, de 1958, seguiu uma característica das constituições do pós-Segunda Guerra Mundial ao tratar dos chamados mecanismos de estabilização social: previu o estado de emergência e o estado de sítio. No Brasil, os artigos 136 e 137 da Constituição de 1988 seguem a mesma tendência e contêm disposições semelhantes, havendo como diferença substancial apenas a terminologia "estado de defesa", em vez de "estado de emergência", como na França.

Baseado no artigo 16 da Constituição francesa, o estado de emergência poderá ser decretado pelo Presidente da República, ouvidos o Primeiro-Ministro, a deliberação dos Presidentes das duas Casas Legislativas e o Conselho Constitucional, quando estiverem sendo ameaçadas "as instituições da República, a independência da nação, a integridade de seu território ou a execução de seus compromissos internacionais"; a ameaça deverá ser "grave e imediata" no sentido de colocar em perigo o "funcionamento regular dos poderes públicos constitucionais."[6] Sua duração deverá ser de até 30 dias.

A segunda modalidade de mecanismo de estabilização social é o estado de sítio (*état de siège*), previsto no art. 36 da Constituição da França. O legislador constituinte de 1958 fora breve ao tratar desse tema porque a tradição constitucional daquele país pode ser considerada até mesmo a

---

[6] No original: "*ARTICLE 16.*

Lorsque les institutions de la République, l'indépendance de la nation, l'intégrité de son territoire ou l'exécution de ses engagements internationaux sont menacées d'une manière grave et immédiate et que le fonctionnement régulier des pouvoirs publics constitutionnels est interrompu, le Président de la République prend les mesures exigées par ces circonstances, après consultation officielle du Premier ministre, des présidents des assemblées ainsi que du Conseil constitutionnel.

Il en informe la nation par un message.

Ces mesures doivent être inspirées par la volonté d'assurer aux pouvoirs publics constitutionnels, dans les moindres délais, les moyens d'accomplir leur mission. Le Conseil constitutionnel est consulté à leur sujet.

Le Parlement se réunit de plein droit.

L'Assemblée nationale ne peut être dissoute pendant l'exercice des pouvoirs exceptionnels.

Après trente jours d'exercice des pouvoirs exceptionnels, le Conseil constitutionnel peut être saisi par le Président de l'Assemblée nationale, le Président du Sénat, soixante députés ou soixante sénateurs, aux fins d'examiner si les conditions énoncées au premier alinéa demeurent réunies. Il se prononce dans les délais les plus brefs par un avis public. Il procède de plein droit à cet examen et se prononce dans les mêmes conditions au terme de soixante jours d'exercice des pouvoirs exceptionnels et à tout moment au-delà de cette durée."

responsável pela origem da atual concepção teórico-normativa de estado de sítio, existindo uma série de normas pré-constitucionais a disciplinar a matéria. Em poucas palavras, trata-se do mecanismo constitucional mais extremo na ordem interna: permite que o Presidente da República, ouvido o Conselho de Ministros, decrete uma série de medidas, que não poderão ser superiores a 12 dias, para fins de controlar uma agressão externa ou uma insurreição armada interna, estabelecendo um regime muito semelhante à lei marcial.[7]

Como se pode ver a partir das próprias disposições constitucionais, é necessário estar presente um inimigo externo, uma insurreição armada interna ou uma ameaça "imediata e concreta" contra as principais instituições da República para que o estado de emergência ou o estado de sítio sejam decretados.

O Conselho Constitucional francês já decidira, em 1985, que os dois artigos citados não removeriam do Presidente da República e do Parlamento a possibilidade de prever outras modalidades para o enfrentamento de situações excepcionais. Talvez o principal exemplo de uma terceira categoria pode ser visto na Lei n. 385, de 3 de abril de 1955, que instituiu um regime de estado de emergência que seria aplicado no tratamento da situação na Argélia. Não fora adotado um estado de sítio porque o governo francês, sobretudo seu recém-eleito Presidente da República René Coty não queria cogitar, pelo menos naquele momento, a hipótese de guerra com a Argélia. Essa mesma lei também serviu de base para a decretação de estado de emergência em 1984-1985 durante os eventos na Nova Caledônia, bem como em outros momentos.

Ocorre que a Lei n. 290, de 2020, não passa de uma adaptação do mesmo regime de emergência de segurança (*urgence sécuritaire*) estabelecido com a Lei n. 385, de 1955, mas com algumas características que são mais severas do que antes e, até mesmo, mais gravosas do que inicialmente fora discutido ainda quando do projeto de lei encaminhado pelo governo Macron: (1) o art. 3 faz expressa menção ao art. 38 da Constituição, que permite ao Presidente da República emitir decretos com força de lei,

---

[7] No original: "ARTICLE 36.
L'état de siège est décrété en Conseil des ministres.
Sa prorogation au-delà de douze jours ne peut être autorisée que par le Parlement.

sobretudo quando em estado de sítio (2) duração de dois meses (o regime da lei de 1955 era de 12 dias), (3) previsão de prorrogação somente por parte de lei aprovada pelo Parlamento, e (4) a definição de quais circunscrições territoriais estarão submetidas a quais restrições, por exemplo, o confinamento total de certos grupos de vulneráveis ao Covid-19 em determinadas cidades, ficará a cargo de decretos emitidos por parte do Primeiro-Ministro, ouvido o Ministro da Saúde.

Inicialmente, haveria uma proximidade entre o estado de emergência de segurança, de 1955, e o estado de emergência sanitária, de 2020, mas a nova Lei n. 290 mostra-se, em um sentido muito particular, consideravelmente mais incisiva: ao limitar direitos e liberdades fundamentais. Tal limitação encontra um componente político importante: a verticalização, na condição de prerrogativa exclusiva, ao Presidente da República, por meio de seu Primeiro-Ministro e Conselho de Ministros, dos poderes de flexibilização ou agravamento das medidas de isolamento social. De imediato, isso terminado deixando as regiões e as municipalidades em uma condição meramente instrumental no momento de aplicação das medidas de emergência sanitária; todavia, mediatamente, retira-lhes praticamente toda a possibilidade de emprego de medidas alternativas ou mesmo decisões conflitantes com as tomadas pelo Presidente da República. Esse ponto é especialmente interessante e mostra, em contraste com o Brasil, como a normalização política da exceção encontra seus meios jurídicos para ocorrer, seja em um Estado unitário centralizador, seja um Estado federal cooperativo e descentralizador.

3. O federalismo no Brasil e a emergência sanitária global: ressignificando a ideia de cooperação entre entes federados

A decretação, em 11 de março de 2020, de pandemia do coronavírus por parte da OMS (Organização Mundial da Saúde) produziu no Brasil um reação inusitada e de difícil compreensão para um observador estrangeiro: diversos prefeitos e governadores estaduais passaram a emitir decretos de suas próprias lavras para fins de aplicar, diretamente, as orientações da OMS em suas circunscrições. Paralelamente a isso, a Presidência da República não se valeu de nenhuma das medidas constitucionais de estabilização social, deixando a cargo do Ministério da Saúde a articulação de questões técnicas junto às secretarias estaduais e municipais da saúde.

5. LIMITES CONSTITUCIONAIS ÀS MEDIDAS DE EXCEÇÃO DO PODER PÚBLICO

Em 20 de março de 2020, o Congresso Nacional, editou o Decreto Legislativo n. 06 de 2020, que reconhece o estado de calamidade pública, cujos efeitos são meramente fiscais e buscam otimizar o emprego do orçamento federal no combate ao coronavírus. Ocorre que a coordenação político-legislativa para a elaboração do referido decreto legislativo foi histórica, cuja representatividade e simbolismo podem ser percebidos pelo fato de que o seu projeto contou com a assinatura inclusive do Presidente do Supremo Tribunal Federal, Min. Dias Toffoli. No entanto, medidas por parte do Executivo Federal não se seguiram no sentido de tratar a questão da pandemia como um caso de exceção constitucional.

Brevemente, convém recordar que o Brasil possui, em sua Constituição de 1988, a previsão expressa de dois mecanismos destinados a situações de exceção: estado de defesa (art. 136) e estado de sítio (art. 137). O primeiro poderá ser decretado pelo Presidente da República, ouvidos os Conselhos da República e de Defesa Nacional, para fins de "preservar ou prontamente restabelecer, em locais restritos e determinados, a ordem pública ou a paz social ameaçadas por grave e iminente instabilidade institucional ou atingidas por calamidades de grandes proporções na natureza." Já o segundo poderá ser solicitado por parte do Presidente da República, ouvidos os Conselhos da República e de Defesa Nacional, ao Congresso Nacional nos casos de: "(I) comoção grave de repercussão nacional ou ocorrência de fatos que comprovem a ineficácia de medida tomada durante o estado de defesa; (II) declaração de estado de guerra ou resposta a agressão armada estrangeira."

No momento de decretação de pandemia por parte da OMS e calamidade pública nacional por parte do Congresso Nacional brasileiro, verificou-se uma expansão legislativa horizontal, sobretudo por parte de prefeitos com suas incontáveis – algumas até insólitas! – medidas de isolamento social. Por mais questionáveis que tais medidas sejam, possuem como fundamento constitucional o art. 23, que estabelece as "competências comuns" entre União, Estados, Municípios e Distrito Federal, cujo inciso II, atribui literalmente a todos a competência de estabelecer legislações que zelem pela "saúde e assistência pública". Além deste art. 23, II, da Constituição, outros fundamentos constitucionais para tais medidas por parte de prefeitos e governadores estaduais não passariam, ao nosso sentir, de construções hermenêuticas.

Ao ser chamado para tratar da matéria, o Supremo Tribunal Federal confirmou o acima exposto, em decisão liminar de 24 de março de 2020, de lavra do Min. Marco Aurélio Mello, ao examinar Medida Cautelar em Ação Direta de Inconstitucionalidade (ADI 6431 MD/DF), proposta pelo Partido Democrático Trabalhista (PDT). Um dos pedidos da inicial envolvia a possível delimitação das competências normativas de Estados e Municípios para a adoção de medidas de polícia sanitária e de isolamento social. Ocorre que, na referida decisão, o Min. Relator expressamente afirmou que deferia a "medida acauteladora, para tornar explícita, no campo pedagógico e na dicção do Supremo", a competência entre todos os entes federados para tutelar a saúde em uma situação pandêmica de singular urgência.

Ainda que se trate apenas de uma decisão monocrática, é importante ressaltar que ela tão somente reflete a própria compreensão do STF sobre a questão atinente à divisão de competências. Mais do que um mero federalismo clássico que organiza os entes federados *a partir* de um poder central, a Constituição brasileira de 1988 estabeleceu um federalismo *cooperativo* de dinâmica muito articulada entre os entes federados; a ampla tutela de direitos fundamentais é talvez o ponto mais destacado nessa dinâmica, pois permite que questões ordinárias, do cotidiano, envolvendo direitos como a saúde sejam enfrentadas precipuamente pelos Municípios. Já quando em situações de crises, como a vista no caso de coronavírus, o sistema permite que não apenas um ente federado concentre as prerrogativas de definição e atuação das medidas de combate, possibilitando que todos os entes se engajem de acordo com suas limitações.

Conclusões

Deste breve estudo comparativo, algumas hipóteses conclusivas podem ser feitas.

No campo teórico-constitucional, verifica-se a atualidade da construção schmittiana de estado de exceção, pois o ano de 2020 restará marcado pela pandemia do coronavírus. Ocorre que Schmitt nos coloca um problema de elevadíssima dramaticidade: os conceitos de "estado de defesa" (ou "emergência" em alguns países) e "estado de sítio" estão assentados na tradicional ideia liberal de primazia do Direito. Não há insurgência interna, desastre natural, invasão inimiga ou calamidade pública que não

5. LIMITES CONSTITUCIONAIS ÀS MEDIDAS DE EXCEÇÃO DO PODER PÚBLICO

possa ser enfrentada e resolvida dentro dessas duas categorias conceituais que se encontram presentes, respectivamente, nos artigos 136 e 137 da Constituição brasileira de 1988.

O problema ganha excepcional ineditismo e dramaticidade quando o inimigo não tem farda, não é facilmente localizável e se movimenta sem a mínima previsibilidade. As novas emergências globais apresentam desafios que colocam em xeque os próprios conceitos de estado de defesa e estado de sítio. Observando os tratamentos dados por França e Brasil, é flagrante a dissonância normativo-constitucional entre as medidas adotadas em concreto por ambos países. O governo francês valeu-se de uma construção novel a partir da noção de estado de emergência, verticalizando e centralizando o enfretamento do problema. Já o "caso brasileiro" – talvez seja melhor referir assim – foi em sentido totalmente oposto: viu surgir, contemporaneamente, inúmeras medidas restritivas a partir de todos os entes federados! União, Estados, Municípios e Distrito Federal tornaram-se legitimados a adotar atos normativos ou com força de lei para salvaguardar a população de um modo geral. Enfim, a situação de exceção fez o direito moldar-se à política.

Por mais que França e Brasil possuam previsões normativas que seguem uma tradição muito próxima no tratamento das chamadas exceções constitucionais, parece ser inegável que, por mais diferentes que tenham sido os caminhos percorridos por ambos países no enfrentamento da crise, há algo de finalístico em comum: a gravidade das restrições a direitos fundamentais, em especial a direitos de liberdade.

A pandemia global trouxe, ao gerar uma situação real de exceção, a necessidade que medidas de normalização da exceção fossem tomadas, seja vertical ou horizontalmente, pelos poderes públicos. Em um cenário de tão elevada excepcionalidade, no qual a tutela dos direitos fundamentais passa a ser relativizada, somente a análise casuística permite avaliar a adequação constitucional das medidas restritivas. Importante é ter presente sempre que a normalização da exceção tem por finalidade preservar o equilíbrio na tutela dos direitos fundamentais, não possibilitando que uma hierarquização absoluta e inflexível de tais direitos seja feita a partir de um único direito. Relativizar, temporalizar e equilibrar são verbos que precisam ser conjugados conjuntamente em situações assim.

Referências

SCHMITT, Carl. *Der Begriff des Politischen*. Berlim: Duncker&Humblot, 1963, trad. it. *Le categorie del politico*. Bologna: il Mulino, 1972.

SCHMITT, Carl. *Land und Meer*. Maschke-Hohenheim: Köln-Lövenich, 1981, trad. it. *Terra e mare*. Milano: Giuffrè, 1986.

SCHMITT, Carl. *Theorie des Partisanen. Zwischenbemerkung Zum Begriff des Politischen*. Berlim: Duncker & Humblot, 1963, trad. it. *Teoria del Partigiano. Integrazione al concetto del politico*. Milano: Adelphi, 2005.

6. O direito excepcional da contratação pública brasileira para enfrentamento à crise do Coronavírus

RAFAEL SÉRGIO DE OLIVEIRA

Introdução

O cenário que se instalou nos últimos meses em decorrência do novo coronavírus trouxe a todos os ramos do Direito um profundo desafio, que é o de oferecer soluções jurídicas adequadas para a excepcional situação pela qual passa o mundo. Identificado pela primeira vez na China no final de 2019, o novo coronavírus rapidamente correu o globo e em 11 de março de 2020 a Organização Mundial da Saúde já o reconheceu como um agente causador de pandemia, mais especificamente a pandemia da Covid-19, doença resultante da infecção do referido vírus.

O fato é que, no contexto da globalização, que conta com um intenso tráfego internacional de pessoas[1], sabia-se que o novo coronavírus circularia o mundo e faria vítimas em diversos países de todos os continentes. No Brasil, em 6 de fevereiro de 2020, antes mesmo da confirmação oficial do primeiro caso de infecção pelo novo coronavírus em solo pátrio[2], foi editada a Lei nº 13.979, que "dispõe sobre as medidas para enfrentamento

---

[1] OLIVEIRA, Rafael Sérgio de. Globalização e Contratação Pública: o nascimento de um Direito Internacional dos Contratos Públicos. *Revista Direito Mackenzie*. V. 11. N. 2., p. 228-248. Disponível em: http://editorarevistas.mackenzie.br/index.php/rmd/issue/view/572.

[2] O primeiro caso de infecção do novo coronavírus no Brasil foi oficialmente confirmado pelo Ministério da Saúde em 26 de fevereiro de 2020 (https://www.saude.gov.br/noticias/agencia-saude/46435-brasil-confirma-primeiro-caso-de-novo-coronavirus).

da emergência de saúde pública de importância internacional decorrente do coronavírus responsável pelo surto de 2019".

O referido diploma traz diversas normas sobre temas relativos à área sanitária, assim como regula relevantes pontos da matéria atinente ao Direito Administrativo. Nesse aspecto, merece destaque a temática da contratação pública, que é fortemente flexibilizada na Lei nº 13.979, de 2020, com o objetivo de simplificar e agilizar as contratações de bens, insumos e serviços necessárias para o enfrentamento da crise decorrente do coronavírus.

Ressaltamos que a Lei de Combate ao Coronavírus brasileira, sobretudo no que diz respeito à contratação pública, foi substancialmente alterada por diversas Medidas Provisórias – MPV, que trouxeram outras regras além das previstas no texto original da Lei nº 13.979, de 2020. No decorrer do enfrentamento à crise, verificou-se a necessidade de aperfeiçoar esse dito regime emergencial para se obter sucesso na empreitada.[3]

O foco do presente artigo é analisar esse regime excepcional de licitação e contrato e suas nuances em relação ao modelo ordinário de contratação pública vigente no Brasil, visando conferir ao Direito emergencial da Lei nº 13.979, de 2020, a interpretação adequada ao seu propósito de simplificação e celeridade.

1. O campo de incidência e o foco da Lei nº 13.979/2020

A Lei nº 13.979, de 2020, é uma norma de caráter nacional, isso porque é aplicável a todos os entes da federação. Em relação ao tema licitação e contrato, trata-se de *norma geral* para efeito do art. 22, XXVII, da Constituição, já que versa sobre assuntos típicos desse conceito definidor da competência legislativa da União (norma geral de licitação e contrato). Entretanto, salientamos que a Lei nº 13.979 é norma específica para efeito do art. 2º da Lei de Introdução às Normas de Direito Brasileiro – LINDB, na medida em que sua aplicação é específica às contratações, direta ou indiretamente,[4] destinadas ao enfrentamento da pandemia do novo coronavírus e sua vigência se limita ao tempo enquanto durar a mencionada pandemia.

---

[3] A Lei nº 13.979, de 2020, foi alterada pelas Medidas Provisórias nº 926, 927, 928 e 951.
[4] JUSTEN FILHO, Marçal. *Um Novo Modelo de Licitações e Contratações Administrativas?* Disponível em: http://jbox.justen.com.br/s/9SPYwWsP7W66s8a. Acesso em: 29/3/2020.

6. O DIREITO EXCEPCIONAL DA CONTRATAÇÃO PÚBLICA BRASILEIRA...

A principal lei brasileira de contratação pública é a Lei nº 8.666, de 21 de junho de 1993, que já conta com mais de vinte anos. Esse diploma impõe um procedimento burocrático e anacrônico, a ponto de não admitir a tramitação eletrônica das modalidades de licitação ali previstas.

É verdade que, além da Lei nº 8.666, de 1993, foram acrescidos ao ordenamento pátrio outros diplomas que versam sobre licitação e que ainda hoje convivem com ela. É o caso da Lei nº 10.520, de 17 de julho de 2002, a Lei do Pregão. Essa norma veio ao Direito brasileiro com o intuito de agilizar os processos de contratação pública,[5] o que, de certo modo, ocorreu. Mas, o campo de incidência do pregão é limitado (bens e serviços comuns). Além disso, muitos dos temas relativos ao processo de contratação continuam tratados, inclusive para o pregão, na Lei nº 8.666, de 1993.

É nesse contexto que se coloca as disposições da Lei nº 13.979, de 2020, que precisa ser aplicada especificamente para as contrações voltadas para o enfrentamento ao coronavírus, valendo-se, para isso, de uma comunicação entre as suas disposições específicas e as normas postas pelo regime geral. Isso porque a Lei do Combate ao Coronavírus trouxe normas específicas pontuais, mas não regulamentou o regime como um todo, de modo que é um sistema excepcional cuja aplicação se dá em conjunto com as normas gerais postas. Esse, sem dúvida, é um problema, pois a ideia das disposições da Lei nº 13.979 em matéria de contratação pública é desburocratizar e agilizar o procedimento de contratação para enfrentamento à Covid-19,[6] ao passo que o modelo legal posto, radicado na Lei nº 8.666, de 1993, é tido como anacrônico e burocrático.

Aos nossos olhos, a solução do problema levantado no parágrafo anterior requer uma interpretação na qual se privilegie o *telos* da Lei nº 13.979, de 2020. Assim, devem ser afastadas na execução do regime emergencial de combate à Covid-19 as normas do regime geral que: a) conflitem literalmente com as disposições da Lei de Combate ao Coronavírus; b) conflitem com a ideia ou atrapalhem a consecução dos objetivos do

---

[5] ROSILHO, André. *Licitação no Brasil*. São Paulo: Malheiros, 2013, p. 169.

[6] Os itens 8 e 9 da exposição de motivos da Medida Provisória nº 926, de 20 de março de 2020, deixam claro que a ideia é desburocratizar, simplificar e agilizar o processo de contratação no cenário da emergência do combate ao coronavírus. Exposição de motivos disponível em: <<http://www.planalto.gov.br/ccivil_03/_ato2019-2022/2020/Exm/Exm-MP-926-20.pdf >>.

COVID-19 E OS IMPACTOS NO DIREITO

regime excepcional da contratação pública previsto na Lei nº 13.979, de 2020.

2. A simplificação do procedimento de contratação na Lei nº 13.979/2020

A Lei nº 13.979, de 2020, não trouxe na sua origem muitas disposições relativas à contratação pública. Muitas das normas do regime emergencial de licitação e contrato previsto na referida Lei foram incluídas posteriormente por meio de medidas provisórias. Dessas, a que mais se destaca nesse aspecto é a Medida Provisória nº 926, de 2020. Foi essa norma a que mais modificou o regime de contratação excepcional de combate ao coronavírus.

Um dos pontos trazidos na mencionada MPV foi a simplificação do planejamento da contratação. Assim, na redação atual da Lei nº 13.979, de 2020, foram eliminados alguns passos da fase interna do procedimento da contratação e outros foram simplificados, tais como:

a) Dispensa da elaboração dos estudos preliminares nos casos de contratação de bens e serviços comuns (art. 4º-C);
b) O gerenciamento de risco da contratação (mapa de riscos) só é exigido na fase de execução contratual, e não no planejamento (art. 4º-D);
c) Aceitação de projeto básico ou termo de referência simplificado (art. 4º-E);
d) Possibilidade de o gestor, excepcionalmente e mediante justificativa, dispensar a elaboração de estimativa de preço na forma do art. 4º-E, § 1º, inciso VI, da Lei nº 13.979 (§ 2º do art. 4º-E);
e) Dispensa da apresentação de documentos de habilitação em casos de restrição de fornecedores e de prestadores de serviços.

A rigor, algumas dessas flexibilizações sequer precisariam de lei, pois se trata de peças cuja exigência tem morada em normas infralegais. É o caso: a) do estudo preliminar, que é exigido pela Instrução Normativa – IN SEGES nº 5, de 26 de maio de 2017,[7] e pelo Decreto nº 10.024, de

---

[7] *Dispõe sobre as regras e diretrizes do procedimento de contratação de serviços sob o regime de execução indireta no âmbito da Administração Pública federal direta, autárquica e fundacional.*

20 de setembro de 2019[8]; e b) da gestão de risco, exigida pela IN SEGES nº 5, de 2017.

Quanto à dispensa dos estudos preliminares, reparemos que ele é dispensado apenas para a contratação de bens e serviços considerados comuns. A Lei de Combate ao Coronavírus não traz a definição do que seria bem ou serviço comum para o efeito da sua aplicação, motivo pelo qual apontamos que aqui incide o conceito trazido pelo Parágrafo único do art. 1º da Lei nº 10.520, de 2002, a Lei do Pregão. O fato é que esse conceito é típico da modalidade licitatória pregão, que se aplica apenas a essas espécies de bens e serviços comuns. Assim, o estudo preliminar deve ser dispensado nos casos em que o bem ou serviço a ser contratado tenha padrões de desempenho e qualidade aptos a serem objetivamente definidos no edital, tendo-se em conta as especificações usuais de mercado.[9]

Dada a fragmentação do regime geral de contratação nacional, há a previsão de dois instrumentos para desenhar o processo de contratação: o projeto básico e o termo de referência. O primeiro tem base no art. 6º, IX, da Lei nº 8.666, razão pela qual é o documento utilizado para planejar as contratações processadas nas modalidades radicadas nesse diploma, assim como as contratações diretas. Já o termo de referência tem como fundamento o art. 8º, I e II, do Decreto nº 3.555, de 8 de agosto de 2000, e o art. 3º, XI, do Decreto nº 10.024, de 2019, que versam, respectivamente, sobre o pregão na forma presencial e eletrônica. Desse modo, o termo de referência deve ser utilizado quando a contratação for processada por meio do pregão, restando para os demais procedimentos (modalidades da Lei nº 8.666, dispensa e inexigibilidade) o instrumento do projeto básico.

A simplificação do projeto básico e do termo de referência trazida pelo art. 4º-E é significativa, pois os itens do documento são consideravelmente reduzidos no intuito de conferir celeridade à contratação. Devem constar do instrumento: a) a declaração do objeto; b) a fundamentação simplificada da contratação; c) a descrição resumida da solução apresentada;

---

[8] *Regulamenta a licitação, na modalidade pregão, na forma eletrônica, para a aquisição de bens e a contratação de serviços comuns, incluídos os serviços comuns de engenharia, e dispõe sobre o uso da dispensa eletrônica, no âmbito da administração pública federal.*

[9] AMORIM, Victor Aguiar Jardim de; OLIVEIRA, Rafael Sérgio Lima de. *Pregão Eletrônico: comentários ao Decreto Federal nº 10.024/2019.* Belo Horizonte: Fórum, 2020, p. 42 e seguintes.

d) os requisitos da contratação; e) os critérios de medição e pagamento; f) a estimativa do preço a ser pago;[10] e g) a adequação orçamentária.

Quanto à estimativa de preço, o § 2º do art. 4º-E possibilita que ela seja dispensada, excepcionalmente e mediante justificativa. Para além da ideia de simplificação, enxergamos nessa dispensa uma outra razão, que é a sua possível e provável inutilidade em algumas ocasiões. Isso porque a crise do novo coronavírus ocasionou uma forte pressão de demanda nos fornecedores de bens e insumos na área de saúde, o que gerou uma variação significativa dos preços. Com isso, eventual levantamento de preços com base em dados do passado, ainda que recente, não retratam a realidade do mercado.

Acontece, entretanto, que não se pode abrir mão de um referencial de preço. Ou seja, é fato que Lei traz a possibilidade de dispensar a estimativa de preço, mas, aos nossos olhos, não se trata de uma dispensa de qualquer referencial de preço. Um mínimo será necessário. O fato é que a ausência de um patamar de preço traz algumas deficiências práticas, como a necessidade de declaração da adequação orçamentária. Como declarar a adequação orçamentária sem se ter um referencial de preço? Reparemos que esse é um elemento do projeto básico ou do termo de referência simplificado (art. 4º-E, § 1º, VII, da Lei nº 13.979, de 2020) que não foi dispensado pelo legislador. Sendo assim, recomendamos que o agente público faça um levantamento mínimo da situação atual do mercado, a fim de ter ao menos um preço de referência para verificar a disponibilidade orçamentária. Cabe lembrar que a existência de tal referência não impedirá a contratação por um preço superior, pois o § 3º do art. 4º-E da Lei nº 13.979 autoriza a contratação por valor superior ao estimado, quando tal fato decorrer de oscilação do preço no mercado.

A última flexibilização aqui apontada é a dispensa dos documentos de habilitação nos casos de restrição de mercado. O art. 4º-F da Lei de Combate ao Coronavírus autoriza que a Administração releve a habilitação,

---

[10] Segundo o inciso VI do § 1º do art. 4º-E da Lei nº 13.979, de 2020, a estimativa de preço não precisa ser composta por uma cesta de preços que leve em conta diversas fontes de pesquisa, pois o referido dispositivo diz que é suficiente colher os preços com base em um dos seguintes parâmetros: a) Portal de Compras do Governo Federal; b) pesquisa publicada em mídia especializada; c) sítios eletrônicos especializados ou de domínio amplo; d) contratações similares de outros entes públicos; ou e) pesquisa realizada com potenciais fornecedores.

6. O DIREITO EXCEPCIONAL DA CONTRATAÇÃO PÚBLICA BRASILEIRA...

deixando de exigir tais documentos naquelas situações em que há uma restrição do mercado fornecedor ou prestador do serviço. Ressaltamos que a Lei impõe, mesmo em tais casos, a exigência dos documentos relativos à regularidade junto à Seguridade Social (art. 195, § 3º, da Constituição) e ao cumprimento das limitações do uso de trabalho de menores (art. 7º, XXXIII, da Constituição).[11] A razão de ser dessa relevação da habilitação é reconhecimento pelo legislador da situação saturada na qual se encontra o mercado da saúde, que sofre uma pressão de demanda considerável em razão da crise do coronavírus. Assim, dada a relevância dos direitos em questão (vida e saúde), preferiu o legislador resguardar esses direitos constitucionais em detrimento dos critérios de habilitação para uma contratação pública.

Por fim, importante dizer que essas disposições voltadas para a simplificação do processo de contratação se aplicam a todas as contratações cujo objetivo for, direta ou indiretamente, o combate à emergência do coronavírus. Como bem lembra Anderson Sant'Ana Pedra, o campo de incidência dessas normas simplificadoras é a contratação para enfrentar à crise do novo coronavírus, seja qual for a forma pela qual será processada a contratação.[12] Por isso, não se diga que tal flexibilização do procedimento se restringe à contratação por dispensa prevista no art. 4º da Lei nº 13.979.

3. Contratação direta para enfrentamento ao coronavírus

As hipóteses de contratação direta instituídas no ordenamento jurídico brasileiro são as de dispensa e de inexigibilidade de licitação. A dispensa, com suas variações (licitação dispensada ou dispensável), refere-se àqueles casos em que é possível fazer a licitação, mas uma razão de interesse público autoriza a contratação sem a competição. Já a inexigibilidade é para aqueles casos em que a competição é inviável (art. 25 da Lei nº 8.666).

---

[11] Sobre essa questão dos documentos de habilitação: OLIVEIRA, Rafael Sérgio de; PÉRCIO, Gabriela; TORRES, Ronny Charles Lopes de. *A Dispensa de Licitação para Contratações no Enfrentamento ao Coronavírus*. Disponível em: http://www.licitacaoecontrato.com.br/artigo/a-dispensa-licitacao-contratacoes-enfrentamento-coronavirus-31032020.html. Acesso em: 22/4/2020.

[12] PEDRA, Anderson Sant'Ana. *Flexibilidade Instrucional da Lei nº 13.979/2020*. Disponível em: https://www.sollicita.com.br/Noticia/?p_idNoticia=16059&n=flexibilidade-instrucional--da-lei-n%C2%BA-13.979/2020. Acesso em: 22/4/2020.

A rigor, como se verá adiante, a Lei nº 13.979, de 2020, trouxe uma hipótese de dispensa (art. 4º) e autorizou, em caráter excepcional, a contratação por inexigibilidade de fornecedor único impedido de contratar com o Poder Público em razão de sanção (art. 4º, § 3º).

O art. 4º da Lei nº 13.979, de 2020, trouxe ao ordenamento jurídico brasileiro mais uma hipótese de dispensa de licitação. Trata-se de um caso restrito às contratações que, direta ou indiretamente, sejam voltadas ao enfrentamento da crise ocasionada pela pandemia do coronavírus. Sua aplicação está condicionada aos pressupostos temporais, materiais e procedimentais[13] típicos do regime da Lei nº 13.979, de 2020.

O pressuposto temporal dessa hipótese de contratação direta é o período "enquanto perdurar a emergência de saúde pública de importância internacional decorrente do coronavírus" (§ 1º do art. 4º).

Os requisitos materiais dizem respeito aos pressupostos fáticos da aplicação da espécie. O primeiro deles é o desejado objeto do contrato. Segundo o art. 4º, essa dispensa pode ser aplicada para a contratação de bens, insumos e serviços, inclusive os de engenharia. Assim, ela não incide nos casos de contratação de obra, ainda que se trata de empreitada destinada ao enfrentamento do novo coronavírus. Se tal obra for necessária, deverá o gestor fundamentar sua contratação emergencial no art. 24, IV, da Lei nº 8.666, de 1993, que trata de contratação por dispensa em caso de emergência ou calamidade.

Cabe aqui dizer que à dispensa do art. 4º não se aplica os pressupostos do art. 24, IV, da Lei nº 8.666. Isto significa que a dispensa aqui estudada não se escora na hipótese de dispensa por emergência ou calamidade prevista na Lei nº 8.666, de 1993. Trata-se de caso de dispensa autônomo. Seus pressupostos são os da Lei nº 13.979, que, inclusive, estabelece a presunção de tais requisitos[14] (art. 4º-B), que são: a) a situação de emer-

---

[13] OLIVEIRA, Rafael Sérgio de; PÉRCIO, Gabriela; TORRES, Ronny Charles Lopes de. *A Dispensa de Licitação para Contratações no Enfrentamento ao Coronavírus*. Disponível em: http://www.licitacaoecontrato.com.br/artigo/a-dispensa-licitacao-contratacoes-enfrentamento--coronavirus-31032020.html. Acesso em: 22/4/2020.

[14] Esse não foi uma postura só do Direito brasileiro. Essa presunção, de certo modo, também foi colocada no Direito da União Europeia, que, na comunicação destinada a orientar as contratações voltadas ao enfrentamento do coronavírus pelos países daquela comunidade, estabeleceu: "Para satisfazer as necessidades imediatas dos hospitais e das instituições de saúde num prazo muito curto, não é razoável duvidar do nexo de causalidade com a pandemia

gência; b) a necessidade de pronto atendimento; c) a existência de risco à segurança das pessoas e dos bens públicos ou privados; e d) a limitação da contratação ao quanto necessário para o enfrentamento da crise. Lembramos que essa presunção elimina a necessidade de prova, mas não a de justificativa.

Os requisitos procedimentais são os da Lei nº 13.979, de 2020 (tópico 2). Não e aplica aqui as regras do art. 26 da Lei nº 8.666, de 1993. Conforme ficou assentado no Parecer nº 2/2020/CNMLC/CGU/AGU, a Lei de Combate ao Coronavírus tem um regramento procedimental próprio, com o qual o art. 26 da Lei nº 8.666 não é condizente. Com isso, dispensa-se a ratificação pela autoridade superior do reconhecimento da dispensa. Além disso, a publicação se restringe ao sítio da internet específico destinado à publicação dessas contratações para o enfretamento ao coronavírus (§ 2º do art. 4º da Lei nº 13.979).[15]

Ressaltamos que essa dispensa pode ser utilizada para diversas espécies de negócios jurídicos, como a locação, por exemplo. Nesse ponto, inclusive, a Lei foi alterada pela Medida Provisória nº 951, de 15 de abril de 2020, para admitir a dispensa para registro de preço (art. 15 da Lei nº 8.666) destinado ao enfrentamento do novo coronavírus (§ 4º do art. 4º da Lei nº 13.979).

Por último, lembramos da hipótese do § 3º do art. 4º da Lei nº 13.979, de 2020, que releva as sanções impeditivas de contratar com o Poder Público. Tal dispositivo admite, nos casos relacionados ao combate ao novo coronavírus, a contratação de empresa apenada com a sanção impeditiva de contratar, desde que essa entidade apenada seja um fornecedor exclusivo do bem ou serviço do qual necessita a Administração Pública. Cabe ressaltar que essa *relevação* serve para qualquer espécie de pena

---

de COVID-19." Disponível em: https://eur-lex.europa.eu/legal-content/PT/TXT/HTML/? uri=CELEX:52020XC0401(05)&from=EN.

[15] Ressaltamos que essas são as considerações do mencionado Parecer nº 2/2020 da AGU, mas que merecem uma melhor reflexão e adaptação aos casos específicos. Para tanto, sugerimos a consulta ao seguinte texto: OLIVEIRA, Rafael Sérgio de; PÉRCIO, Gabriela; TORRES, Ronny Charles Lopes de. *A Dispensa de Licitação para Contratações no Enfrentamento ao Coronavírus.* Disponível em: http://www.licitacaoecontrato.com.br/artigo/a--dispensa-licitacao-contratacoes-enfrentamento-coronavirus-31032020.html. Acesso em: 22/4/2020.

impeditiva.[16] Como já dito, essa não é uma situação de dispensa, mas sim de inexigibilidade, pois se trata de caso de fornecedor único, equiparável à hipótese do art. 25, I, da Lei nº 8.666, de 1993.

4. O pregão com prazo resumido à metade

Uma das questões que se apresenta ao analisar o regime emergencial de combate ao coronavírus é a relativa à obrigatoriedade de se realizar licitação nesse contexto. Ou seja, já que há a previsão de uma dispensa, é preciso justificar a urgência para o afastamento do procedimento de licitação?

Vimos no tópico anterior que a emergência apta a indicar uma hipótese que demanda a contratação direta é presumida (art. 4º-B), o que aponta para a desnecessidade de prova, mas não dispensa a justificativa. Porém, além disso, a Lei nº 13.979, de 2020, ofereceu maior agilidade aos agentes contratantes por meio de um procedimento de licitação. O art. 4º-G do mencionado diploma instituiu o pregão com prazos reduzidos à metade para licitações destinadas a contratar com o objetivo de combater o coronavírus.

Nesse caso, deve-se levar em conta todo o regramento do pregão, conforme a legislação vigente, para as suas formas presencial e eletrônica. Incide aqui a limitação do pregão aos bens e serviços comuns, consoante determina o art. 1º, Parágrafo único, da Lei nº 10.520, de 2002. Quanto aos prazos, o certame deve ser montado levando em conta os prazos legais e regulamentares contados à metade.

Essa é uma ferramenta que pode oferecer maior agilidade ao gestor. De modo que, antes de decidir pela aplicação da dispensa prevista no art. 4º da Lei nº 13.979, de 2020, deve o gestor considerar nos autos a possibilidade de satisfazer a situação emergencial com um pregão com prazos reduzidos à metade (pregão *express*).

5. Os contratos firmados em decorrência do regime da Lei nº 13.979/2020

Não resta dúvida que o regime emergencial de contratação para o enfrentamento ao coronavírus se dedicou muito mais à fase pré-contratual do que a própria execução do contrato. Acreditamos que isso poderá acarretar

---

[16] Cf. JUSTEN FILHO, Marçal. *Um Novo Modelo de Licitações e Contratações Administrativas?* Disponível em: http://jbox.justen.com.br/s/9SPYwWsP7W66s8a. Acesso em: 29/3/2020.

problemas, pois a situação excepcional requer normas excepcionais para a formação e execução do contrato.

De toda sorte, a Lei nº 13.979, de 2020, ainda trouxe duas relevantes regras acerca da execução dos contratos (art's. 4º-H e 4º-I). A primeira diz respeito ao prazo de vigência dos contratos. O diploma mencionado excetua a regra do art. 57 da Lei nº 8.666, de 1993, e prevê um sistema específico para o combate à situação pandêmica. Com isso, os contratos regidos pela Lei excepcional poderão ter duração de até seis meses, podendo ser prorrogados pelo mesmo intervalo semestral, porém limitado ao período enquanto durar a emergência do coronavírus.

Outra regra diz respeito à modificação dos contratos decorrentes da Lei nº 13.979, de 2020. Esses contratos poderão sofre alterações quantitativas, acréscimos e supressões, da ordem de cinquenta por cento (art. 4-I). Para tanto, será necessário que esses limites estejam previstos no contrato. Ou seja, continua aqui a incidir o § 1º do art. 65, da Lei nº 8.666, de 1993, que tem aplicação *ex legis*. Porém, se a Administração necessitar aumentar esses limites, nos contratos destinados ao combate ao coronavírus, ela poderá prever o limite no percentual da ordem de cinquenta por cento para acréscimos e supressões.

Cabe aqui uma observação para elidir qualquer dúvida. Segundo os termos do art. 4º-I da Lei nº 13.979, de 2020, esse limite de cinquenta por cento é aplicável aos contratos "decorrentes dos procedimentos previstos nesta Lei". Isso significa que eventuais contratos vigentes e formados à luz do sistema ordinários deverão ser acrescidos ou suprimidos nos termos do § 1º do art. 65 da Lei nº 8.666, de 1993. Esses limites diferenciados trazidos pelo art. 4º-I, então: a) dependem de previsão contratual; e b) restringem-se aos contratos formados à luz dos procedimentos previstos na Lei nº 13.979, de 2020.

Referências

AMORIM, Victor Aguiar Jardim de; OLIVEIRA, Rafael Sérgio Lima de. *Pregão Eletrônico: comentários ao Decreto Federal nº 10.024/2019*. Belo Horizonte: Fórum, 2020.

JUSTEN FILHO, Marçal. *Um Novo Modelo de Licitações e Contratações Administrativas?* Disponível em: http://jbox.justen.com.br/s/9SPYwWsP7W66s8a. Acesso em: 29/3/2020.

OLIVEIRA, Rafael Sérgio de. Globalização e Contratação Pública: o nascimento de um Direito Internacional dos Contratos Públicos. *Revista Direito Mackenzie*. V. 11. N. 2., p. 228-248. Disponível em: http://editorarevistas.mackenzie.br/index.php/rmd/issue/view/572.

OLIVEIRA, Rafael Sérgio de; PÉRCIO, Gabriela; TORRES, Ronny Charles Lopes de. *A Dispensa de Licitação para Contratações no Enfrentamento ao Coronavírus*. Disponível em: http://www.licitacaoecontrato.com.br/artigo/a-dispensa-licitacao-contratacoes-enfrentamento-coronavirus-31032020.html. Acesso em: 22/4/2020.

PEDRA, Anderson Sant'Ana. *Flexibilidade Instrucional da Lei nº 13.979/2020*. Disponível em: https://www.sollicita.com.br/Noticia/?p_idNoticia=16059&n=flexibilidade--instrucional-da-lei-n%C2%BA-13.979/2020. Acesso em: 22/4/2020.

ROSILHO, André. *Licitação no Brasil*. São Paulo: Malheiros, 2013.

7. O panorama das medidas tributárias em tempos da pandemia da COVID-19 no sistema constitucional tributário brasileiro

FLÁVIO ALBERTO GONÇALVES GALVÃO

Introdução

O texto apresenta e analisa a aplicação das normas tributárias pelo Governo Brasileiro em razão dos impactos na economia provocados pela prevenção a Pandemia da Covid-19. As restrições de funcionamento de atividades econômicas e a quarentena imposta aos cidadãos brasileiros, como meio de evitar a propagação do vírus da Covid-19 (em razão do notório colapso do sistema de saúde, que não tem condições de atendimento em escala geométrica da população a ser submetida aos tratamentos de urgência), redundam, por conseguinte, na brutal diminuição do consumo; inércia das atividades econômicas e, por lógica, a falta de liquidez financeira para arcar com o cumprimento das obrigações tributárias. É importante do ponto de vista jurídico interpretar o fundamento normativo que autoriza a tomada dessas medidas tributárias, bem como, explicitar o comando prescritivo do conteúdo dessas normas tributárias nas relações entre o fisco e o contribuinte durante este período da calamidade pública.

1. A pandemia da COVID-19, o cenário jurídico de calamidade pública e a crise econômica projetada

O vírus COVID-19 e sua propagação no mundo determinou o ritmo de prevenção ao seu alastramento tanto na população mundial como na sociedade brasileira, com adoção de medidas de isolamento social pelo

Governo, o que inevitavelmente leva a contração do mercado consumidor interno, a diminuição na arrecadação dos tributos e a falta de liquidez das empresas para o cumprimento das obrigações tributárias.

As avaliações econômicas da economia brasileira para o ano de 2020, conforme o relatório Focus do Banco Central do Brasil[1], com as projeções macroeconômicas de dados coletados em 06 de dezembro de 2019, informavam uma taxa de câmbio pela paridade do dólar em relação ao real em 1USD=R$4,10, no câmbio oficial, com tendência de crescimento da confiança no mercado, conforme a opinião de Aloisio Campelo Junior, Superintendente de Estatísticas Públicas da Fundação Getúlio Vargas – IBRE.[2]

Em 07 de abril de 2020, Aloisio Campelo Junior e Anna Carolina Lemos Gouveia analisando o cenário econômico na ascensão da propagação do vírus no País e das medidas de isolamento da população e restrição ao funcionamento de estabelecimentos comerciais e empresariais, chegam a conclusões bem diferentes do início do ano 2020:

> O indicador de Incerteza Brasil da FGV (IEE-BR) cresceu fortemente em março, refletindo o impacto da pandemia de Covide-19 no Brasil. Com alta de 52 pontos, o indicador chegou aos 167,1 pontos, batendo com folga

---

[1] O Relatório Focus resume as estatísticas calculadas considerando as expectativas de mercado coletadas até a sexta-feira anterior à sua divulgação. Ele é divulgado toda segunda-feira. O relatório traz a evolução gráfica e o comportamento semanal das projeções para índices de preços, atividade econômica, câmbio, taxa Selic, entre outros indicadores. As projeções são do mercado, não do Banco Central do Brasil, conforme informações retiradas do próprio "site". 13.04.2020. Disponível em: https://www.bcb.gov.br/publicacoes/focus/06122019.Acesso 14/04/2020.

[2] "A confiança empresarial segue trajetória gradualmente ascendente. Há insatisfação com a situação corrente dos negócios, que é ainda considerada aquém da 'normalidade' pelo empresariado. Já as expectativas já fluíram favoravelmente no mês, praticamente convergindo para o nível neutro de 100 pontos. Se, por um lado, o Comércio já não está tão otimista quanto nos meses anteriores, após o anúncio de liberação dos recursos do FGTS, a indústria ganhou algum fôlego após cinco meses de marcante desânimo. A confiança da Construção continua sendo a menor entre os grandes setores, mas a sua evolução tem sido a mais favorável neste segundo semestre." Conferir em "Confiança Empresarial avança em novembro de 2019 e segue trajetória gradualmente ascendente". 5.12.2019. Disponível em: https://portal.fgv.br/noticias/confianca-empresarial-avanca-novembro-2019-e-segue-trajetoria-gradualmente-ascendente. Acesso em 14/04/2020.

dois recordes históricos: o de maior nível da série e o de maior alta mensal. (...)Como o novo *coronavírus* é o indiscutível fator a explicar o nível estratosférico de incerteza econômica de março, é fácil prever que dificilmente a incerteza descerá deste novo patamar enquanto a pandemia não estiver sob controle e a atividade econômica não voltar ao normal. Nas próximas semanas, famílias e analistas torcerão para o achatamento da curva de infectados, farão considerações sobre os serviços de saúde e discutirão se as medidas adotadas pelo governo foram as mais corretas ou se o socorro às famílias mais vulneráveis chegará a tempo.[3]

Conforme matéria veiculada no jornal O Estado de São Paulo, de 15 de abril de 2020, Fernando Scheller e Beatriz Bulla[4], deixam evidente a projeção do Fundo Monetário Internacional de queda de 5,3% por cento no PIB do Brasil em 2020, pelo qual a pandemia do Coronavírus fará com

---

[3] *Incerteza em nível estratosférico em tempos de covid-19.* 7.4.2020. Disponível em: https://blog-doibre.fgv.br/posts/incerteza-em-nivel-estratosferico-em-tempos-de-covid-19. Acesso em 15/04/2020.

[4] "Depois de três anos de leve recuperação, em que o País conseguiu ao menos reduzir as consequências de retração de 7% no Produto Interno Brasileiro (PIB) acumulada nos anos de 2015 e 2016, a crise gerada pela pandemia do coronavírus poderá apagar todo e qualquer avanço feito ao longo dos últimos dez anos. Caso a projeção de queda de 5,3% do PIB brasileiro feita ontem pelo Fundo Monetário Internacional (FMI) se confirme em 2020, o País voltará ao patamar de riquezas que exibia no ano de 2010, segundo cálculo do Itaú Unibanco. De acordo com a instituição, com a retração de 5,3%, a economia brasileira encerraria o ano de 2020 com um total do PIB de R$ 6,87 trilhões, patamar muito semelhante aos R$ 6,83 trilhões exibidos há 11 anos e bem distante dos valores próximos de R$ 7,5 trilhões de 2013 e 2014, picos da economia local antes do início da recessão causada por desequilíbrios internos de 2015 e 2016. "Caso essa expectativa do FMI se confirme, será uma década perdida", diz Júlia Gottlieb, economista do Itaú Unibanco.(...) Em meio à pandemia, a atividade econômica mundial deve cair 3% em 2020 e crescer 5,8% em 2021. Os EUA deverão ter retração de 5,9% neste ano, com recuperação de 4,7% em 2021. Segundo o relatório, há uma relação entre a eficácia no controle da crise de saúde e a perspectiva econômica. Os EUA são hoje o país com maior número de casos de coronavírus. Na zona do euro, também severamente afetada pela pandemia, com consequências especialmente graves na Itália e na Espanha, o encolhimento previsto para 2020 é de 7,5%, com alta de 4,7% em 2021." Conferir em "Pandemia pode fazer o País retroceder uma década". 15.04.2020. Disponível em: https://digital.estadao.com.br/o-estado-de-s-paulo/20200415/textview. Acesso 15/04/2020.

que o País retorne ao nível de riquezas do ano de 2010, com retração global da economia maior desde a grande depressão de 1930.

A confiança na economia um dos pilares da manutenção do sistema capitalista está em xeque, provocada pela pandemia do coronavírus, aliada a evidente retração na economia pelos fatores de inibição de consumo e produção, conforme as previsões FMI do PIB global, marcam, à saciedade, que a crise econômica é uma evidência.

Neste sentido, a arrecadação de tributos vai ao encontro da crise econômica e encolherá nos próximos meses, colocando o dilema de necessário ajuste nas contas públicas, com a obtenção de receitas para fazer frente as despesas extraordinárias que o Governo brasileiro terá que realizar, enquanto política pública de saúde de combate ao coronavírus.

Para além disso, temos uma série de acordos no Congresso Nacional que estão sendo costurados pelos políticos, para que o orçamento público federal abdique de receitas para beneficiar os Estados e Municípios da Federação, como por exemplo, a suspensão temporária do pagamento das dívidas com o Tesouro Nacional e com os bancos oficiais.

No mês de janeiro de 2020 a arrecadação da receita federal com os impostos e contribuições chegou ao patamar de mais de R$163,000 bilhões, com crescimento real em relação ao mês de janeiro de 2019 de 4,65%, conforme informações obtidas no próprio "site" da Receita Federal do Brasil[5]. A partir dos meses de março e abril deste ano fatalmente o resultado da arrecadação não será o mesmo.

Abre-se o espaço, então, para começarmos a analisar os possíveis reflexos que poderão ocorrer no campo da tributação, principalmente no exercício da competência tributária para imposição de tributos.

Roberto Quiroga Mosquera[6], em artigo publicado no "site" Jota, em 13/04/2020, aponta para este contexto.

---

[5] RECEITA FEDERAL DO BRASIL. 16.4.2020. Disponível em: http://receita.economia. gov.br/dados/receitadata/arrecadacao/relatorios-do-resultado-da-arrecadacao/arrecadacao--2019/2019-relatorios-do-resultado-da-arrecadacao-anos-anteriores-capa. Acesso 16.4.2020.

[6] "Uma análise mais detalhada da arrecadação federal nos últimos anos, demonstra que nossa fonte de receita tributária basicamente está concentrada na renda das pessoas físicas e jurídicas e em contribuições sociais sobre receita das empresas. Algo em torno de 60% de a nossa arrecadação federal está calcada na tributação sobre a renda. Apesar de muitas pessoas se surpreenderem com esses números, na verdade, o Brasil, nos últimos 10 anos teve um crescimento relevante na arrecadação dos tributos que incidem sobre a renda.

As medidas de prevenção e a COVID-19, acabam, a seu turno, impactando o sistema jurídico, visando a legitimação das ações governamentais para a execução de alocação de recursos orçamentários urgentes e ações estratégicas para o combate da pandemia.

Em 06 fevereiro de 2020, o Congresso Nacional brasileiro editou a Lei nº 13.979, que dispõe sobre as medidas para o enfrentamento da emergência de saúde pública de importância internacional decorrente da pandemia da COVID-19. A referida lei disciplina quais são as medidas necessárias a proteção da coletividade, tais como e, a título de sucinto exemplo, conforme os arts. 1º ao 4º, colacionamos como sendo:

i)   isolamento de pessoas doentes, bagagens, meios de transporte, mercadorias ou encomendas, a evitar a contaminação ou propagação do vírus;

ii) quarentena, que significa a restrição de atividades ou separação de pessoas suspeitas de contaminação, visando evitar ao máximo a contaminação ou propagação do vírus;

iii) realização compulsória de exames médicos e laboratoriais, vacinação e tratamentos médicos específicos, bem como uma série de medidas temporárias no sentido de dispensa de licitações para

No ano de 2019, por exemplo, os contribuintes pessoas físicas e jurídicas pagaram ao fisco federal aproximadamente R$ 534 bilhões de imposto sobre a renda (IR), R$ 88 bilhões de Contribuição Social sobre o Lucro Líquido (CSLL) e R$435 bilhões de contribuições para a previdência social ("INSS"). Total no ano de tributação sobre a renda: algo em torno de R$ 1 trilhão. Desse total aproximado 35% são pagos pelas pessoas físicas e os outros 65% são pagos pelas pessoas jurídicas (nesse cálculo consideramos que 1/3 do INSS é contribuição das pessoas físicas e 2/3 das pessoas jurídicas). (...) Em suma: algo em torno de 80% de toda a arrecadação brasileira depende de duas variáveis: RENDA e RECEITA. Numa linguagem mais simples, nossas fontes de recursos para fazer frente aos gastos públicos são em pequeno número. Nosso risco está concentrado em duas variáveis sujeitas a grande volatilidade. E quando esses dois índices de riqueza caem, obviamente, a arrecadação também cai. No caso da atual pandemia, a perspectiva de arrecadação para o próximo trimestre é extremamente preocupante, pois haverá a necessidade de suprir o gasto público é isso será inviável. Além disso, o próprio governo permitiu o diferimento de alguns tributos para permitir que as empresas se organizem com o seu caixa nesse período." "Pandemia e a arrecadação dos tributos federais". 13.4.2020. Disponível em: https://www.jota.info/opiniao-e-analise/colunas/coluna-da-abdf/pandemia-e-a-arrecadacao-dos-tributos-federais-13042020. Acesso em 13.4.2020.

aquisição de bens, serviços, inclusive os de engenharia e insumos destinados ao enfrentamento da emergência de saúde pública de combate ao vírus COVID-19; e,

iv) assegura-se a todos às pessoas afetadas pelo vírus o direito de serem permanentemente sobre o seu estado de saúde, assistência familiar, bem como o direito a receber tratamento gratuito, com pleno respeito à dignidade, aos direitos humanos e às liberdades fundamentais das pessoas.

Na sequência tivemos a publicação do Decreto Legislativo nº 06, de 20 de março de 2020, pelo Congresso Nacional, dando conta do reconhecimento da ocorrência do estado de calamidade pública, nos termos da solicitação do Presidente da República, com a explicitação de sua validade jurídica conforme o art. 65 da lei de responsabilidade fiscal, vejamos:

Art. 1º Fica reconhecida, exclusivamente para os fins do art. 65 da Lei Complementar nº 101, de 4 de maio de 2000, notadamente para as dispensas do atingimento dos resultados fiscais previstos no art. 2º da Lei nº 13.898, de 11 de novembro de 2019, e da limitação de empenho de que trata o art. 9º da Lei Complementar nº 101, de 4 de maio de 2000, a ocorrência do estado de calamidade pública, com efeitos até 31 de dezembro de 2020, nos termos da solicitação do Presidente da República encaminhada por meio da Mensagem nº 93, de 18 de março de 2020.

Este é o arcabouço jurídico que fundamenta toda a execução do Governo Federal das políticas públicas necessárias ao enfrentamento da pandemia do vírus no Brasil, sendo digno de nota, inclusive, a manifestação do Supremo Tribunal Federal tomada em 30/03/2020, na medida cautelar requerida na Ação Direta de Inconstitucionalidade nº 6.357-DF, por meio de decisão monocrática do Ministro Alexandre de Moraes, que ressalvando o conceito indispensável de obediência a responsabilidade fiscal pelos entes federativos, deixa evidenciado que a pandemia da COVID-19 caracteriza situação imprevisível, trazendo consequências gravíssimas a sociedade brasileira, requerendo medidas urgentes, duradouras e coordenadas de todas as autoridades federais, estaduais e municipais, em prol da defesa da vida, da saúde e da subsistência econômica, o que requer de pronto afastar determinados princípios de responsabilidade fiscal contidos na lei de regência, como também na lei de diretrizes orçamentárias de 2020.

A medida cautelar foi deferida, ad referendum do Plenário do Supremo Tribunal Federal, com publicação no DJe de 31/03/2020, *literis*:

> (...) conceder interpretação conforme à constituição federal aos artigos 14, 16, 17 e 24 da Lei de Responsabilidade Fiscal e 114, *caput, in fine* e §14, da Lei de Diretrizes Orçamentárias/2020, para, durante a emergência em Saúde Pública de importância nacional e o estado de calamidade pública decorrente de Covid-19, afastar a exigência de demonstração de adequação e compensação orçamentárias em relação à criação/expansão de programas públicos destinados ao enfrentamento do contexto de calamidade gerado pela disseminação de Covid-19.
>
> Ressalto que, a presente MEDIDA CAUTELAR se aplica a todos os entes federativos que, nos termos constitucionais e legais, tenham decretado estado de calamidade pública decorrente da pandemia de COVID-19."[7]

Por outra, temos a iniciativa do Congresso Nacional relativamente a elaboração e aprovação do Projeto de Emenda Constitucional – PEC nº 10/2020, de autoria do Deputado Rodrigo Maia, Presidente da Câmara dos Deputados, chamada de "Orçamento de Guerra", visando incluir o novo artigo 115 ao ato das disposição constitucionais transitórias, para criar orçamento mais flexível e extraordinário, distinto do orçamento geral da União Federal, para vigorar até o dia 31/12/2020, para permitir manuseio de verbas orçamentárias de caráter emergencial para o combate a COVID-19, sem as travas da lei orçamentária, bem como, dispensa da autorização ao Poder Executivo para emitir títulos públicos sem a autorização do Congresso Nacional, com valor que supere as despesas de capital durante a vigência da calamidade pública, além de autorizar a compra e venda de títulos do tesouro nacional, nos mercados secundários local e internacional.

Até o momento da elaboração do presente artigo, a referida PEC nº 10/2020 foi aprovada no Plenário da Câmara dos Deputados em

---

[7] BRASIL. Supremo Tribunal Federal. ADI nº 6.357-DF. Relator Min. Alexandre de Moraes. Brasília, DF. Julgamento 30/03/2020. Disponível em: http://portal.stf.jus.br/processos/downloadPeca.asp?id=15342780618&ext=.pdf. Acesso em 16/04/2020.

03/04/2020, seguindo o texto para o Senado Federal, que deverá votá-lo em dois turnos, a partir da semana do dia 13/04/2020.

No cenário internacional, conforme estudo do Núcleo de Tributação do Centro de Regulação e Democracia do INSPER, realizado por Breno Vasconcelos, Lorreine Messias, Thais Shingai e Leticia Sugahara[8], na verificação de medidas tributárias que foram adotadas em 43 países para o combate da COVID-19, aponta-se a indicação de que na grande maioria dos países analisados (Bélgica, China, Dinamarca, Espanha, Estados Unidos, Grécia, Itália, Japão, Portugal, Suécia e Suíça), as medidas tomadas estão relacionadas com a postergação dos prazos para o pagamento das obrigações tributárias e, em 15,7% dos casos, ocorrera a redução da carta tributária, ou seja, viabilizou-se o corte de tributos.

As entidades que representam os auditores fiscais da União Federal, bem como dos membros integrantes dos fiscos dos Estados-membros, Distrito Federal e Municípios (SINDIFISCO – FENAFISCO – FENAFIM – FEBRAFITE – ANFIP e UNAFISCO), propuseram dez medidas essenciais para o aumento da arrecadação tributária, com estimativa entre R$234 a R$267 bilhões de reais, que será apresentado ao Congresso Nacional para implementação por meio de leis ordinárias e complementares.

Dentre estas principais medidas arrecadatórias poderemos elencar:

a) criação do imposto sobre grandes fortunas, com alíquotas progressivas de até 3%, tendo por contribuintes as pessoas físicas e jurídicas, com incidência a partir de 2021;

b) criação do empréstimo compulsório calamidade pública, por lei, sobre mesma base de incidência para vigência e eficácia no ano de 2020;

c) Contribuição Social (em caráter temporário), com alíquota de 20%, incidente sobre todas as receitas financeiras de todos e quaisquer fundos, inclusive do Tesouro Direto. Ficam isentos dessa incidência os contribuintes pessoas físicas com rendimento anual em 2019, tributável ou não, de até 5 vezes o limite de isenção anual do IRPF.

---

[8] "Países adotam medidas tributárias para combater a crise econômica deflagrada pela covid-19". 31.3.2020. Disponível em: https://www.insper.edu.br/conhecimento/politicas-publicas/paises-adotam-medidas-tributarias-para-combater-a-crise-economica-deflagrada-pela-covid-19/. Acesso em 16/04/2020.

d) Acréscimo temporário de 15% na Contribuição Social sobre o Lucro Líquido – CSLL e acréscimo temporário de 4% na Contribuição para o Financiamento da Seguridade Social – Cofins, devidos pelas instituições financeiras

e) Tributação do ganho cambial extraordinário auferido pelo setor de exportação nesse período de crise, com alíquota de 10%, incidente sobre os contratos de câmbio de exportação fechados acima da cotação de 4,45 reais por dólar, independentemente da data de liquidação.

f) Empréstimo Compulsório, com alíquota de 15%, incidente sobre o lucro líquido auferido em 2019, e distribuído em 2020, de empresas com faturamento anual superior a 78 milhões de reais (limite de faturamento do Lucro Presumido);

g) Empréstimo Compulsório, com alíquota de 25%, incidente sobre os lucros e dividendos remetidos ao exterior em 2020. A alíquota deverá ser majorada para 50% caso o destinatário esteja localizado em paraíso fiscal

h) Alteração, por Resolução do Senado, da alíquota máxima do Imposto Sobre Transmissão Causa Mortis e Doação (ITCMD) para 30%, permitindo aos Estados e Distrito Federal maior autonomia para imprimir aplicação mais progressiva deste tributo, em alinhamento com a experiência internacional.[9]

Com efeito, com este cenário, várias medidas tributárias vêm ganhando corpo e estão sendo executadas pelo Governo Federal, utilizando-se dos veículos normativos pertinentes para dar novo trato ao cumprimento de obrigações tributárias no Brasil.

2. As medidas tributárias do Governo Brasileiro para o enfrentamento das consequências econômicas provocadas pela pandemia da COVID-19

A Receita Federal do Brasil e a Procuradoria-Geral da Fazenda Nacional, por meio da Portaria Conjunta nº 555/2020, em 24 de março de 2020, prorrogou a validade de 90 dias das certidões negativas de débito fiscal

[9] Disponível em http://afresp.org.br/Medidas-Emergenciais-Fiscos.pdf. Acesso em 16/04/2020.

e certidões positivas com efeitos de negativas de débitos, relativos a créditos tributários federais e à dívida ativa da União para os contribuintes de tributos federais.

A redução pela metade (50%), da contribuição social geral devida pelas empresas para o Sistema S (Serviço Nacional de Aprendizagem Industrial – Senai; Serviço Social do Comércio – Sesc; Serviço Social da Indústria – Sesi; Serviço Nacional de Aprendizagem do Comércio – Senac; Serviço Brasileiro de Apoio às Micro e Pequenas Empresas – Sebrae; Serviço Nacional de Aprendizagem Rural –Senar; Serviço Nacional de Aprendizagem do Cooperativismo –Sescoop; Serviço Nacional de Aprendizagem do Transporte – Senat e Serviço Social de Transporte – Sest, que são as entidades empresariais que tem por função essencial a formação e o aprimoramento dos profissionais que atuam nas atividades econômicas de nítido interesse público, tais como indústria, comércio, serviços e transporte, dentre outras, incidentes sobre o faturamento, por três meses, de abril a junho, conforme determinado por meio da Medida Provisória nº 932, publicada no Diário Oficial da União em 31 de março de 2020.

A Instrução Normativa nº 1.930, de 01 de abril de 2020, da Receita Federal do Brasil, determina o adiamento, por dois meses, do prazo de entrega da declaração do Imposto de Renda Pessoa Física e do pagamento da primeira cota ou cota única, do imposto de renda devido. A data passou do dia 30 de abril para o dia 30 de junho, restou mantido o cronograma de restituições do imposto de renda, para maio a setembro deste ano.

O Decreto nº 10.305, de 01 de abril de 2020, de autoria da Presidência da República firmou a suspensão, por 90 dias, do Imposto sobre Operações Financeiras (IOF) para operações de crédito e empréstimos sob qualquer modalidade realizadas entre 03 de abril de 2020 a 03 de julho do mesmo ano.

O Ministério da Economia em 03 de abril de 2020, editou a Portaria nº 139/2020, pelo qual prorroga o recolhimento da Contribuição patronal devida ao Instituto Nacional de Seguridade Social (INSS), incidente sobre a folha de salários, bem como o adiamento do pagamento da Contribuição para o Financiamento da Seguridade Social (COFINS) e do Programa de Integração Social (PIS) e do Programa de Formação do Patrimônio do Servidor Público (PASEP), incidentes sobre o faturamento das empresas. Os pagamentos de abril serão quitados em agosto, bem como os pagamentos de maio serão feitos em outubro, permitindo uma antecipação de caixa estimado em R$80 bilhões reais às empresas.

Adiamento, por seis meses, dos créditos tributários da parte federal, do Imposto sobre a Circulação de Mercadorias e Serviços (ICMS, pertencente aos estados) do Imposto sobre Serviços (ISS, dos municípios), referentes ao Simples Nacional. Ou seja, as empresas e os equiparados a empresa (Microempreendedor Individual, a Micro Empresa e a Empresa de Pequeno Porte, que trata a Lei Complementar nº 13/2006), submetidas ao regime jurídico do pagamento simplificado de tributos nos meses de abril, maio e junho, poderão pagar os mencionados tributos federais, estaduais e municipais nos meses de outubro, novembro e dezembro, conforme disciplina a Resolução do Conselho Gestor do Simples Nacional nº 154/2020, publicado no Diário Oficial da União de 03 de abril de 2020. Adiamento.

No dia 09 de abril de 2020, foi publicado no Diário Oficial da União, o Presidente da República editou o Decreto nº 10.305, pelo qual determina a redução temporária das alíquotas a zero da Contribuição para o PIS/PASEP, da Contribuição para o Financiamento da Seguridade Social – Cofins e da Contribuição do PIS/PASEP e da COFINS-importação, incidentes sobre o faturamento decorrente no mercado interno e sobre a operação de importação de sulfato de zinco, para medicamentos utilizados na nutrição parental, com vigência imediata, ficando restabelecidas as alíquotas ao seu patamar original a partir de 01 de outubro de 2020. Trata-se de medida de desoneração fiscal sobre o sulfato de zinco, tanto no mercado interno, como na importação do produto, que é importante nutriente administrado pela via venosa dos pacientes submetidos ao tratamento do corona vírus.

3. O Sistema Constitucional Tributário Brasileiro e a calamidade pública decorrente da pandemia da COVID-19

A pandemia da COVID-19 por seu alto grau de contaminação do ponto de vista global e nacional com imediatas consequências ao seu combate pelo sistema único de saúde brasileiro, com o comprometimento integral dos leitos hospitalares disponíveis, tanto da rede privada como da rede pública para o seu tratamento, revelam a necessidade de intervenção imediata do poder público com alocação de recursos emergenciais para a contenção do vírus.

COVID-19 E OS IMPACTOS NO DIREITO

Essa alocação de recursos emergenciais que é necessária deverá ser feita, conforme os limites permitidos na legislação, com alta eficiência do poder público para que o recurso público seja investido corretamente nas causas relativas ao combate e prevenção a propagação do coronavírus e no tratamento médico dos cidadãos que forem atingidos pela pandemia e, inclusive, verbas deverão ser destinadas exclusivamente à pesquisa científica para a descoberta da vacina própria para o combate aos sintomas do vírus da COVID-19.

A autorização para a flexibilização do cumprimento dos princípios de responsabilidade fiscal, por força da calamidade pública da pandemia da COVID-19, está devidamente fundamentada pela existência de instrumentos normativos que assim permitem a dispensa do atingimento dos resultados fiscais previstos no art. 2º da Lei nº 13.898, de 11 de novembro de 2019, e da limitação de empenho de que trata o art. 9º da Lei Complementar nº 101, de 4 de maio de 2000.

Contudo, isto não significa um cheque em branco dado pelo Congresso Nacional, para que o Poder Público Federal possa descumprir com o seu dever de prestar contas ao Tribunal de Contas da União e ao próprio Congresso Nacional, de todos as ações e dos recursos utilizados para a contenção da pandemia, conforme muito bem prevê o Decreto Legislativo que determinou o estado de calamidade pública.

Neste sentido, a opinião e conclusão de Bruno Dantas, André Luiz de Matos Gonçalves, Júlio Edstron S. Santos e Paulo Henrique Perna Cordeiro:

> Verificou-se que, por meio da legislação existente, há a possibilidade jurídica de uma resposta dos agentes estatais, frente à atual pandemia de COVID-19 que impõe vultosos recursos na área da saúde. Essas legislações são importantes para que, em casos graves, sejam utilizados os dispositivos específicos da Lei de Responsabilidade Fiscal, principalmente, aqueles que prescrevem a suspensão de prazos e o alargamento da possibilidade de utilização dos recursos públicos, tal como aponta o artigo 65 da Lei Complementar nº 101/2000. Ponderou-se, porém, que, com a utilização solidária de recursos da União, Estados, Municípios e do Distrito Federal, há a necessidade de atuação dos órgãos de Controle Externo, principalmente do Ministério Público e dos Tribunais de Contas que, para além das suas clássicas competências, devem atuar de forma propositiva."

Por outro lado, a crise econômica, que afetará a liquidez financeira dos contribuintes no Brasil para o cumprimento das obrigações tributárias, já impõe a tomada de medidas do Governo Federal no sentido de diferimento no pagamento de alguns tributos federais, ou seja, uma moratória geral[10] relativa ao pagamento do crédito tributário devido, com a suspensão da exigibilidade nos períodos em que menciona os diplomas normativos específicos, inclusive, no que tange aos contribuintes submetidos ao regime jurídico de pagamento simplificado de tributos (SIMPLES Nacional).

Verifica-se, de idêntico modo, a redução temporal de tributos, como no caso da redução da alíquota de 50% sobre a contribuição devida ao Sistema "S" devidas por todas as empresas brasileiras; a redução a zero das alíquotas do PIS e da COFINS incidentes sobre o faturamento decorrente no mercado interno e sobre a operação de importação de sulfato de zinco, para medicamentos utilizados na nutrição parental, nutriente necessário ao combate do coronavírus e, por último, a postergação do cumprimento de obrigações acessórias no que tange a Declaração de Imposto de Renda da Pessoa Física e extensão do prazo de validade das certidões negativas e positivas (com efeito de negativa), relativa ao cumprimento das obrigações tributárias dos contribuintes federais.

As medidas tributárias elencadas alinham-se as ações que, também, estão sendo tomadas pelos demais Países na órbita internacional, no continente Europeu e Asiático para o combate do coronavírus, especialmente no que tange: i) a postergação no cumprimento das obrigações tributárias no tempo (moratória); ii) a redução pontual da carga tributária de determinados tributos e iii) o adiamento no cumprimento das obrigações acessórias tributárias.

Constata-se, que as medidas de impacto relacionadas as obrigações tributárias efetuadas pelo Governo Federal, até o presente momento, que estão sendo preservadas a solidez e rigidez do sistema constitucional de competências tributárias dos entes federativos, inclusive, com os Estados-membros e Municípios mantendo a competência privativa para

---

[10] A moratória é modalidade de suspensão da exigibilidade do crédito tributário, prevista nos arts. 152 a 155 do Código Tributário Nacional.

conceder benefícios fiscais e isenções conforme a disciplina da Carta Magna de 1988.[11]

Contudo, a preservação das competências tributárias para redução da carga tributária, concessão de moratória ou postergação de cumprimento de obrigações acessórias tributárias, não significam as únicas ações que a União Federal fará para o controle da pandemia.

A própria Constituição de 1988 permite a União Federal fazer uso de sua competência privativa para a criação de tributos já existentes em seu texto, como é o caso do exercício da competência, por meio de lei complementar, para a criação em definitivo do imposto sobre grandes fortunas ou a criação de empréstimo compulsório calamidade pública, que poderia ser criado de imediato, inclusive, por medida provisória, mas, de estrita vinculação dos recursos públicos arrecadados ao combate do coronavírus.

Além é claro, a União Federal dispõe de mecanismos de ampliação de alíquotas de contribuições sociais e de impostos já previstos.

Portanto, estas perspectivas de aumento da carga tributária com ampliação de alíquotas de tributos ou na criação de tributos já elencados na sua competência privativa, a União Federal deverá fazê-lo na estrita observância dos limites constitucionais concernente aos princípios constitucionais tributários e das imunidades tributárias, o que se aguarda com a definição das votações no Congresso Nacional de projetos de lei sob a temática indicada, inclusive, no que se refere ao respeito do devido processo legislativo de aprovação de leis e medidas provisórias contidos no art. 59 e seguintes, bem como no art. 62, da Carta Magna de 1988.

Referências

BANCO CENTRAL DO BRASIL. "Relatório Focus". 13.4.2020. <Disponível em: https://www.bcb.gov.br/publicacoes/focus/06122019>. Acesso 14/04/2020.

BRASIL. Supremo Tribunal Federal. ADI nº 6.357-DF. Relator Min. Alexandre de Moraes. Brasília, DF. Julgamento 30/03/2020. Disponível em: http://portal.

---

[11] Os Estados-membros e o Distrito Federal obedecem a rigorosa previsão da Constituição Federal de 1988, para conceder, por meio de convênios, isenções e qualquer tipo de benefício fiscal em matéria de ICMS, na esteira do comando prescritivo do art. 155, §2º, Inciso XII, alínea "g", da CF e da Lei Complementar nº 24 de 1975.

stf.jus.br/processos/downloadPeca.asp?id=15342780618&ext=.pdf. Acesso em 16/04/2020.

DANTAS, DE MATOS GONÇALVES, SANTOS, CORDEIRO. Bruno, André Luiz, Júlio Edstron S. e Paulo Henrique Perna, "Crise e execução do orçamento público no contexto atual brasileiro", Revista Fórum Administrativo – FA, Belo Horizonte, ano 20, n. 230, p. 9-19, abril 2020.

JUNIOR. Aloisio Campelo, "Confiança Empresarial avança em novembro de 2019 e segue trajetória gradualmente ascendente". 5.12.2019. <Disponível em: https://portal.fgv.br/noticias/confianca-empresarial-avanca-novembro-2019-e-segue--trajetoria-gradualmente-ascendente>. Acesso em 14/04/2020.

JUNIOR E GOUVEIA. Aloisio Campelo e Anna Carolina. "Incerteza em nível estratosférico em tempos de covid-19". 7.04.2020. <Disponível em: https://blogdoibre.fgv.br/posts/incerteza-em-nivel-estratosferico-em-tempos-de-covid-19>. Acesso em 15/04/2020.

MOSQUERA. Roberto Quiroga. "Pandemia e a arrecadação dos tributos federais". 13.4.2020. <Disponível em: https://www.jota.info/opiniao-e-analise/colunas/coluna-da-abdf/pandemia-e-a-arrecadacao-dos-tributos-federais-13042020.> Acesso em 13.4.2020.

RECEITA FEDERAL DO BRASIL. 16.4.2020. <Disponível em: http://receita.economia.gov.br/dados/receitadata/arrecadacao/relatorios-do-resultado-da-arrecadacao/arrecadacao-2019/2019-relatorios-do-resultado-da-arrecadacao-anos-anteriores--capa.> Acesso 16.4.2020.

SCHELLER E BULLA. Fernando e Beatriz. "Pandemia pode fazer o País retroceder uma década". 15.04.2020. <Disponível em: https://digital.estadao.com.br/o-estado--de-s-paulo/20200415/textview>. Acesso 15/04/2020.

VASCONCELOS, MESSIAS, SHINGAI E SUGAHARA. Breno, Lorreine, Thais e Leticia. "Países adotam medidas tributárias para combater a crise econômica deflagrada pela covid-19". 31.3.2020. Disponível em: https://www.insper.edu.br/conhecimento/politicas-publicas/paises-adotam-medidas-tributarias-para--combater-a-crise-economica-deflagrada-pela-covid-19/. Acesso em 16/04/2020

8. Quarentena e restrições a direitos fundamentais em tempos de pandemia

José Marcos Lunardelli

Introdução

O mundo enfrenta atualmente uma grave crise sanitária de dimensões globais por conta do novo coronavírus (COVID-19). Surgido na China, em Wuhan, no fim de 2019, esse fenômeno patológico pode levar a casos gravíssimos de síndrome respiratória aguda (SARS-CoV-2). O crescimento exponencial dessa doença viral, cuja letalidade é muito superior a outros vírus da gripe, como o *influenza*, levou a Organização Mundial da Saúde (OMS), em 30 de janeiro de 2020, a qualificar esse evento como "emergência de saúde pública de importância internacional" e depois como *pandemia*[1]. Os desafios epidemiológicos de contenção dessa nova doença viral, para a qual não há imunidade preexistente, exigem medidas interventivas em direitos fundamentais (liberdades públicas e direito de propriedade) a fim de proteger a saúde individual e coletiva.

Nosso objetivo é analisar a restrição sanitária da quarentena prescrita no artigo 3º, inciso II da Lei nº 13.979/2020, especialmente a possibilidade de suspensão temporária do exercício de atividades lícitas com a finalidade epidemiológica de reduzir a velocidade de disseminação do

---

[1] O Boletim Epidemiológico nº 11 do Centro de Emergência em Saúde Pública do Ministério da Saúde informa que, segundo dados internacionais da OMS, até 17 de abril de 2020, foram confirmados 2.222.669 casos de COVID-19 com 149.995 óbitos. Os Estados Unidos da América são o país com maior número de casos (684.427). O Brasil está na 11ª posição, com 33.682 casos de COVID-19 e 2.141 de óbitos.

vírus e preservar o sistema de saúde. Pretendemos examinar a configuração e delimitação legal da quarentena, os sujeitos com competência para decretá-la, bem como a ponderação de direitos fundamentais na base dessa medida interventiva.

1. Definição e objetivos da quarentena

Com o reconhecimento pela OMS de uma situação de "emergência de saúde pública de importância internacional", o Congresso Nacional aprovou um ordenamento jurídico específico e transitório para enfrentamento epidemiológico da COVID-19, materializado na Lei nº 13.979/2020, que autorizou o manejo de múltiplas competências legais[2] para enfrentamento da situação extraordinária provocada pela pandemia, entre as quais conferiu às autoridades sanitárias o poder de sujeitar as pessoas ao chamado regime de quarentena, que veio a ser definido como "restrição de atividades ou separação de pessoas suspeitas de contaminação das pessoas que não estejam doentes, ou de bagagens, contêineres, animais, meios

---

[2] Lei nº 13.979/2020 – Art. 3º. Para enfrentamento da emergência de saúde pública de importância internacional decorrente do coronavírus, poderão ser adotadas, entre outras, as seguintes medidas:

I – isolamento;

II – quarentena;

III – determinação de realização compulsória de:

a)   exames médicos;

b)   testes laboratoriais;

c)   coletas de amostras clínicas;

d)   vacinação e outras medidas profiláticas; ou

e)   tratamentos médicos específicos;

IV – estudo ou investigação epidemiológica;

V – exumação, necropsia, cremação e manejo de cadáver;

VI – restrição excepcional e temporária, conforme recomendação técnica e fundamentada da Agência Nacional de Vigilância Sanitária (Anvisa), por rodovias, portos ou aeroportos de:

a)   entrada e saída do país; e

b)   locomoção interestadual e intermunicipal;

VII – requisição de bens e serviços de pessoas naturais e jurídicas, hipótese em que será garantido o pagamento posterior de indenização justa; e

VIII – autorização excepcional e temporária para a importação de produtos sujeitos à vigilância sanitária sem registro na Anvisa, desde que:

a)   registrados por autoridade sanitária estrangeira; e

b)   previstos em ato do Ministério da Saúde.

8. QUARENTENA E RESTRIÇÕES A DIREITOS FUNDAMENTAIS EM TEMPOS DE PANDEMIA

de transporte ou mercadorias suspeitos de contaminação, de maneira a evitar a possível contaminação ou a propagação do coronavírus (art. 2º, inc. II, Lei nº 13.979/2020)"[3].

No âmbito da definição legal de quarentena, incluem-se múltiplas competências de ação que foram conferidas às autoridades sanitárias; porém, para o estudo que ora se realiza, vamos nos fixar especialmente na capacidade de se determinar a "restrição de atividades", ou seja, no poder de sujeitar as pessoas a obrigações de não fazer, impondo a suspensão temporária total ou parcial do exercício de atividades lícitas. Tem essa medida restritiva o objetivo de evitar a possível contaminação ou a propagação do vírus e também garantir a manutenção dos serviços de saúde em local certo e determinado[4]. A obrigação de abster-se de realizar total ou parcialmente determinada atividade que seria lícita e livre em períodos de normalidade busca contribuir para a redução da circulação e aglomeração das pessoas em espaços públicos e privados (estabelecimentos comerciais, escolas, clubes, academias, parques, praias, igrejas, etc.) e, por conseguinte, retardar a propagação da COVID-19, promovendo, dessa forma, a estratégia que as autoridades sanitárias denominam de isolamento ou distanciamento social.

Devido ao comportamento incomum do coronavírus (COVID-19), que se caracteriza pela alta transmissibilidade e letalidade, para o qual não há vacina e tampouco remédios de eficácia comprovada, as autoridades sanitárias, observando recomendação da OMS, têm promovido ações não farmacológicas para a contenção da pandemia como as medidas de distanciamento social, etiqueta respiratória e higienização das mãos.

Entres essas medidas não farmacológicas, o distanciamento social[5] – conduta que se pretender fomentar com a quarentena – tem sido, no

---

[3] O conceito de "quarentena" utilizado pela Lei nº 13.979/2020 foi extraído do Regulamento Sanitário Internacional (2005) da OMS.

[4] A Portaria nº 356, de 11 de março de 2020, ao dispor sobre a regulamentação da Lei nº 13.979/2020, prescreveu em seu artigo 4º que: "A medida de quarentena tem por objetivo garantir a manutenção dos serviços de saúde em local certo e determinado".

[5] O Boletim Epidemiológico nº 7 do Centro de Operações de Emergência em Saúde Pública – Ministério da Saúde apresenta três possibilidades de intervenção na liberdade de agir das pessoas para viabilizar a quarentena:

i) Distanciamento Social Ampliado (DAS): "estratégia não limitada a grupos específicos, exigindo que todos os setores da sociedade permaneçam na residência durante a vigência

momento, o instrumento mais eficaz para controlar a velocidade de disseminação do vírus, a fim de reduzir o impacto no sistema de saúde, que não teria condições de tratar o grande número de pessoas que necessitariam de cuidados médico-hospitalares ao mesmo tempo. Trata-se de administrar o crescimento do pico epidêmico, permitindo que o sistema de saúde se organize para salvar o máximo possível de vidas. Sem tal tipo de estratégia, haveria inexoravelmente o colapso do sistema de saúde, que não conseguiria dar conta da demanda, pois não haveria leitos hospitalares, respiradores, equipamentos de proteção individual – EPI, testes laboratoriais, tampouco recursos humanos capacitados (médicos, enfermeiros, biomédicos, epidemiologistas, etc.) em número suficiente. Eis a razão pela qual tem a quarentena por objetivo garantir a higidez e o funcionamento do sistema de saúde.

A imposição da quarentena com a interdição do exercício de atividades lícitas exige motivação específica, baseada em evidências científicas e na análise de informações estratégicas sobre o funcionamento dos serviços de saúde, que demonstre a adequação dessa medida restritiva para alcançar os objetivos de sanitários que foram estabelecidos pelo legislador. A intervenção na liberdade de agir das pessoas impõe às autoridades sanitárias a necessidade de justificação suficiente da medida restritiva, bem como a avaliação de custos e benefícios para que se opte, fundamentadamente, pela alternativa mais eficaz para a preservação da saúde pública, mas também a menos onerosa aos direitos fundamentais afetados pelas constrições sanitárias.

da decretação da medida pelos gestores locais. Esta medida restringe ao máximo o contato entre as pessoas";

ii)   Distanciamento Social Seletivo (DSS): "estratégia onde alguns grupos ficam isolados, sendo selecionados os grupos que apresentam mais riscos de desenvolver a doença ou aqueles que podem apresentar um quadro mais grave, como idosos e pessoas com doenças crônicas (diabetes, cardiopatias, etc.) ou condições de risco como obesidade e gestação de risco. Pessoas abaixo de 60 anos podem circular livremente, se estiverem assintomáticas;

iii) Bloqueio total (*lockdown*): "é o nível mais alto de segurança e pode ser necessário em situação de grave ameaça ao sistema de saúde. Durante o bloqueio total, todas as entradas do perímetro são bloqueadas por profissionais de segurança e ninguém tem permissão para entrar ou sair do perímetro isolado.

8. QUARENTENA E RESTRIÇÕES A DIREITOS FUNDAMENTAIS EM TEMPOS DE PANDEMIA

Tanto a imposição da quarentena como a supressão dela não podem ser uma escolha caprichosa ou fundada em subjetivismo da autoridade pública. Quando examinou a controvérsia envolvendo a suposta divulgação de campanha publicitária denominada "O Brasil não pode parar", que punha em dúvida a necessidade da quarentena com base nos prejuízos econômicos desta medida, o Ministro Barroso, ao conceder liminar para proibir a divulgação da citada campanha publicitária que teria um conteúdo desinformativo, deixou registrado que é o discurso técnico--científico que deve subsidiar a decisão de manutenção ou interrupção da quarentena, salientando, com base nos princípios da prevenção e precaução, que, "na dúvida quanto à adoção de uma medida sanitária, deve prevalecer a escolha que ofereça a mais ampla proteção à saúde"[6].

A par da exigência de motivação técnica e suficiente a respeito da indispensabilidade da quarentena, é necessário que a interdição de atividades seja limitada no tempo e no espaço ao mínimo indispensável à promoção e à preservação da saúde pública. Estabelece o § 2º do artigo 4º da Portaria 356/2020 que "a quarentena será adotada pelo prazo de até 40 dias (quarenta) dias, podendo se estender pelo tempo necessário para reduzir a transmissão comunitária e garantir a manutenção dos serviços de saúde no território". É também condição *sine qua non* para a quarentena que haja uma Declaração de Emergência em Saúde Pública Nacional, devidamente reconhecida pela autoridade sanitária competente, e somente sob a égide desse ato formal poderá ser determinada ou mantida a quarentena.

São variáveis de saúde pública e de controle epidemiológico que podem determinar a instituição de quarentena em determinado espaço geográfico e temporal, notadamente a capacidade de atendimento dos serviços de saúde pública e a velocidade da disseminação do vírus. São esses estudos técnico-científicos que indicarão os locais, o tempo e quais pessoas estarão sujeitas à quarentena. A intensidade e a extensão da medida

---

[6] ADPF 669 MC/DF. Para fundamentar a sua decisão, o Ministro Barroso argumenta que: "As orientações da Organização Mundial da Saúde, do Ministério da Saúde, do Conselho Federal de Medicina, da Sociedade Brasileira de Infectologia, entre outros, assim como a experiência dos demais países que estão enfrentando o vírus, apontam para a imprescindibilidade de medidas de distanciamento social voltadas a reduzir a velocidade de contágio e a permitir que o sistema de saúde seja capaz de progressivamente absorver o quantitativo de pessoas infectadas".

restritiva podem e devem variar conforme as necessidades, devidamente justificadas, das condições sanitárias de cada região.

Quais atividades podem ter o seu funcionamento afetado pela decretação da quarentena? A Lei nº 13.979/2020 excepciona das medidas interventivas apenas os serviços públicos e as atividades essenciais, ressalvando, porém, que, quando for indispensável interferir na execução dessas atividades, será necessário a observância de procedimentos específicos que envolvam as autoridades púbicas (concedente, autorizador, agência reguladora) que controlam esses serviços, exigindo que haja articulação e concertação entres essas autoridades para delimitação da extensão da intervenção nessas atividades. Também, vedou-se expressamente a imposição de qualquer restrição à circulação de trabalhadores que possa afetar os serviços e atividades essenciais, bem como o transporte de cargas de qualquer espécie que possa acarretar o desabastecimento de gêneros necessários à população.

A competência para eleger quais atividades serão consideradas essenciais e excluídas do regime de quarentena foi atribuída ao Presidente da República que a exerceu definindo que "são serviços públicos essenciais aqueles que, se não atendidos, colocam em perigo a sobrevivência, a saúde e a segurança da população"[7], indicando um rol exemplificativo desse conceito.

---

[7] O Decreto nº 10.282/2020, modificado pelo Decreto nº 10.292/2020, além de dar um conceito de serviços públicos e atividades essenciais, fixa um rol de atividades que devem ser preservadas do regime de "quarentena", estipulando que se aplica às pessoas jurídicas de direito público interno, federal, estadual, distrital e municipal, e aos entes privados e às pessoas naturais. Consta o seguinte rol de atividades: i) assistência à saúde, incluídos os serviços médicos e hospitalares; ii) assistência social e atendimento à população em estado de vulnerabilidade; iii) atividades de segurança pública e privada, incluídas a vigilância, guarda e custódia de presos; iv) atividades de defesa nacional e de defesa civil; v) transporte intermunicipal, interestadual e internacional de passageiros e transporte de passageiros por táxi ou aplicativo; vi) telecomunicações e internet; vii) serviço de *call center*; viii) captação, tratamento e distribuição de água; ix) captação e tratamento de esgoto e lixo; x) geração, transmissão e distribuição de energia elétrica e de gás; xi) iluminação pública; xii) produção, distribuição, comercialização e entrega, realizadas presencialmente ou por meio do comércio eletrônico de produtos de saúde, higiene e bebidas; xiii) serviços funerários; xiv) guarda, uso e controle de substâncias radioativas, de equipamentos e materiais nucleares; xv) vigilância e certificações sanitárias e fitossanitárias; xvi) prevenção, controle e erradicação de pragas dos vegetais e de doenças dos animais; xvii) inspeção de alimentos, produtos e derivados

2. Competência para instituição da quarentena

Quem são as autoridades que dispõem competência para decretar a quarentena? A Lei nº 13.979/2020 é compatível com o modelo federativo de distribuição de competências estabelecidos na Constituição Federal no que diz respeito às atividades de saúde pública? São essas questões que pretendemos analisar a seguir. Porém, antes de examinar a disciplina legal estatuída na Lei nº 13.979/2020, é necessário ver como a Constituição Federal distribuiu as competências entres os entes federativos (União, Estados, Distrito Federal e Municípios) para tratar da saúde pública.

O Federalismo instituído pela Constituição Federal de 1988 possui a marca do sincretismo, pois se inspira tanto no modelo dual de matriz norte-americana como no federalismo cooperativo de matriz germânica. Além disso, as competências foram compartilhadas entres três centros de poder político (União, Estados e Municípios). Como é sabido, o primeiro modelo se caracteriza pela atribuição aos entes federativos de competências privativas e exclusivas. A competência de um ente exclui a do outro (arts. 21 e 22 da CF). Já o segundo modelo é caracterizado pela

de origem animal e vegetal; xviii) vigilância agropecuária internacional; xix) controle de trafego aéreo, aquático ou terrestre; xx) serviços de pagamento, de crédito e de saque e aporte prestados pelas instituições supervisionadas pelo Banco Central do Brasil; xxi) serviços postais; xxii) transporte e entrega de cargas em geral; xxiii) serviço relacionado à tecnologia da informação e de processamento de dados (*data center*) para suporte de outras atividades previstas neste Decreto; xxiv) fiscalização tributária e aduaneira; xxv) produção e distribuição de numerário à população e manutenção da infraestrutura tecnológica do Sistema Financeiro Nacional e do Sistema de Pagamentos Brasileiros; xxvi) fiscalização ambiental; xxvii) produção de petróleo e produção e distribuição e comercialização de combustíveis, gás liquefeito de petróleo e demais derivados de petróleo; xxviii) monitoramento de construções e barragens que possam acarretar risco à segurança; xxix) levantamento e análise de dados geológicos com vistas à garantia da segurança coletiva, notadamente por meio de alerta de riscos naturais e de cheias e inundações; xxx) mercado de capitais e seguros; xxxi) cuidados com animais em cativeiros; xxxii) atividade de assessoramento em resposta às demandas que continuem em andamento e às urgentes; xxxiii) atividades médicas periciais relacionadas à seguridade social; xxxiv) atividades médico-periciais relacionadas ao Estatuto da Pessoa com Deficiência; xxxv) outras prestações médico-periciais da carreira de Perito Médico Federal; xxxvi) fiscalização do trabalho; xxxvii) atividades de pesquisa, científicas, laboratoriais ou similares relacionadas com a pandemia de que trata este Decreto; xxxviii) atividades de representação judicial e extrajudicial da advocacia pública; xxxix) atividades religiosas de qualquer natureza, obedecidas as determinações do Ministério da Saúde; xL) unidades lotéricas.

atribuição de competências comuns e concorrentes, no qual diferentes entes federativos devem interagir e atuar de maneira articulada para a prossecução de objetivos comuns (arts. 23 e 24 da CF). A saúde pública é um caso exemplar de federalismo cooperativo, pois a Constituição impôs a missão de se criar um sistema único e universal de ações e serviços públicos de saúde integrado por todos os entes federativos (art. 198 CF) que compartilham competências comuns e concorrentes.

O artigo 23 da CF estabelece que é competência material comum da União, dos Estados, do Distrito Federal e dos Municípios *cuidar da saúde e assistência pública*. Em matéria de produção normativa, a competência foi compartilhada de maneira concorrente entre União, Estado e Distrito Federal para legislar sobre a *proteção da saúde*, cabendo à União a produção de normas gerais para os assuntos que devem ser disciplinados de maneira uniforme em todo o território nacional, ao passo que aos Estados compete suplementar a legislação federal, regulando os temas peculiares em âmbito regional.

Para a articulação dessas competências materiais e normativas, que exigem a cooperação/coordenação, normalmente se utiliza o critério da predominância do interesse. À União caberão as matérias e questões de predominância de *interesse geral* (ou de seu próprio interesse), ao passo que aos Estados competem as matérias de *interesse regional* e aos Municípios remanescem os *assuntos de interesse local*. Cada ente federativo possui autonomia para exercitar livremente a competência que lhe foi outorgada dentro dos parâmetros fixados pela Constituição, não havendo hierarquia entre as entidades da Federação. Havendo conflito de atuação entre os entes nas matérias que lhes são comuns ou concorrentes, deverá prevalecer o critério da preponderância do interesse na definição de qual ente poderá agir naquela situação conflituosa.

A Lei nº 13.979/2020 estabelece normas gerais transitórias para o enfrentamento da pandemia provocada pela COVID-19, inserindo-se, portanto, dentro da competência legislativa do artigo 24, XII, da CF. No que toca à competência para decretação da quarentena, em âmbito federal, atribui tal responsabilidade ao Ministro da Saúde (§ 7º, art. 3º); contudo, reconhece também a possibilidade de exercício concomitante dessa competência pelos gestores locais de saúde (Estados e Municípios e Distrito Federa), desde que autorizados pelo Ministro da Saúde.

8. QUARENTENA E RESTRIÇÕES A DIREITOS FUNDAMENTAIS EM TEMPOS DE PANDEMIA

Não há dúvida de que Estados e Municípios, dispondo de competência material (administrativa) para cuidar da saúde, podem decretar quarentena, interditando total ou parcialmente o exercício de atividades. Contudo, a Lei nº 13. 979/2020 condicionou o exercício desta competência à autorização do Ministério da Saúde. O que constituiria essa autorização? Como não há subordinação hierárquica entre os entes federativos, essa autorização, para estar em conformidade com o modelo federativo previsto na Constituição, deve ser entendida como a Declaração de Emergência em Saúde Pública Nacional. Uma vez reconhecida tal situação, estaria autorizado cada gestor de saúde, dentro da sua esfera de competência, a avaliar a necessidade de decretação de quarentena. Pode o Ministério da Saúde estabelecer critérios técnicos mínimos que devem ser observados pelos demais entes federativos para imposição da quarentena, mas sem tolher competência das demais autoridades de avaliarem a situação regional e local[8].

Mesmo o § 9º do artigo 3º, que atribuiu ao Presidente República a competência para definir sobre os serviços públicos e atividades essenciais que seriam excepcionados do regime de quarentena, recebeu interpretação conforme a Constituição, pelo Plenário do STF, que referendou a medida cautelar na ADI 6341/DF, para ressalvar a competência de Estados e Municípios, preservando a competência desses entes federativos para adotarem medidas restritivas mais intensas e abrangentes do que as definidas pela União.

---

[8] O Ministro Alexandre de Moraes, ao examinar a ADPF 672/DF, concedeu medida cautelar, *ad referendum* do Plenário da Suprema Corte, para determinar a observância dos artigos 23, II, e IX; 24, XI; 30, II e 198, todos da CF, na aplicação da Lei nº 13.979/20 e dispositivos conexos, reconhecendo e assegurando o exercício da competência concorrente dos governos estaduais e distrital, e suplementar dos governos municipais, cada qual no exercício de suas atribuições e no âmbito de seus respectivos territórios, para a adoção ou manutenção de medidas restritivas legalmente permitidas durante a pandemia, tais como a imposição de distanciamento/isolamento social, quarentena, suspensão de atividades de ensino, restrições de comércio, atividades culturais e à circulação de pessoas, entre outras, independentemente de superveniência de ato federal em sentido contrário, sem prejuízo da competência geral da União para estabelecer medidas restritivas em todo o território nacional, caso entenda necessário. Obviamente, a validade formal e material de cada ato normativo específico estadual, distrital ou municipal poderá ser analisada individualmente.

3. Pandemia e restrições aos direitos fundamentais

Ao criar essa medida interventiva e restritiva da liberdade de agir (quarentena), fez o legislador um sopesamento entre direitos fundamentais aparentemente colidentes, especialmente entre o princípio constitucional que protege a vida e prescreve que a saúde é um direito de todos e dever do Estado (art. 196 da CF) e as demais liberdades públicas previstas no art. 5º (liberdade de locomoção, liberdade de reunião e associação, liberdade de trabalho, livre iniciativa, liberdade religiosa). Optou por temporariamente (durante a pandemia) restringir a liberdade, dando maior peso à necessidade de garantir o funcionamento da saúde pública em detrimento da ampla liberdade de ação das pessoas em períodos de normalidade.

Os direitos fundamentais geralmente se manifestam por normas jurídicas que possuem a estrutura normativa de princípios. De acordo com a concepção de Robert Alexy, princípios são *mandamentos de otimização*, isto é, "normas que ordenam que algo seja realizado na maior medida possível dentro das possibilidades fáticas e jurídicas existentes"[9]. A regra que veicula a quarentena (art. 3, II, da Lei nº 13.979/2020) é produto dessa ponderação e da preferência expressa pelo legislador que avaliou ser mais importante, para preservar vidas, restringir temporariamente o livre exercício de atividades não essenciais. O exercício amplo e normal da liberdade em plena pandemia poderia conduzir ao liberticídio. Na tensão sempre existente entre controle sanitário e liberdade prevaleceu a necessidade de garantir a capacidade de funcionamento do sistema de saúde e, por conseguinte, salvar vidas. Não foram as liberdades públicas suprimidas, mas apenas cederam, transitoriamente, ao bem saúde que merece tutela especial quando está em risco a vida de muitos seres humanos.

É claro que há limites para o uso da quarentena. Não pode se tornar um estado de exceção sanitário. Primeiro, como já vimos, a imposição dessa medida deve ser limitada ao tempo estritamente necessário e indispensável para reduzir a transmissão comunitária do vírus e garantir a manutenção dos serviços de saúde. Segundo, exige motivação fundamentada em juízos

---

[9] ALEXY, Robert. *Teoria dos Direitos Fundamentais*. Trad. Virgílio Afonso da Silva. São Paulo: Malheiros, 2008. p. 90.

8. QUARENTENA E RESTRIÇÕES A DIREITOS FUNDAMENTAIS EM TEMPOS DE PANDEMIA

técnico-epidemiológicos que justifiquem tanto a instituição quanto a cessação da medida restritiva.

Não se trata de uma sujeição cega a medidas restritivas, pois elas sempre deverão estar submetidas ao escrutínio da regra da proporcionalidade, a fim de aferir se a quarentena continua sendo o meio adequado para fomentar a realização do interesse público de garantir o funcionamento do sistema de saúde e reduzir o ritmo de propagação do vírus; se adequada a quarentena, também deverá ser verificada a exigibilidade dessa medida em face das alternativas disponíveis, ou seja, se não há meio menos gravoso às liberdades públicas e também eficaz para a consecução do interesse público perseguido; e, por fim, a próprio juízo de proporcionalidade em sentido estrito que deverá ponderar se a quarentena, ainda que adequada e necessária, não constitui uma restrição por demais onerosa, que acaba aniquilando o núcleo essencial dos demais direitos afetados. Sem dúvida, o enfrentamento de uma pandemia exige sacrifícios, porém a proteção à saúde deve ser realizada sem o uso abusivo de medidas restritivas que deverão se limitar ao estritamente necessário e estar submetidas ao intenso controle da regra da proporcionalidade, a fim de evitar que uma necessidade momentânea não se converta em justificativa para um perene estado de exceção sanitária.

PARTE IV

EFEITOS DO COVID-19 NOS SISTEMAS SOCIAIS: SOCIEDADE TRANSNACIONAL, SISTEMA DE SAÚDE E PROCESSOS IMIGRATÓRIOS

1. A COVID-19 e o primado da diferenciação funcional no caso da Hidroxicloroquina: o direito entre o sistema da saúde e o sistema da ciência

Germano Schwartz

Renata Almeida da Costa

Introdução

O ano de 2020, sem dúvidas, será conhecido como o ano em que houve uma grande ameaça à diferenciação funcional da sociedade proveniente da hipercomplexidade comunicacional existente nos entornos dos subsistemas do sistema social global em função da pandemia declarada, em 12 de março, pela Organização Mundial de Saúde (OMS), por causa da COVID-19 .

No momento em que o Dr. Tedros Ghebreyesu, Diretor- Geral da OMS, declarou o estado de pandemia, havia, na Europa, 20.000 casos confirmados com cerca de mil mortes (WORLD HEALTH ORGANIZATION, 2020). Na data em que o presente artigo é escrito, os sistemas de saúde da Itália e da Espanha colapsaram e os números, no segundo país, são de 140.511 casos confirmados com 13.897 mortes e de 132.547 casos confirmados (16.523 mortes) no primeiro. O número total de casos no mundo ultrapassa a marca de 1,3 milhão com 76.420 falecimentos (RASTREADOR DO COVID-19, 2020). Não há, atualmente, previsão otimista para o término da pandemia – ou para sua cura – e nem um número concreto em relação ao montante total de infectados ou de mortes quando ela terminar.

Tratam-se de dados que confirmam a velocidade do contágio do coronavírus. Para a Teoria dos Sistemas Sociais Autopoiéticos Aplicada ao Direito (TSAD), uma tal ocorrência pode causar um sério problema: a desdiferenciação, entendida como o oposto da diferenciação funcional, sendo possível somente em condições excepcionalíssimas, nas quais a sociedade tende a retornar à estratificação ou à segmentação social. De fato, para Luhmann, a desdiferenciação somente ocorreria como o resultado de uma "technical catastrophe, or an environmental catastrophe, or whatever" (LUHMANN, 2000, p. 203)[1].

O "whatever" de Luhmann é compreendido, aqui, a partir de uma catástrofe sanitária, afinal uma pandemia é, tecnicamente, uma doença que afeta um país ou o mundo inteiro, atingindo, por consequência, um grande número de pessoas (CENTRE FOR STRATEGIC & INTERNATIONAL STUDIES, 2012). Significa, portanto, que a COVID-19 transcende fronteiras, afeta o sistema social global e se torna um ruído permanente a ameaçar a diferenciação funcional dos sistemas sociais (nos níveis de interação e de organização), podendo vir a causar o que NEVES (2012, p. 23) denomina de déficit funcional.

A diferenciação funcional como aquisição evolutiva de uma sociedade moderna pressupõe que cada sistema possui uma função específica. A diferenciação funcional dos sistemas é, basicamente, a (re)duplicação da diferença entre o sistema e o ambiente que permeia os sistemas (LUHMANN, 1977, p.31). Trata-se de uma forma reflexiva de construção dos sistemas sociais.

Com isso, um sistema diferencia-se de outro, como resultado de uma produção de complexidade, cujo conceito mais simplificado está conectado ao conceito de contingência. Ela, a contingência, é a possibilidade da existência de mais de uma alternativa para uma decisão; o risco, por seu turno, caracteriza-se por ser a (im)possibilidade de certeza a respeito de uma decisão. Por essa razão é que, especialmente na saúde (SCHWARTZ, 2004), o risco passa a ser característica intrínseca da sociedade contemporânea (LUHMANN, 2013).

Tem-se em mente, ainda, que um sistema social é um sistema baseado em comunicações e não em indivíduos, um dos "escândalos" da teoria luhmanniana (SCHWARTZ, 2014, p. 112-114). Um sistema assim "traduz" os eventos externos por meio de seus códigos específicos. Cada código

---

[1] "catástrofe técnica ou ambiental, ou qualquer coisa" (LUHMANN, 2000, p. 203). Tradução nossa.

1. A COVID-19 E O PRIMADO DA DIFERENCIAÇÃO FUNCIONAL NO CASO DA HIDROXICLOROQUINA

possui uma programação específica. Os programas fazem a abertura cognitiva, enquanto o código preserva a clausura recursiva. Na mesma linha, existem funcionais equivalentes em outros sistemas que operam, entretanto, a partir da lógica específica de cada sistema.

Todo esse processamento faz com que nas sociedades modernas somente o Direito produza comunicação jurídica. Da mesma maneira, cabe ao sistema da ciência produzir comunicação científica e ao sistema da saúde resta a tarefa exclusiva de emitir comunicações sanitárias. A produção da diferença em uma sociedade complexa depende dessa autonomia.

Nesse sentido, interromper ou colocar em risco a autonomia dos sistemas sociais é um efeito da desdiferenciação que, como advertido, pode levar ao retorno da segmentação ou da estratificação social. Desse modo, levando-se em consideração que a pandemia da COVID-19 apresenta-se como real fator de bloqueio/corrupção sistêmica, o presente artigo demonstrará a necessidade da preservação da diferenciação funcional para o trato do tema do uso da hidroxicloroquina para pacientes portadores da doença, focando-se, para tanto, na observação dos sistemas da ciência, da saúde e do Direito.

1. A COVID-19 e a diferenciação funcional do sistema da ciência

Dentro do propósito do presente artigo cabe uma pergunta: em tempos de COVID-19 deve a comunicação científica se sobrepor às comunicações dos demais sistemas sociais? Adiantando a resposta, válida para o Direito e para a Saúde: não. Significa afirmar, portanto, que sistemas tais como a moral ou a religião terão a possibilidade de apresentar as comunicações resolutivas para a pandemia? Também não.

Recorde-se: cada sistema possui seu código próprio. No caso da ciência, a unidade de diferença se encontra no binômio Verdade/Falsidade (LUHMANN, 1996, p. 125-130). Em outras palavras: a ciência não observa a questão da COVID-19 a partir das lentes do sistema político (Governo/Oposição) ou sob a especificidade da religião (Fé/Descrença). Da mesma forma, não se ocupa do problema *Recht/UnRecht* (Direito) ou Saúde/Enfermidade (Saúde).

Tratando-se de COVID-19 é dizer que não cabe à ciência afirmar o que está em conformidade com o Direito ou em desacordo com o Direito. Não será a ciência também que comunicará a relação sobre saúde ou enfermidade quando se trata da pandemia. De outro lado, e isso é muito importante, somente a ciência consegue definir o que é falso ou verdadeiro na COVID-19 e isso, em termos de equivalências funcionais, por conseguinte, influenciará as observações do Direito e da Saúde.

Com isso, a ciência desempenha um papel importante na preservação da diferenciação funcional no que diz respeito às comunicações sobre a COVID-19, as quais acossam a cada segundo os demais sistemas. Por meio de sua recursividade, é a ciência que fornecerá/testará aquilo que o Direito compreenderá como verdade a respeito do tema e a mesma operação se concretizará no sistema da saúde.

O sistema da ciência, como todos os outros sistemas, não é estático. Assim, à obviedade, sua evolução é também uma coevolução com os demais sistemas. O que se tem como verdade no presente momento – ainda mais no caso da COVID-19 – pode se tornar falso em outro, até mesmo porque a falsidade promove a possibilidade da abertura cognitiva do sistema da ciência. Nessa esteira, a comunicação verdade/falsidade possui uma dupla função no sistema social global:

> Cuando determinada comunicación señala como verdadera a su información, se establece una limitación de arbitrariedad de los mundos posibles. Pero también se presenta una iniciativa al respecto cuando una determinada comunicación anula una expectativa, señalando como falsa a su información. En tal caso, en efecto estamos obligados a transformar la expectativa anulada y preguntar qué es lo que en su lugar sería verdadero. (LUHMANN, 1996, p. 195).[2]

Em um sistema social global que se caracteriza pelo primado da diferenciação funcional, um sistema desempenha uma função de maneira que faça parte do sistema mais abrangente (sociedade). A evolução do conhecimento depende da evolução da própria sociedade na qual se encontra (LUHMANN, 1996, p. 428) e o processo de diferenciação da

---

[2] Quando uma determinada comunicação marca suas informações como verdadeiras, uma limitação arbitrária dos mundos possíveis é estabelecida. Mas uma iniciativa também é apresentada nesse sentido quando uma determinada comunicação cancela uma expectativa, apontando suas informações como falsas. Nesse caso, somos de fato obrigados a transformar a expectativa anulada e perguntar o que seria verdade. (LUHMANN, 1996, p. 195). Tradução nossa.

ciência passa a ser, ao final, um resultado da diferenciação do próprio sistema social da sociedade.

Sistemas sociais, como a ciência, produzem verdades para todos os demais sistemas, e, inclusive, internamente, diferenciam-se. No caso do sistema em tela, as diferentes disciplinas (pedagogia, matemática, medicina, entre outras) configuram-se como entorno interno delas mesmas, reforçando a diferenciação interior do sistema diferenciado da ciência.

Ao sistema da ciência cabe, portanto, promover a pesquisa como uma condição de sua diferenciação. Nesse sentido, como todo e qualquer sistema, proporciona prestações aos demais. Há prestações recíprocas entre os sistemas e, no caso, entre ciência e saúde, aquela fornece as comunicações a respeito da verdade ou da falsidade por meio de pesquisas que, por seu turno, influenciarão as decisões daquele a respeito de seu código (Saúde/Enfermidade).

Conforme salientado anteriormente, uma interrupção do ciclo do sistema da ciência faz com que o sistema da saúde não receba as prestações (verdades) necessárias daquele. Eventual desdiferenciação, portanto, nesse caso, implicaria seriamente as funções do sistema da saúde, uma vez que não receberia a comunicação correspondente à verdade científica de medicamentos e de tratamentos para a questão da COVID-19.

Gize-se que na hipótese da ocorrência dessa desdiferenciação, o sistema da saúde ainda assim restará aberto cognitivamente e eventuais prestações sobre a verdade poderão vir de sistemas tais como a religião ou a moral. Esse é o perigo, retornando, de eventual retorno de uma sociedade segmentada e/ou estratificada.

2. A COVID-19 e a diferenciação funcional do sistema de saúde

O sistema da saúde enquanto aquisição evolutiva da sociedade possui evidente conexão (acoplamento) com o avanço da medicina, de tal sorte que para LUHMANN (1993, p. 131) tratam-se de sinônimos. O presente artigo opta pelo uso da expressão sistema da saúde porque a pandemia da COVID-19 coloca em xeque, mesmo que sob outra perspectiva, as estruturas sanitárias existentes em nível global.

Dentro dessa perspectiva é preciso definir como e de que maneira os médicos orientam seu agir. De que forma eles conseguem uma certa segurança em seus diagnósticos, uma vez que diagnósticos médicos, por natureza, são eivados de incerteza e de insegurança? Como definir o

COVID-19 E OS IMPACTOS NO DIREITO

tratamento correto para a COVID-19 sabendo-se que inexistem padrões, protocolos e/ou medicamentos devidamente tido como verdades pelo sistema da ciência?

Muito embora o sistema da ciência forneça a prestação "verdade" para o sistema da saúde, o fato é que ninguém se cura por causa disso. Da mesma forma, não há melhoria na saúde de alguém em função de uma comunicação política baseada na unidade distintiva Governo/Oposição. Dessa maneira, a autonomia (código e função das de expectativas que apregoa BECK (2001, p. 266): "en la realidade ambigua de la sociedad del riesgo, se crea un inagotable deseo de medicina".[3]

Na medida em que há saúde, uma "imagem-horizonte" (SCLIAR, 1987, p.33), maior é o desejo pela medicina em sociedades funcionalmente diferenciadas. O desejo maior pela medicina requer um incremento exponencial da produção de verdades a partir do sistema da ciência. Eis o grande paradoxo do sistema da saúde.

Para que essa hipercomplexidade sanitária seja reduzida é preciso preservar o código próprio do sistema da saúde (Saúde/Enfermidade), propiciando assim, sua comunicação recursiva e a existência de uma reflexão contingente. Esse ponto de enlace na reflexão dos sistemas, normalmente, é dado por seu polo positivo: a saúde. Contudo, não é o que se passa no sistema da saúde.

Há algo que não se escapa. Enquanto a saúde é um objetivo a ser alcançado e difícil de ser concretizado, a enfermidade existe e possui verdades tais como o Código Internacional de Doenças. Nesse sentido, no sistema da saúde, o polo negativo (Enfermidade) não é a condição de reflexão do sistema (autorreflexão). Apresenta-se, pois, como o médium para a operatividade interna sanitária:

> El caso contrario lo constituye el sistema de salud. Sólo en él, el valor negativo (la enfermedad) posee capacidade de enlace, mientras que la salud serve sólo de valor de reflexión (LUHMANN, 2000, p.25).[4]

---

[3] "Na realidade ambígua da sociedade de risco, um desejo inesgotável de medicina é criado". BECK (2001, p. 266). Tradução nossa.

[4] O caso oposto é o sistema de saúde. Somente nele, o valor negativo (a doença) tem a capacidade de vincular, enquanto a saúde serve apenas como valor de reflexão (LUHMANN, 2000, p.25). Tradução nossa.

1. A COVID-19 E O PRIMADO DA DIFERENCIAÇÃO FUNCIONAL NO CASO DA HIDROXICLOROQUINA

Na prática, portanto, o agir dos médicos não está orientado para o lado positivo do código (saúde). O ponto de reflexão é apenas um ponto de reflexão. A prática tende do positivo para o negativo e o objeto é a cura/libertação das doenças. A meta se baseia pelo valor negativo (LUHMANN, 1988, p. 124-138), isto é, a COVID-19.

Outro ponto a reforçar tal realidade é colocar a enfermidade sob o ponto de vista temporal. A doença é atual. A COVID-19 está presente. Ela não se projeta no futuro ou no passado. Ademais, a enfermidade independe da ordem cronológica, pois, no corpo, tudo se transforma em dor. É a tosse, a febre e a falta de ar da COVID-19. A medicina se ocupa da dor dando tempo para o emprego de medicamentos e de aparelhagens. Ela também ganha tempo para que o sistema da ciência busque as verdades.

O desenvolvimento da medicina potencializa as incertezas, pois quanto mais avançada a tecnologia, maior é a possibilidade de cura. As possibilidades passam a ser as mais variadas possíveis, como é o caso da hidroxicloroquina ou de sua combinação com a azitromicina no tratamento da COVID-19.

Nessa esteira, em um quadro como o da atual pandemia, as intervenções médicas são pouco específicas, na medida em que as verdades ainda não estão falseadas pelo sistema da ciência. Contudo, mudanças estruturais são deflagradas quando decididas com base no código Saúde/Enfermidade, e isso não ocorre quando tais opções seguem outros códigos. Seguir tal processamento proporciona a evolução do sistema da saúde, inclusive quando ele se relaciona com o sistema do Direito.

3. A COVID-19 e a diferenciação funcional do sistema do Direito

De que maneira o sistema do Direito se correlaciona com os sistemas anteriores na questão da COVID-19 e no fornecimento da hidroxicloroquina? Uma resposta bastante direta seria por via daquilo que se convencionou denominar de judicialização da saúde entendida como tal a abertura cognitiva do Direito para as questões da saúde, mormente a partir do momento em que o direito à saúde passa a ser inserido na Constituição de 1988 (SCHWARTZ, 2001).

Para ficar em apenas um dos vetores de análise da judicialização da saúde no Brasil, SOUSA LIMA (2020, p. 65-76) demonstra que no ano de 2005 a União gastou, com a compra de medicamentos, em cumprimento a ordens judiciais, o valor de R$2.441.041,95 (dois milhões e quatrocentos e quarenta e um mil e quarenta e um reais e noventa e cinco centavos). No ano de 2012, o montante chegava a R$287.844.968,16 (Duzentos e oitenta e sete milhões, oitocentos e quarenta quatro mil e novecentos e sessenta e oito reais e dezesseis centavos).

A questão que se põe, então, é a mesma que dos sistemas anteriores. Com base no quê decisores do sistema do Direito produzem comunicação jurídica? A resposta segue a mesma linha da argumentação do sistema da saúde do sistema da ciência. A diferenciação funcional do sistema do Direito pressupõe sua autonomia, que, por seu turno, é alcançada por meio de uma função (decidir) e de um código específico (Recht/UnRecht).

Relembra-se de que o código (Recht/UnRecht) facilita as operações recursivas do sistema, a função ou o próprio cumprimento de sua função. De outro lado, a função (justiça por intermédio de decisões) diferencia funcional e clausuramente o sistema do Direito. Ainda, é o código que diferencia o sistema do entorno, local em que se encontram as comunicações da ciência e da saúde.

Nessa linha de raciocínio, o Direito enquanto sistema funcionalmente diferenciado da sociedade (LUHMANN, 1990, p.67), baseado em sua própria reflexividade, proporciona aos seus mecanismos reflexivos o isolamento de interferência de outros processos diferenciados (saúde e ciência).

Dessa conexão é proveniente a relação entre a reflexividade e a diferenciação funcional. Qualquer processo judicial – mecanismo que permite a diferenciação e a autonomia funcional – com base na COVID-19, deve remeter às expectativas normativas e não às prestações científicas ou sanitárias: "só se torna Direito aquilo que passa pelo filtro de um processo e através dele possa se reconhecido" (LUHMANN, 1983, p. 19).

A questão passa a ser o quanto as comunicações da saúde e da ciência a respeito da COVID-19 já influenciaram ou influenciarão o Direito. Acaso isso ocorra – e ocorrerá – em maior ou menor escala, a resposta continua a ser a mesma: somente o Direito poderá dizer o que é o Direito. A própria abertura cognitiva do sistema do Direito, o UnRecht, será capaz de fazer os filtros necessárias para a preservação de sua autonomia, inclusive no nível do argumento.

Mas quais prestações o sistema da ciência e o sistema da saúde podem fornecer ao Direito? Conforme referido, este pode asseverar sobre a enfermidade, isto é, sobre a ocorrência da COVID-19; aquele, de outro lado, pode comunicar aquilo que é verdade em termos de tratamentos, de medicamentos, entre questões específicas da comunicação científica.

A auto organização do sistema do Direito no Brasil dá a resposta a partir de sua própria recursividade. O reconhecimento da existência da enfermidade se dá por meio do sistema da saúde e o das verdades pela ciência. Como isso é amealhado pelo Direito tornando-se comunicação jurídica? A possibilidade do uso dos peritos é uma das respostas. Outra são as audiências públicas. São apenas dois exemplos em que o próprio Direito se abra para além do Direito. Ficam condicionados, todavia, a uma recursividade que, tautologicamente, simetrize o UnRecht dentro do Recht.

Novamente, acaso o sistema do Direito decida, em tais hipóteses, com base, por exemplo, em comunicações políticas, morais ou religiosas, haverá perigo da desdiferenciação funcional. No caso do Direito, além da estratificação e da segmentação, há outro grande perigo: a violação massiva de direitos individuais uma vez que os direitos fundamentais tais como a saúde, também exercem função interna de diferenciação no sistema do Direito (SCHWARTZ, 2007).

Conclusões

O uso da hidroxicloroquina associada à azitromicina ocupou boa parte do debate nacional sobre as estratégias da contenção da pandemia da COVID-19 no mês de abril do ano de 2020. O Chefe do Poder Executivo, com apoio minoritário de sua própria base, defende o uso de modo irrestrito da combinação medicamentosa, a fim de aliviar os efeitos econômicos do confinamento prolongado. Seu ministro da saúde afirma que o medicamento está liberado para o uso a partir da autonomia de cada médico tratar seu paciente. Contudo, diz ser muito arriscado sua definição como política pública de saúde pela inexistência de estudos conclusivos a respeito de sua eficácia em paciente com a COVID-19, alertando para o fato de que os efeitos colaterais podem ser bastante agressivos. Tal posição é o consenso (verdade) da comunidade científica mundial e brasileira (UNICAMP, 2020):

> Como reiterado em editorial de 08 de abril de 2020 da British Medical Journal, uma das publicações científicas da área médica mais respeitadas do mundo, o uso da cloroquina e seus derivados na COVID-19 é prematuro e

potencialmente prejudicial devido a efeitos colaterais amplamente conhecidos pela comunidade médica.

...

As manifestações de apoio ao uso da HCQ para COVID-19 se baseiam em evidências frágeis, não apoiadas por investigações sólidas que devem ser fundamentadas em ensaios clínicos controlados. A universidade, como centro do conhecimento, deve sempre recomendar indicações e propostas que valorizem a razão científica em lugar de soluções intuitivas e crenças, que apesar de geralmente bem intencionadas podem estar eventualmente equivocadas

O debate entre o Presidente e seu Ministro da Saúde pode ser analisado, à evidência, a partir da própria especificidade do sistema político (Governo/Oposição), uma vez que se trata de evidente *politização da saúde*, exemplo claro dos perigos da desdiferenciação. No entanto, dentro dos propósitos do presente artigo é preciso ressalvar, à guisa de conclusão, ante os pressupostos defendidos, os seguintes pontos:

(a) *A Função do Sistema da Ciência* – é o sistema da ciência que possui a função de atestar a veracidade que a hidroxicloroquina possui no tratamento da COVID-19. E somente o fará mediante sua própria recursividade (protocolos, testes, métricas, entre outros). Não cabe ao sistema da saúde atestar a veracidade de sua aplicabilidade aos pacientes da COVID-19. Somente o sistema da ciência pode dizer o que é verdade sobre a eficácia de medicamentos e de tratamentos aplicáveis à doença em questão.

(b) *A Função do Sistema da Saúde* – ninguém fora do sistema da saúde pode atestar quem possui COVID-19. Essa clausura operativa protege e regula o código saúde/enfermidade. Contudo, acaso o sistema não recebe as prestações da ciência (verdade) sobre o uso da hidroxicloroquina sua função, está ameaçada ao mesmo tempo em que sua abertura cognitiva permanece operativa. Logo, o uso das verdades científicas pode advir de outros sistemas tais como a Política. Logo, novamente, há o perigo do retorno a uma sociedade estagmentada e/ou estratificada.

(c) *A Função do Sistema do Direito* – ao sistema do Direito caberá decidir, por meio de sua própria recursividade, questões postas a respeito do uso da hidroxicloroquina, utilizando-se, entretanto, dadas as incertezas narradas, das prestações oriundas do sistema da saúde (enfermidade) e do sistema da ciência (verdade), como base de seus argumentos. Significa, em outras palavras, que as comunicações do sistema político, do sistema econômico, do sistema da religião e do sistema da moral, entre outros, devem ser rechaçadas, para que a diferenciação funcional dos sistemas analisados neste artigo seja preservada.

Referências

BECK, Ulrich. O que é Globalização? Equívocos do Globalismo. Respostas à Globalização. São Paulo: Paz e Terra, 2001.

CENTRE FOR STRATEGIC & INTERNATIONAL STUDIES. Principles of Epidemiology in Public Health Pratice. An Introduction to Applied Epidemiology and Biostatics. CDC: Atlanta, 2012.

LUHMANN, Niklas. Differentiation of Society. Canadian Journal of Sociology/Cahiers Canadiens de Sociologie, vol.2, n.1, 1977, p. 29-53.

LUHMANN, Niklas. La Ciencia de la Sociedad. Universidad Iberoamericana: México DF; Iteso: Guadalajara; Anthropos: Barcelona, 1996.

LUHMANN, Niklas. La Diferenziazione del Diritto. Bologna: Il Mulino, 1990.

LUHMANN, Niklas. La Realidad de los Medios de Masas. Barcelona: Anthropos Editorial; México: Universidad Iberoamericana, 2000.

LUHMANN, Niklas. Sociologia do Direito I. Tempo Brasileiro: Rio de Janeiro, 1983

LUHMANN, Niklas. Sociologische Aufklärung 5: konstruktivistische perspektiven. Opladen: Westdeutscher Verlag, 1993.

LUHMANN, Niklas. Soziologie des Risikos. Berlin: De Gruyter, 2013.

LUHMANN, Niklas. Therapeustische Systeme – Fragen an Niklas Luhmann. In: SIMON, F.B. (Hg.). Lebende Systeme. Wirklichkeitskonstruktionen in der Systemichen Therapie. Berlin: Heildelber – New York u.a., 1988, p. 124-138.

LUHMANN, Niklas. Two Interviews. In: RASCH, Willam. Niklas Luhmann's Modernity. The Paradoxes of Differentiation. Stanford: Stanford, University Press, 2000, p. 169-224.

NEVES, M. Komplexitätssteigerung unter mangelhafter funktionaler Differenzierung. Das paradox der sozialen Entwicklung Lateinamerikas. In: BIRLE, P. et al. (Orgs). Durch Luhmanns Brille. Herausforderungen an Politik und an Recht in Latein Amerika und in der Weltgesellschaft. Wiesbaden: Springer/VS Verlag, 2012.

RASTREADOR DO COVID-19. Bing for Covid-19. Bing, 2020. Disponível em: https://www.bing.com/covid. Acesso em 07 de abril de 2020.

SCHWARTZ, Germano. A Autopoiese dos Direitos Fundamentais. In: MACEDO, E.H.; OHLWEILER, L; STEINMETZ, W. (Orgs). Direitos Fundamentais. Canoas: Editora da Ulbra, 2007.

SCHWARTZ, Germano. As Teses Radicais de Luhmann. Rechtd. Revista de Estudos Constitucionais, Hermenêutica e Teoria do Direito: São Leopoldo, 2014, v.6, ed. 1, p. 111-114.

SCHWARTZ, Germano. Direito à Saúde: efetivação em uma perspectiva sistêmica. Porto Alegre : Livraria do Advogado, 2001.

SCHWARTZ, Germano. O Tratamento Jurídico do Risco no Direito à Saúde. Porto Alegre: Livraria do Advogado, 2004.

SCLIAR, Moacir. Do Mágico ao Social: a trajetória da saúde pública. Porto Alegre: L&PM Editores, 1987.

SOUSA LIMA, Fernando Rister de. Decisões do STF em Direito à Saúde. Aspectos Econômicos e Políticos. São Paulo: Almedina, 2020.

UNICAMP.Unicamp Divulga Nota Sobre Uso da Cloroquina e Hidroxicloroquina. Disponível em: https://www.unicamp.br/unicamp/noticias/2020/04/09/unicamp--divulga-nota-sobre-uso-de-cloroquina-e-hidroxicloroquina. Acesso em 11 de dezembro de 2020.

WORLD HEALTH ORGANIZATION. Who Announces COVID-19 Outbreak a Pandemic. World Health Organization. Regional Office for Europe, 2020. Disponível em: http://www.euro.who.int/en/health-topics/health-emergencies/coronavirus-covid 19/news/news/2020/3/who-announces-covid-19-outbreak-a--pandemic. Acesso em 07 de abril de 2020.

2. Coronavírus: algumas reflexões sociojurídicas

ALBERTO FEBBRAJO[*]

Introdução

A pandemia que hoje, no final dos primeiros vinte anos do terceiro milênio, atingiu várias partes do mundo, exige uma reflexão crítica sobre algumas questões cruciais de nossa vida social. De fato, vários aspectos da sociedade mundial, como a percebemos, muitas vezes estão escondidos atrás de clichês que limitam nossas habilidades descritivas. Um exemplo importante é o conceito de globalização.

Quando falamos de globalização, aludemos, em geral, a uma série de fatores que cruzam as fronteiras entre estados, não para substituí-los por outras fronteiras produzidas por conquistas militares ou anexações, mas para garantir a circulação de bens, homens, ideias destinadas a prevalecer nos interesses de todos os países de diferentes continentes que estão envolvidos com um enriquecimento mútuo não só econômico. Este modelo fundamentalmente "colaborativo" de globalização tem sido exemplar pelo "modelo de Veneza" que, durante séculos, uniu o mundo árabe à República Serenissima de Veneza com enormes vantagens para ambos.[1]

---

[*] Traduçao de Fernando Rister de Sousa Lima e Matteo Finco.

[1] Inspirado ao "modelo de Veneza" foi o programa elaborado do presidente da única companhia petrolífera da Itália, Enrico Mattei, que no pós-guerra ofereceu aos países produtores participações muito maiores em lucros do que outras empresas ocidentais. Era uma maneira, na época totalmente única, de tratá-los como parceiros. Mattei era obviamente extremamente popular especialmente nos países do norte da África, mas ele foi morto alguns anos depois em um misterioso acidente de avião.

Se esse horizonte global funciona em situações normais, deveria funcionar ainda mais na presença de fenômenos, como uma pandemia, capaz de pulverizar instantaneamente as fronteiras entre estado e estado e impor sobre a onda de necessidade (só podemos nos salvar juntos) problemas e estratégias comuns, independentemente das muitas diferenças locais do tipo jurídico, político, linguístico, ideológico.

No entanto, precisamente em uma situação como a atual, uma globalização emerge não tanto colaborativa quanto "competitiva" que, portanto, se desprende de uma globalização solidária, muitas vezes considerada concretamente alcançável com uma boa dose de cobertura retórica e *wishful thinking*[2].

Assim como no caso do outro grande problema global imposto hoje pela "necessidade" no sentido grego de ἀνάγκη ou seja, a tutela do meio ambiente e da ecologia, também nesse caso surgiram aspectos não tanto solidários quanto competitivos. Longe de superar as fraturas na sociedade mundial, esses problemas globais, por outro lado, tornam visíveis muitas razões para a desunião do passado, rastreáveis no presente e projetadas para o futuro. O bem "comum", nessa perspectiva, paradoxalmente parece uma variável a ser dividida em cotas na suposição de que ainda há quem ganha e quem perde.

O que emerge da análise da situação atual não são tanto pontos de convergência necessária como pontos de conflito necessários que podem ajudar a tornar o retrato geral da globalização mais realista sociologicamente e, em qualquer caso, difícil de representar de uma única forma[3].

Não pretendo analisar as causas desta pandemia ou suas dimensões numéricas reais, questões sobre as quais um amplo debate foi aberto. Vou apenas listar alguns conceitos que, no quadro amplo da relação entre direito e sociedade, sublinham o caráter autorreferencial das escolhas feitas por estados individuais ao lidar com uma crise como a atual que transcende suas capacidade de controle.

Esses conceitos estão ligados a uma série de problemas que são interessantes para a sociologia do direito, pois se relacionam com a tensão entre o direito e o Estado e a reivindicação de uma cultura jurídica global.

---

[2] Ver J. Habermas, Ensaio zur Verfassung Europas, Berlim, Suhrkamp, 2011
[3] Ver M. Neves, Transconsitutionalismo, Oxford-Portland, Hart, 2013.

2. CORONAVÍRUS: ALGUMAS REFLEXÕES SOCIOJURÍDICAS

1. Globalização e governo local

Um primeiro tema está relacionado a uma pergunta preliminar. Qual pode ser a contribuição do Estado individual para a solução de um problema de escopo exclusivamente global, como uma pandemia?

Na verdade, o Estado não tem, mesmo em situações como esta, uma única voz.

Em situações de crise, o poder de intervenção do Estado é filtrado pelas competências de representantes das comunidades locais (em municípios, províncias, regiões da Itália) que, diante de um ataque pandêmico repentino, podem ter percepções diferentes da realidade. Mais do que superar o Estado com o objetivo de uma globalização "colaborativa", portanto, houve uma fragmentação do poder decisor do Estado por meio de transferências de poderes entre os diversos níveis administrativos da ordem com base no princípio de que aqueles mais próximos ao surto de infecção podem decidir melhor os procedimentos de intervenção. Isso levou a uma sobreposição de habilidades que deixou grandes áreas cinzentas cuja análise é, por enquanto, deixada para futuras pesquisas sobre a responsabilidade.

Neste caso, é necessária e previsível a intervenção de organizações internacionais competentes (no caso específico a Organização Mundial da Saúde), que são institucionalmente responsáveis por quantificar os níveis de risco de uma doença em escala global. É evidente, porém, que a vocação global dessas organizações as torna mais facilmente expostas ao condicionamento por alguns Estados, compreensivelmente interessados em não serem considerados excessivamente perigosos para a saúde de outros Estados, pois isso teria um impacto negativo sobre seu prestígio e seu comércio internacional[4]. Além disso, os dados coletados em base global devem necessariamente ser manipulados de várias maneiras para poder ser decifrados comparativamente, podendo, portanto, dar origem a diferentes interpretações.

Mas, é necessário perguntar, que poderes um único Estado pode ter em relação a uma pandemia global que exige que o Estado afetado use

---

[4] Que os organismos globais por sua composição estão necessariamente sujeitos a influências de alguns estados mais iguais do que outros não só é conhecido como é explicitamente reconhecido pela ONU, da qual a OMS é uma emanação; O Conselho de Segurança da ONU, que tem poucos membros permanentes do veto, é emblemático.

COVID-19 E OS IMPACTOS NO DIREITO

toda a soberania perdida? Nesse sentido, pode-se notar que a intervenção de organismos supranacionais tem provocado protestos, especialmente do chamado movimento "populista", que é geralmente um pouco cético quanto aos benefícios da globalização que afirma tirar o poder de decisão do Estado. De fato, o "populismo" tornou-se agora a denominação, normalmente usada em sentidos negativos[5], de um movimento, presente em vários países, que apoia uma democracia próxima aos eleitores e que, portanto, reivindica maior soberania para as autoridades locais do que o Estado nacional, e maior soberania para o Estado-nação do que as organizações supranacionais.

Mesmo à luz dessa crise, o populismo, especialmente na União Europeia, mostra um caráter ambíguo que pode se aplicar a duas formas opostas de ver os interesses nacionais. Os populistas são considerados principalmente aqueles que protestam contra desequilíbrios que favorecem certos Estados em detrimento de outros, mas os populistas também são aqueles que pretendem defender estados que, de fato, já exercem um poder mais amplo do que seria limitado por suas fronteiras. Para os primeiros, no entanto, os desequilíbrios entre estados não são aceitáveis, mas para os segundos os desequilíbrios entre estados devem ser defendidos em nome dos grandes ideais da grande mãe Europa. O confronto atual é, portanto, entre dois tipos de populistas: os "populistas satisfeitos", que consideram aceitável para o equilíbrio geral que alguns Estados ganharam mais poder contra outros Estados, e os "populistas insatisfeitos", que notaram que seu Estado perdeu muito poder para outros Estados e que, portanto, é obliquamente condicionado por poderes especialmente financeiros globais, que sua soberania limitada não permite controlar politicamente.

Precisamos a este respeito nos concentrar ainda mais na União Europeia.

2. Organismos supranacionais e democracia

Um Estado que, em situações normais, pretende superar seu isolamento, pode encontrar um ponto útil de conexão com outros estados em organismos supranacionais com grandes poderes potencialmente competitivos no que diz respeito à soberania de cada estado. Um exemplo importante

---

[5] O termo populismo é, portanto, um caso de "contraconceito assimétrico". Veja R. Kosellek, Vergangene Zukunft. Zur Semantik geschichtlicher Zeiten, Frankfurt a. M., Suhrkamp, 1989.

2. CORONAVÍRUS: ALGUMAS REFLEXÕES SOCIOJURÍDICAS

desses organismos é a União Europeia. Dentro da União, porém, há uma cada vez mais clara falta de solidariedade que, mesmo independentemente da pandemia em curso, há muito tem sido destacada por estudiosos autoritários, pois é visivelmente em desacordo com as intenções originais.[6]

Historicamente, o projeto de uma comunidade europeia começou a avançar após a catástrofe da Segunda Guerra Mundial, que terminou com o suicídio da Europa, que, antes do conflito, graças em parte à Alemanha, era o verdadeiro centro científico e tecnológico do mundo. Além do ataque do Japão aos Estados Unidos, que forçou os EUA a entrar na guerra e tornar-se, no final do conflito, o líder do mundo ocidental – um papel para o qual ele estavam despreparados – durante o conflito, foram os principais países tornar-se europeus que foram, como tantas vezes no passado, em lados opostos, embora apenas por períodos limitados: a França tinha visto Paris ocupada pela Alemanha após uma guerra relâmpago, e logo tinha inaugurado um governo "colaboracionista" indiretamente controlado pela própria Alemanha; a Itália – que havia iniciado operações de guerra após a conquista de Paris acreditando que a guerra já tinha acabado – depois de dois anos de conflito começou a se distanciar de seu aliado alemão. Os verdadeiros vencedores no final do conflito foram então, a Rússia, os Estados Unidos e o Reino Unido.

Era, portanto, lógico que os países que haviam perdido, ou que não podiam dizer que tinham vencido a guerra, tentariam se reunir, deixando de lado oposições anacrônicas para facilitar sua reconstrução. Com uma visão ambiciosa que parecia apontar para os Estados Unidos da Europa como o caminho do renascimento do velho continente, o projeto foi realisticamente redimensionado, e uma política de pequenos passos foi iniciada de acordo com a máxima de que o melhor não compartilhado é pior do que o bem compartilhado. Assim foi criada uma Comunidade Especial para o melhor uso de recursos industriais e os estados fundadores foram a Alemanha Ocidental, resultado da divisão que havia deixado a Alemanha Oriental na órbita soviética, França, Itália e os países do chamado Benelux, que eram parcialmente mais na órbita alemã (Holanda), mais na órbita francesa (Bélgica) ou na órbita de ambos (Luxemburgo).

---

[6] Ver J. Weiler, "Do the New Clothes Have an Emperor"?, Cambridge University Press, 1999.

Só mais tarde, e depois de inicialmente ter que desistir a entrar por causa do veto de De Gaulle, o Reino Unido, o verdadeiro vencedor da Guerra, entrou na Comunidade[7]. Foi assim que, na onda de interesses contingentes, a União Europeia, embora sem ter um plano claro, iniciou um longo período de alargamento, especialmente alimentado por vários países do bloco soviético em busca de uma ilha que os protegeria, após a queda do Muro de Berlim e a reunificação da Alemanha[8]. Após essa expansão, sem um projeto e, portanto, sem uma fronteira pré-estabelecida, foi admitida a candidatura da Turquia, vista como a mais próxima dos países distantes, ainda que com a oposição, historicamente fundada, da Grécia[9]. Enquanto isso, a comunidade tornou-se, portanto, uma União baseada em quatro pilares: a rejeição de uma identidade cultural precisa, que acaba reduzindo drasticamente uma possível justificativa para atitudes de solidariedade e sublinha a importância de alianças de interesses;[10] uma moeda, dependente da política alemã, comum a muitos países, que justifica uma subserviência constante de países com enormes dívidas, difíceis de curar em uma democracia, deixando aos outros maiores liberdades de manobra;[11] uma retórica genérica de paz que, por

---

[7] A França combateu por um longo tempo contra o monopólio linguístico do inglês, apoiando o uso do francês como lingua franca na comunicação científica.

[8] Sobre alguns dos problemas da transição desses países do bloco soviético para a União Europeia ver A. Febbrajo e W. Sadurski (editado por) Europa Central e Oriental Após a Transição. Rumo a uma Nova Semântica Sociolegal, Farnham, Ashgate, 2010.

[9] A falta total de um projeto fronteiriço é demonstrada por uma anomalia aparente: a ausência entre os possíveis países membros da Suíça, que por si só representa uma pequena União Europeia bem sucedida. Vê A. Febbrajo, Europa como "ideia" e "projeto" ou como "retórica" e "processo"? Rumo a um novo modelo de transição, em C. Mongardini, Europa como uma ideia e como projeto, Rome Bulzoni, 2009, pp. 91-113.

[10] Deve-se lembrar, por ocasião da tentativa fracassada de estabelecer uma constituição europeia, a rejeição da União ao apelo do Papa Wojtyła às raízes judaico-cristãs comuns. Esta recusa poderia ser justificada pela *laicité* Francês, mas também pelo desejo da UE de apresentar-se um parceiro comercial neutro no mundo global. Isso provavelmente teria lembrado uma conotação cultural útil para dar uma alma a uma assembléia anônima de países e teria sido bem-vinda por alguns dos que votaram contra o projeto de constituição. Às vezes, não esquecer o passado ajuda a projetar o futuro.

[11] Por exemplo, a criação de "paraísos fiscais" não foi impedida nem mesmo nos países euro-membros, que, desta forma, adquirem impostos de indústrias de outros países da UE, agravando ainda mais o déficit deles.

2. CORONAVÍRUS: ALGUMAS REFLEXÕES SOCIOJURÍDICAS

um lado, não faria sentido se visasse evitar um confronto militar entre os Estados-Membros, se apenas porque alguns deles possuem um pequeno arsenal de bombas atômicas, e por outro lado não evitou a ação militar de alguns Estados-Membros contra países terceiros[12]; uma orientação econômica declaradamente neoliberal, que justifica uma concorrência dura entre as empresas dos Estados-Membros e está se transformando em uma verdadeira guerra comercial sem restrições, em muitos aspectos mais inescrupulosos do que uma guerra militar, que pode produzir efeitos profundos e formalmente lícitos na estrutura social de um país[13] financiaramente mais fraco.

Cobrindo uma área densamente povoada e industrializada, a União precisa, na verdade, encontrar novos mercados para permitir que seus estados coloquem sua capacidade de produção, que é significativamente superdimensionada em vários setores. Isso levou, necessariamente, à concorrência interna entre os países membros. Particularmente significativos neste contexto são as relações entre França e Itália na frente da concorrência em vários setores: de carros a alta moda, da construção naval ao vinho, dos queijos à gastronomia. Nesta situação, ajudar outro país-membro em necessidade pode às vezes significar ajudar um potencial concorrente.

Para administrar este conflito, que não é muito latente, um eixo franco--alemão recentemente renovado foi consolidado dentro da União desde o início com um acordo histórico na icônica cidade de Acerquisgrana. Não é coincidência que os organismos da UE estejam localizados na área geográfica entre esses países, começando pelo Parlamento Europeu, que é o único órgão eleito pela UE e tem *três* sedes em Bruxelas, Estrasburgo e Luxemburgo.

Do ponto de vista da gestão, uma espécie de filtro informal, estreito, confiado a um par de Estados capazes de influenciar mais os organismos

---

[12] Emblemático é o caso da derrubada do regime de Gaddafi na Líbia, fortemente desejado pelos Estados Unidos, não particularmente previdente nessas operações, e apoiado na Europa especialmente pela França na tentativa de expandir sua influência sobre o norte da África. Isso levou a uma área incontrolável para os fluxos migratórios, bem como para o fornecimento de petróleo, uma instabilidade que está custando milhares de vidas e abrindo a área para influenciar outros Estados fora da UE.

[13] Cientes disso, França e Alemanha acompanham de perto aquisições estrangeiras de indústrias ativas em seu território nacional para defender seus interesses estratégicos.

institucionais do que outros e as principais nomeações podem de fato facilitar o trabalho dos vários níveis de gestão da UE, que, após a saída do Reino Unido ainda devem representar 27 governos democráticos chamados a responder aos seus eleitores. Tal organismo informal permitiria, entre outras coisas, uma preparação mais eficaz das reuniões, registrando quaisquer concessões feitas por alguns Estados-Membros para levá-las em conta no futuro. Em suma, a União mostra que uma soma de Estados democráticos individuais dificilmente produz uma metademocracia, mas mais facilmente uma oligarquia.

A partir dessas premissas, não surpreende que a União, mesmo em uma situação pandêmica, continue a seguir uma política manifestamente oligárquica quando se trata de alocar ajuda aos Estados-Membros. A ajuda que pode ter sido solicitada por alguns Estados-Membros, a fim de evitar confrontos diretos, é recusada pelos países não majoritários, para reduzi-los gradualmente. A comparação ocorre dessa forma dentro de organismos não eleitos diretamente de países individuais e condicionados a uma burocracia asfixiante que acaba favorecendo especialmente aqueles que podem usá-la ou contorná-la de forma mais eficiente do que outros[14].

O *Brexit* em si aparece neste contexto como a consequência lógica dos limites de flexibilidade desta oligarquia, que já havia concedido muito ao Reino Unido, mas que na época subestimou seu desejo de maior independência, concedendo menos do que o necessário em termos de autonomia a um primeiro-ministro que queria confirmar a participação do Reino Unido na Europa, e tinha apostado , sobre o resultado favorável do referendo seguinte, sua própria carreira política.

3. Direitos fundamentais e limites da Ciência
A rápida propagação de uma pandemia impõe, em nível global, uma escolha trágica entre direitos humanos essenciais, como o direito à saúde, que, diante da situação, também pode ser interpretado como direito à vida, e

---

[14] De fato, a fim de evitar que os vários Estados-Membros "interpretem" as diretivas europeias em vez de aplicá-las mecanicamente, há casos crescentes de regras sobrecarregam de indicações quantitativas, que se tornaram exemplos de uma "idiotice" da burocracia europeia. Ver. Um. Febbrajo, O Fracasso das Instituições Regulatórias- um Marco Conceitual, em P. KjaerG. Teubner, A. Febbrajo (a Cuidado A Crise Financeira em Perspectiva Constitucional. O Lado Negro da Diferenciação Funcional, Oxford-Portland, Hart, 2011, pp. 269-302.

2. CORONAVÍRUS: ALGUMAS REFLEXÕES SOCIOJURÍDICAS

outros direitos, como o direito ao trabalho, ameaçado pelo fechamento de fábricas e atividades comerciais, o direito de estudar, ameaçado pelo fechamento forçado, atualmente *sine die* na Itália, de escolas e universidades, o direito à liberdade de movimento, ameaçado pela obrigação de sair de casa sem justificativa.

Dado que essas importantes renúncias são aceitáveis para a maioria pela natureza global e imprevisível da pandemia, embora fossem insuportáveis em outras condições, e provavelmente também rejeitadas como inconstitucionais[15], a ciência tem mostrado, em uma nova situação como esta, uma variedade de interpretações dos dados que a impediram de agir, como os próprios políticos teriam gostado, como elemento decisivo na legitimação da ação política em nível global. Assim, as decisões foram tomadas pelos estados individuais de forma desigual, em parte baseadas na experiência de outros estados sob uma perspectiva geralmente transconstitucional, e em parte por tentar levar em conta as avaliações de sua própria opinião pública. Os cientistas consultados foram capazes de dar apenas indicações limitadas das muitas dúvidas, que são inerentes à sua atividade, e elaboraram quantificações de risco, que foram então declinadas de diferentes maneiras em diferentes países.[16] Dessa forma, um papel não secundário tem sido desempenhado por variáveis culturais, não atribuídas a um modelo global. Talvez não surpreendentemente, especialmente no mundo anglo-saxão (Reino Unido e EUA), houve a resistência mais aberta ao fechamento imediato da maioria das atividades econômicas.

Na Itália, em um estágio inicial, pensava-se que o problema era puramente psicológico e vários expoentes do mundo político italiano e do mundo católico foram fotografados com chineses para evitar manifestações injustificadas de medo ou, pior, de racismo. Além disso, a crise coincidiu na Itália com a presença de um governo anômalo, liderado por um não-político por profissão e destinado a permanecer no cargo até o final da legislatura[17], a fim de impedir que novas eleições permitissem

---

[15] Sobre os aspectos paradoxais de qualquer constituição do ponto de vista sociológico e jurídico. Cf. A. Febbrajo e G. Corsi (editado por), Sociologia das Constituições. A Paradoxical Perspective, Nova York, Routledge, 2017, 2ª e.

[16] N. Luhmann, Risk. A Sociological Theory, New York, Routledge, 2002.

[17] Na Itália, como em outros países, se muda o Presidente da República, muda também a constituição material. Ver S. Galeotti, B. Pezzini, Il Presidente della Repubblica nella costituzione italiana, Turim, UTET, 1996.

uma nova maioria para vencê-las, como as pesquisas atualmente preveem, e, portanto, poder eleger o novo Presidente da República, uma figura-chave na constituição italiana.

Na ausência de legitimidade suficiente, o governo central só foi capaz de pensar em medidas drásticas quando o número de mortes declaradas por razões relacionadas à pandemia atingiu tais níveis que limitações generalizadas à liberdade pessoal foram aceitas.

Apesar de erros e incertezas visíveis, e graças a uma campanha de comunicação astuta que tem usado repetidamente a televisão sem alguma possibilidade de contraditório, algo que um político "institucional" não teria feito, essa estratégia gradual cautelosa permitiu que um político por acaso registrasse um crescimento significativo de sua popularidade, apesar ou precisamente por sua visível inexperiência política que lhe permitiu se apresentar como um homem qualquer forçado a servir como ponto de referência da nação. Este mecanismo, sob o qual em uma situação séria o eleitorado "quer" encontrar o que espera, e, se não, criá-lo ("o hábito faz o monge", se poderia dizer) é, por si só, preocupante para uma democracia madura, e merece uma análise comparativa em vários estados, começando pelos Estados Unidos. De fato, mesmo à luz das mudanças dos chamados especialistas, um dos problemas das sociedades complexas de hoje torna-se cada vez mais crucial: como garantir uma classe política, formada dentro ou fora das universidades, provida das habilidades adequadas para enfrentar os desafios atuais sem o paraquedas das grandes ideologias.

Uma coisa, por enquanto, é certa: que cedo ou tarde o direito ao trabalho prevalecerá sobre o direito à saúde, o que é essencial para o funcionamento de todo o sistema, pois uma sociedade pode sobreviver a dezenas de milhares de mortes, mas não a uma recessão que perde 10 pontos do produto interno bruto. Nesse contexto, deve-se lembrar que os direitos fundamentais, que agora se tornaram uma espécie de religião secular, devem ser perseguidos e reinterpretados sem esquecer que devem ser funcionais para um determinado modelo de sociedade.[18]

Uma contribuição decisiva para a gestão do problema de saúde tem sido, no entanto, feita nos diversos países do mundo pelos profissionais de saúde que honraram, muitas vezes sem ter desde o início as proteções

---

[18] N. Luhmann, Grundrechte als Institution. Ein Beitrag zur Politischen Soziologie, Berlim, Duncker Humblot, 1965.

2. CORONAVÍRUS: ALGUMAS REFLEXÕES SOCIOJURÍDICAS

necessárias, uma ética já orientada ao altruísmo, que exige uma dedicação muito superior ao que pode ser exigido pelo Estado individual com suas leis a um cidadão normal. Na Itália, com uma epidemia ainda em curso, mais de cem médicos, muitos dos quais voluntariamente retornaram ao trabalho, mesmo já aposentados, morreram até agora ao lado de dezenas de enfermeiros. Por ocasião de uma pandemia a força de sua ética permitiu que aumentasse, sem proclamações, o pequeno número de médicos que já operam além das fronteiras de seus próprios países, criando de fato um verdadeiro exército que, com um único uniforme, está engajado em várias frentes. Esta aliança mundial, que não começa dos Estados Unidos, parece um conto de fadas que, esperançosamente, deixará rastros em outros campos[19]. Além disso, mesmo na memória dos cidadãos comuns dos diferentes países envolvidos, subitamente privados da liberdade de movimento e relacionamento, essa experiência provavelmente deixará um traço comum (exatamente a palavra de ordem atual que exige viver *apart,* pois a disseminação em vários estados da obrigação de manter distâncias mínimas de outros indivíduos, está de fato se transformando em um profundo senso de compartilhamento psicológico do escopo global, o que faz com que os indivíduos se sintam *not alone*).

4. Globalismo e autarquia
Em quarto lugar, deve-se ressaltar que muitos Estados, mesmo alguns dos líderes no comércio mundial, devido à dificuldade de fornecer as ferramentas necessárias para combater o coronavírus – desde máscaras de alguns centavos até a produção de equipamentos mais complexos de unidades de terapia intensiva – tiveram que rejeitar a lógica da globalização distributiva, até então amplamente praticada.

---

[19] Não é por acaso que, na grande fábrica de mitos cinematográficos da sociedade mundial, a figura do herói é frequentemente representada pelo cidadão que persegue as consequências extremas das obrigações que lhe chegam, não tanto pelas normas do Estado, mas por sua consciência profissional. Nesse contexto, além dos jornalistas-heróis, funcionais para uma sociedade da informação interessada em se apresentar como livre, a recente pandemia está oferecendo inúmeras histórias de médicos e enfermeiros que são "heróis" em todo o mundo, no Ocidente como na China. Trata-se também de uma globalização, não tanto dos direitos civis, mas de deveres individuais que muitas vezes são chamados para compensar as deficiências organizacionais e políticas.

A distribuição em vários países do mundo de uma produção que seria muito cara se concentrada em países industriais avançados, de fato garantiu a combinação de um produto de alto prestígio e um baixo custo de seus componentes, com margens consideráveis de lucro para os diversos níveis de produção que contribuem, cada um na sua competencia, para a produção de objetos tecnologicamente avançados (por exemplo, produzindo alguns dos componentes do computador montados nos Estados Unidos na Ásia). Por causa da pandemia e em contraste com esse tipo lucrativo de globalização, foi preciso levar em conta a necessidade de deixar para cada estado mais autonomia de produção, a fim de poder pensar, em caso de necessidade, por si mesmo, sem, por assim dizer, fazer fila com outros Estados para a aquisição de certos produtos que se tornariam urgentemente necessários[20]. Em alguns países, portanto, as necessidades autárquicas surgiram, mais claramente do que em outros, que contradizem ou pelo menos o modelo de globalização distributiva em que há muito contamos.

Isso também mostra que a resposta à pandemia em vez de ser uniforme, está articulada em uma pluralidade de diferentes respostas por parte de estados individuais na ausência de uma coordenação global real. Ninguém discute obviamente que continua a haver um mercado global, mas com base na experiência atual, um modelo "realista" de globalização deve reconhecer que: as relações entre estados necessariamente permanecem assimétricas; que, também, em condiçoes-limites, a solidariedade será seletiva; que onde o peso econômico e cultural de alguns estados é bastante desequilibrado em comparação com outros; que isso lhes dá margem de manobra não concedida a países "normais".

A mesma busca por uma terapia para lidar com uma pandemia inesperada e sem escudos farmacológicos comprovados criou uma multiplicação competitiva de grupos de pesquisa. Na situação atual, atingir a meta de vacina ou terapia eficaz fortaleceria ainda mais a prevalência de alguns

---

[20] Típico foi o gesto de um Estado-Membro da União que, como muitos outros países, tendo escassez de equipamentos sanitários, se apropriou sem declarar-se de uma carga direta para a Itália. Pelo contrário, houve também inúmeras intervenções de solidariedade espontâneas de outros países fora da UE. Estes incluem o envio de um grupo de médicos à Itália por um país ainda não membro da União, como a Albânia, oficialmente motivado por motivos de proximidade cultural.

2. CORONAVÍRUS: ALGUMAS REFLEXÕES SOCIOJURÍDICAS

estados em relação a outros em uma área-chave para o progresso científico e econômico, como a farmacológica. Dada a velocidade das mudanças que ocorrem e a ausência de um "centro" científico reconhecido, não é, no entanto, uma questão de um "destino" das nações no sentido de que Weber atribuiu aos países capazes de apontar para outros as linhas de desenvolvimento cultural do futuro[21].

Interesses egoístas, assimetrias de poder, diferenciação de estratégias, são elementos[22] que se encaixam em um quadro de globalização que, apesar disso, pode não só seguir o caminho do confronto, mas também do acordo. O modelo de globalização "competitiva" também precisa de convergências cuja institucionalização é normalmente rica em premissas e requer um momento importante de conexão: a "confiança".[23]

Deve-se enfatizar, porém, nesta circunstância, a disseminação de uma espécie de autarquia que diz respeito não só aos estados individuais, já tentados pela autarquia em determinadas áreas, mas aos próprios operadores, agora induzidos a se retirar em suas casas como em um escritório para trabalhar sozinhos. Essa forma de trabalho aparece em determinadas situações mais personalizadas porque, sem o contato físico com uma *equipe* o trabalho pode ser menos exposto ao condicionamento ou à censura preventivas, mais livre e temporalmente flexível, e, portanto, mais adequado para atender a diversos direitos do trabalhador, especialmente do trabalho da mulher, que luta diariamente com um duplo papel, nem sempre facilmente combinado. A difusão dessa solução, introduzida como um retrocesso necessário, poderia, também, acelerar uma revolução

---

[21] M. Weber, Wirtschaft und Gesellschaft, Cap. VIII, 3 Machtprestige und "Grossmächte".

[22] Dos laços entre as casas dominantes, às vezes cimentadas por casamentos, a tratados internacionais capazes de vincular os futuros governos à sua revisão acordada, existem várias soluções para garantir as relações entre os estados uma estabilidade que hoje parece difícil de alcançar devido à fluidez dos interesses em um mundo pós-ideológico.

[23] Veja N. Luhmann, Vertauen. Ein Mechanismus der Reduktion sozialer Komplexitt, Stuttgart, Enke Verlag, 1968. A tarefa de estabelecer relações interestaduais baseadas na "confiança" mútua muitas vezes parece ser confiada às relações pessoais entre os líderes; nessa perspectiva, porém, estados democráticos com mudanças de maioria frequentes podem ser mais flutuantes. No entanto, a confiança notoriamente é complementada internacionalmente por atividades normais de espionagem, que são realizadas principalmente em suas respectivas embaixadas, inclusive em relação aos países aliados, dada a natureza multipolar das alianças atuais.

capaz de reduzir, se não eliminar, as fontes incontroláveis de atrasos no desempenho do Estado ao cidadão, atrasos que na Itália atingem proporções anormais a partir da burocracia para chegar ao Judiciário.

A atual desunião da União Europeia pode, no entanto, prejudicar a própria União, porque se as vozes críticas generalizadas instando-a a uma maior compactação não fossem ouvidas, poderia ver sua proeminência global reduzida[24]. Em particular, a estrutura não suficientemente solidária mantida até agora poderia provar-se contrária aos mesmos interesses dos Estados que tem interesse em liderar grupos de Estados e mover outros para sua área de influência também além da União.

Conclusões

Em suma, durante a atual pandemia, não se afirmou um modelo de globalização "solidária", mas continua a prevalecer, de uma perspectiva "realista", uma globalização, como se poderia ter esperado, "estratégica", orientada, nem mesmo secretamente, à consolidação de áreas de influência.

A chamada "globalização" é, na verdade, paradoxalmente baseada em uma regionalização incompleta e desorganizada, impulsionada por uma alternativa amigo/inimigo menos rígida do que no passado, quando tinha uma base territorial e o estado vizinho era, e permanecia, um estado vizinho. Hoje, porém, essa relação é altamente variável, dada a crescente irrelevância das fronteiras territoriais e o surgimento de áreas mais amplas das relações comerciais, financeiras, tecnológicas, energéticas que giram em torno de um ou mais estados que exercem sua influência seguindo diferentes modelos, às vezes inovadores, mas às vezes também pós-coloniais[25].

---

[24] De fato, no espírito de sua verdadeira desunião, muitos Estados-Membros da União Europeia olham ao redor do mundo em diferentes pontos de referência, guiados por sua história particular, bem como por seus próprios interesses: Espanha e Portugal olham para a América Latina, França para o Norte da África, O Reino Unido, que recentemente deixou a UE, ao Commonwealth e aos Estados Unidos. A Itália, por sua vez, tradicionalmente segue as orientações do papado e, portanto, parece olhar para o Sul do mundo com especial atenção, tendo olhado para o contraste entre o Oriente e o Ocidente com o Papa polonês.

[25] Por razões históricas, alguns países da UE ainda mantêm relações assimétricas com países de várias áreas da África, que foram previamente colonizadas. A crescente presença da China nesse continente tão próximo da Europa pode, portanto, aumentar a possibilidade de

2. CORONAVÍRUS: ALGUMAS REFLEXÕES SOCIOJURÍDICAS

Em particular, também nessa situaçao, houve algumas consequências de uma abordagem "egoísta" da globalização que emerge de várias formas destacadas pela crise atual. Assim, o estigma negativo, geralmente atribuído ao populismo, permite que aqueles que são capazes de defender seus interesses nacionais melhor do que outros deslegitimem movimentos políticos que gostariam de alcançar um exercício mais amplo da soberania nacional (populistas por vocação versus populistas em protesto); assim, o déficit democrático de instituições supranacionais como a União Europeia ainda é um instrumento nas mãos dos Estados mais influentes na restrição das áreas de tomada de decisão política de estados menos influentes com instrumentos oligárquicos de fato (democracia versus oligarquia); assim, os limites de um sistema em si global, como a ciência, efetivamente deixam ao poder político o direito/dever de decidir como combinar direitos humanos indispensáveis usando critérios de justiça[26] que não podem ser tecnologicos ou sujeitos a interesses econômicos (decisão política versus conhecimento científico); assim, a necessidade premente de um retorno limitado às políticas autárquicas é motivo de revisão das relações com os critérios específicos de racionalidade da globalização competitiva que agora tem efeitos transversais sobre uma pluralidade de sistemas (diferenciação segmentária entre estados *vs* diferenciação funcional entre sistemas).

O problema da globalização não é inteiramente novo. Ele exigiu do Império Romano, que o enfrentava com consciência há séculos, uma adaptação gradual dos instrumentos legais e constitucionais que culminassem, para tornar suportáveis as crescentes tensões, com uma desagregação do império em duas partes, que afetavam territórios correspondentes principalmente àqueles que ainda definem o contraste entre o Ocidente e o Oriente na Europa. Mas o Império Romano, embora não tivesse um aparato comunicativo adequado às enormes distâncias entre as províncias do império, tinha, pelo menos em certos momentos, possibilidades organizacionais que garantiram sua duração secular: havia definido amplas áreas de pluralismo jurídico para os diversos grupos étnicos; teve

---

conflitos decorrentes da exploração de recursos locais. É possível esperar, porém, que, esses conflitos, dada a pluralidade e o peso dos Estados envolvidos, só ocorram em nível comercial.

[26] A. Febbrajo, F. Rister de Sousa Lima, O. Villas Bôas Filho, Justica. Dos Sistemas as Redes. Paradigmas da Modernidade Paulo, Almedina, 2020.

a oportunidade de manter além das fronteiras do império as populações que representavam a alteridade irredutível em relação à cultura romana; havia preparado uma classe dominante capaz de usar conceitos muito mais adequados à realidade do que os da burocracia atual; manteve por séculos uma superioridade militar real, enquanto hoje as armas atômicas são tão destrutivas que também aqueles que as tem, devem tentar fazê--los esquecer que as usaram.

Hoje, em vez de dividir um império unitário em duas partes como na Roma antiga, estamos seguindo um caminho diferente, e fomos, em poucas décadas, do colapso de uma dicotomia estrita de todo o mundo consolidada por uma Guerra, nunca tão "mundial", a uma fragmentação caótica do mundo. Teremos, portanto, que lidar por muito tempo, dada a escala e a pluralidade dos interesses em jogo, com uma globalização fundamentalmente egoísta e potencialmente conflitante. Ao mesmo tempo em que mantemos a esperança de que a percepção concreta dos perigos comuns possa contribuir para uma gradual autocorreção dessa linha de evolução, não podemos ignorar o fato de que a globalização tende, na situação atual, a se tornar uma divisão articulada por áreas no interesse de alguns estados emergentes. Nesse contexto, a recente pandemia, não somente estimula novas formas de des-diferenciação funcional, como também nos lembra que mesmo esses protagonistas da globalização "competitiva", sem regras, sem um centro e, portanto, para nossos esquemas mentais desordenada, continuam a gerenciar relações com outros Estados menos influentes, mas não têm o poder de controlar de maneira eficaz, situações de crise imprevisíveis. Uma vez que as grandes ideologias que previram uma possível ordem futura são arquivadas, não parecemos mais capazes de perguntar *quem* ganha, mas o *que* ganha.

3. Estrutura da sociedade e semântica da pandemia

MATTEO FINCO

SANDRA REGINA MARTINI

Introdução[1]

A pandemia Covid-19, causada pelo vírus 2019-nCoV, mostra que a contemporânea é, para todos os efeitos, uma sociedade mundial: mesmo não homogênea e com fortes diferenças regionais – sobretudo nos âmbitos jurídico e político –, a realidade social está fortemente interconectada. Aquilo que acontece tem efeitos potenciais em cada parte do globo: se não no plano material (por exemplo, a difusão do vírus pode ser contida), certamente, no plano da comunicação, com consequências dos pontos de vista social e temporal. O aparecimento do vírus, não obstante, inicialmente, fossem pouco claras as dimensões, e, então, a gravidade do fenômeno, assim que foi comunicado, tornou-se de interesse global, sendo amplamente tratada pelos meios de comunicação, colocando em alerta os *experts* em saúde e os decisores políticos, influenciando os mercados financeiros, por exemplo. Deste modo, um risco potencial do qual, até aquele momento, não se tinha conhecimento para além do grupo de *experts* e para um pequeno grupo de informantes, se tornou uma ameaça real.

Sabemos como andou; mais: sabemos como está andando. O horizonte temporal indefinido em que podem aparecer as possíveis catástrofes e calamidades se concretizou, improvisadamente, em um presente dramático

---

[1] O trabalho é resultado da pesquisa de pós-doutorado de Matteo Finco, sob a supervisão da Professora Sandra Regina Martini, com bolsa da CAPES.

que estamos experimentando no cotidiano, com um número elevado de mortos e com o estupor, para a maior parte da população do Ocidente, de tempos e modalidades de trabalho, de relações, de tempo livre.

Se, por um lado, o vírus ameaça indistintamente a saúde de todos os seres humanos, são extremamente diversificadas as consequências – antes de tudo, sobre a saúde individual – mas também as respostas possíveis: não somente com base em fatores biológicos (idade, condições pregressas de saúde), mas também dependentes dos determinantes sociais em saúde (qualidade e capacidade dos sistemas sanitários públicos e possibilidade – também econômica – de acesso ao setor privado). Também, em ausência de doença, as adaptações forçadamente introduzidas na vida de todos em todos os dias (trabalho, gestão da família e dos filhos, necessidades primárias, etc.) tendem a evidenciar as desigualdades existentes (como, por exemplo, as dificuldades econômicas para quem tem um trabalho precário e não é pago, mas também as crianças que não podem usufruir da didática *on-line* oferecida pela escola porque estão desprovidos de um computador em casa[12]). Trata-se de um problema social, mas também sociológico, na medida em que a inclusão nos diferentes âmbitos da sociedade (e então, exclusão dos mesmos) influi sobre a qualidade dos "liames sociais" (no sentido comum, se diria integração, solidariedade, etc.).

De uma perspectiva sociológica, é interessante, então, não somente observar o presente para buscar prever os possíveis efeitos (em especial, evidenciando aqueles negativos: por exemplo, vêm já amplamente assinalados os riscos em nível de saúde psicológica dos indivíduos, das relações familiares e dos crimes domésticos, etc.); é importante também analisar como aquilo que está acontecendo é elaborado no nível do sentido: o que se desvela pelo uso próprio do léxico relativo ao vírus e à pandemia? Como as diversas esferas da sociedade e da comunicação descrevem o presente? Como tais descrições influenciam a estrutura própria de tais âmbitos (política, medicina, ciências, educação, etc.) a partir dos inevitáveis conflitos entre eles? Como se justificam contrastes entre decisões prescritas e valores supremos (e, então, também os direitos, sendo estes constitucionalizados ou não), aos quais se é obrigado, pelo menos temporariamente, a renunciar?

[2] FERRARIO, Paolo. *Coronavirus. Scuola, mezzo milione senza lezioni online.* «avvenire.it», 4/04/2020.

3. ESTRUTURA DA SOCIEDADE E SEMÂNTICA DA PANDEMIA

A sociologia pode (deve?) tentar responder a esta (e a outras) perguntas. Por quê, antes de prefigurarem possíveis mudanças futuras, é importante entender como mudamos na pandemia e colocar juntos fragmentos de observações plausíveis para construir descrições que – mesmo que impossivelmente exaustivas e definitivas – consentem orientar[3] em um presente contingente e complexo.

1. Semântica da pandemia

Apesar do grupo de estudo sobre o coronavírus *International Committee on Taxonomy of Viruses* ter definido a doença causada pelo 2019-nCoV como uma grave síndrome respiratória aguda SARS-CoV-2[4], recordando, portanto, uma epidemia recente (SARS – entre os anos de 2002-2004), a doença causada pelo vírus que surgiu em Wuhan no final de 2019 é indicada pelo acrônimo Covid-19 ou, mais simplesmente, coronavírus. Tal assunto poderia ser entendido como um detalhe ou assunto de importância secundária. No entanto, provavelmente, representa um sinônimo da "fratura", da descontinuidade, que a epidemia (que não é a primeira da Era Moderna) representa no imaginário comum. Em outras palavras, a epidemia – na sua excepcionalidade – é um evento que tem poder para introduzir uma descontinuidade em nível temporal, material e social: existe um "pré-Covid-19" e existirá um "pós-Covid-19", no qual "nada será como antes" e viveremos em um mundo diferente[5], no qual seremos obrigados a mudar nossos costumes mais comuns. Nas interações pessoais, o contato com os demais será limitado no sentido físico (manteremos distância, sem abraços ou apertos de mão); as organizações deverão mudar seu modo de trabalho (repensando a modalidade de colaboração e reorganizando os espaços). A presença – já penetrante – da meios de

---

[3] CRISTANTE, Stefano. *Tessere la tela cognitiva nella pandemia di un virus anti-sociale.* «ais-sociologia.it», 14/04/2020. Disponível em: https://www.ais-sociologia.it/forum/tessere-la-tela-cognitiva-nella-pandemia-di-un-virus-anti-sociale.

[4] CORNAGLIA FERRARIS, Paolo. *COVID-19. Piccolo dizionario di ciò che sappiamo.* Bari-Roma: Laterza, 2020 [ebook].

[5] ""we will inhabit a different world.": HARARI, Yuval Noah. *Yuval Noah Harari: the world after coronavirus.* «Financial Times», 19/03/2020; "Il nostro mondo, che crolla accendendo la consapevolezza non finirà il mondo ma un tipo di mondo": CAFFO, Leonardo. *Dopo il Covid-19.* Roma: nottetempo, 2020.

COVID-19 E OS IMPACTOS NO DIREITO

difusão (*Verbreitungsmedien*: jornais, *Web*, etc.)[6], que amplia os destinatários da comunicação, resultará fundamental em todos os âmbitos da sociedade.

Em pouquíssimas semanas, ficou estabelecido no senso comum um robusto aparato semântico de origem médico-científica: prontamente, termos técnicos viraram comuns, com suas dificuldades de compreensão muitas vezes equivocadas. Exemplifica-se com a confusão entre mortalidade e morbidade[7]; "imunidade de rebanho", ou seja, o percentual – elevadíssimo – de indivíduos imunes dentro da população (graças a vacinas ou ao desenvolvimento de anticorpos mediante contato com a doença); ou, mais simples, "quarentena" e "isolamento"[8], frequentemente utilizadas como sinônimos; podemos, ainda, citar as dificuldades de discernir a veracidade das informações devido ao grande número de desinformação ou *fake news* sobre os perigos do contágio.

Neste sentido, vemos a passagem da terminologia especializada em senso comum. Questões reservadas a poucos viram termos de comunicação: uma semântica culta (*gepflegke Semantik*)[9] e de nicho vira semântica comum.

Trata-se de uma semântica que atrela um fenômeno biológico, nada extraordinário (a difusão de um vírus), a uma reação (de uma sociedade na sua complexidade) emergencial, o perigo concreto de contágio e as suas consequências às imunizações, ao distanciamento e ao isolamento.

A própria palavra "vírus", nas últimas décadas, migrou do âmbito médico ao da informática, virando apenas uma metáfora: o espectro do *malware* (*malicious software*). A pandemia nos recorda de que somos de

---

[6] LUHMANN, Niklas. *Die Gesellschaft der Gesellschaft*. Frankfurt am Main: Suhrkamp, 1997.

[7] Com mortalidade, indica-se a relação entre o número de mortos e uma determinada população, enquanto com morbidade se entende o número dos casos de doença registrados durante um período dado em relação ao número complexo de pessoas analisadas: cfr. CORNAGLIA FERRARIS, Paolo. *COVID-19. Piccolo dizionario di ciò che sappiamo*. Bari-Roma: Laterza, 2020 [ebook].

[8] "Quarentena" refere-se à separação de pessoas ou comunidade que foram expostas a uma doença infecciosa. O isolamento aplica-se à separação das pessoas que estão infectadas: CORNAGLIA FERRARIS, Paolo. *COVID-19. Piccolo dizionario di ciò che sappiamo*. Bari-Roma: Laterza, 2020 [ebook].

[9] LUHMANN, Niklas. *Gesellschaftsstruktur und Semantik*. Frankfurt am Main: Suhrkamp, 1980.

3. ESTRUTURA DA SOCIEDADE E SEMÂNTICA DA PANDEMIA

"carne e osso": assim nos refugiamos sob a asa do *Welfare*, que muitos consideravam um fragmento caro do século passado[10].

Eis um ponto importante: a pandemia traz à tona, novamente, as dimensões corporal, biológica e física da existência. Recorda-nos de que a vida humana é, sobretudo, matéria orgânica: passa a um segundo plano o componente espiritual/dos valores, mas também o emotivo. Se isso pode ser justificável em um breve período e na emergência, ao mesmo tempo, deixa espaço, segundo críticos mais ferrenhos, para instauração de um "estado de exceção" que viraria cada vez mais a norma, como deixou claro, entre outros, o filósofo Giorgio Agamben[11].

Ainda, a emergência nos leva a reavaliar estruturas, organizações e políticas que, nas últimas décadas, tinham perdido consideração: isso se pode ver nos elogios dirigidos aos sistemas sanitários nacionais, quando estes se mostram eficientes, prontos a reagir e dotados de meios e recursos adequados; e no reconhecimento reservado às escolas e às universidades, que são apreciadas segundo sua capacidade de funcionar em um modelo a distância.

Vemos, então, como um evento concreto, tornando-se tema da comunicação (sendo observado e interpretado), reorienta as comunicações futuras e produz consequências e mudanças na própria sociedade: influencia as estruturas (as relações entre os seus elementos). Trata-se de relações circulares entre estrutura da sociedade e semântica. Dizendo mais concretamente: as mudanças em nível de complexidade social (estrutura) são observadas e descritas por meio da comunicação, cujas formas permitem a determinação de sentido (semântica). Por sua vez, a semântica (isto é, o conjunto de temas relevantes do ponto de vista comunicativo) guia vivências e ações: se aquela não se adapta às mudanças estruturais, perde o olhar sobre a realidade social (estrutura). Ao mesmo tempo, as mudanças semânticas influenciam a realidade social, determinando a orientação para certos temas (muito mais do que para outros) e novas condensações de sentido. Tal circularidade é, todavia, problemática, já que a semântica está constantemente atrasada em relação às mudanças estruturais[12].

---

[10] NIOLA, Marino. *Il vero baco del millennio.* «la Repubblica», 17/04/2020, p. 28.

[11] Cfr. textos indicados na Bibliografia.

[12] Cfr. LUHMANN, Niklas. *Gesellschaftsstruktur und Semantik*, Frankfurt am Main: Suhrkamp, 1980.

Em outras palavras, o evento da pandemia é vivido e descrito pela sociedade que constrói, assim, indicações de sentido (temas, ideias, conceitos, etc.) que se consolidam em torno de núcleos mais ou menos estáveis. Emergem significados novos, são reinterpretadas velhas construções e formulados problemas novos, enquanto são atualizados valores e prioridades. Tudo isso influencia, por sua vez, as estruturas sociais, e, então, os vários âmbitos (política, direito, economia, medicina, educação, relações íntimas, etc.), chamados a dar conta dos desafios derivantes do próprio significado atribuído à pandemia.

Isso não significa que mudem as funções e as tarefas de tais esferas da sociedade: por exemplo, os médicos continuarão como sempre a curar os doentes, os professores a ensinar, os juízes a decidir, os políticos a fazer lei (pelo menos em teoria!), e assim por diante, mas mudam os conteúdos das suas ações (objetivos, prioridade, etc.), os horizontes temporais (que se comprimem ou dilatam), as expectativas (normativas, cognitivas e afetivas)[13] das pessoas envolvidas.

Para assinalar a emergência da corporeidade, não é somente o retorno do termo vírus ao seu ambiente de origem. É a condição de isolamento forçado vivida pela maior parte da população – com todas as renúncias que comporta, não por último, aquela relativa aos momentos finais dos entes queridos na hora da morte, dos quais muitíssimos estão sendo privados –, o que nos recorda de quando nossa vida cotidiana era normalmente cheia de encontros e relações em presença, de movimento no exterior, de deslocamentos contínuos, não obstante as tecnologias digitais que nos permitem sermos presentes também *on-line* e a distância, multiplicando quantitativamente e diferenciando a qualidade das nossas interações e relações. Pode parecer paradoxal que os contatos físicos e a liberdade de movimento pesem tanto em uma época na qual, nunca como agora, temos a possibilidade de ficar conectados, de escrever, de falar, de olhar e de sermos olhados estando fisicamente distantes.

Aqui, é importante abrir um parêntese: isso acontece porque estamos habituados a uma certa interpretação da modernidade como perda de

---

[13] Para o conceito de expectativas cognitivas e normativas, ver, sobretudo, LUHMANN, Niklas. *Soziale Systeme. Grundiss einer allgemeinen Teorie.* Frankfurt am Main: Suhrkamp, 1984. Para o conceito de expectativas afetivas, cfr. BARALDI, Claudio. *Il disagio della società. Origini e manifestazioni*, FrancoAngeli, Milano, 1999.

3. ESTRUTURA DA SOCIEDADE E SEMÂNTICA DA PANDEMIA

concretude e de materialidade a favor do abstrato. Nas últimas décadas, de fato – com muitas e diversas distinções e os necessários *distinguo* – exatamente as ciências sociais começaram a qualificar a modernidade (ou a pós-modernidade, ou a modernidade líquida, etc.) nos termos de uma progressiva "virtualização", isto é, no sentido de um crescente destaque – interpretado negativamente – pela "realidade concreta" e também, pela "corporeidade". Têm encorajado tal leitura a difusão generalizada da realidade digital e a inevitável desorientação por ela produzida. Analogamente, foram difundidas, de um lado, a descrição (acolhida inicialmente no âmbito da relação entre capital e trabalho e, sucessivamente, na financeirização da economia) de uma crescente desmaterialização das relações, que teriam, então, irremediavelmente, "corrompido" as relações pessoais; e, de outro, a crítica do caráter sempre mais "artificial" (com a variante representada pela etiqueta "química") dos produtos, mercadorias, práticas e comportamentos em oposição ao "natural" (muitas vezes, fantasiado). Trata-se, brevemente, de uma série de mudanças semânticas amadurecidas em relação a mudanças estruturais da sociedade que, como frequentemente acontece, desorientam, inquietam e colocam em alarme. Em outras palavras, são descrições – poderíamos elencar várias analogias – que têm em comum o fato de querer denunciar uma progressiva perda de qualidade mais essencial e mais "autêntica" da vida individual, relacional e social.

Assim, retornando à pandemia, podemos notar o que poderemos definir talvez como "medicalização da semântica", que emerge de um aparato terminológico de origem médica que coloniza a comunicação sobre o vírus e a doença que disso decorre, fazendo do paradigma sanitário/imunitário a chave de leitura principal e talvez unívoca deste momento histórico. Daqui, por exemplo, a ideia de guerra contra o vírus (uma metáfora, portanto, sobre a qual é lícito ter mais do que qualquer dúvida[14]), agente externo estranho – encarnação do inimigo "totalmente outro" – para combater em qualquer âmbito da existência e com qualquer meio (não somente com os fármacos e a prevenção, mas por meio do isolamento total).

---

[14] SIMON, Fritz. *¿Deseo de guerra = deseo de peste?*. «sistemassociales», 30/03/2020. Disponível em: http://sistemassociales.com/deseo-de-guerra-deseo-de-peste/.

COVID-19 E OS IMPACTOS NO DIREITO

"O pânico desmedido causado pelo vírus é uma reação imunitária social, e até global, ao novo inimigo. A reação imunitária é tão violenta porque vivemos durante muito tempo em uma sociedade sem inimigos, em uma sociedade da positividade, e agora o vírus é visto como um terror permanente."[15]

Também é interpretação da pandemia como reação da natureza ao nosso estilo de vida doentio, insustentável, antiético, antiecológico, produtivista, individualista[16] – não por acaso, as áreas mais afetadas são aquelas mais produtivas: Wuhan, a Lombardia na Itália, a Comunidad Autonoma de Madri, a cidade de Nova Iorque[17] –, o que nos impõe purificar repensando completamente o nosso impacto sobre o globo, o nosso estilo de vida, as formas da nossa sociabilidade e a nossa postura em relação ao futuro. Um pensador notório pela sua polêmica chegou, por exemplo, a afirmar que o corona vírus nos obrigará também a inventar um comunismo baseado na confiança nas pessoas e na ciência[18].

Existe, certamente, uma ligação entre a emergência de tal semântica – que representa o interior do corpo social como doente, em perigo, potencialmente infectado e, por isso, pronto a combater em todos os modos – e todos aqueles processos sociais políticos e culturais já de longa data que serão reconduzidos a manifestações da biopolítica e do biopoder, a partir, obviamente da assim dita medicalização da sociedade, isto é, aquela tendência a relevar doenças, distúrbios e, como consequência, necessidade de tratamento sempre maior, também lá onde antes se via o normal decurso da natureza ou o caso[19].

---

[15] HAN, Byung-Chul. *O coronavírus de hoje e o mundo de amanhã, segundo o filósofo Byung-Chul Han.* «elpais.com», 22/03/2020. Disponível em: https://brasil.elpais.com/ideas/2020-03- -22/o-coronavirus-de-hoje-e-o-mundo-de-amanha-segundo-o-filosofo-byung-chul-han.html.

[16] Cfr. por exemplo SHIVA, Vandana Shiva. Um vírus, a humanidade e a terra. Disponível em: http://www.ihu.unisinos.br/78-noticias/598043-um-virus-a-humanidade-e-a-terra- -artigo-de-vandana-shiva.

[17] Cfr. SIGNORELLI, Carlo et al., Diffusione di COVID-19 in sei ambiti metropolitani, in press. Disponível em: http://www.mediafire.com/file/9xvcdyfr6gz526x/Singorelli_et_ al_-_in_press.pdf/file.

[18] ŽIŽEK, Slavoj, *Virus. Catastrofe e solidarietà.* Milano: Ponte alle Grazie, 2020.

[19] Para uma interessante leitura sociológica do tema, cfr. FARÍAS, Raul. *Medicalización, riesgo y demandas al sistema de la medicina. Una observación desde la teoría de los sistemas sociales* 3(3) Revista Derecho y Salud, 2019, p. 48-61.

3. ESTRUTURA DA SOCIEDADE E SEMÂNTICA DA PANDEMIA

Não é por acaso que um curto-circuito paradoxal se manifesta entre o sistema político e o sistema médico, na medida em que as relações da pandemia mostram que:

"Da un lato si è determinato un processo di medicalizzazione di una politica che, apparentemente sgravata da vincoli ideologici, si mostra sempre più dedita alla "cura" dei propri cittadini da rischi che spesso è essa stessa a enfatizzare. Dall'altro assistiamo a una politicizzazione della medicina, investita di compiti di controllo sociale che non le competono – il che spiega valutazioni tanto eterogenee dei virologi sul rilievo e la natura del coronavirus."[20]

O fulcro central de tal semântica se manifesta de maneira abrupta na incerteza relativa à atribuição própria do *status* da doença, em oposição a sua inseparável contraparte: a saúde. Esta última, de fato, não obstante as retumbantes definições da OMS[21], só se pode reconhecer no contexto da doença. É o lado negativo, indesejado, isto é, o ser doente, que coloca em movimento o sistema médico, que tem como função curar os doentes.[22] Nesta fase inicial da difusão da Covid-19, de fato, a primeira

---

[20] "De um lado, determinou-se um processo de medicalização de uma política, que aparentemente aliviada dos vínculos ideológicos, mostra-se sempre mais dedicada à "cura" dos próprios cidadãos dos riscos que, muitas vezes, enfatizam. De outro, assistimos a uma politização da medicina, investida de tarefas de controle social que não lhe competem – o que explica a valoração tanto heterogênea dos virologistas sobre o tema e a natureza do coronavírus" (tradução nossa): ESPOSITO, Roberto. *Curati a oltranza.* «antinomie.it», 28/02/202. Disponível em: https://antinomie.it/index.php/2020/02/28/curati-a-oltranza/. Até aqui se empurrou além de falar de uma necropolítica da epidemia: "a passagem da biopolítica para a necropolítica das epidemias: o vírus corona aciona o pânico coletivo dos regimes autoritários que não querem estrangeiros em terras próprias; o vírus zika abandona as mulheres mais vulneráveis ao abuso de governos patriarcais que perseguem a sexualidade e a reprodução.": DINIZ, Devora; CARINO, Giselle. *A necropolítica das epidemias*, «elpais.com», 09/03/2020. Disponível em: https://brasil.elpais.com/opiniao/2020-03-09/a--necropolitica-das-epidemias.html.

[21] Cfr. OMS. Constituição da Organização Mundial de Saúde. 1946; OMS. Declaração de Alma-Ata. 6-12 set. 1978.

[22] LUHMANN, Niklas. O código da medicina. *In:* MARTINI, Sandra Regina; ZAMORANO FARÍAS, Raul (Eds.). *Sistema da Saúde e o Corpo na Teoria Geral dos Sistemas Sociais.* Porto Alegre: Livraria do Advogado, 2017. p. 55-67. Nos últimos anos, a partir do ponto de vista

COVID-19 E OS IMPACTOS NO DIREITO

pergunta que os sanitaristas e, com eles, políticos e administradores (adeptos das políticas públicas) se colocam é como distinguir um doente de um contagiado. Não obstante este escopo, estão disponíveis os testes clínicos, e também é verdade que estes indicam uma probabilidade (não uma certeza absoluta), a qual, quando se torna negativa, não significa necessariamente uma cura dos sujeitos precedentemente infectados, e mesmo que a sua testagem seja repetida a distância, aproxima-se do tempo, para poder ser segura de ter eliminado o vírus. Com efeito, pelo menos na fase inicial, o objetivo é aquele de estabelecer os "casos suspeitos"[23]. Em outras palavras, nos casos que são mais difíceis de reconhecer a doença, há poucas certezas (exatamente porque o vírus é novo), além da única certeza, aquela dos cientistas, conhecedores de não saber, pelo menos de não saber tudo. E é exatamente o conhecimento da ignorância apavorante: "aquele que nos dá medo, isto é, aquilo que não se sabe, mas aquilo que se sabe que não se sabe, e deste vírus sabemos bem

da teoria dos sistemas, se começou a falar do sistema da saúde no lugar de sistema da medicina (ou de cura dos doentes). Não é aqui possível aprofundar a questão. O trabalho mais completo que sustenta tal ideia é, provavelmente, PELIKAN, Jürgen M. Understanding Differentiation of Health in Late Modernity by Use of Sociological Systems Theory. *In:* in David V. McQueen et al. (Eds.). *Health and Modernity. The Role of Theory in Health Promotion.* New York: Springer, 2007.

[23] ""Caso sospetto" è stata definita una persona con un'infezione respiratoria acuta (insorgenza acuta di almeno febbre oppure tosse oppure difficoltà respiratoria) e senza altra causa che spieghi completamente la presentazione clinica, insieme con una storia di viaggi/soggiorni in paesi in cui è stata documentata la trasmissione locale del COVID-19 entro i 14 giorni precedenti l'insorgenza dei sintomi. Oppure, una persona con un'infezione respiratoria acuta e storia di stretto contatto con un caso COVID-19 probabile o confermato nei 14 giorni precedenti l'insorgenza dei sintomi. Oppure una persona con una grave infezione respiratoria (febbre e almeno un segno/sintomo di malattia respiratoria, ad esempio tosse o difficoltà respiratoria) e che richieda il ricovero ospedaliero" (""Caso suspeito" foi definido como uma pessoa com uma infecção respiratória aguda (fato associado a febre ou tosse ou dificuldade respiratória) e sem outra causa que explique complementarmente a apresentação clínica, junto com uma história de viagem/estadia em países nos quais foi documentada a transmissão local do COVID-19 nos 14 dias anteriores ao surgimento dos sintomas. Ou mesmo uma pessoa com uma grave infecção respiratória (febre e pelo menos um sinal ou sintoma de doença respiratória) e que solicite a internação hospitalar: tradução nossa): CORNAGLIA FERRARIS, Paolo. *COVID-19. Piccolo dizionario di ciò che sappiamo.* Bari-Roma: Laterza, 2020 [ebook].

3. ESTRUTURA DA SOCIEDADE E SEMÂNTICA DA PANDEMIA

pouco"[24]. Como consequência, refazem-se os conceitos como probabilidade e risco, e, do ponto de vista operativo, aponta-se exatamente no sentido de reduzir o risco (através do isolamento).

Também estabelecer o nível do contágio do vírus – nem falar aqui dos tratamentos variados e próprios, isto é, de levar em consideração a responsabilidade dos pacientes (organização dos sistemas de saúde, capacidade e tempestividade de hospitalização, opções relativas ao tratamento, comunicação médico-paciente-família, etc.) – sobre uma determinada população (uma região, uma cidade, uma nação) torna extremamente complexo, seja para os limites dos quais acima falamos, seja pela escassez dos recursos disponíveis para realizar testagens (essencialmente os testes e pessoal médico). Também aqui, é importante refazer as estimativas, pelo cálculo probabilístico, para previsão futura, nas quais a plausibilidade deve ser demonstrada. Ainda, os dados fornecidos devem ser sempre avaliados atentamente, lidos com bases no passado, das experiências acumuladas e inseridas em um contexto apropriado[25].

A identificação e a representação da saúde, resumidamente, nos tempos de Covid-19 dependem, tanto no nível individual (reconhecimento dos doentes) quanto coletivo (taxa de contágio, mortalidade da população, etc.) de uma semântica da incerteza, do risco, ligada ao cálculo probabilístico, tipicamente moderno[26]. Uma semântica que, porém, é também e sobretudo fundada sobre a repetida referência à emergência – da qual

---

[24] "quel che fa paura non è *ciò che si sa*, ma *ciò che non si sa*, e di questo virus sappiamo ben poco" (traduçao nossa): BENVENUTO, Sergio. *Benvenuto in clausura.* «antinomie.it», 5/03/2020. Disponível em: https://antinomie.it/index.php/2020/03/05/benvenuto-in-clausura/.

[25] Se, por exemplo, frente a uma estimativa de letalidade inferior a 1% dos casos, se pergunta: "É alta? É baixa?", a resposta é: "Per alcuni aspetti è bassissima, per altri è altissima. [...] Se la paragoniamo all'85% di alcune epidemie di Ebola è irrisoria; ma se teniamo conto che solo in Italia alla fine di gennaio 2020 si sono verificati circa sei milioni di casi di influenza (una malattia contro la quale abbiamo una pregressa immunità e pure un vaccino), una letalità dell'1% significherebbe 60.000 morti" ("Sob alguns aspectos, é baixíssima, sob outros, é altíssima (...) Se comparamos com 85% de alguma epidemia de Ebola é irrisória, mas se levamos em conta que somente na Itália, no final de janeiro 2020, houve por volta de seis milhões de casos de *influenza* (uma doença contra a qual temos uma pregressa imunidade e uma vacina), uma letalidade de 1% significaria 60.000 mortos": tradução nossa): BURIONI, Roberto, con LOPALCO, Pier Luigi. *Virus, la grande sfida.* Milano: Rizzoli, 2020.

[26] Cfr. ESPOSITO, Elena. *Probabilità improbabili.* Roma: Meltemi, 2008.

não por acaso os noticiários televisivos e *on-line* e os motores de busca das notícias mantêm fixas, em primeiro plano, as atualizações – das quais a legitimação relativa às medidas político-administrativas e de polícia adotadas em muitos países.

2. O papel da sociologia (do direito) frente à "exceção viral"

É, então, evidente a fratura no imaginário social representada pela Covid-19: a pandemia é observada através de uma semântica do risco que é, também e sobretudo, uma semântica emergencial, que indica a ameaça eminente de valor – absoluto, fundamental, irrenunciável – à saúde e à vida dos seres humanos[27]. Não tem nada para surpreender-se, visto que

> "O corpo, hoje, é a última coisa que tem sentido quando nada mais tem [...] a saúde é para a sociedade um valor de relevância máxima e indiscutível, ou melhor, é o único valor em grau de colocar-se além de qualquer controvérsia ideológica"[28].

Naturalmente, pode-se interpretar isso como um sinal do fato de que "a nossa sociedade não acredita mais em nada que não na vida nua" e que o medo de a perder, ao invés de unir os seres humanos, "lhes cega e separa"[29].

---

[27] "Cada individuo cuenta. Cada muerte de un individuo es demasiada. La tremenda importancia del individuo en la sociedad moderna se muestra también en esta crisis, pues no hay otro punto de vista valórico que pueda competir con el valor de la supervivencia de la mayor cantidad de individuos." ("Cada indivíduo conta. Cada morte de um indivíduo é demasiada. A tremenda importância do indivíduo na sociedade moderna se mostra também nesta crise, pois não tem outro ponto de vista de valor que possa competir com o valor da sobrevivência e da maior quantidade de indivíduos": tradução nossa): STICHWEH, Rudolf. *Simplificación de lo social durante la pandemia del corona-virus.* «sistemassociales.com», 10/04/2020. Disponivél em: http://sistemassociales.com/simplificacion-de-lo-social-durante-la-pandemia-del-corona-virus/.

[28] LUHMANN, Niklas. Inflação das demandas no sistema das doenças. Uma tomada de posição do ponto de vista da teoria da sociedade. *In:* MARTINI, Sandra Regina; ZAMORANO FARÍAS, Raul (Eds.). *Sistema da Saúde e o Corpo na Teoria Geral dos Sistemas Sociais.* Porto Alegre: Livraria do Advogado, 2017b. p. 68-87, 79-80.

[29] AGAMBEN, Giorgio. *Chiarimenti.* «quodlibet.it», 17/03/2020. Disponivél em: https://www.quodlibet.it/giorgio-agamben-chiarimenti.

3. ESTRUTURA DA SOCIEDADE E SEMÂNTICA DA PANDEMIA

Neste modo de compreender ainda mais facilmente a aceitação – total, quando não passiva, e ainda incompreensível e injustificável – das excepcionais medidas de segurança adotadas.

Como observa o filósofo Jean-Luc Nancy, a civilidade no seu complexo se descreve em perigo, dando vida a uma "exceção viral" que, junto com a biológica, a informática e a cultural, pandemiza-se. Ao mesmo tempo, isso não significa que os governos, como denuncia Agamben, aproveitam propositalmente esta ocasião, colocando em ação medidas biopolíticas: muito mais, revelam-se os "tristes executores" de tal exceção viral[30]. Para poderem aproveitar, parecem ser muito mais com aqueles que têm a capacidade de acumular os dados dos cidadãos, sempre mais presentes em rede e monitorados – também a fins sanitários – por meio de instrumentos (tecnologias) digitais[31].

Além das diferentes posições possíveis, a semântica do risco e da emergência exprime e, ao mesmo tempo, alimenta um sentimento comum de medo e desconforto, que se traduz depois nas políticas e práticas de distanciamento. A racionalidade de tal lógica simboliza e deve ser colocada em discussão[32]. Trata-se, certamente, de uma das tarefas das ciências sociais: observar e descrever – não para criticar –, mas para entender.

No momento, existem pelo menos três "*bias*" que tornam a tarefa difícil: um semântico ("nos faltam as palavras"), um epistemológico (somos parte do objeto de estudo) e um metodológico (árduo no definir os conflitos e o

---

[30] NANCY, Jean-Luc. *Eccezione virale*. «antinomie.it», 27/02/2020. Disponível em: http://www.google.com/url?q=https://antinomie.it/index.php/2020/02/27/eccezione-virale.

[31] "É soberano quem dispõe de dados. Quando a Europa proclama o estado de alarme e fecha fronteiras continua aferrada a velhos modelos de soberania.": HAN, Byung-Chul. *O coronavírus de hoje e o mundo de amanhã, segundo o filósofo Byung-Chul Han*. «elpais.com», 22/03/2020. Disponível em: https://brasil.elpais.com/ideas/2020-03-22/o-coronavirus--de-hoje-e-o-mundo-de-amanha-segundo-o-filosofo-byung-chul-han.html. Cfr. também MOROZOV, Evgenij. *L'emergenza sanitaria e il rischio del totalitarismo*. «Internazionale», 13/04/2020. Disponível em: https://www.internazionale.it/opinione/evgeny-morozov/2020/04/13/emergenza-sanitaria-totalitarismo.

[32] VERENI, Piero. *#IoStoAllaLarga*. «pierovereni.blogspot.com», 22/03/2020. Disponível em: http://pierovereni.blogspot.com/2020/03/iostoallalarga.html.

objeto de estudo)[33]. Deverão ser repensados os métodos de investigação qualitativa que preveem a presença dos indivíduos[34].

A primeira dificuldade a ser enfrentada, todavia, é aquela de conseguir orientar-se na enorme quantidade de publicações já disponíveis, não somente no âmbito médico e sanitário. O sistema científico tem seus tempos – ligados à execução das pesquisas, ao controle da validade das próprias pesquisas –, que são mais lentos que aqueles de outros âmbitos (política, direito, medicina e meios de comunicação em particular). Os *istant book*, (categoria qual também este livro pertence) são utilíssimos, mas é necessário pensar também, sobretudo, em objetivos a mais longo prazo. Alguns são já evidentes para a sociologia do direito: trabalhar sobre os conflitos entre direitos fundamentais (liberdade e *privacy versus* segurança e saúde), e as suas implicações, observar os riscos de possíveis "totalitarismos de vigilância" por vir, e as novas formas de solidariedade que estão já se manifestando espontaneamente.

Conclusões

A observação da semântica revela como a sociedade "processa" os eventos. Analisar aquilo que acontece "em tempo real" não é fácil: sem dúvida, porém, a semântica da pandemia revela os seus próprios limites. Para interpretar as respostas dos diferentes sistemas da sociedade (antes de tudo, as medidas tomadas no nível político), temos, certamente, necessidade de um léxico diferente e mais refinado[35]. Contudo, vale o mesmo para tentar andar além da própria lógica simbólica do risco, da emergência e da guerra[36] e estar pronto para descrever as mudanças estruturais

---

[33] MATURO, Antonio. *Il nome del Covid*. «www.ais-sociologia.it», 03/04/2020; Disponivél em: https://www.ais-sociologia.it/forum/il-nome-del-covid-10188.

[34] LUPTON, Deborah. Social Research for a COVID and Post-COVID World: An Initial Agenda, «medium.com», 8/03/2020. Disponivél em: https://medium.com/@deborahalupton/ social-research-for-a-covid-and-post-covid-world-an-initial-agenda-796868f1fb0e.

[35] ŽIŽEK, Slavoj, *Virus. Catastrofe e solidarietà*. Milano: Ponte alle Grazie, 2020.

[36] "La metáfora de la guerra en la que nos encontraríamos no parece muy apropiada, porque es más probable que la guerra aumente el uso de todas las referencias del sistema funcional, mientras que optamos por el lado opuesto en esta crisis: una gran parte de la vida social está cerrada." ("A metáfora da guerra em que nos encontraríamos não parece muito apropriada, porque é mais provável que a guerra aumente o uso das referências do sistema funcional, enquanto que optamos pelo lado oposto desta crise: uma grande parte da vida social está

futuras (impossíveis de prever) de modo mais ou menos fiel. E fazer, possivelmente, em nome da audácia[37], também no âmbito cientifico e intelectual.

Referências

AGAMBEN, Giorgio. *Lo stato d'eccezione provocato da un'emergenza immotivata*. «il Manifesto», 26/02/2020. Disponivél em: https://ilmanifesto.it/lo-stato-deccezione-provocato-da-unemergenza-immotivata/.

AGAMBEN, Giorgio. *Chiarimenti*. «quodlibet.it», 17/03/2020. Disponivél em: https://www.quodlibet.it/giorgio-agamben-chiarimenti.

AGAMBEN, Giorgio. *Riflessioni sulla peste*. «quodlibet.it», 27/03/2020. Disponivél em: https://www.quodlibet.it/giorgio-agamben-riflessioni-sulla-peste.

AGAMBEN, Giorgio. *Distanziamento sociale*. «quodlibet.it», 06/04/2020. Disponivél em: https://www.quodlibet.it/giorgio-agamben-distanziamento-sociale.

AGAMBEN, Giorgio. *Una domanda*. «quodlibet.it», 13/04/2020. Disponivél em: https://www.quodlibet.it/giorgio-agamben-una-domanda.

BARALDI, Claudio. *Il disagio della società. Origini e manifestazioni*, FrancoAngeli, Milano, 1999.

BARICCO, Alessandro. *Virus. È arrivato il momento dell'audacia*. «La Repubblica», 26/03/2020, p. 34-35.

BENVENUTO, Sergio. *Benvenuto in clausura*. «antinomie.it», 5/03/2020. Disponivél em: https://antinomie.it/index.php/2020/03/05/benvenuto-in-clausura/.

BURIONI, Roberto, con LOPALCO, Pier Luigi. *Virus, la grande sfida*. Milano: Rizzoli, 2020.

CAFFO, Leonardo. *Dopo il Covid-19*. Roma: nottetempo, 2020.

CORNAGLIA FERRARIS, Paolo. *COVID-19. Piccolo dizionario di ciò che sappiamo*. Bari-Roma: Laterza, 2020 [ebook].

CRISTANTE, Stefano. *Tessere la tela cognitiva nella pandemia di un virus anti-sociale*. «ais-sociologia.it», 14/04/2020. Disponivél em: https://www.ais-sociologia.it/forum/tessere-la-tela-cognitiva-nella-pandemia-di-un-virus-anti-sociale.

DINIZ, Devora; CARINO, Giselle. *A necropolítica das epidemias*, «elpais.com», 09/03/2020. Disponivél em: https://brasil.elpais.com/opiniao/2020-03-09/a-necropolitica-das-epidemias.html.

---

fechada.": tradução nossa): STICHWEH, Rudolf. *Simplificación de lo social durante la pandemia del corona-vírus*. «sistemassociales.com», 10/04/2020. Disponivél em: http://sistemassociales.com/simplificacion-de-lo-social-durante-la-pandemia-del-corona-virus/.

[37] BARICCO, Alessandro. *Virus. È arrivato il momento dell'audacia*. «la Repubblica», 26/03/2020, pp. 34-35.

ESPOSITO, Elena. *Probabilità improbabili*. Roma: Meltemi, 2008.

ESPOSITO, Roberto. *Curati a oltranza*. «antinomie.it», 28/02/202. Disponivél em: https://antinomie.it/index.php/2020/02/28/curati-a-oltranza/.

FARÍAS, Raul. *Medicalización, riesgo y demandas al sistema de la medicina. Una observación desde la teoría de los sistemas sociales* 3(3) Revista Derecho y Salud, 2019, p. 48-61.

FERRARIO, Paolo. *Coronavirus. Scuola, mezzo milione senza lezioni online*. «avvenire.it», 4/04/2020.

HAN, Byung-Chul. *O coronavírus de hoje e o mundo de amanhã, segundo o filósofo Byung-Chul Han*. «elpais.com», 22/03/2020. Disponivél em: https://brasil.elpais.com/ideas/2020-03-22/o-coronavirus-de-hoje-e-o-mundo-de-amanha-segundo-o--filosofo-byung-chul-han.html.

HARARI, Yuval Noah. *Yuval Noah Harari: the world after coronavirus*. «Financial Times», 19/03/2020.

LUHMANN, Niklas. *Gesellschaftsstruktur und Semantik*. Frankfurt am Main: Suhrkamp, 1980.

LUHMANN, Niklas. *Soziale Systeme. Grundiss einer allgemeinen Teorie*. Frankfurt am Main: Suhrkamp, 1984.

LUHMANN, Niklas. *Die Gesellschaft der Gesellschaft*. Frankfurt am Main: Suhrkamp, 1997.

LUHMANN, Niklas. O código da medicina. *In:* MARTINI, Sandra Regina; ZAMORANO FARÍAS, Raul (Eds.). *Sistema da Saúde e o Corpo na Teoria Geral dos Sistemas Sociais*. Porto Alegre: Livraria do Advogado, 2017a. p. 55-67.

LUHMANN, Niklas. Inflação das demandas no sistema das doenças. Uma tomada de posição do ponto de vista da teoria da sociedade. *In:* MARTINI, Sandra Regina; ZAMORANO, Raul (Eds.). *Sistema da Saúde e o Corpo na Teoria Geral dos Sistemas Sociais*. Porto Alegre: Livraria do Advogado, 2017b. p. 68-87.

LUPTON, Deborah. Social Research for a COVID and Post-COVID World: An Initial Agenda, «medium.com», 8/03/2020. Disponivél em: https://medium.com/@deborahalupton/social-research-for-a-covid-and-post-covid-world-an-initial-agenda-796868f1fb0e.

MATURO, Antonio. *Il nome del Covid*. «www.ais-sociologia.it», 03/04/2020; Disponivél em: https://www.ais-sociologia.it/forum/il-nome-del-covid-10188.

MOROZOV, Evgenij. *L'emergenza sanitaria e il rischio del totalitarismo*. «Internazionale», 13/04/ 2020. Disponivél em: https://www.internazionale.it/opinione/evgeny-morozov/2020/04/13/emergenza-sanitaria-totalitarismo.

OMS. Constituição da Organização Mundial de Saúde. 1946.

OMS. Declaração de Alma-Ata. 6-12 set. 1978.

NANCY, Jean-Luc. *Eccezione virale*. «antinomie.it», 27/02/2020. Disponivél em: http://www.google.com/url?q=https://antinomie.it/index.php/2020/02/27/eccezione-virale.

NIOLA, Marino. *Il vero baco del millennio*. «la Repubblica», 17/04/2020, p. 28.

PELIKAN, Jürgen M. Understanding Differentiation of Health in Late Modernity by Use of Sociological Systems Theory. *In:* in David V. McQueen et al. (Eds.). *Health and Modernity. The Role of Theory in Health Promotion*. New York: Springer, 2007.

PÉREZ-SOLARI, Felipe. *Temporalización de la enfermedade – el COVID-19*, «sistemassociales.com», 14/04/2020. Disponivél em: http://sistemassociales.com/temporalizacion-de-la-enfermedad-el-covid-19/.

SHIVA, Vandana Shiva. *Um vírus, a humanidade e a terra*. Disponivél em: http://www.ihu.unisinos.br/78-noticias/598043-um-virus-a-humanidade-e-a-terra--artigo-de-vandana-shiva.

SIGNORELLI, Carlo et al. *Diffusione di COVID-19 in sei ambiti metropolitani, in press.* Disponivél em: http://www.mediafire.com/file/9xvcdyfr6gz526x/Singorelli_et_al_-_in_press.pdf/file.

SIMON, Fritz. *¿Deseo de guerra = deseo de peste?.* «sistemassociales», 30/03/2020. Disponivél em: http://sistemassociales.com/deseo-de-guerra-deseo-de-peste/.

STICHWEH, Rudolf. *Simplificación de lo social durante la pandemia del corona-virus.* «sistemassociales.com», 10/04/2020. Disponivél em: http://sistemassociales.com/simplificacion-de-lo-social-durante-la-pandemia-del-corona-virus/.

VERENI, Piero. *#IoStoAllaLarga.* «pierovereni.blogspot.com», 22/03/2020. Disponivél em: http://pierovereni.blogspot.com/2020/03/iostoallalarga.html.

ŽIŽEK, Slavoj, *Virus. Catastrofe e solidarietà*. Milano: Ponte alle Grazie, 2020.

4. O direito migratório diante do populismo no pós-pandemia

Luís Renato Vedovato

Introdução

Em 2018, o Of Monday Trio lançava, em Paris, uma canção que bem retrata os tempos atuais, com o nome sugestivo de *Times of Worry*[1]. Em sua letra, fica claro o desejo de voar como um pássaro e se esconder longe desse mundo:

> "I wanna fly, fly, fly high like a bird, I wanna hide, hide, hide far from this world, In these times of worry, friends are love you see. (...) You'll be as you are. Come with me, stay with me, In these times of worry."

Todavia, esse é o mundo real, esconder dele não é uma opção, o que indica que a melhor saída talvez seja a mudança, uma convocação feita diretamente pela pandemia para todos os seres humanos do planeta.

Os desafios apresentados à humanidade durante a pandemia podem trazer profundas mudanças em todas as áreas da atividade humana. A importância do Estado ganhou fôlego, tendo sido ressuscitada. Evidenciou-se a relevância de políticas públicas de efetivação de direitos fundamentais, como as relativas à proteção da saúde, distribuição de renda e fomento da economia real.

---

[1] TRIO, Of Monday. *Times of Worry*. Single. Paris, 2018. Acessível em https://open.spotify.com/track/3Q9fPaGThYUHbswv7TBrXT?si=fcnVHYQ9RUmll89UbZAIWw ou https://www.youtube.com/watch?v=SuoAPbhnmFQ

Também deve ser objeto de reflexão o controle ou a manutenção da internacionalização das cadeias de produção de mercadorias utilizadas nos tratamentos de doenças variadas, como equipamentos de proteção individual para profissionais da saúde e material hospitalares, como ventiladores mecânicos, o que certamente servirá para se repensar a lógica da produção em países em que o custo é mais baixo.

O presente trabalho tem foco específico no direito migratório e a possível reformulação nas relações que esse mantém com Estados, direito internacional e política. Destacando-se a necessidade cada vez mais premente de se ter uma regulação internacional das ações dos Estados, mas agora acompanhada de estruturas que possam lhe garantir mais efetividade.

De fato, o mundo está interconectado, mas ainda vive no cenário da ênfase à soberania ilimitada dos Estados. No pós pandemia, a exigência será de olhar para a realidade existente no sentido de se perceber que não se constroem relações econômicas, financeiras ou de mercado, sem que haja normas e estruturas internacionais de limitação do poder dos Estados para garantir padrões mínimos direitos para garantia da dignidade humana em todos os locais do globo.

O convite é para que o mundo deixe a era do mercado e passe para a era dos direitos, universais e, por isso, contramajoritários, inclusive no campo das relações internacionais, tão preocupadas com a criação de ambiente propício para o mercado e para um desenvolvimento focado exclusivamente no campo econômico. A pandemia indica que o desenvolvimento é o que garante estruturas de saúde e de distribuição de renda. O desenvolvimento a ser alcançado é o desenvolvimento social e de direitos.

O roteiro do artigo passa, no ponto 1, pela análise da democracia e da liberdade de imprensa no mundo atual. No ponto 2, será destacado o fortalecimento das regulações internacionais, com destaque para a declaração conjunta do G20 sobre o COVID-19. Os caminhos para evitar respostas populistas equivocadas que possam trazer restrições à migração serão desenvolvidos no ponto 3. Em seguida, seguem as conclusões que indicam a necessidade de valorização da ciência e dos meios tradicionais de comunicação.

Sem medo de antecipar equivocadamente conclusões, é possível afirmar, porém, que o pós pandemia exigirá um mundo mais internacionalizado,

4. O DIREITO MIGRATÓRIO DIANTE DO POPULISMO NO PÓS-PANDEMIA

com maior controle de políticas públicas pelo direito internacional e com mais mecanismos para garantia de democracia e de liberdade de imprensa.

Em outras palavras, criação de padrões mundiais de saúde, de proteção ao trabalhador e à sociedade (com combate à pobreza) com a respectiva criação de meios de efetivação da fiscalização da aplicação de tais padrões pode ser a melhor direção para um mundo que é interconectado em aspectos econômicos. Assim, precisa-se de mais direito internacional e não de mais direito interno. Exige-se coordenação mundial de ações e não de xenofobia criadora de conflitos. Para tanto, superar discursos populistas é mudar o mundo para um local de respeito à ciência, à democracia e às saídas duradouras e não eleitoreiras.

1. A democracia e a liberdade de imprensa como coração da sociedade
Na sua obra Sobre a Tirania – Vinte Lições do Século XX para o Presente, Timothy Snyder afirma que "a história não se repete, mas ensina"[2]. Esse é um momento que se espera não repetir, o que vai depender em muito dos ensinamentos aprendidos pela humanidade ao por ele passar.

Nesse sentido, o papel da ciência é fundamental e o conhecimento deve ser privilegiado. É fato que no passado tivemos exemplos de brilhantes pessoas e trabalhos que não foram aceitos pela academia. Os principais deles, entretanto, estão no mundo das artes, como foi o caso das constantes rejeições vindas da academia francesa que recebeu Edouard Manet, o que o levou a expor no Salão dos Recusados, por sua técnica, que escapava às convenções acadêmicas[3].

Todavia, a academia mostrou que aprende, sendo hoje colocada na ponta de lança da inovação da sociedade, o aprendizado deve ser espalhado, fazendo que a sociedade supere seus dogmas culturais, religiosos e outros que a incentivam a apoiar decisões de senso comum, apenas por serem condizentes com suas crenças pessoais[4].

---

[2] SNYDER, Timothy. *Sobre a Tirania – 20 Lições do Século XX para o Presente*. São Paulo: Saraiva, 2018, p. 6.

[3] BROMBERT, Beth Archer. *Edouard Manet: Rebel in a Frock Coat*. Chicago: University of Chicago Press, 1997, p. 132.

[4] PEERENBOOM, Randall. *Beyond Universalism and Relativism: The Evolving Debates About 'Values in Asia'* (September 20, 2002). UCLA, School of Law Research Paper No. 02-23. 2002. acessível em SSRN: https://ssrn.com/abstract=331340 or http://dx.doi.org/10.2139/ssrn.331340

Nesse contexto, o papel da imprensa livre é fundamental, pois poderá ser o veículo de construção desse caminho de informação e aprendizado para a sociedade[5]. No entanto, para se tornar esse instrumento, há que serem superados interesses políticos, devendo ser construído um conjunto de elementos de amparo à liberdade do jornalismo investigativo e informativo, com aprofundamento da liberdade de imprensa e não com seu controle[6]. Dessa forma, seria possível afastar o interesse econômico da veiculação de notícias, afinal de contas quem patrocina jornais são empresas ou governos, e a convivência com a crítica a esses entes deveria ser natural, tanto à sociedade quanto aos patrocinadores. O desafio trazido pelo populismo é grande nesse contexto, pois, a forma atual de populismo prega o fim do pluralismo e, portanto, de pensamentos divergentes, incluindo os advindos da imprensa[7].

Nesse sentido, vale uma análise sobre o destaque dado ao mercado e a sua relação com a democracia. Assim, é possível verificar uma série de avaliações[8] indicando que o chamado "mercado" poderia conviver com cenários antidemocráticos (às vezes até violadores de direitos).

Em 1998, em seu discurso de posse na presidência da Coreia do Sul, Kim Dae Jung afirmou que "democracy and the market economy are two sides of a coin, or two wheels of a cart". Every nation that has embraced both democracy and a market economy has been successful". Hoje, é possível afirmar que a fala de Jung era mais desejo que realidade. A concentração de renda é uma marca indelével do mundo atual. De toda sorte, a democracia é a melhor saída para que a concentração de renda diminua.

Por isso, talvez seja cada vez mais comum que se encontrem afirmações no sentido de que o mercado (especialmente o de ações) não

---

[5] AHREND, Rudiger. *Press Freedom, Human Capital and Corruption* (February 2002). DELTA Working Paper. 2002. acessível em SSRN: https://ssrn.com/abstract=620102 or http://dx.doi.org/10.2139/ssrn.620102

[6] DORF, Michael C. & Tarrow, Sidney. *Stings and Scams: 'Fake News,' the First Amendment, and the New Activist Journalism* (March 31, 2017). Cornell Legal Studies Research Paper No. 17-02. 2017. Acessível em SSRN: https://ssrn.com/abstract=2906444 or http://dx.doi.org/10.2139/ssrn.2906444

[7] MÜLLER, Jean-Werner. *What is Populism.* Londres: Penguin Books, 2017, p. 15.

[8] RONINGER, L. *Political Clientelism, Democracy, and Market Economy.* Comparative Politics, 36(3), 353-375. 2004. doi:10.2307/4150135

teria seu desempenho vinculado ao fortalecimento da democracia de países[9].

Essa dissociação entre democracia e mercados pode ser identificada em muitos momentos da história recente do mundo. Pode-se ser citado o caso Roberto Alvim, que se vestiu de responsável pela propaganda nazista, sem abalar em nada os mercados. Analistas chegaram a afirmar que as duas pautas não seriam conexas, como publicado pela Folha de S. Paulo, no dia 17 de janeiro de 2020[10].

Além disso, em passado recente, o sucesso econômico da China (em certos momentos acompanhado por Rússia, Arábia Saudita e Turquia) fez nascer muitos textos que associavam a democracia com economias estagnadas, logo, as ditaduras poderiam ser mais compatíveis com o crescimento econômico[11]. Não é necessário ir longe para se concluir que isso é falso, ou seja, mesmo os mercados precisam da democracia. Salvo se o objetivo é gerar lucro para alguns poucos privilegiados e prejuízos para a maioria.

Há inúmeros exemplos de insucesso, tais como a ditadura brasileira (uma tragédia econômica e em todos os sentidos)[12], a ditadura chilena, a ditadura líbia, a ditadura da Romênia comandada por Ceaușescu, o regime iraniano, entre tantos outros exemplos que poderiam ser aqui citados, inclusive a Venezuela.

Porém, as fórmulas de cálculo de sucesso dos países utilizadas nos últimos tempos, que podem ser resumidas no crescimento anual do PIB (produto interno bruto) jogam uma cortina de fumaça nessa relação "mercado"/democracia. Tal medição colocou em destaque a China, levando a ser cunhada a expressão "índice de crescimento chinês". No entanto, os debates sobre direitos humanos e meio ambiente foram descartados e relegados a obstáculos ao crescimento.

---

[9] FREEMAN, J., Hays, J., & STIX, H. *Democracy and Markets: The Case of Exchange Rates. American Journal of Political Science, 44*(3), 449-468. 2000. doi:10.2307/2669258

[10] https://www1.folha.uol.com.br/mercado/2020/01/discurso-nazista-na-cultura-e-agenda--economica-nao-se-misturam-dizem-analistas.shtml

[11] DALTON, Russel & SHIN, Doh Chull. *Citizens, Democracy, and Markets around the Pacific Rim.* Oxford University Press, 2007, p. 150.

[12] SILVA, Ângela M. D. da. *Justiça e ditadura militar no Brasil: o julgamento dos crimes contra a economia popular.* Diálogos, 18(1), 51-73. 2017. https://doi.org/10.4025/dialogos.v18i1.35945

COVID-19 E OS IMPACTOS NO DIREITO

Nesse contexto, surge o caso do coronavírus. Segundo o Prefeito de Wuhan, as regras de Pequim são parcialmente responsáveis pela falta de transparência das informações sobre a epidemia[13]. As consequências dessa epidemia atingem diretamente a economia, como também noticiado. No dia 28/01/2020, havia informações de que as ações asiáticas estavam novamente em queda, com os investidores preocupados que o surto de coronavírus na China possa desfazer meses de ganhos econômicos em todo o mundo[14].

Pensando exclusivamente em transparência, a sua falta pode ser tida como útil para a economia ou para ações empresariais específicas em curtos períodos. Esse sentimento está em sintonia com o pensamento que coloca ditaduras e crescimento econômico como aliados. Todavia, no médio e longo prazo, é uma tragédia.

O que se defende aqui é a validade de uma antiga afirmação. A democracia é o melhor sistema entre os conhecidos, por mais que possa passar a sensação de ser ruim para os que querem resultados rápidos e não dialogados. A democracia exige que se reconheça que a melhor resposta aos desafios cotidianos só é alcançada coletivamente, com transparência, respeito às instituições de controle e rendição de contas por aqueles que estão nas posições de comando. Ditadura, falta de transparência e falta de prestação de contas à sociedade levam a desastres, o que pode ser sentido no curto, médio ou longo prazo, pois quando surgem cobram um preço alto.

Nesse contexto, garantir a liberdade de imprensa e o acesso a informação de qualidade tende a ser a forma de fortalecimento da democracia e da possibilidade de prestar contas à sociedade.

2. Ações conjuntas: o direito internacional como resposta
Desde 1851, há relatos históricos de que o direito internacional lutava para regulações conjuntas internacionais, tendo em vista que se buscava uma resposta à disseminação internacional de doenças[15]. Em declaração

[13] https://www.wsj.com/articles/chinas-premier-tours-virus-epicenter-as-anger-bubbles--at-crisis-response-11580109098

[14] https://www.nytimes.com/2020/01/28/business/dealbook/coronavirus-economy-stocks.html

[15] VON BOGDANDY, Armin & VILLARREAL, Pedro, International Law on Pandemic Response: A First Stocktaking in Light of the Coronavirus Crisis (March 26, 2020). Max Planck Institute for Comparative Public Law & International Law (MPIL) Research Paper

4. O DIREITO MIGRATÓRIO DIANTE DO POPULISMO NO PÓS-PANDEMIA

conjunta importante no dia 26 de março, o G20 (grupo formado pelos países com as 20 maiores economias do mundo) reconheceu a gravidade da pandemia do COVID-19, afirmando que a "pandemia sem precedentes do COVID-19 é um lembrete poderoso de nossa interconectividade e vulnerabilidade"[16].

A ação conjunta foi tomada, porém, curiosamente, esse tipo de atitude parecia impossível de ser realizada num mundo em que governos em crescente popularidade indicaram ser contrários a ações globais. De fato, num mundo de vitória de apoiadores do Brexit, de eleições que levaram ao poder discursos "antiglobalistas" como os de Trump, de Bolsonaro, do presidente da Hungria e de movimentos nacionalistas na Polônia, a possibilidade de coordenação de ações ainda se coloca como um desafio.

Exatamente por isso, ainda resta saber se a declaração conjunta vai se tornar realidade. Se ela conseguir alcançar seus objetivos, que envolvem questão sanitária, tendo o apoio da Organização das Nações Unidas (ONU) e da Organização Mundial da Saúde (OMS), e questão econômica, com o Fundo Monetário Internacional (FMI) e o Banco Mundial.

A resposta fundada no direito internacional é a única que permite coordenar ações conjuntas e enfrentar a pandemia de forma uniforme, compartilhando experiências materiais e procedimentos. E deve continuar, se e quando houver a superação da pandemia, podendo ser o caminho para construção de políticas públicas conjuntas. Para tanto, os discursos populistas precisam ser superados. E a realidade deve ser encarada. Que a humanidade consiga atravessar essa crise e que, a partir dela, seja vista a importância da democracia, da transparência, do diálogo entre os países e do papel do direito e dos órgãos internacionais. Ações isoladas do Presidente dos EUA podem certamente atravancar avanços. No dia 02/04/20, ele determinou a interceptação de respiradores artificiais comprados pelo Brasil junto à China. Tais atos são o desafio para essa construção conjunta de ações e certamente servem de lição para países que se colocaram como subservientes aos EUA, apenas por questões

No. 2020-07. 2020 Acessível em SSRN: https://ssrn.com/abstract=3561650 or http://dx.doi.org/10.2139/ssrn.3561650.

[16] http://www.itamaraty.gov.br/pt-BR/notas-a-imprensa/21469-cupula-extraordinaria--dos-lideres-do-g20-declaracao-sobre-covid-19

populistas, pois escolhem a única resposta possível aquela que se adequa à vontade dos EUA, o velho lema sobre o que é bom para os EUA é bom para o Brasil.

3. Respostas populistas contra a migração

É inegável que uma das saídas fáceis para governos e para futuros candidatos é pelo caminho populista. Esse caminho, no entanto, enfraquece a democracia para permitir que o candidato se eleja e busque afastar a ciência e o direito para poder se manter no poder.

Conforme Jan-Werner Müller[17], muitos estudiosos sustentam que o populismo e o constitucionalismo não podem andar juntos. Segundo ele, os populistas são contra instituições em geral e contra freios e contrapesos, conforme previsto nas constituições. Em vez disso, segundo a sabedoria convencional, eles afirmam uma vontade popular irrestrita ou um relacionamento não mediado entre um líder carismático e o povo. Os populistas, portanto, não são apenas anti-elitistas, mas também necessariamente anti pluralistas.

Nesse sentido, lutar contra a migração pode ser uma resposta simples, aceita pela maioria e anti pluralista. Porém, o caminho populista é o que menos vai garantir que os países estarão preparados para enfrentar novos desafios parecidos. A saída populista pode não permitir que a história ensine, dando espaço para que ela se repita.

Fortalecer a resposta científica e a valorização do direito internacional, como norma e instituição, permitirá que os países em conjunto possam dar efetividade à declaração conjunta do G20 e para se prepararem para novos enfrentamentos futuros e, até mesmo, evitando novos casos de pandemia, com a uniformização, pela ciência, de procedimentos sanitários mundiais.

O caminho populista é de fechamento, trevas e convite a enfrentamento isolado de desafios globais. Certamente, no entanto, a fala contra o pluralismo permite abrir espaço para a xenofobia e a discriminação racial.

---

[17] MÜLLER, Jean-Werner. *What is Populism.* Londres: Penguin Books, 2017, p. 23.

Conclusões

Para terminar o presente trabalho como ele começou, vale a citação de outra canção chamada *The Colloquy of Mole & Mr. Eye*[18]. É uma composição de Wesley Stace, cantor britânico, nascido em 1965, que utiliza o nome artístico de John Wesley Harding.

A letra representa uma conversa entre uma toupeira e o olho. A primeira vive nos subterrâneos da Terra, enquanto o segundo fica nas alturas. O diálogo entre eles mostra sensações diferentes sobre a vida.

Todavia, ambos abdicaram da vida no solo, na realidade. Até que ao final reconhecem essas diferenças, chegando a um ponto de concordância na seguinte passagem:

> "Hey Mr. Eye, there's one thing we agree on / You'll never come here and I'll never go there / My eyes aren't accustomed to all of your bright lights / Your lungs they would gasp for a good blast of air / We've made decisions, we've both had visions / Of something else, somewhere else, some other way / But your money bought you, my instincts taught me / The ground's not the best place to live on today / Mole in his hole, Eye in the sky / That's why we moved from the ground / Long live the life we have found"

Nesse sentido, populistas podem ter visões diferentes da vida, mas vão adotar exclusivamente a própria. Dessa forma, sempre vão negar o pluralismo, como acontece com a conversa entre a toupeira e o olho. O que se pode garantir, no entanto, é que o populismo não vai se permitir viver na realidade, com o diálogo com a ciência e com a diversidade, pois, dessa forma, poderá engasgar e cair, desaparecendo.

A democracia, o pluralismo, a liberdade de circulação de pessoas e o direito internacional podem arejar as relações mundiais, fortalecer as democracias e permitir a regulação internacional das políticas públicas. O ensinamento principal dessa pandemia será que não precisamos esperar a próxima para fazer uma declaração conjunta dos G20 para socorro econômico mundial. E a principal declaração conjunta deve ser pela proteção da democracia, da ciência e da liberdade de imprensa.

---

[18] HARDING, John Wesley. *The Colloquy of Mole and Mr. Eye*. The Sound Of His Own Voice. Los Angeles: Yep Roc Records, 2011. Acessível em https://www.discogs.com/John-Wesley-Harding-The-Sound-Of-His-Own-Voice/release/3710348

Referências

AHREND, Rudiger. *Press Freedom, Human Capital and Corruption* (February 2002). DELTA Working Paper. 2002. Available at SSRN: https://ssrn.com/abstract=620102 or http://dx.doi.org/10.2139/ssrn.620102

BROMBERT, Beth Archer. *Edouard Manet: Rebel in a Frock Coat.* Chicago: University of Chicago Press, 1997

DALTON, Russel & SHIN, Doh Chull. *Citizens, Democracy, and Markets around the Pacific Rim.* Oxford University Press, 2007.

DORF, Michael C. & Tarrow, Sidney. *Stings and Scams: 'Fake News,' the First Amendment, and the New Activist Journalism* (March 31, 2017). Cornell Legal Studies Research Paper No. 17-02. 2017. Acessível em SSRN: https://ssrn.com/abstract=2906444 or http://dx.doi.org/10.2139/ssrn.2906444

FREEMAN, J., Hays, J., & STIX, H. *Democracy and Markets: The Case of Exchange Rates.* American Journal of Political Science, 44(3), 449-468. 2000. doi:10.2307/2669258

HARDING, John Wesley. The Colloquy of Mole and Mr. Eye. The Sound Of His Own Voice. Los Angeles: Yep Roc Records, 2011.

MÜLLER, Jean-Werner. *What is Populism.* Londres: Penguin Books, 2017.

PEERENBOOM, Randall. *Beyond Universalism and Relativism: The Evolving Debates About 'Values in Asia'* (September 20, 2002). UCLA, School of Law Research Paper No. 02-23. 2002. acessível em SSRN: https://ssrn.com/abstract=331340 or http://dx.doi.org/10.2139/ssrn.331340

RONINGER, L. *Political Clientelism, Democracy, and Market Economy.* Comparative Politics, 36(3), 353-375. 2004. doi:10.2307/4150135

SILVA, Ângela M. D. da. *Justiça e ditadura militar no Brasil: o julgamento dos crimes contra a economia popular.* Diálogos, 18(1), 51-73. 2017. https://doi.org/10.4025/dialogos. v18i1.35945

SNYDER, Timothy. Sobre a Tirania – 20 Lições do Século XX para o Presente. São Paulo: Saraiva, 2018.

TRIO, Of Monday. Times of Worry. Single. Paris, 2018.

VON BOGDANDY, Armin & VILLARREAL, Pedro, International Law on Pandemic Response: A First Stocktaking in Light of the Coronavirus Crisis (March 26, 2020). Max Planck Institute for Comparative Public Law & International Law (MPIL) Research Paper No. 2020-07. 2020 Acessível em SSRN: https://ssrn.com/abstract=3561650 or http://dx.doi.org/10.2139/ssrn.3561650

5. Tempos inquietos para inquietos direitos: os impactos sociojurídicos da pandemia do corona vírus

SANDRA REGINA MARTINI
MARIANA KUHN DE OLIVEIRA
ELIGIO RESTA

Introdução

O Direito é o direito vivente, o qual é muito maior do que regras, códigos, Constituições. A vida e, também, a morte do direito podem ser observadas em tempos de crise na e da crise[1]; é o momento em que o direito traz para o jogo da vida suas limitações, bem como suas possibilidades. As constantes crises da humanidade, no momento atual, tornaram-se a regra; por isso, em cada uma, criamos um "comitê de crise" que, muitas vezes, acaba entrando no jogo da própria crise. O sistema atual do direito tem respondido a estas crises com grandes dificuldades, já que, historicamente, o Direito era concebido com a ciência da certeza e da segurança. O corona vírus impõe ao Direito um repensar e readequar; é neste sentido que entendemos a importância de falarmos em um novo direito vivente.

O Direito, ao buscar remédios jurídicos para "resolver" ou "dar respostas" para a crise atual, acaba encontrando muito mais o antídoto do remédio, que é o próprio veneno. Aqui, retoma-se a velha ideia do

---

[1] A ideia da crise na/da crise pode ser lida no texto: BENASAYAG, Miguel; SCHMIT, Gerard. L'epoca delle passioni tristi. Tradução de Eleonora Missana. Feltrinelli, 2019.

"*pharmkon*" platônico, na qual, junto e ao mesmo tempo, veneno e remédio, bem e mal, morte e vida, justiça e injustiça se apresentam no cenário de uma sociedade altamente complexa em que a técnica apresenta fortemente suas ambivalências, em que uma lei pode ser, ao mesmo tempo, veneno e remédio, e só é veneno porquê, ao mesmo tempo, contém o remédio.

Neste artigo[2], vamos tratar do tempo inquieto/quieto (apresenta-se como uma fórmula: só é inquieto porque é, ao mesmo tempo, quieto) e das repercussões sociojurídicas da pandemia. Para tal, iniciaremos destacando a "saúde como ponte para a cidadania", a universalidade da saúde nos sistemas internacionais, o papel do Estado-nação, não necessário seu fim, mas sua redimensão.

1. Tempos inquietos

Vivemos novos tempos inquietos, com outras guerras, mas com a mesma explosão de unanimidade da violência e com a mesma ambivalência da técnica a desiludir as diferenças trabalhosamente construídas e, assim, ingenuamente proclamadas. É neste contexto de "segredo" que o corona vírus nos inquieta; parece que a manutenção como segredo nos traz o medo. A técnica[3] tem seu tempo para nos responder, mas as emergências não dão este tempo ao homem da ciência para buscar respostas instantâneas.

Cada situação tem o seu segredo[4], e cada ciência, conforme Schmitt, tem o seu *arcanum*. Exatamente o último representante do *jus publicum europaeum* é aquele que não somente vive nas últimas, mas que sofre diretamente as consequências de suas ilusões. É próprio àquele jurista *caecus* de quem agora precisamos receber a injunção do calar. A ele "os

---

[2] O artigo está fundado no princípio da transdisciplina, aqui considerada como um instrumento que vai além das comparações interdisciplinares.

[3] "O homem de ciência reconhece que a única realidade para si é ele próprio, e o único mundo real o mundo como sua sensação lho dá." PESSOA, Fernando. Livro do desassossego: composto por Bernardo Soares, ajudante de guarda-livros na cidade de Lisboa/Fernando Pessoa: organização Richard Zenith. São Paulo: Companhia das Letras, 1999. P. 485

[4] Sobre a relação dos segredos com a religião e a moral, oportunas reflexões podem ser vistas no livro: LUHMANN, Niklas; DE GIORGI, Raffaele. Teoria della Società. Milano: Franco Angeli, 1996, em especial nas páginas 76 a 82.

técnicos a serviço de potentes e prepotentes poderiam gritar na cara: *silete jureconsulti*".

Para assinalar uma inteira época, temos duas singulares ordens de calar, mas também duas afirmações de identidade, duas descrições de uma diferença. No início, a ordem de calar endereçada pelos juristas aos teólogos da guerra; no final, a ordem de calar por parte de outros teólogos da violência no confronto dos juristas. Em ambos os casos, é a mesma inquietude da violência para definir e cancelar diferenças difíceis. A aventura "do racionalismo ocidental", como Schmitt a chamava, continua fechada dentro desta ambivalência, no repensar dos contornos destas próprias marcas.

A nova época pós-corona vírus não pode seguir reproduzindo estas ordens de calar, pois será um novo/antigo momento, no qual teremos de resgatar a humanidade do ser humano. No que diz respeito ao evento da política de Schimitt, se pode e se deve falar: esse texto é exemplificativo, talvez por aquilo que quase marginalmente nos oferece. Isso se apresenta na incongruência aparente dos detalhes emergentes na escritura de uma confissão que não podemos mais, com certeza, colocar na justa luz, seja esta moral ou política. Exatamente nesses detalhes, não no seu ser manifesto, termina-se por descobrir espaços não esperados; não se trata de aceitar a verdade historiograficamente inconfundível, nem de instituir tribunais da história. Trata-se, ao contrário, de dar novamente à palavra a linguagem própria com a qual as representações de uma relação entre direito e violência se combinam em um texto. E, naquele texto, não há falsidade que tenha.

2. Saúde coletiva como um bem jurídico

A saúde coletiva configura um campo fértil para a análise da complexidade que caracteriza a sociedade contemporânea. Para isso, é oportuno destacar pelo menos três elementos fundamentais: 1) a saúde coletiva em sua interface com a cidadania, ou seja, a saúde como ponte para outros direitos (metáfora da "ponte" como síntese dialética: aquilo que separa também possui potencial para unir e aproximar, afigurando-se como condição de possibilidade para a consolidação de outros direitos); 2) a saúde como bem da comunidade, diretamente relacionada à efetivação de outros direitos sociais (moradia, trabalho, educação) e à ideia de "comum" como novo modelo de sociedade; e 3) a democracia sanitária, que pressupõe a noção de saúde como bem comum e que, nesta condição, requer a cooperação da cidadania, a partir da incorporação da ideia de "com-divisão".

2.1. Saúde como ponte para a cidadania

A saúde sempre foi tema de defesa política[5]; porém, a "defesa da saúde como um bem maior" pouco foi levada a sério. O que temos é um discurso valorativo[6] sobre a importância de garantir saúde e também educação, dois direitos que sempre aparecem nos discursos políticos, mas pouco aparecem na sua realidade efetiva. Todo o movimento pré-constituinte para constitucionalizar o direito à saúde teve o foco de reverter essa situação: passar do discurso para a prática. Note-se que o movimento sanitarista permanece com suas reinvindicações históricas. O Sistema Único de Saúde tornou-se bandeira de luta permanente. Logo após a Constituição[7] de 1988, temos a Lei que efetiva o SUS, Lei 8.080/90; nela, temos as diretivas de como o sistema de saúde deve estar estruturado, bem como o conceito ampliado de saúde e suas necessidades organizativas para tal efetivação.

---

[5] "Organizzare la tutela della salute in un modo piottosto che in un altronon è mai solo un fato técnico; pressupone un'idea di società e di rapporti tra cittadini e Stato" BINDI, Rosy, La salute impaziente un bene pubblico e un diritto di ciascuno. Editoriale Jaca Book. Milano, 2005.Pg18 "Organizar a tutela da saúde em um ou outro modo não é somente um fato técnico, pressupõe uma idéia de sociedade e de relação entre os cidadãos e o Estado." Tradução livre.

[6] Alguns questionamentos "inquietantes" sobre a constitucionalização do direito à saúde podem se apresentar por meio dos seguintes questionamentos: Quando a saúde passa a ser constitucionalizada, reforça a ideia de valor, ou podemos pensar em um direito? É possível partir de um valor e chegar a um direito? Qual o limite deste direito? Quais os vínculos com o futuro que este direito-valor ou valor-direito pode significar? É possível concretizar um valor?

[7] Oportunas as observações de Luhmann: "A Constituição é a forma pela qual o sistema jurídico reage à própria autonomia." (LUHMANN, 1990, p.183) Marcelo Neves. (NEVES, 2007, p.156). Tradução livre. Reagir à própria autonomia significa definir os limites e as possibilidades do operar de cada sistema social. É por meio dessa autonomia que a Constituição coloca constantemente em contato o sistema da política e o sistema do direito, mostrando que ela tem um importante papel na mudança do direito. Porém, se esta mudança somente se dará nos limites do próprio direito, o mesmo vale para o sistema da política, bem como para todos os demais sistemas sociais.

5. TEMPOS INQUIETOS PARA INQUIETOS DIREITOS

Temos defendido a postura de que a saúde é uma ponte para outros direitos e, nestes tempos de corona vírus, esta reflexão sai do plano teórico e se dá no plano prático. O sistema saúde passa, realmente, a ter um lugar de destaque nos níveis local, regional, nacional e internacional. O foco que temos não é exatamente a saúde, mas a doença, e aqui precisamos recorrer às reflexões apresentadas por Niklas Luhmann sobre o sistema da medicina. Note-se que Luhmann não tratou do sistema da saúde, mas do sistema da medicina; entretanto, todo referencial teórico-metodológico de Luhmann nos permite hoje falar em sistema da saúde.

La interdipendenze tra medicina ed altri sistemi di funzioni sono molto importanti. Il sistema della medicina è strutturalmente accoppiato con l' economia, la scienza, Il sistema giuridico e cosi via: la cura medica richiede decisioni politiche, conoscenze scientifiche, finanziamenti, regolazione giuridica. La interdipendenze non intaccano l' autonomia del sistema della medicina: possono essere coinvolti uffici di lavoro, sedute parlamentari, comissioni etiche, preti, parenti, ma la costruzione della malatia rimane matéria della medicina. (CORSI, 1996, p. 145)[8]

Aqui, temos mais indicativos da possibilidade, independentemente de Luhmann ter abordado a saúde como um sistema social. Além disso, ele aponta para o caráter transdisciplinar e intersetorial da saúde, mesmo afirmando que doença é matéria da medicina, ou seja, o sistema da saúde opera com o código negativo: o que importa não é a saúde, mas a falta dela. Para os sanitaristas, essa abordagem pode render críticas; porém, essa não é nossa preocupação: queremos mostrar que o autor deixa instrumentos suficientes para o entendimento da saúde como um sistema diferenciado funcionalmente. Luhmann percebeu a complexidade que envolve o sistema da medicina e, com isso, permitiu que novas reflexões, que ultrapassem os campos médico, ético e político, sejam produzidas.

---

[8] "As interdependências entre medicina e outros sistemas de funções são muito importantes. O sistema médico é estruturalmente acoplado com a economia, a ciência, o sistema legal e assim por diante: a assistência médica requer decisões políticas, conhecimentos científicos, financiamento, regulamentação legal. As interdependências não afetam a autonomia do sistema da medicina: podem estar envolvidos escritórios de trabalho, sessões parlamentares, comissões de ética, padres, familiares, mas a construção da doença continua a ser uma matéria da medicina." Tradução livre.

Isso mostra que, evolutivamente, o campo da medicina vem se ampliando motivado pela inflação das possibilidades de tratamento, bem como pelos custos destes tratamentos.

Ao entendermos a saúde como um sistema, também concordamos com a posição luhmaniana de que não existe um sistema mais importante do que o outro, pois cada sistema tem uma função que o diferencia dos demais. Esta postura estará presente em todo o artigo, no qual tentaremos mostrar como opera o sistema da saúde e qual sua relação com os demais sistemas sociais.

A sociedade como um sistema social é composta por subsistemas, é constituída por comunicação, ou seja, é uma malha de comunicações. Sem comunicação, não é possível fazer nenhuma seleção, escolha. A necessidade de seleção (escolha) decorre justamente do fato de o sistema não conseguir dar conta desse contingente de possibilidades, da complexidade interna. Esse excesso de possibilidades é proporcional à gama de elementos do seu interior, e as relações entre esses elementos fazem crescer o número de possibilidades. Este crescente número de possibilidades torna a sociedade altamente complexa, de risco e em permanente evolução.

Neste processo evolutivo, nestes tempos inquietos, é a saúde, ou melhor, a doença que vai definir os rumos de uma nova cidadania nos mais diversos cantos do mundo. Mais uma vez, vemos que saúde precisa ser analisada no contexto global e local; a saúde pode ser uma grande ponte para a efetivação de outros direitos não efetivados e, em épocas de crise sanitária, desvela todas as suas dimensões. Pensar na saúde global é pensar, também, nas especificidades de cada comunidade com relação ao seu modo de perceber a saúde como um bem.

2.2. Saúde como bem da comunidade

Para entender a dimensão sociocomunitária do direito à saúde, oportunas são as reflexões de Dallari:

> Convencidos de que apenas o povo de cada Estado e, mais especificamente, as pessoas de cada localidade detêm a legitimidade para conceituar o que seja saúde para a sua comunidade, devemos encontrar o meio de tornar pública tal compreensão, além de possibilitar sua operacionalização, seja pelos administradores públicos, seja pelos juristas. (Dallari *et al.*, 2009, p. 96).

5. TEMPOS INQUIETOS PARA INQUIETOS DIREITOS

Tem razão Dallari quando coloca a comunidade no centro do debate sobre saúde. Essa questão precisa, contudo, ser pensada com cuidado. O melhor exemplo para discutir o ponto em tempos de coronavírus é o das carreatas e manifestações chamadas durante o período de isolamento com intuito de que a administração pública decretasse seu fim[9]. Justamente em um momento em que entidades preocupadas com a saúde pública recomendam o isolamento, permitir manifestações parece um contrassenso. Por outro lado, as comunidades precisam ter espaço e meios para discutir o que elas consideram como sendo o melhor para si. As liberdades de expressão e de manifestação são essenciais para a construção de um debate público.

O debate público precisa, em casos de saúde, mais que tudo, ser informado. Questões de saúde, principalmente quando ligadas a questões de tradição, devem ter margem para escolhas. Há momentos, entretanto, que opiniões técnicas precisam ser ouvidas. Não se trata de rejeitar ideias, mas de discutir a partir de opiniões que podem ser justificadas. É possível propor o fim do isolamento no pico da contaminação por coronavírus? Não há dúvidas que sim, mas a partir de um debate qualificado e que não coloque outros em risco.

A posição que o Judiciário, nos mais diferentes estados da federação, tem tomado é no sentido de não menosprezar os direitos dos manifestantes, mas de ainda assim proibir as passeatas e carretas em nome da saúde. Em uma decisão liminar nos autos de uma ação movida pelo Ministério Público do Estado do Amazonas, o juiz Flávio Henrique Albuquerque de Freitasfirmou:

> Penso, apesar de estar diante de uma análise preliminar inerente aos pedidos de tutela de urgência, que o judiciário não pode fechar os olhos ao debate social que circunda sobre os efeitos negativos do isolamento social na economia (evitar aglomerações), nos postos de trabalho e emprego e renda,

---

[9] Vários são os exemplos: Porto Alegre, São Paulo, Belo Horizonte, Belém, entre outas cidades, tiveram experiências do tipo. Fica aqui o registro de uma reportagem sobre a segunda carreata em Belo Horizonte. 2020. Ver: BH tem novo protesto contra isolamento e moradores de prédio reagem, Estado de Minas, 28 mar. Disponível em: <https://www.em.com.br/app/noticia/gerais /2020/03/28/interna_gerais,1133454/bh-tem-novo-protesto--contra-isolamento-e-moradores-de-predio-reagem.shtml> Acesso em: 17/04/2020.

pois isso, mais à frente, também gerará consequências à saúde. Por outro lado, não pode ficar inerte frente aos princípios da Prevenção e da Precaução, os quais são intimamente ligados ao Direito à Saúde.[10]

Não podemos, ainda, tomar a posição dos manifestantes como se essa fosse a única. O debate precisa se dar também em outras esferas e pode se dar por outros meios, como os digitais. Não há que se falar, portanto, em silenciamento da voz da comunidade.

A sociedade brasileira não é diversa apenas quanto a seus posicionamentos. A vida pode também ser muito diversa para diferentes brasileiros. Comunidades indígenas que estão começando a enfrentar o coronavírus gostariam de escolher o isolamento. A mineração, o garimpo e o desmatamento ilegais, além da inação governamental, não lhes tem permitido, contudo, concretizar essa escolha[11]. O futuro dos indígenas no Brasil é, na melhor das hipóteses, uma incógnita. O conceito de saúde desses cidadãos não está sendo respeitado.

O isolamento foi a escolha também de alguns municípios, que fecharam ou controlaram vias de entrada. No Rio Grande do Sul, o caso do município de Capão da Canoa ficou famoso, pois a prefeitura promoveu o fechamento físico de quase todos os acessos à cidade[12]. Ao contrário do isolamento de escolha das comunidades indígenas, entretanto, no caso de munícipios, falar em saúde como bem da comunidade não pode significar isolar a comunidade do global. O Ministério Público Estadual do Rio Grande do Sul, frente à situação, enviou Nota Técnica a todos os municípios do estado esclarecendo o ponto:

---

[10] AMAZONAS. Ação Cível n. 0643552-77.2020.8.04.0001. Juiz de Direito Flávio Henrique Albuquerque de Freitas. Decisão liminar em 28 mar. 2020.

[11] Ver QUADROS, V. ANJOS, A. B. Coronavírus de um lado, invasores de outro: como está a situação dos indígenas no Brasil. *Agência Pública*, 14 abril 2020. Disponível em: <https://apublica.org/2020/04/coronavirus-de-um-lado-invasores-de-outro-como-esta-a-situacao--dos-indigenas-no-brasil/> Acesso em: 17/04/2020.

[12] Ver: ROSA, Vitor. Capão da Canoa fecha a maioria das entradas da cidade e orienta turistas a deixarem a beira da praia, *Gaúcha ZH*, 20 mar. 2020. Disponível em: <https://gauchazh.clicrbs.com.br/coronavirus-servico/noticia/2020/03/capao-da-canoa-fecha-a-maioria-das-entradas--da-cidade-e-orienta-turistas-a-deixarem-a-beira-da-praia-ck80jr6ut007501rzp1ignhgz.html> Acesso em: 17 mar. 2020.

O MP reitera que, nas situações de emergência e calamidade pública, como a vivenciada hoje em vista do coronavírus, medidas radicais de vedação de ingresso de não residentes em Municípios e de proibição indiscriminada de circulação, sem embasamento técnico adequado, são contrárias à Constituição Federal, pois limitam sem justificativa os direitos fundamentais inscritos nos artigos 5º, inciso XV, e 12, parágrafo 2º. https://www.mprs.mp.br/noticias/50841/

As mudanças com a pandemia são muitas, e é normal que as reações sejam as mais diversas, mas, nos momentos de crise, o diálogo é ainda mais necessário. Para que as comunidades vençam os desafios da pandemia, a cooperação e o diálogo precisam existir. Estamos em um momento de reestruturação da saúde pública, e se o resultado não for obtido a partir do debate público, por mais diverso que esse possa ser, os frutos não serão mantidos. As questões de saúde precisam ser tratadas como questões democráticas. É por meio dessa ideia que Aith nos apresenta a democracia sanitária:

> A democracia sanitária, como princípio fundamentador do sistema de saúde brasileiro, impõe que a definição dos contornos do que se entende juridicamente por direito à saúde seja feita com participação da sociedade. Isso implica que a sociedade deve ser consultada e, na medida do possível, delibere diretamente sobre o que significa saúde e sobre qual será a amplitude da proteção a ser oferecida pelo Estado a este direito. (Aith, 2017, p. 88).

A sociedade não cria debates do tipo por si só. Esse é um debate que precisa ser mediado pelo Estado e só funciona em democracia. Discutiremos, a seguir, a importância desse tipo de regime em tempos de pandemia.

3. O Estado e a proteção dos direitos coletivos

A forma de combate ao coronavírus escolhida pela China parece, pelos seus números iniciais[13], a mais efetiva. Outros países apresentam medidas

---

[13] Após três meses de combate ao vírus, a China conseguiu controlar a primeira onda da epidemia com uma proporção de mortos menor do que muitos países. Ver, por exemplo: HERNÁNDEZ, Javier C. China Hits a Coronavirus Milestone: No New Local Infections. *The New York Times*, Nova Iorque, 18 mar. 2020. Disponível em: <https://www.nytimes.

também eficazes: Coreia do Sul, Cingapura, Alemanha e Nova Zelândia conseguiram controlar os casos em momentos da contaminação em que outros não foram bem-sucedidos. Não podemos descartar as razões que os especialistas têm apontado para o sucesso desses países: um grande número de testes, acima de tudo, mas, para a maior parte, também protocolos para o tipo de vírus, como laboratórios apropriados e uma população treinada por experiências passadas no combate a SARS (China e Cingapura) ou a MERS (Coreia do Sul). O principal diferencial da China no combate está no sucesso apesar do tamanho da sua população e território, que poderia dificultar ações pontuais que consideram peculiaridades locais. Os resultados da China, em especial, estão, contudo, amparados pelo seu regime de governo e – poderia acrescentar Byung-Chul Han, um filósofo sul-coreano – pela mentalidade autoritária da população[14].

Se fossemos cidadãos chineses morando nas áreas mais atingidas da cidade de Wuhan, ponto identificado como inicial de propagação da doença, quando se descobriu sua gravidade, no início de 2020, não apenas estaríamos proibidos de sair de casa inclusive para comprar de supermercado ou farmácia, mas poderíamos ter policiais batendo nas nossas portas fiscalizando nossa saúde. Caso estivéssemos doentes, poderíamos ser levados para isolamento involuntário em locais escolhidos pelo governo. Em Wuhan e cidades adjacentes, mais de 10 milhões de habitantes ficaram em quarentena, mais ou menos rígida.

Já se fôssemos cidadãos chineses morando em Pequim em março desse mesmo ano, após a China controlar a primeira onda do vírus, não estaríamos em quarentena, nem mesmo em isolamento rigoroso. No entanto, nossa temperatura seria medida antes da entrada em alguns prédios. Ainda, precisaríamos mostrar um *QR code* nos nossos celulares para autoridades. Para áreas menos afetadas, o governo criou um serviço chamado *Health Code*, que monitora a saúde de cada indivíduo juntamente com a sua localização. Quando o *QR code* é escaneado, o resultado é uma

---

com/2020/03/18/world/asia/china-coronavirus-zero-infections.html>. Acesso em: 14/04/2020.

[14] HAN, Byung-Chul. La emergencia viral y el mundo de mañana. Byung-Chul Han, el filósofo surcoreano que piensa desde Berlín. *El País*, Madrid, 22. Mar. 2020. Disponível em: <https://elpais.com/ideas/2020-03-21/la-emergencia-viral-y-el-mundo-de-manana-byung--chul-han-el-filosofo-surcoreano-que-piensa-desde-berlin.html>. Acesso em: 15/04/ 2020.

5. TEMPOS INQUIETOS PARA INQUIETOS DIREITOS

cor: se verde, a pessoa está livre para seguir; se amarelo, ela deve se isolar e, se vermelho, ela será obrigada a realizar quarentena[15].

Esse tipo de controle não é difícil de imaginar. Muitas distopias na literatura e no cinema já haviam pensado em formas de controle mais ou menos parecidas. Como grandes pandemias de tamanha magnitude são novidade para quem viveu no último século, esses livros e filmes, normalmente, se baseavam outros tipos de ameaças à segurança, que não por doenças, como a prevenção de crimes. Em *Minority Report*[16], por exemplo, o controle é feito pela íris. Mesmo nesses casos, entretanto, a intenção dos autores e roteiristas é quase sempre mostrar um abuso do Estado, que estaria atentando contra a liberdade individual dos cidadãos. Essas distopias, dessa forma, normalmente colocam uma importante questão: o que impediria o governo de, se aproveitando dessa tecnologia, alcançar seus opositores e ameaçá-los?

Mesmo havendo essa possibilidade, entretanto, voltando ao nosso caso, a pergunta sobre se vale a pena permanece – afinal, o que está se está arriscando é o bem da vida (muitas vidas, para sermos exatos). Deveríamos medir esforços quando vidas estão em jogo? Se a saúde é uma ponte para a cidadania, por que não tratá-la como o bem mais valioso, esquecendo, ao menos por um tempo, algumas liberdades individuais?

Um caso nos Estado Unidos da América pode nos auxiliar a pensar como o medo pode ser um motivador, mesmo de cidadãos que prezam a liberdade. Após Edward Snowden ter liberado, em 2013, documentos da NSA, Agência de Segurança Nacional dos EUA, que mostravam o desrespeito à privacidade pelo governo do país, se seguiram algumas pesquisas sobre a opinião da população. Alguns dias após as revelações feitas pela mídia, 47% desaprovavam a vigilância de dados de internet e de telefone. Cinco meses depois, esse número cresceu para 53%[17]. De forma surpreendente, muitas pessoas não se importavam com a invasão

---

[15] Sobre o controle chinês ao coronavírus, ver, por exemplo: DAVIDSON, Helen. China's coronavirus health code apps raise concerns over privacy. *The Guardian*, Londres, 1º abril 2020. Disponível em: <https://www.theguardian.com/world/2020/apr/01/chinas-coronavirus--health-code-apps-raise-concerns-over-privacy> Acesso em: 08/04/2020.

[16] Ver MINORITY Report. Direção de Steven Spielberg. Los Angeles: 20th Century Fox e DreamWorks Pictures, 2002. (145 min.)

[17] GEIGER, A.W. How Americans have viewed government surveillance and privacy since Snowden leaks, *Pew Research Center*, 04 jun. 2018. Disponível: <https://www.pewresearch.org/

de privacidade se isso significasse que estariam seguras, principalmente de atentados terroristas.

Esse tipo de posicionamento que coloca a segurança acima de tudo soa como uma opinião de um cidadão hobbesiano ideal – e não é preciso ser um especialista em teoria política para saber onde ele é capaz de nos levar. Thomas Hobbes buscou demonstrar que o medo daquilo que parece estar perto de nós é um fator importante para nossa motivação. Foi exatamente nesse sentimento e em um desejo por uma vida confortável, em que é possível ver os frutos do próprio trabalho, que o autor inglês viu a motivação humana para criação de uma soberania absoluta[18]. No Estado imaginado por Hobbes, o soberano tem o poder de, por meio da lei, faz tudo que puder para manter a paz e a segurança.

Mesmo como representante da soberania absoluta, o soberano de Hobbes, contudo, deve se abster daquilo que não seja essencial ao seu objetivo. Mesmo essa determinação já seria fraca frente aos nossos ideais de direitos humanos. A pergunta que fica, entretanto, é se esse soberano (ou soberana – pois Hobbes não faz essa distinção) se absteria de ir além, e também se o julgamento desta nossa soberana sobre o que é necessário para segurança seria confiável. Confiar todo esse poder a alguém pode ter consequências trágicas. A democracia pode não ser o mais eficaz dos regimes quando existe uma crise, mas há muitos outros benefícios.[19]

---

fact-tank/2018/06/04/how-americans-have-viewed-government-surveillance-and-privacy--since-snowden-leaks/>. Acesso em: 10/04/2020.

[18] Ver HOBBES, Thomas. *Leviathan*, The English and Latin Texts. The Clarendon Edition of the Works of Thomas Hobbes. Ed. Noel Malcolm, vol. 2. Oxford: Oxford University Press, 1651/1668/2012, cap. 13.

[19] Ainda que menos, preocupações sobre o uso do poder existem também em democracias. David Runciman, especialista em Thomas Hobbes, discute essa questão em um artigo para o The Guardian e afirma "The ultimate judgments are about how to use coercive power. These aren't simply technical questions. Some arbitrariness is unavoidable. And the contest in the exercise of that power between democratic adaptability and autocratic ruthlessness will shape all of our futures. We are a long way from the frightening and violent world that Hobbes sought to escape nearly 400 years ago. But our political world is still one Hobbes would recognise." RUNCIMAN, David. Coronavirus has not suspended politics – it has revealed the nature of power. *The Guardian*, Londres, 27 mar. 2020. Disponível em <https://www.theguardian.com/commentisfree/2020/mar/27/coronavirus-politics-lockdown-hobbes> Acesso em: 17/04/2020.

5. TEMPOS INQUIETOS PARA INQUIETOS DIREITOS

A questão sobre a importância de salvar vidas, contudo, põe-se em qualquer regime. Proteger a vida parece triunfar sobre qualquer outro valor. Deveríamos, então, assumir essa verdade, reivindicando-a? Sim, mas sem perder de vista a forma como a própria democracia salva vidas. Sem liberdade de imprensa, por exemplo, talvez nem soubéssemos da existência da crise na saúde ou ao menos de suas proporções. E essa liberdade apenas não basta. Um fato importante sobre a liberdade de imprensa, tão essencial nesses momentos, é que ela precisa nos ser entregue juntamente com um pacote de liberdades essenciais: não há liberdade de imprensa se um jornalista puder ser localizado o tempo todo por um governo que o deseja silenciar. Não há também liberdade de imprensa se nós, cidadãos, não pudermos ter acesso a informações com possibilidade de opinar publicamente. E nem se não estivermos protegidos pelo devido processo legal, em um raciocínio que segue.

Vamos voltar ao caso da eficácia chinesa. Críticas à China precisam ser muito bem ponderadas. O tipo de democracia que existe no Ocidente não precisa ser copiado pelo povo chinês; não se trata de defender a perfeição de uma forma de organização política. Há, no entanto, perdas pontuais para a população chinesa que podemos apontar. No caso do coronavírus, o governo foi bastante rápido, mas poderia ter agido ainda antes se um médico em Wuhan, Li Wenliang, que tentou alertar sobre a gravidade da doença, não tivesse sido, de início, silenciado por autoridades locais[20]. Os casos em que a liberdade de expressão e de imprensa se mostram essenciais para a proteção da vida são diversos.

Amartya Sen, o famoso economista e filósofo indiano, para demonstrar a importância da livre circulação de informação, conta uma história que mostra o poder de uma mídia livre. Em 1943, os cidadãos de Bengali, na Índia, que era ainda colônia britânica, estavam morrendo de desnutrição. A falta de alimentos era tanta que foram registradas mais de 500 mil mortes a mais de junho a dezembro desse ano em comparação ao quinquênio anterior no mesmo período. A crise só começou a ser

---

[20] Verna Yu discute com maior profundidade a relação do combate ao coronavírus na China com a falta de liberdade de expressão. Ver YU, Verna. If China valued free speech, there would be no coronavirus crisis, *The Guardian*, Londres, 08 fev. 2020. Disponível em: <https://www.theguardian.com/world/2020/feb/08/if-chinavalued-free-speech-there-would-be-no-coronavirus-crisis> Acesso em: 16/04/2020.

resolvida em outubro, quando um jornal de Calcutá, o *The Statesman*, publicou um editorial sobre o caso. Não apenas o povo indiano foi capaz de pressionar o governo, como também foi capaz de se organizar para ajudar. De acordo com Sen, "um sistema democrático com crítica pública e pressão do parlamento não teria permitido que os agentes do governo, incluído o Governador de Bengali e o Vice-rei da Índia, a pensarem de tal forma".[21] De acordo com o autor, liberdades individuais e debate público nas democracias têm protegido cidadãos contra a fome, nunca tendo havido, em países democráticos, caso grave de fome que atingisse grande parcela da população[22].

Há muitas pontes para a cidadania em regimes democráticos. Na *polis* ateniense, a participação política era o ideal democrático de liberdade. A liberdade negativa ganhou peso maior nas nossas democracias. O Estado liberal tem, contudo, aberto espaço para que preocupações relativas à segurança sejam contempladas em políticas públicas, ainda que isso cause diminuição de liberdade. É o caso do combate ao terrorismo e se relaciona com a posição da população no caso Snowden citado acima. Essa parece ser uma mudança de paradigma que se dá nos limites do Estado liberal. A segurança da população durante uma pandemia não deve ser comparada, a não ser com ressalvas, com um Estado em guerra ou que esteja combatendo o terrorismo. O tipo de cooperação envolvida é diferente. Assim, o Estado liberal pode agora estar sofrendo outro tipo de mudança, que considera a saúde, por exemplo, como uma ponte essencial para a cidadania. A saúde não é, nesse sentido, uma ponte absoluta, que se colocaria acima de qualquer outra liberdade ou direito, mas um aceno para a importância de direitos coletivos.

Um indicativo desse movimento são alguns defensores ferrenhos do liberalismo econômico pedindo intervenção na economia para que

---

[21] SEN, Amartya. *The Idea of Justice*. Cambridge (MA): Harvard University Press, 2009, p. 340. No original, lê-se: "A democratic system with public criticism and parliamentary pressure would not have allowed the officials, including the Governor of Bengal and the Viceroy of India, to think the way they did."

[22] Sen conta outro caso interessante de fome na China entre 1958-61. Nesse caso, havia interesse do governo central de acabar com a fome, mas os governos locais maquiavam seus dados para dar a impressão de que estavam fazendo um bom trabalho. Ele mostra, com esse caso, a importância do papel informacional da democracia. Ver SEN, Amartya. *The Idea of Justice*. Cambridge (MA): Harvard University Press, 2009, p. 344-345.

empreendedores menores não se vejam falidos após a pandemia. Outra, mais importante, foi a aprovação de uma renda básica pelo prazo de três meses pelo Congresso. Isso tudo sem contar os esforços governamentais, de grupos da sociedade civil e também de indivíduos no combate ao vírus. É possível que essa seja uma mudança temporária, mas parece que alguns esforços estatais não serão esquecidos[23]. O fortalecimento do Sistema Único de Saúde e a união de esforços internacionais provavelmente permanecerão, fortalecendo a ideia de saúde como ponte para a cidadania na dinâmica do Estado.

4. Sistema jurídico
4.1. O papel do Direito

Em momentos de crise, decisões rápidas precisam, muitas vezes, ser tomadas para que uma catástrofe ainda maior não ocorra. No governo, é papel principalmente do Executivo agir nesses momentos, organizando a sociedade para que esta possua meios para cooperar entre si. No caso da pandemia de COVID-19, sobretudo, os executivos estaduais e municipais tomaram medidas enérgicas que, provavelmente, resultaram em menos mortes causadas pelo vírus. Uma pesquisa de um professor do Departamento de Matemática Pura e Aplicada da Universidade Federal do Rio Grande do Sul, Álvaro Krüger Ramos, estima, a partir de dados

---

[23] Muitos intelectuais, de diferentes áreas e contextos, têm discutido o tipo de mudança que virá com essa crise. A maioria não acredita que as mudanças serão em benefício dos mais pobres, a não ser que as pessoas tomem atitudes nesse sentido. Byung-Chul Han afirma que "No podemos dejar la revolución en manos del virus." Se isso ocorrer, o autor acredita que "China podrá vender ahora su Estado policial digital como un modelo de éxito contra la pandemia. China exhibirá la superioridad de su sistema aún con más orgullo. Y tras la pandemia, el capitalismo continuará aún con más pujanza. Y los turistas seguirán pisoteando el planeta. El virus no puede reemplazar a la razón. Es posible que incluso nos llegue además a Occidente el Estado policial digital al estilo chino". Slavoj Žižek, na mesma linha, alerta: "A common sooth now in circulation is that, since we are all now in this crisis together, we should forget about politics and just work in unison to save ourselves. This notion is false: true politics are needed now—decisions about solidarity are eminently political". HAN, Byung-Chul. La emergencia viral y el mundo de mañana. Byung-Chul Han, el filósofo surcoreano que piensa desde Berlín. *El País*, Madrid, 22. Mar. 2020. Disponível em: <https://elpais.com/ideas/2020-03-21/la-emergencia-viral-y-el-mundo-de-manana-byung-chul-han-el-filosofo-surcoreano-que-piensa-desde-berlin.html>. Acesso em: 15/04/2020. ŽIŽEK, Slavoj. Pandemic!: Covid-19 Shakes the World. Londres/Nova Iorque: OR Books, 2020, p. 94.

da Secretária Municipal de Saúde, que as três primeiras semanas depois de decretado o isolamento pelo prefeito de Porto Alegre garantiram que 2,1 mil pessoas a menos desenvolvessem sintomas severos, que necessitariam de atendimento hospitalar na capital.[24]

Essa característica do Executivo não é impensada, muito pelo contrário. O sistema de separação dos poderes foi desenvolvido para que tivéssemos uma pessoa no governo que pudesse tomar tal tipo de iniciativa. As bases para tal justificativa, mesmo no nosso sistema, estão delineadas no debate estadunidense que deu origem à Constituição desse país. Alexander Hamilton, no Federalista n. 70, reivindica um executivo enérgico e, com fins de demonstrar ao leitor tal necessidade, menciona a importância dos ditadores romanos no combate de ameaças mais urgentes.[25] A lógica da separação de poderes, contudo, não nos leva à confiança que os romanos detinham no ditador e pretende encontrar outras formas de controle desse poder. Os outros poderes, o Legislativo e o Judiciário, devem, sempre que necessário, controlar o poder do Executivo. O povo também, por meio das eleições. Outras limitações encontram-se na própria Constituição, sendo fornecidas pelo sistema jurídico. Hamilton tratou disso antes mesmo de discutir a necessidade de um Executivo enérgico. No Federalista n. 69, ele nos mostra as diversas limitações constitucionais ao poder do presidente.[26]

Casos como o da pandemia de Coronavírus não nos deixam dúvidas sobre a necessidade de a política ser flexível para reconhecer o momento e se voltar para a proteção do bem ameaçado. Durante uma pandemia, a saúde pode prevalecer sobre outras liberdades. Governos, dessa forma, precisam poder determinar isolamento, por exemplo. Liberdade de ir e vir e liberdade econômica poderão ser, por essa razão e por um período de tempo, atenuadas. Mesmo que frente a uma pandemia seja mais fácil verificar a justificativa da limitação da liberdade, não devemos deixar de explicitá-la; afinal, estamos tratando de liberdades constantes em cartas de direitos e na nossa Constituição da República. Esse papel deve ser

---

[24] Ver RAMOS, Álvaro Krüger. Curva de contágio do COVID-19 em Porto Alegre (até 02/04). *YouTube*, 03 abril 2020. Disponível em <https://www.youtube.com/watch?v=S8DYLT482u4>. Acesso em: 05/04/2020.

[25] Ver HAMILTON, Alexander. Federalist n. 70 *in* HAMILTON, A. MADISON, J. JAY, J. *The Federalist Papers*. Oxford: Oxford University Press, 2008, pp. 343-350.

[26] Ver Hamilton, Alexander. Federalist n. 69 *in* HAMILTON, A. MADISON, J. JAY, J. *The Federalist Papers*. Oxford: Oxford University Press, 2008, pp. 337-343.

exercido pelos operadores do direito. É preciso delimitar os casos de restrições à liberdade para que o governo não se utilize disso em outros momentos conforme seu desejo, mas também não fique impedido de agir energicamente quando realmente necessário. O direito pode ter aqui um duplo papel: se usado na quantidade certa é fármaco, mas pode também ser veneno.

O Direito é, por sua própria natureza, conservador. Criamos regras para termos padrões de conduta. Se as regras mudarem muito, não saberemos como agir. Era assim que Rex, o rei inconstante inventado por Lon Fuller, que, entre outras coisas, mudava as leis do país que governava o tempo todo e não deixava seus súditos aproveitarem os benefícios que o Estado de Direito poderia lhes trazer[27]. Fuller acreditava que um sistema jurídico que cumprisse seu papel de informação e de guia de condutas, com uma administração judiciária de acordo teria uma moralidade interna. Para o filósofo jusnaturalista, o Estado de Direito é capaz de limitar as injustiças dos governos.

A segurança jurídica é, nesse âmbito, um dos fatores que nos permite realmente desfrutar das nossas liberdades, as quais já fazem, no nosso caso, parte da legislação pátria. Uma crise na saúde, por exemplo, pode, contudo, colocar à prova a proteção que o Estado de Direito proporciona aos cidadãos. Em momentos assim, o Direito precisa rapidamente se ajustar, pois não pode impor barreiras ao combate de uma pandemia. Ao mesmo tempo, é claro, não se pode esquecer de que um Estado só é *de Direito* se o Direito permanecer exercendo seu papel.

4.2. Primeiros delineamentos jurídicos no Brasil

Conforme já mencionado, no Brasil, foram os executivos estaduais que tomaram a frente nas ações de combate à pandemia. A Presidência da República foi contra o isolamento[28]. Isso gerou uma crise na federação, e o Supremo Tribunal agiu, reforçando a importância do Pacto Federativo.

---

[27] Ver FULLER, Lon. *The Morality of Law*. New Haven: Yale University Press, 1969, p. 33-39. Dentre as falhas citadas por Fuller, essa é a sétima.

[28] Ver, por exemplo: NO TWITTER, Bolsonaro compartilha vídeo criticando isolamento social, *Estado de São Paulo*, 11 abril 2020. Disponível em: <https://exame.abril.com.br/brasil/no-twitter-bolsonaro-compartilha-video-criticando-isolamento-social/> Acesso em: 15/04/2020.

COVID-19 E OS IMPACTOS NO DIREITO

Outros debates jurídicos importantes também foram gerados por esta crise: os atos dos municípios que, muitas vezes, iam além das suas capacidades, uma campanha publicitária lançada pelo governo federal incentivando à volta ao trabalho e, por fim, a divulgação do teste de coronavírus do presidente da República. Os casos foram separados de forma temática, começando por aqueles que tocam na questão da federação e seguindo para aqueles que discutem o papel e os deveres da Presidência da República[29].

a) O Pacto Federativo na crise

O caso mais importante na discussão sobre o papel da federação durante a pandemia vem de um julgado pelo STF, que reforçou a concorrência dos entes federativos para legislar em questões de saúde durante a pandemia[30]. Em 15 de abril, o Plenário da Corte, por unanimidade, referendou decisão em sede cautelar do ministro Marco Aurélio Mello, nos autos da Ação Direta de Inconstitucionalidade (ADI) 6341, proposta pelo Partido Democrático Trabalhista (PDT), sobre a competência dos estados e municípios para o caso do coronavírus. Na Ação, pedia-se (i) a declaração de inconstitucionalidade formal da Medida Provisória nº 926, de 20 de março de 2020[31], já citada aqui anteriormente, pelo fato de a Constituição da República exigir lei complementar para tratar de questões relativas à saúde e (ii) a declaração de incompatibilidade material parcial da MP[32] com a Constituição Federal, com a justificativa de que se estaria concedendo exclusividade à União para legislar sobre a interdição de serviços públicos e atividades essenciais.

[29] Há uma verdadeira revolução jurídica devido à pandemia. Não havendo espaço para tratar de todos, decidiu-se focar naqueles que tratam do Estado, principalmente naquilo que interfere sua organização.

[30] Não há ainda Acórdão divulgado no caso. Os argumentos aqui descritos foram proferidos na sessão de julgamento do órgão. Ver BRASIL. Supremo Tribunal Federal. Ação Direta de Inconstitucionalidade 6341. Relator Ministro Marco Aurélio Mello. Brasília, 15 abril 2020. Sessão de julgamento online. Disponível no Canal STF (YouTube): <https://youtu.be/ioFBEmG5o3s>. Acesso em: 16/04/2020.

[31] Ver: BRASIL. Medida Provisória nº 926, de 20 de março de 2020. Disponível em: <http://www.planalto.gov.br/ccivil_03/_ato2019-2022/2020/Mpv/mpv926.htm> Acesso em: 16/04/2020.

[32] Mais especificamente do art. 3º, *caput* e incisos I, II e VI, além dos parágrafos 8º, 9º, 10 e 11 da MP citada.

5. TEMPOS INQUIETOS PARA INQUIETOS DIREITOS

De acordo com o relator, a questão forma não deveria ter procedência, pois o tema é específico e urgente, podendo ser utilizada lei ordinária. Afirmou também que a MP seria considerada ainda pelo Congresso, não havendo prejuízo no caso. O ministro, contudo, reforçou a concorrência dos entes federados para legislar em relação ao combate à pandemia e a necessidade de ler a MP de acordo com a Constituição, sem, entretanto, declarar a inconstitucionalidade de nenhum dispositivo.

O Plenário do STF, por maioria[33], acrescentou que o §9º do art. 3º da MP precisa ser lido à luz da Constituição, uma vez que, em uma interpretação literal, poderia parecer que, por decreto, o presidente poderia determinar o exercício e o funcionamento de serviços públicos e atividades essenciais sem exceções. Os ministros afirmaram que o §9, em uma leitura constitucional, sob pena de afronta ao princípio federativo, não exclui o direito de governadores e prefeitos para determinar aquilo que for de interesse regional ou local. Isso impediria, segundo Gilmar Mendes, por exemplo, o Presidente da República de, por meio de um decreto, determinar a essencialidade de todos os serviços. Já para o ministro, se algum estado fosse além de suas capacidades, este poderia sofrer intervenção federal, havendo medidas constitucionais para lidar com algum problema surgido da descentralização.

Tanto essa exceção quanto os diversos destaques dos ministros em relação à necessidade de coordenação e de cooperação dos entes federativos no contexto têm um fundo político importante. O presidente Bolsonaro afirmou, por diversas vezes, que teria o direito de reabrir todo o comércio[34]. O julgamento, dessa forma, valoriza a forma do Estado brasileiro e seu regime de governo, pois demonstra a importância da descentralização do poder e de seu controle.

Alguns exemplos de funcionamento do Pacto Federativo têm vindo de municípios, que têm suas determinações declaradas nulas por falta de competência, muitas vezes, sendo obrigados a se adaptarem à legislação

---

[33] Vencidos, neste ponto, o ministro relator e o ministro Dias Toffoli. O ministro Luís Roberto Barroso declarou-se suspeito, e o ministro Celso de Mello não participou do julgamento por estar de licença médica.

[34] Ver, por exemplo: SHALDERS, André. Bolsonaro diz que pode determinar abertura do comércio com 'uma canetada' semana que vem. BBC Brasil, 02 abril 2020. Disponível em <https://www.bbc.com/portuguese/brasil-52144782>. Acesso em: 05/04/2020.

estadual ou federal. Preocupados com seu sistema de saúde com baixa capacidade e com o aumento do número de não residentes, alguns municípios litorâneos, principalmente no Rio Grande do Sul, têm buscado estratégias para não haver um colapso na saúde local. No dia 20 de março de 2020, por exemplo, o prefeito do município de Capão da Canoa decidiu pelo fechamento de dez das treze entradas para o município[35]. As outras seriam reguladas pelo município. O Decreto 55.150, do governador do estado, do dia 28 de março[36], que modificava o Decreto 55.128, do dia 19 de marco, contudo, proibiu a medida em seu artigo 2º, inciso VIII, que determina: "a proibição de que os Municípios adotem medidas restritivas ao ingresso e à saída de pessoas e veículos de seus limites territoriais." O prefeito poderia tomar essa decisão apenas se respaldado "pelas autoridades sanitárias competentes, conforme o disposto na Lei Federal nº 13.979, de 6 de fevereiro de 2020". A lei citada foi modificada no mesmo dia pela Medida Provisória nº 926 e passou a determinar:

> Art. 3º Para enfrentamento da emergência de saúde pública de importância internacional decorrente do coronavírus, as autoridades poderão adotar, no âmbito de suas competências, dentre outras, as seguintes medidas:
> VI – restrição excepcional e temporária, conforme recomendação técnica e fundamentada da Agência Nacional de Vigilância Sanitária, por rodovias, portos ou aeroportos de:
> b) locomoção interestadual e intermunicipal;[37]

Não há, portanto, proibição total ao isolamento de um município, mas uma regulação do caso via ANVISA. Nesse sentido, pessoas serão privadas de sua liberdade de ir e vir apenas se o município ou estado estiver em situação de contaminação que justifique a restrição. Seria muito grave

---

[35] Ver CAPÃO DA CANOA. Decreto nº 083, de 20 de março de 2020. Disponível em: <http://www.capaodacanoa.rs.gov.br/uploads/noticia/27918/DECRETO_083.pdf>. Acesso em: 15/04/2020.

[36] Ver RIO GRANDE DO SUL. Decreto 55.150 de 28 de março de 2020. Disponível em: <https://estado.rs.gov.br/upload/arquivos/decreto-55150-28mar20.pdf> Acesso em: 16/04/2020.

[37] BRASIL. Lei Federal nº 13.979, de 6 de fevereiro de 2020. Disponível em: <http://www.planalto.gov.br/ccivil_03/_ato2019-2022/2020/lei/l13979.htm>. Acesso em: 16/04/2020.

5. TEMPOS INQUIETOS PARA INQUIETOS DIREITOS

que, apesar da intenção da proteção da saúde dos cidadãos que lá residem, a liberdade de locomoção fosse restringida dessa forma.

Os tribunais têm também controlado os municípios que estão determinando mais do que podem, extravasando suas competências constitucionais frente ao federalismo. O município de São Paulo, por exemplo, teve alguns artigos de uma lei julgados inconstitucionais pelo Tribunal de Justiça do estado de São Paulo. O juiz Renato Sartorelli, em sede liminar na Ação Direta de Inconstitucionalidade 2066585-05.2020.8.26.0000[38], ajuizada pelo procurador de Justiça do estado, declarou, em 13 de abril, a inconstitucionalidade dos artigos 13, 15 e 16 da Lei 17.335, de 27 de março de 2020, do município de São Paulo, a qual dispõe sobre a "autorização de medidas excepcionais no âmbito dos contratos administrativos de prestação de serviços, finanças públicas e outras medidas em face da situação de emergência e estado de calamidade pública decorrentes do coronavírus"[39]. Os artigos eram nulos por desafiarem o estabelecido pela Constituição Federal, art. 63, inciso I[40], reproduzido pela Carta Bandeirante, artigos 24, parágrafo 5º, inciso I, e 175, parágrafo 1º, 1 e 2[41]. Para o juiz, o município estava se aproveitando da situação de calamidade para determinar questões que não guardavam relação direta com o propósito da lei e que aumentavam gastos públicos de forma que contrariava as Constituições do Estado e da República.

---

[38] Ver SÃO PAULO (estado). Tribunal de Justiça de São Paulo. Ação Direta de Inconstitucionalidade 2066585-05.2020.8.26.0000. Relator Desembargador Renato Sartorelli. Decisão Liminar em 13 abril 2020.

[39] Ver SÃO PAULO (capital). Lei 17.335, de 27 de março de 2020. Disponível em: <https://leismunicipais.com.br/a/sp/s/sao-paulo/lei-ordinaria/2020/1734/17335/lei-ordinaria-n-17335-2020-dispoe-sobre-autorizacao-de-medidas-excepcionais-no-ambito-dos-contratos-administrativos-de-prestacao-de-servicos-financas-publicas-e-outras-medidas-em-face-da-situacao-de-emergencia-e-estado-de-calamidade-publica-decorrentes-do-coronavirus-no-ambito-do-municipio-de-sao-paulo-2020-03-27-versao-original> Acesso em 16/04/2020.

[40] Ver BRASIL. Constituição da República Federativa do Brasil de 1988. Disponível em: <http://www.planalto.gov.br/ccivil_03/constituicao/constituicao.htm>. Acesso em: 13/04/2020.

[41] Ver SÃO PAULO (estado). Constituição do Estadual de 05 de outubro de 1989. Disponível em: <www.al.sp.gov.br/repositorio/legislacao/constituicao/1989/compilacao-constituicao-0-05.10.1989.html> Acesso em: 16/04/2020.

b) Poderes e deveres da Presidência

Outra discussão que começou em março foi relativa a uma campanha publicitária lançada pela Secretária de Comunicação da Presidência. No dia 26 de março, o Governo Federal divulgou no Diário Oficial da União a contratação de forma emergencial uma empresa publicitária para criar campanha defendendo o isolamento vertical no país[42]. A campanha intitulada "O Brasil não pode parar", orçada em R$ 4,8 milhões, teve apenas algumas imagens e um vídeo divulgados. O vídeo, publicado no dia 27 de março no Instagram e no YouTube, mostrava imagens de brasileiros e repetia que pelos brasileiros assalariados, por empresas que fechariam as portas, pela vida dos brasileiros etc. o Brasil não poderia parar[43].

No dia seguinte, já havia a primeira decisão judicial do caso. A juíza Laura Bastos Carvalho, da Justiça Federal do Estado do Rio de Janeiro, em regime de plantão, determinou liminarmente a suspensão da campanha nos autos da Ação Civil Pública nº 5019484-43.2020.4.02.5101/RJ[44] iniciada pelo Ministério Público Federal. No dia 31 de março, foi a vez do Supremo Tribunal Federal. O ministro Luís Roberto Barroso, também em sede liminar nas Arguições de Descumprimento de Preceito Fundamental (ADPFs) 668 e 669[45] – ajuizadas pela Confederação Nacional dos Trabalhadores Metalúrgicos (CNTM) e pelo partido Rede Sustentabilidade –, decidiu também pela proibição de veiculação da campanha. Ambas as ações estão amparadas, principalmente, nos direitos à vida, à saúde e à informação (art. 5º, caput, XIV e XXXIII, art. 6º e art. 196, CF), no dever da Administração Pública de orientar e educar por meio de suas campanhas (art. 37, §1º, CF) e nos princípios da precaução e da prevenção, utilizando-se de determinações da Organização Mundial da Saúde

---

[42] Ver BRASIL. Extrato de Dispensa de Licitação Nº 1/2020 – UASG 110319. Diário Oficial da União (DOU), de 26 de março de 2020, Seção 3, p. 1. Disponível em: <http://www.in.gov.br/web/dou/-/extrato-de-dispensa-de-licitacao-n-1/2020-uasg-110319-249843307>. Acesso em: 16/04/2020.

[43] Após decisão judicial, as redes sociais foram requeridas a retirar o conteúdo de circulação.

[44] Ver RIO DE JANEIRO. Justiça Federal, Seção Judiciária do Rio de Janeiro. Ação Civil Pública nº 5019484-43.2020.4.02.5101/RJ. Juíza Federal Laura Bastos Carvalho. Decisão liminar em 28/03/2020.

[45] BRASIL. Supremo Tribunal Federal. Arguições de Descumprimento de Preceito Fundamental 668 e 669 (processos apensados). Relator ministro Roberto Barroso. Decisão liminar em 31/03/2020.

5. TEMPOS INQUIETOS PARA INQUIETOS DIREITOS

e de outras fontes técnicas e científicas para justificar a procedência do pedido cautelar. Para o ministro, ainda que não houvesse consenso sobre a importância do isolamento, as medidas de saúde deveriam prevalecer:

> Ainda que assim não fosse: que não houvesse uma quase unanimidade técnico-científica acerca da importância das medidas de distanciamento social e mesmo que não tivéssemos a agravante de reunirmos grupos vulneráveis em situações de baixa renda, o Supremo Tribunal Federal tem jurisprudência consolidada no sentido de que, em matéria de tutela ao meio ambiente e à saúde pública, devem-se observar os princípios da precaução e da prevenção. Portanto, havendo qualquer dúvida científica acerca da adoção da medida sanitária de distanciamento social – o que, vale reiterar, não parece estar presente – a questão deve ser solucionada em favor do bem saúde da população.[46]

Essa decisão não apresenta novidades relativamente à jurisprudência do STF, como bem destaca o ministro, que afirma que a Corte vem decidindo questões ambientais e de saúde a partir de ambos os princípios. Ainda assim, não podemos negar a importância do julgado, uma vez que essa é uma situação de incomparável magnitude. Além disso, por meio dessa decisão, o ministro Barroso dá sinais do posicionamento da Corte sobre a questão econômica, trazida por muitos e refletida na campanha publicitária em questão. Para o ministro,

> não há efetivamente uma dicotomia entre proteção à saúde da população e proteção à economia e aos empregos da mesma população, tal como vem sendo alegado. O mundo inteiro está passando por medidas restritivas em matéria de saúde e pelos impactos econômicos delas decorrentes. Caso o Brasil não adote medidas de contenção da propagação do vírus, o próprio país poderá ser compreendido como uma ameaça aos que o estão combatendo, passando a correr o risco de isolamento econômico. Não bastasse isso, a supressão das medidas de distanciamento social levará inevitavelmente à propagação do vírus, conforme ampla experiência internacional, e, em

---

[46] BRASIL. Supremo Tribunal Federal. Arguições de Descumprimento de Preceito Fundamental 668 e 669 (processos apensados). Relator ministro Roberto Barroso. Decisão liminar em 31/03/2020, p. 12.

algum momento do futuro, a medida de restrição da população será ainda mais grave. Portanto, a demora na tomada de medidas de contenção da propagação do vírus tende a aumentar os riscos também para a economia. Nota-se, portanto, que a economia precisa que a saúde pública seja protegida para que volte a funcionar em situação de normalidade.[47]

Por fim, a decisão traz uma última questão de interesse: a afirmação de que não há que se falar em liberdade de expressão da União no caso (por haver determinação da própria União, por meio do Ministério da Saúde, a favor do isolamento) e que, mesmo em abstrato, a existência desse direito seria discutível para um ente público.

Outro fator que examinaremos é sobre a publicidade necessária àquele que ocupa o cargo de presidência da República. O presidente Bolsonaro esteve nos EUA no início de março, quando o país norte-americano já apresentava casos de coronavírus. No retorno, mais de 20 pessoas da sua comitiva na viagem aos EUA tiveram resultados positivos para Covid-19 em seus exames[48]. O presidente também realizou exames para detecção da doença, mas afirmou que os resultados foram negativos e se negou a mostrar o segundo exame. Diversas instituições têm buscado ter acesso ao exame do presidente. A questão jurídica que se põe possui igual importância quando comparada com a questão política, pois pode, prova-velmente, ter implicações para futuros ocupantes ou futuros candidatos a ocupantes do cargo. A pergunta que se coloca é se o presidente da República tem o dever de publicizar dados relativos à sua saúde. Esse é um pedido comum a chefes de governo em outras democracias, mas até hoje não havia sido colocado ao nosso ordenamento jurídico. A resposta, ao menos inicialmente, tem sido de que esse dever existe.

Desde seu segundo teste, o presidente tem insistido na sua privaci-dade, inclusive pedindo que se acredite nele sobre o resultado negativo: "É a minha palavra. A minha palavra vale mais do que um pedaço de

---

[47] BRASIL. Supremo Tribunal Federal. Arguições de Descumprimento de Preceito Fundamental 668 e 669 (processos apensados). Relator ministro Roberto Barroso. Decisão liminar em 31/03/2020, p. 16.

[48] Ver, por exemplo: URIBE, Gustavo. Veja quem são os 23 com coronavírus da comitiva de Bolsonaro que visitou os EUA, *Folha de São Paulo*, 23 mar. 2020. Disponível em: <https://www1.folha.uol.com.br/poder/2020/03/veja-quem-sao-os-23-infectados-da-comitiva-de--bolsonaro-em-visita-aos-eua.shtml> Acesso em: 03/04/2020.

5. TEMPOS INQUIETOS PARA INQUIETOS DIREITOS

papel"[49]. Há três caminhos trilhados por diferentes pessoas e entidades para conseguir essa informação.

No dia 20 de março, foi decidida, em caráter liminar, uma ação proposta pelo governo do Distrito Federal que objetivava ter acesso aos dados das pessoas testadas pelo Hospital das Forças Armadas[50]. Entre os testados, estão o presidente e sua esposa. A juíza Raquel Soares Chiarelli determinou que a relação completa de nomes fosse informada pelo hospital ao governo do Distrito Federal de forma imediata. Após uma semana, a juíza extinguiu o processo por perda de objeto, tendo em vista a informação da parte autora, que afirmou estar sendo informada pelos casos. Nenhum documento passou pelo Judiciário ou foi divulgado pelo governo do Distrito Federal.

Além disso, o site de notícias UOL, embasado na Lei de Acesso à Informação (Lei 12.527/2011) e no fato de o próprio presidente já ter divulgado os resultados, pediu, em 23 de março, à Secretaria de Governo da Presidência da República acesso aos resultados de exames do presidente. Em 14 de abril, a informação foi negada, e a justificativa concedida foi de que eram informações privadas, pois individualizadas[51]. Em 10 de abril, a Câmara dos Deputados publicou, em seu Diário Oficial, pedido de informação ao presidente sobre seus exames, com base no art. 50 da CF[52]. O presidente tem 30 dias para responder, sob pena de crime de responsabilidade. O prazo, no momento da escrita desse artigo, ainda não transcorreu.

---

[49] Em resposta à pergunta de repórter da Folha de São Paulo. URIBE, Gustvo. Minha palavra vale mais, diz Bolsonaro ao se negar a mostrar seu exame para coronavírus. *Folha de São Paulo*, 26 mar. 2020. Disponível em: <https://www1.folha.uol.com.br/poder/2020/03/minha-palavra-vale-mais-diz-bolsonaro-ao-se-negar-a-mostrar-seu-exame-para-coronavirus.shtml> Acesso em: 05/04/2020.

[50] Ver DISTRITO FEDERAL. 4ª Vara Federal Cível da SJDF. Procedimento Comum Cível 1015797-18.2020.4.01.3400. Juíza Raquel Soares Chiarelli. Decisão liminar em 20/03/2020.

[51] Ver MAZIEIRO, Guilherme. Governo se nega a revelar exame de Bolsonaro por Lei de Acesso: "Sigiloso". *UOL*, 14 abril 2020. Disponível em: <https://noticias.uol.com.br/politica/ultimas-noticias/2020/04/14/por-lei-de-acesso-presidencia-diz-que-exame-de-bolsonaro--e-sigiloso.htm/> Acesso em: 16/04/2020.

[52] CÂMARA DOS DEPUTADOS. Requerimento de Informação 336/2020. Disponível em: <https://www.camara.leg.br/proposicoesWeb/fichadetramitacao?idProposicao=2242459> Acesso
em: 16/04/2020.

A norma que estabelece a privacidade, conforme alegada pelo presidente, não pode ser absoluta. A regra geral deve ser pela privacidade, afinal isso é uma proteção importante das liberdades individuais dos cidadãos. O caso de um chefe de Estado e de governo provavelmente possa ser enquadrado como exceção. Ainda não sabemos como os operadores do direito determinarão a questão, mas é possível levantar algumas possibilidades para o caso. A exceção pode ser baseada no interesse público. Parece que o povo deveria ter acesso a informações sobre a saúde até mesmo de um candidato à Presidência, uma vez que a pessoa poderia nem mesmo terminar seu mandato. Essa justificativa não precisaria de situações especiais para ser aplicada. A pandemia acrescenta outras razões: há o risco a outros e à transparência em momento de crise. O povo, nesse sentido, teria direito de saber se o presidente ofereceu perigo a outros tendo se exposto enquanto estava doente.

É ainda impossível saber como todas essas questões se desenvolverão no sistema jurídico do país. O retrato dos desenhos iniciais tem importância não apenas para registro histórico, mas também para que seja possível começar a delinear o futuro. É apenas ao pensar e ao discutir sobre o novo que nos tornamos capazes de explicitar o que é o direito. A importância disso para o Estado de Direito é ímpar.

Conclusões

Em tempos inquietos, a ambivalência do direito se apresenta de modo ainda mais evidente; o mesmo direito que defende é o que acusa, o direito que provoca transformações sociais é o direito que provoca a flexibilização de direitos fundamentais conquistados ao longo da história.

Neste momento de crise profunda, as certezas do direito se transformam em incertezas, em riscos, em medos, em imprevisibilidades; por isso, é urgente repensar em novas formas de o direito se tornar um direito vivente, em especial o direito à saúde.

O que discutimos nesta reflexão foi a ideia de que a saúde, representada pelo seu oposto, a doença , tornou-se o foco de todas as preocupações globais. Ficou evidenciado que a saúde é condicionada pelos seus determinantes sociais, pelas definições político-ideológicas. Neste sentido, o papel do Estado é fundamental, que por sua vez necessita de informações científicas adequadas. O que vimos em diversos países foi inicialmente uma desconsideração das evidências científicas; num segundo momento,

5. TEMPOS INQUIETOS PARA INQUIETOS DIREITOS

alguns governantes se permitiram desafiar o conhecimento científico e tivemos o "caos" instalado.

Em nome de salvar a economia se aniquilam vidas, se desconsidera qualquer pacto federativo, se abre mão de direitos, se flexibilizam direitos. Foi neste momento que as várias instituições jurídicas como Ministério Público, Defensoria e o Poder Judiciário passaram a atuar para buscar um equilíbrio no caos, por exemplo, quando municípios brasileiros criaram barreiras para que pessoas de outras cidades não entrassem nas cidades onde o "vírus" não estava ainda identificado. A atuação dos operadores jurídicos foi fundamental para evitar maiores desastres humanitários.

Referências

AGAMBEN, Giorgio. L'amico. Roma: Nottetempo, 2007.

AITH, Fernando M. Manual de direito sanitário com enfoque em vigilância em saúde. 1. ed. Brasília – DF: CONASEMS, 2019. v.01. 120 p.

___. Direito à Saúde e Democracia Sanitária. 1. ed. São Paulo: Quartier Latin, 2017. v.1. 207 p.

___. Direito à saúde e democracia sanitária: experiências brasileiras, Revista de Direito Sanitário, v. 15 n. 3 (2014); DOI: http://dx.doi.org/10.11606/issn.2316-9044.v15i3p85-90.

___. Curso de Direito Sanitário – A proteção do Direito à Saúde no Brasil. 1. ed. São Paulo: Quartier Latin, 2007. v. 1. 406 p.

___; DALLARI, S.G. Right to health and health democracy in Brazil, Russia, India, China and South Africa: bridges to universal citizenship. *In*: Hernando Torres Corredor; Diana del Pilar Colorado Acevedo. (Org.). Derecho Fundamental a la Salud: nuevos escenarios?. 01 ed. Bogotá – Colômbia: Universidad Nacional de Colombia, 2017, v. 01, p. 63-71.

AMAZONAS. Ação Cível n. 0643552-77.2020.8.04.0001. Juiz de Direito Flávio Henrique Albuquerque de Freitas. Decisão liminar em 28 mar. 2020.

Blatyta, D. e Rubinstein, E. Psicopedagogia e Transdisciplinaridade. In: Educação e Transdisciplinaridade III. Org.: Amâncio Friaça. Et AL, São Paulo: TRIOM, 2005

BECK, Ulrich; GERNSHEIN, Elisabeth Beck. *Amor a distancia*: nuevas formas de vida en la era global. 1ª ed. Buenos Aires: Paidós, 2012.

BH TEM novo protesto contra isolamento e moradores de prédio reagem, Estado de Minas, 28 mar. Disponível em: <https://www.em.com.br/app/noticia/gerais /2020/03/28/interna_gerais,1133454/bh-tem-novo-protesto-contra-isolamento--e-moradores-de-predio-reagem.shtml> Acesso em 17/04/2020.

BINDI, Rosy. La Salute Imapaziente. Milano: Jaca Book, 2005.

BOMPIANI, Adriano. Considerazioni in merito alla politica di sicurezza sociale nel se ore dell'assistenza e della sanità. Rimini: Maggioli, 1996.

BRASIL. Constituição da República Federativa do Brasil de 1988. Disponível em: <http://www.planalto.gov.br/ccivil_03/constituicao/constituicao.htm>. Acesso em: 13/04/2020.

___. Extrato de Dispensa de Licitação Nº 1/2020 – UASG 110319. Diário Oficial da União (DOU) de 26 de Março de 2020, Seção 3, p. 1. Disponível em: <http://www.in.gov.br/web/dou/-/extrato-de-dispensa-de-licitacao-n-1/2020-uasg-110319-249843307>. Acesso em 16/04/2020.

___. Lei Federal nº 13.979, de 6 de fevereiro de 2020. Disponível em: <http://www.planalto.gov.br/ccivil_03/_ato2019-2022/2020/lei/l13979.htm>. Acesso em 16/04/2020.

___. Medida Provisória nº 926, de 20 de março de 2020. Disponível em: <http://www.planalto.gov.br/ccivil_03/_ato2019-2022/2020/Mpv/mpv926.htm> Acesso em 16/04/2020.

___. Supremo Tribunal Federal. Ação Direta de Inconstitucionalidade 6341. Relator Ministro Marco Aurélio Mello. Brasília, 15 abril 2020. Sessão de julgamento online. Disponível no Canal STF (YouTube): <https://youtu.be/ioFBEmG5o3s>. Acesso em 16/04/2020.

___. Supremo Tribunal Federal. Arguições de Descumprimento de Preceito Fundamental 668 e 669 (processos apensados). Relator Ministro Roberto Barroso. Decisão liminar em 31/03/2020.

___. Supremo Tribunal Federal. Arguições de Descumprimento de Preceito Fundamental 668 e 669 (processos apensados). Relator Ministro Roberto Barroso. Decisão liminar em 31/03/2020, p. 12.

___. Supremo Tribunal Federal. Arguições de Descumprimento de Preceito Fundamental 668 e 669 (processos apensados). Relator Ministro Roberto Barroso. Decisão liminar em 31/03/2020, p. 16.

CÂMARA DOS DEPUTADOS. Requerimento de Informação 336/2020. Disponível em: <https://www.camara.leg.br/proposicoesWeb/fichadetramitacao?idProposicao=2242459> Acesso em 16/04/2020.

CAPÃO DA CANOA. Decreto nº 083, de 20 de março de 2020. Disponível em: <http://www.capaodacanoa.rs.gov.br/uploads/noticia/27918/DECRETO_083.pdf>. Acesso em 15/04/2020.

CARNUT, Leonardo; NARVAI, Paulo Capel. Avaliação de desempenho de sistemas de saúde e gerencialismo na gestão pública brasileira. *Saúde soc.* 25 (2) Apr-Jun 2016.

CEBES. Gestão Pública e Relação Publico-Privada na Saúde. 2010.

COHN, Amélia. Estado e sociedade e as reconfigurações do direito à saúde. *Ciênc. saúde coletiva* [online]. 2003, vol.8, n.1, pp.09-18.

CORSI, Giancarlo. Lo Scopo della Pedagogia Reformista: Eccellenza senza Discriminazioni. Universidatà Bielefeld: 1996. Tese de Doutorado. Universität Bielefeld: 1996.

DALLARI, S.G. A saúde do brasileiro. 1ª. ed. São Paulo: Moderna, 1987. 88p.

___; AITH, F.M.A. (Org.); MAGGIO, MARCELO PAULO (Org.). Direito Sanitário – Aspectos Contemporâneos da Tutela do Direito à Saúde. 1. ed. Curitiba – PR: Juruá, 2019. v. 01. 249 p.

___ [et al.] (Orgs.), *O Direito achado na rua: Introdução crítica ao direito à saúde*. Brasília: CEAD/ UnB, 2009. 460 p. ISBN: 978-85-7804-025-3.

DAVIDSON, Helen. China's coronavirus health code apps raise concerns over privacy. *The Guardian*, Londres, 1º abril 2020. Disponível em: <https://www.theguardian.com/world/2020/apr/01/chinas-coronavirus-health-code-apps-raise-concerns--over-privacy> Acesso em 08/04/2020.

DISTRITO FEDERAL. 4ª Vara Federal Cível da SJDF. Procedimento Comum Cível 1015797-18.2020.4.01.3400. Juíza Raquel Soares Chiarelli. Decisão liminar em 20/03/2020.

FULLER, Lon. *The Morality of Law*. New Haven: Yale University Press, 1969, p. 33-39. Dentre as falhas citadas por Fuller, essa é a sétima.

GEIGER, A.W. How Americans have viewed government surveillance and privacy since Snowden leaks, *Pew Research Center*, 04 jun. 2018. Disponível: <https://www.pewresearch.org/fact-tank/2018/06/04/how-americans-have-viewed-government--surveillance-and-privacy-since-snowden-leaks/>. Acesso em 10/04/2020.

HAMILTON, Alexander. Federalist n. 69 *in* HAMILTON, A. MADISON, J. JAY, J. *The Federalist Papers*. Oxford: Oxford University Press, 2008, pp. 337-343.

___. Federalist n. 70 *in* HAMILTON, A. MADISON, J. JAY, J. *The Federalist Papers*. Oxford: Oxford University Press, 2008, pp. 343-350.

HAN, Byung-Chul. La emergencia viral y el mundo de mañana. Byung-Chul Han, el filósofo surcoreano que piensa desde Berlín. *El País*, Madrid, 22. Mar. 2020. Disponível em: <https://elpais.com/ideas/2020-03-21/la-emergencia-viral-y-el-mundo-de--manana-byung-chul-han-el-filosofo-surcoreano-que-piensa-desde-berlin.html>. Acesso em: 15/04/ 2020.

HERNÁNDEZ, Javier C. China Hits a Coronavirus Milestone: No New Local Infections. *The New York Times*, Nova Iorque, 18 mar. 2020. Disponível em: <https://www.nytimes.com/2020/03/18/world/asia/china-coronavirus-zero-infections.html>. Acesso em: 14/04/2020.

HOBBES, Thomas. *Leviathan*, The English and Latin Texts. The Clarendon Edition of the Works of Thomas Hobbes. Ed. Noel Malcolm, vol. 2. Oxford: Oxford University Press, 1651/1668/2012.

KANT, Immanuel. Doutrina do Direito. Tradução de Edson Bini. 3. ed. São Paulo: Ícone, 2005.

LUHMANN, Niklas. Sociologia del rischio. Tradução: Bruno Mondadori. Milano, 1996b.

___. Der Medizinische Code. In: Soziologische Aufklärung 5: Konstruktivistische Perspektiven, Westdeutscher Verlag, Opladen: 1990, 183-195; Tradução em italiano: LUHMANN, Niklas. Il codice della medicina. In: Salute e malattia nella teoria dei sistemi,: Milano: FrancoAngeli, 2015.

___. Inflazione di pretese nel sistema delle malattie: una presa di posizione dal punto di vista della teoria della società. In: CORSI, Giancarlo. Salute e malattia nella teoria dei sistemi. Milano: FrancoAngeli, 2015.

___. Introdución a la teoría de sistemas. México (DF): Antrhopos, 1996a.

___; DE GIORGI, Raffaele. Teoria della società. Milano: Franco Angeli, 1996c.

MAZIEIRO, Guilherme. Governo se nega a revelar exame de Bolsonaro por Lei de Acesso: "Sigiloso". UOL, 14 abril 2020. Disponível em: <https://noticias.uol.com. br/politica/ultimas-noticias/2020/04/14/por-lei-de-acesso-presidencia-diz-que- -exame-de-bolsonaro-e-sigiloso.htm/> Acesso em 16/04/2020.

MINORITY Report. Direção de Steven Spielberg. Los Angeles: 20th Century Fox e DreamWorks Pictures, 2002. (145 min.)

NEVES, Marcelo. A constitucionalização simbólica. São Paulo: Martins Fontes, 2007. p 74-75.

NO TWITTER, Bolsonaro compartilha vídeo criticando isolamento social, Estado de São Paulo, 11 abril 2020. Disponível em: <https://exame.abril.com.br/brasil/ no-twitter-bolsonaro-compartilha-video-criticando-isolamento-social/> Acesso em 15/04/2020.

POSSENTI, Vittorio. Le società liberali al bivio, Marietti. Milano: Giuffré, 1991. Capítulo III.

QUADROS, V. ANJOS, A. B. Coronavírus de um lado, invasores de outro: como está a situação dos indígenas no Brasil. Agência Pública, 14 abril 2020. Disponível em: <https://apublica.org/2020/04/coronavirus-de-um-lado-invasores-de- -outro-como-esta-a-situacao-dos-indigenas-no-brasil/> Acesso em: 17/04/ /2020.

RAMOS, Álvaro Krüger. Curva de contágio do COVID-19 em Porto Alegre (até 02/04). YouTube, 03 abril 2020. Disponível em <https://www.youtube.com/ watch?v=S8DYLT482u4>. Acesso em 05/04/2020.

RESTA, Eligio. Diritti umani. Torino: UTET. 2006, Inédito.

___. Percursos da Identidade. Uma Abordagem Jusfilosófica. Tradução de Doglas Cesar Lucas. Ijuí: Editora Unijuí, 2014.

___. Per un Diritto Fraterno. In: FINELLI, R. (et. al). Globalizzazione e Diritti Futuri. Roma: Manif, 2004.

___. O Direito Fraterno. Trad. Sandra Regina Martini Vial (coordenação). Santa Cruz do Sul: EDUNISC, 2004.

5. TEMPOS INQUIETOS PARA INQUIETOS DIREITOS

___. Il Diritto fraterno. Roma: Laterza, 2002.

_____. La certezza e la speranza. 2 ed. Roma: Bari, 1992.

RIO DE JANEIRO. Justiça Federal, Seção Judiciária do Rio de Janeiro. Ação Civil Pública nº 5019484-43.2020.4.02.5101/RJ. Juíza Federal Laura Bastos Carvalho. Decisão liminar em 28/03/2020.

RIO GRANDE DO SUL. Decreto 55.150 de 28 de março de 2020. Disponível em: <https://estado.rs.gov.br/upload/arquivos/decreto-55150-28mar20.pdf> Acesso em 16/04/2020.

ROSA, Vitor. Capão da Canoa fecha a maioria das entradas da cidade e orienta turistas a deixarem a beira da praia, *Gaúcha ZH*, 20 mar. 2020. Disponível em: <https://gauchazh.clicrbs.com.br/coronavirus-servico/noticia/2020/03/capao-da-canoa-fecha-a-maioria-das-entradas-da-cidade-e-orienta-turistas-a--deixarem-a-beira-da-praia-ck80jr6ut007501rzplignhgz.html> Acesso em 17 mar. 2020.

RUNCIMAN, David. Coronavirus has not suspended politics – it has revealed the nature of power. *The Guardian*, Londres, 27 mar. 2020. Disponível em <https://www.theguardian.com/commentisfree/2020/mar/27/coronavirus-politics--lockdown-hobbes> Acesso em 17/04/2020.

SÃO PAULO (capital). Lei 17.335, de 27 de março de 2020. Disponível em: <https://leismunicipais.com.br/a/sp/s/sao-paulo/lei-ordinaria/2020/1734/17335/lei-ordinaria-n-17335-2020-dispoe-sobre-autorizacao-de-medidas-excepcionais--no-ambito-dos-contratos-administrativos-de-prestacao-de-servicos-financas--publicas-e-outras-medidas-em-face-da-situacao-de-emergencia-e-estado-de--calamidade-publica-decorrentes-do-coronavirus-no-ambito-do-municipio--de-sao-paulo-2020-03-27-versao-original> Acesso em 16/04/2020.

SÃO PAULO (estado). Constituição do Estadual de 05 de outubro de 1989. Disponível em: <www.al.sp.gov.br/repositorio/legislacao/constituicao/1989/compilacao--constituicao-0-05.10.1989.html> Acesso em: 16/04/2020.

___. Tribunal de Justiça de São Paulo. Ação Direta de Inconstitucionalidade 2066585-05.2020.8.26.0000. Relator Desembargador Renato Sartorelli. Decisão Liminar em 13 abril 2020.

SCHWARTZ, Germano André Doederlein. Direito à Saúde: Efetivação em uma Perspectiva Sistêmica. Porto Alegre: Livraria do Advogado, 2001.

___; PRIBÁN, Jiri; ROCHA, Leonel Severo. Sociologia Sistêmica Autopoiética das Constituições. Porto Alegre: Livraria do Advogado, 2015.

SEN, Amartya. *The Idea of Justice*. Cambridge (MA): Harvard University Press, 2009.

SHALDERS, André. Bolsonaro diz que pode determinar abertura do comércio com 'uma canetada' semana que vem. BBC Brasil, 02 abril 2020. Disponível em <https://www.bbc.com/portuguese/brasil-52144782>. Acesso: 05/04/2020.

SIMMEL, Georg. A ponte e a porta. Política e Trabalho, n.12, p.11, set., 1996. SCLIAR, Moacir. Do Mágico ao Social: a trajetória da saúde pública. Porto Alegre: L&PM Editores, 1987.

URIBE, Gustavo. Veja quem são os 23 com coronavírus da comitiva de Bolsonaro que visitou os EUA, *Folha de São Paulo*, 23 mar. 2020. Disponível em: <https://www1. folha.uol.com.br/poder/2020/03/veja-quem-sao-os-23-infectados-da-comitiva--de-bolsonaro-em-visita-aos-eua.shtml> Acesso em 03/04/2020.

___. Minha palavra vale mais, diz Bolsonaro ao se negar a mostrar seu exame para coronavírus. *Folha de São Paulo*, 26 mar. 2020. Disponível em: <https://www1.folha. uol.com.br/poder/2020/03/minha-palavra-vale-mais-diz-bolsonaro-ao-se-negar--a-mostrar-seu-exame-para-coronavirus.shtml> Acesso em 05/04/2020.

VENTURA, D. F. L.. Direito e saúde global – O caso da pandemia de gripe A (H1N1). 1. ed. São Paulo: Outras Expressões/Dobra Editorial, 2013. 286 p.

___. Direitos Humanos e Saúde Global. In: Carlos Bolonha, Fábio Corrêa Souza de Oliveira, Maíra Almeida e Elpídio Paiva Luz Segundo. (Org.). 30 ANOS DA CONSTITUIÇÃO DE 1988 – Uma Jornada Democrática Inacabada. 1ed.Belo Horizonte, MG: Editora Forum, 2018, v. 1, p. 247-256.

___. O direito à saúde e os 70 anos da Declaração Universal dos Direitos Humanos. In: Ministério Público Federal. (Org.). Direitos humanos fundamentais: 70 anos da Declaração Universal dos Direitos Humanos e 20 anos do reconhecimento da jurisdição da Corte Interamericana de Direitos Humanos e as mudanças na aplicação do direito no Brasil: coletânea de artigos. 1. ed. Brasília DF: Ministério Público Federal, 2019, p. 50-69.

___; YUJRA, V. Saúde de migrantes e refugiados. 1. ed. Rio de Janeiro, RJ: Editora Fiocruz, 2019. 116 p.

YU, Verna. If China valued free speech, there would be no coronavirus crisis, *The Guardian*, Londres, 08 fev. 2020. Disponível em: <https://www.theguardian.com/world/2020/feb/08/if-chinavalued-free-speech-there-would-be-no-coronavirus--crisis> Acesso em 16/04/2020.

ŽIŽEK, Slavoj. Pandemic!: Covid-19 Shakes the World. Londres/Nova Iorque: OR Books, 2020.

6. Populist legal strategies and enforcement discretion in Italy in the COVID-19 emergency

ALESSANDRO SIMONI

Introduction

The actual impact of the severe restrictions to the rights of individuals introduced by the Italian government to deal with the Covid-19 emergency cannot be understood through the simple reading of the different legal provisions enacted in the last month, and neither is sufficient the review of the several scholarly articles that have been published on the subject over a short time, mostly to assess the compatibility of such provisions with the guarantees enshrined in the constitution[1].

The choice of the government guided by Giuseppe Conte – a professor of private law without any previous political profile – when Italy found itself in the uncomfortable situation of first European country to be touched by the Covid-19 pandemic was to introduce a "lockdown" that, besides the stop to all economic activities not deemed essential, implied the prohibition for individuals to leave home without a specific justification based on one of the grounds identified in the relevant decrees enacted by the executive.

---

[1] Among the most relevant articles see AZZARITI, Gaetano, *I limiti costituzionali della situazione d'emergenza provocata dal Covid-19*, *Questione giustizia online*, March 27, 2020; MASSA PINTO, Ilenia, *La tremendissima lezione del Covid-19 (anche) ai giuristi*, *Questione giustizia online* March 18, 2020; CIVININI, Maria Giuliana e SCARSELLI, Giuliano, *Emergenza sanitaria. Dubbi di costituzionalità di un giudice e di un avvocato*, *Questione giustizia online*, April 14, 2020.

This exceptional legal regime, without precedents in Italy after WW II, was adopted and implemented with the support of a public awareness campaign based on the slogan "I stay at home" (*Io resto a casa*), which identified the simple fact of "staying at home" as the ultimate contribution that an individual can give to the fight against the pandemic. Citizens are under a constant communication flow pressuring for compliance with the lockdown rules, where pure mediatic products are mixed with statements from political actors, all conveying their own reading of the content of the "positive law".

The reading that dominates in the media is, however, sometimes partly different from the actual content of the relevant legal instruments, at least according to their text as constructed according to ordinary rules of interpretation. Discrepancies are often due also to unclear communication by public institutions (and by the prime minister himself), and the overall confusion is increased by a variety of acts by local authorities (at region and municipality level) that try to include even harsher restrictions, sometimes disregarding the statutory allocation of rule-making power between different levels of government.

This normative and communicative chaos created a situation where citizens have objective difficulties in understanding the actual scope of their residual freedom of movement[2], but at the same time also one where the different police forces involved in the enforcement of the lockdown enjoy an extreme degree of discretion on whether to authorize or not individuals to move in the public space. A discretion that was often used to serve priorities selected by the media, mostly by providing "visual evidence" of situations that at first sight appeared to violate the lockdown.

The enforcement patterns and the underlying legislative style that in Italy dominate the Covid-19 emergency are, however, not completely new in the recent development of the legal system, since they are fully in line with the policies designed, for different purposes of social control, by the self-labeled "populist" governments that ruled Italy following the last political elections. Within these policies frequently the formal validity of the legal provisions, and the possibility of the sanctions to stand if challenged in court, were not the object of a special attention

---

[2] This point has been raised by PAPA, Michele, *Decreti e norme vaghe tradotti sui media: la comunicazione che inquina il diritto, Il Dubbio,* April 21, 2020.

by the policymakers, that were more interested in obtaining deterrence through the perception by individuals of a risk – actual or not – of being sanctioned.

While these legal strategies were previously used only against marginal groups, for instance beggars that administrations wanted to eject from the city centers, under the Covid-19 emergency they appear to be the default solution, apparently yet without reaction by the public, that feels them as an unavoidable tool to pursue the protection of public health.

The hardline policy chosen by the Conte government, that not only curtails economic activity but also strongly limits basic individual freedoms is not only perceived (out of a limited circle of liberal legal scholars and journalists) by most of the Italian population as a wise choice, at least for the time being. It became also a matter of national pride, with all the major newspapers unanimously labelling as "irresponsible" foreign governments that allegedly did not follow the Italian lockdown model, considered as the only effective solution. In this respect as well, nothing must be easily taken at face value. Even a cursory analysis of the coverage by the Italian media of the legal solutions introduced elsewhere is sufficient to highlight that, while legal nationalism can maybe be of some comfort for the public in an extreme situation, before proudly affirming that the restrictions of rights and freedoms imposed on Italian society are crucial in fighting the pandemic it will be wise to humbly look around a little bit more.

1. From law "in the books" to "law in the press": the "physical activity" issue under the Covid lockdown rules

The legal tools introduced in the context of the Covid pandemic stretched to their outer limits the rule-making powers that can be used by the executive branch according to the Italian constitution. The 1948 Constitution indeed does not foresee a "state of emergency", but only provisions applicable in the state of war. The government therefore issued in a first stage a line of decrees based on the declaration of statutory state of emergency that was issued at the end of January[3]. In different steps

---

[3] Delibera del consiglio dei ministri 31 gennaio 2020, *Dichiarazione dello stato di emergenza in conseguenza del rischio sanitario connesso all'insorgenza di patologie derivanti da agenti virali trasmissibili.*

COVID-19 E OS IMPACTOS NO DIREITO

undertaken in swift succession, the government introduced thereafter a severe "lockdown" of the whole country, that eventually brought inter alia to the prohibition of movement between different municipalities, of any travel abroad, the interruption of all "productive, industrial and commercial" activities (when these cannot performed remotely), out of those specifically foreseen in a list of essential ones, and the imposition of leaving one's home only for certain purposes enumerated by the government. The lockdown regime in its current form is in force until May 4, and will be most probably be renewed, probably in a slightly less strict version.

Let's focus on the section of this legal regime that is most intrusive on individual freedoms. Eventually the government issued on March 25 a "decree law"[4], to provide a more proper legislative basis to the measures adopted. The decree states inter alia that the government is empowered to introduce "limitations of the circulation of persons, even establishing limitations to the possibility to move from one's residence, domicile or abode out of individual movements limited in time and space or motivated by work needs, situations of necessity or urgency, health or other specific reasons"[5].

This legislative basis serves as foundation of the more detailed final rule introduced in a further government decree, reconnecting with previous ones, according to which individuals are allowed to move from their homes only for "proven work reasons or situations of necessity or work reasons, and that – in any case – it is forbidden to move in a municipality different from the one where they are currently located, with private or public means of transport, out of proven work reasons, absolute urgency, or health reasons", while a further sub-section establishes that any "outdoor game or recreational activity is forbidden; it is permitted to individually practice physical activity in the proximity of one's home,

---

[4] In the Italian system "decree laws" (*decreti legge*) are legislative acts that according to the constitution can be enacted by the government in "extraordinary cases of necessity and urgency" and that, in order to keep their validity, must be converted by the parliament within sixty days (see art. 77 Constitution).

[5] *Decreto-legge 25 marzo 2020, n. 19, Misure urgenti per fronteggiare l'emergenza epidemiologica da COVID-19, art. 2 a).*

assuming, however, the respect of the distance of one meter from any other person"[6].

The decree law of March 25 specifies also that the municipalities cannot adopt transitional decrees "in conflict with the state measures", that would be otherwise devoid of any validity[7]. The same applies to those of the regions, with some differences.

These words, passed through a long chain of decrees, do not have a significant political history behind them, but certainly a majestic mediatic one. The sub-section addressed to the municipalities represents indeed a reaction against the flood of ordinances issued by a number of mayors across Italy that aimed at applying locally an even stricter "stay at home" policy. Usually these local ordinances were widely advertised in national newspapers, even if their application was a matter of relatively small towns. While their legal validity, even before the law decree of March 25, could have been objected, such acts were part of broader visibility campaigns that sometimes brought to the attention of an international public local administrators of minor Italian centers[8].

It would be naïve to think that the "fault line" between municipalities and the State concerned mighty health risk management issues, like those that all over Europe were discussed on a daily basis. This was not

[6] *Decreto del presidente del consiglio dei ministri 10 aprile 2020*, *Ulteriori disposizioni attuative del decreto-legge 25 marzo 2020, n. 19, recante misure urgenti per fronteggiare l'emergenza epidemiologica da COVID-19, applicabili sull'intero territorio nazionale*, artt. 1 a) and 1 f). Our translation, in the original version 1 a) sounds *"sono consentiti solo gli spostamenti motivati da comprovate esigenze lavorative o situazioni di necessità ovvero per motivi di salute e, in ogni caso, è fatto di- vieto a tutte le persone fisiche di trasferirsi o spostarsi, con mezzi di trasporto pubblici o privati, in un comune diverso rispetto a quello in cui attualmente si trovano, salvo che per comprovate esigenze lavorative, di asso- luta urgenza ovvero per motivi di salute e resta anche vietato ogni spostamento verso abitazioni diverse da quella principale comprese le seconde case utilizzate per vacanza"*, while 1 f) sounds *"non è consentito svolgere attività ludica o ricre- ativa all'aperto; è consentito svolgere individualmente attività motoria in prossimità della propria abitazione, purché comunque nel rispetto della distanza di almeno un metro da ogni altra persona"*.

[7] See *Decreto-legge 25 marzo 2020, n. 19, Misure urgenti per fronteggiare l'emergenza epidemiologica da COVID-19, art. 3.1* (regions), *3.2* (municipalities). In the original version art. 3.2 sounds *"I Sindaci non possono adottare, a pena di ineffica- cia, ordinanze contingibili e urgenti dirette a fronteg- giare l'emergenza in contrasto con le misure statali, né ecce- dendo i limiti di oggetto cui al comma 1"*.

[8] See for instance GIUFFRIDA, Angela, *This is not a film': Italian mayors rage at virus lockdown dodgers*, The Guardian, March 23, 2020.

the case, while the most frequent "legal pluralism clashes" concerned "runners" or – in the further term used in this kind of acts – those who practice "jogging". A huge number of mayors, and at least one governor of region (*Campania*)[9] issued indeed ordinances or "clarifications" stating that even individual sport activity (usually identified primarily with running) was completely forbidden.

Any google search would give an impressing number of entries, providing ample evidence that banning runners was perceived as a priority by a substantial share of mayors. Once again, such local acts, particularly after the March 25 decree law, were definitely illegal, and could have been conceived at most as transitional emergency measures in case of a sudden increase in local risk levels, which is never mentioned. In at least one very recent case concerning the town of Pescara, the local *Prefetto* invited the mayor to withdraw one such ordinance that was considered as a clear violation of the duty of loyal cooperation[10], as well as a possible source of confusion among law enforcers due to its absence of adequate legal ground.

As mentioned in the note of the *Prefetto* of Pescara, if taken seriously and actually enforced, the ordinance of the mayor could have implied legal consequences of some magnitude. Any fine issued by the local police would have for instance possibly implied a liability of the administration with an obligation to refund and pay damages. These legal consequences were likely to be mostly theoretical, since the overall impression that one gets from the news is that actual enforcement against "runners" was not a priority of the mayors. The practical functions of the ordinances were to serve as fake legal basis to the local police to pressure runners to minimize their presence in public spaces, and to obtain the headlines on the local and national media. In other words, the hunt was far more important than the prey...

This approach was per se rational, if one thinks about the mayors in terms of what they are, i.e. political actors. Mayors did not have any serious indicator that runners implied any specific risk of contagion, but were anyhow under a massive and constant pressure coming from the

---

[9] *Giunta Regionale della Campania, chiarimento n.6 del 14 marzo 2020.*

[10] Ansa, April 15, 2020, *Coronavirus: prefetto Pescara, ordinanza sindaco inefficace*; VERCESI, Paolo, *Coronavirus, Pescara finisce sulla stampa cinese, il Messaggero (edizione Abruzzo)*, April 21, 2020.

media, that "targeted" runners with arguments maybe not so sound but very powerful in terms of creation of "moral panic". Among the hundreds one can find on line, one is especially interesting, since it comes from a quasi-official site, that of the Campania section of the Italian Association of Municipalities (*Associazione Nazionale Comuni d'Italia- ANCI*), which says "These behaviors [the fact of running] are legal but profoundly wrong. [...] . It is otherwise difficult to imagine that in the towns martyrized by wars, like Sarajevo or Aleppo, people run around under the bombs. With an invisible enemy, like this virus, one must apply even more caution"[11]. The text of the "clarification" openly stresses that the administration issued it after "TV programmes" revealed the frequent presence of persons making some sort of physical activity. The mayors reacted thus to a clear input of the media that raised the alarm against the alleged violation of the lockdown, while they were clearly aware that in most of Italy "runners" are, however, a minority of the voting population.

The endless number of ordinances and news reports conceal the simplicity of the situation from the perspective of a traditional lawyer. Since the early versions of the lockdown ordinances, their text constantly allowed to go out of home for "physical activity" (*attività motoria*), and a circular letter of the Minister of Interior specified that the concept of physical activity does not imply only "sporting activity ("jogging")[12], but also simply walking, something that appears as reasonable considering the benefit of physical exercise also for persons who are less fit. But the official text was captured in a mediatic game that made it rapidly irrelevant, absorbed by the rhetoric of the "Stay at home" campaign. As recognized by the Minister of Health, the inclusion in the lockdown regulation of the possibility of "physical activity" was due to scientific advice, that considered it necessary in order to minimize the negative health consequences of a longer lockdown, clearly balancing costs and benefits. The Minister of Health, under a fire of criticisms, eventually accepted to mediate introducing the unclear limit of the "proximity"

---

[11] ANCI Campania, March 14, 2020, *Chiarimento della Regione mette fine al paradosso: non si può fare jogging.*

[12] *Circolare Ministero dell'Interno*, March 31, 2020, N. 15350/117(2) Uff.III-Prot.Civ.

from the home of the person, which generated a range of interpretations varying between 150 and 1000 meters[13].

In an ordinary situation, a solution like the one just mentioned would ordinarily introduce a wide discretion in the hands of law enforcers for establishing what means "proximity to home", but with no harm to the possibility to perform moderate outdoor activity not linked to purchasing of food, tobacco (exempted by the lockdown), pharmaceutical items. But under a media coverage constantly and obsessively reporting the local prohibitions to physical activity, the widely shared public perception, the "popular legal culture", was that running and the like was a "legally grey area", rather than an activity clearly authorized *expressis verbis*, and well rooted in the fundamental freedoms temporarily suspended in the lockdown. Many persons therefore abstained from any kind of outdoor exercise.

The Covid pandemic thus gave us the opportunity of a mass experiment of legal sociology after which we learned that what matters is not only the difference between "law in the books" and "law in action", but how the "law in the books" becomes first "law in the press", before – later on – moving to action.

2. The "last meter of the rule of law": populist legal strategies ante and post Covid

The paradoxical battles around the possibility to prohibit physical exercise outdoor, notwithstanding the standard legal sources clearly authorized it, was in our opinion a symbolic battle that some mayors appreciated as an opportunity to get political points with an easy fight, not involving complex decisions like e.g. those concerning economic activity. Moreover, from the fact that the harassment against runners had weak legal ground derived that it seems seldom used to issue actual fines. The stake in terms of social control was, after all, limited and concerned a limited number of persons moving on foot. The life-changing novelty for average Italians was instead the necessity, to simply get out of home, of providing a justification based on vague concepts as "necessity" and

---

[13] SANGIA, A. *La difficile sorte dell'attività motoria nell'ordinanza del ministro della salute al tempo del coronavirus, Il Sole –24 Ore, March 27, 2020.*

so on, particularly if crossing a border between two municipalities, even more a regional border.

In order to ensure the effectiveness of such restrictions, the first versions of the decrees provided for the application of a criminal sanction, establishing that the violation of the basic lockdown rules violated article 650 of the criminal code, punishing the breach of orders of the public authority. After a while, it became clear that this would have implied a load of several tens of thousands of files in the prosecution offices all over Italy, with a likely collapse of the system and the impossibility to process all of them. In the last decrees, the criminal sanction was thus left only for especially serious violations, like breach of the quarantine by those who are found Covid-19 positive, while ordinary lockdown violations bring only an administrative fine. It is interesting to note, however, that this reduction of the scope of application of criminal law met (notwithstanding the practical problems above mentioned) the opposition of some heads of prosecution offices, one of whom even proposed the introduction of a new ad hoc crime, that would have allowed law enforcement officers *to arrest on the spot anyone* found in violation of all *ordinary lockdown* rules[14].

The perception that criminal law, or at least severe administrative sanctions supported by far-reaching "muscular" police monitoring, is the ultimate solution when behavior modifications are needed is since several years dominant within Italian society, across the whole political spectrum but with a special penchant for the populist political groups, like the Lega Nord and the Five Stars movement. It is therefore not strange that the first lockdown instruments relied on the use of criminal law.

On a closer look, it is – however – important to note that the populist trend does not have the preference for criminal law as sole feature, but it also has a further pillar represented by the frequent use of rules that can give to law enforcers a wide discretion whether to start or not the process (prosecution, but also application of administrative fines) bringing to punishment. A punishment that – even if of an administrative nature – can sometimes bring to serious consequences due to the amount of the fine or to indirect legal effects.

---

[14] The proposal was of Luigi Patronaggio, public prosecutor in Agrigento, *la Repubblica*, March 27, 2020

This strategy was developed in multiple occasions in pre-Covid times, in the context of situations where there was an interest in "cleaning" towns from beggars and other persons living as marginals. Examples could be the reintroduction of the crime of "intrusive begging" and the introduction of harsher prison sentences for persons occupying pieces of land or buildings, as well as the introduction within local police regulations of provisions sanctioning "nuisance" in the streets[15].

All the tools just mentioned have in common one point: in most cases the individual law enforcement officer will not suffer any consequence if he or she will not take action, by notifying the prosecutor or issuing the ticket. This will be simply his or her choice. He will be in a way the master of the "last meter of the rule of law", of those "face to face" situations where the decision of the officer will make the difference between on the one hand starting a criminal case or the application of a heavy administrative fine, and on the other hand nothing. A decision that is especially important in the Italian system, since the constitution contains (art. 112) a principle of compulsory prosecution, according to which the prosecutor cannot withdraw prosecution on grounds of expediency. In one of the "security decrees" of the former populist government, it was also decided to take away for a number of typical "street crimes" the previously existing possibility to acquit when the fact was of very tiny relevance.

This strategy, together with the intrinsic vagueness of some categories ("nuisance", "necessity", etc.) brings frequently to a situation where the meeting between law enforcement officers and citizens becomes a negotiation, where the power of the officer is counterbalanced by the capacity of the citizen to show himself as a "mainstream" person, and even better as one who has a significant cultural, social and relational capital.

At the same time, this flexibility in choosing whether to set the machine into motion or not, brings to a system where enforcement can be easily steered by political actors, putting police pressure on specific social groups. At the same time, particularly at local level, enforcement can be targeted and directed in line with the media. Very frequent in my experience are e.g. situations where a local newspaper with continuous

---

[15] PAILLI, Giacomo, *Applicazione selettiva del diritto e strategie di tenuta a distanza dello straniero*, forthcoming in *Diritto, Immigrazione e Cittadinanza, 2020.*

presentation of pictures of a certain group of beggars in a city center gives the impression of an "invasion", thus forcing administrators to intervene.

The Covid-19 emergency extended the possibility to use such strategies beyond even the wildest dream of a populist policy maker. It will be interesting to see whether the end of the emergency will bring back the point of balance of the law enforcement process a little more distant from the "last meter of the rule of law".

3. Blaming the "others": the "comparative law" of populism

Choices like the lockdown decided by the government of Giuseppe Conte are unavoidably accompanied by mediatic efforts to create a cohesion in the whole population and a trust for the policy makers. These can be supported by different lines of arguments, and a typical one is the presentation of other similar contexts in which the approach worked. Since this was not possible in the Italian case, due to our unfortunate priority in receiving the pandemic, the debate has taken a very nationalistic approach, with very little serious information on other countries and a tendency to blame those who do not follow the "Italian style".

A preferred target of Italian newspapers in the last month has been Sweden, where the government decided not adopt any lockdown, simply issuing detailed non-binding recommendations, until now introducing only a ban on public gatherings of more than 50 persons, and providing by law the government with rule making powers (not yet used) to introduce binding restrictions without the previous vote of the parliament[16].

The two Italian leading newspapers, *la Repubblica* and *Corriere della Sera* published a series of articles where the Swedish strategy was presented as a cynical exercise disregarding lives. Articles objectively distorted the meaning of a speech of the Prime Minister, always giving the impression of a forthcoming change of strategy that until now has instead never been on the table. The weaknesses of the way in which the Swedish Covid-19 strategy was reported were such that the Swedish ambassador in Rome published an open letter of protest[17].

---

[16] *Lag om ändring i smittskyddslagen (2004:168)* of April 17, 2020.
[17] *La Svezia contro I giornali italiani, il Post,* April 16, 2020

An interesting aspect of the Italian criticisms is the frequent reference to an alleged link between the liberal policy adopted by Sweden and its higher number of victims compared to the neighbors, particularly Denmark and Norway, where mortality due to Covid is apparently still low. This is constantly presented as an evidence that a lockdown "Italian style" is an indispensable tool to control the pandemic. Such media debates neglect, however, one relevant point, i.e. that the restrictions introduced in Denmark and Norway have little in common with those introduced in Italy, and what is less in common are indeed the restrictions on individual freedom of movement. Denmark e.g. simply forbids public gatherings outdoor of more than ten persons. If the Nordic countries can suggest something, is thus maybe that very strict limitations on the individual freedom of movement are not per se a "silver bullet" against Covid-19.

Conclusions

The Covid-19 emergency is submitting the Italian legal system to a "stress test", but not in the sense of an immediate risk of democratic backsliding, since there is no sign of anyone willing to exploit the crisis to set aside for good constitutional guarantees. The test is rather in the sense of giving further momentum to a trend reinforced under the previous populist government and not interrupted by the present one, represented by the expansion of a law enforcement sector with broad hidden discretionary powers and accustomed to establish its priorities under the pressure of the media and of political actors.

References

AZZARITI, Gaetano, *I limiti costituzionali della situazione d'emergenza provocata dal Covid-19*, *Questione giustizia online*, March 27, 2020;

CIVININI, Maria Giuliana e SCARSELLI, Giuliano, *Emergenza sanitaria. Dubbi di costituzionalità di un giudice e di un avvocato*, *Questione giustizia online*, April 14, 2020.

GIUFFRIDA, Angela, *This is not a film': Italian mayors rage at virus lockdown dodgers*, *The Guardian*, March 23, 2020.

MASSA PINTO, Ilenia, *La tremendissima lezione del Covid-19 (anche) ai giuristi*, *Questione giustizia online* March 18, 2020;

PAILLI, Giacomo, *Applicazione selettiva del diritto e strategie di tenuta a distanza dello straniero*, forthcoming in *Diritto, Immigrazione e Cittadinanza, 2020*

PAPA, Michele, *Decreti e norme vaghe tradotti sui media: la comunicazione che inquina il diritto*, Il Dubbio, April 21, 2020.

SANGIA, A. *La difficile sorte dell'attività motoria nell'ordinanza del ministro della salute al tempo del coronavirus*, Il Sole –24 Ore, March 27, 2020.